中国旅游协会推荐教材　 旅游管理专业新视野教材

谢彦君·主编

旅游心理学

第二版

孙喜林　赵艳辉·编著

中国旅游出版社

《旅游管理专业新视野系列教材》编审委员会

主　　任：谢彦君

委　　员　（按姓氏笔画排序）

王　　斌　大连外国语大学经济与管理学院　院长、教授
王　　颖　辽宁对外经贸学院国际商学院旅游管理系　主任、教授
王小军　沈阳大学工商管理学院　院长、教授
尹力军　呼伦贝尔学院旅游管理与地理科学学院　教授
石长波　哈尔滨商业大学旅游烹饪学院　院长、教授
毛金凤　沈阳师范大学旅游管理学院　院长、教授
刘建军　内蒙古师范大学旅游学院　副院长、教授
孙洪波　辽东学院旅游管理学院　院长、教授
陈　　才　海南师范大学旅游学院　副院长、教授
邹本涛　渤海大学旅游学院　副院长、教授
张润生　中国旅游出版社　副总编辑
张树青　北华大学旅游管理系　主任、教授
宿伟玲　大连大学旅游学院　院长、教授
谢春山　辽宁师范大学历史文化旅游学院　副院长、教授
谢彦君　东北财经大学旅游与酒店管理学院　院长、教授

再版序言

《旅游管理专业新视野系列教材》初版于2005年,至今已过十个年头。期间,出版社曾有过修订再版的动议,但终因一些因素的影响而未果。这次再版,给了这批教材进一步完善的机会,也算是一件好事。我们寄希望于它能够在原有的基础上有一个更大的进步,更加适合21世纪中国旅游高等教育的需要。

我一直主张,教材是大学教育的基本建设之一,也是影响大学教育质量的根本元素之一,甚至在某种情况下可能是最重要的影响因素。对于旅游高等教育而言,很多教育问题其实都可以归根或溯源于教材方面,因为它既是这个领域科学研究所积累的知识的集成式存在形态,也是教育工程实施的蓝本。前者体现了旅游科学界工作成果的总结,后者体现了旅游教育界工作过程的起点和依据。身在旅游教育流程中的施教者和受教者,其工作的效率、效果离不开教科书的质量。所以,教材建设可谓大学教育的重中之重。

然而,毋庸讳言,旅游管理专业的大学教育在其繁荣的背后还是存在一些问题的,有些问题可能还很严重,其中就有教材建设问题。这种情况的细节可以存而不论,造成这种状况的社会根源可以存而不论,就连我们在每一次教材编写过程中能在多大程度上提升教材的品质也可以存而不论,但完全失察于这些问题的性质和程度,完全在功利心的驱动下采取鸵鸟策略来对待旅游管理专业教材建设方面所存在的问题,则无论如何是不可取的。因此,借此机会,笔者还是想利用这一角之地,谈谈这方面的问题,其主旨是希望旅游教育界的同仁在使用本专业的任何一套教材时,都能够更多地立足于一种超越的境界,本着一种探索的精神,敢于采取一种批评的态度,能够在教学过程中建设性地、开放性地利用现有的这些教材。旅游管理学科正处于其幼年阶段,教材的幼稚病显而易见,在这种情况下,倘若过于倚重教材甚至完全视某一本教材上白纸黑字的条条为金科玉律的话,对于这样一个稚嫩的学科来说,恐将大大影响教育质量,从而也会影响本专业领域人才的职业发展历程。

旅游管理专业的教材建设究竟存在什么问题?对此学界同仁所见虽有不同,但往往都各有其高明之处。如果避开一些根源性、体制性和机制性的问题不谈，仅就技术层面来看，那么，教材建设所存在的问题与高等教育的定位策略是密切相关的。

关于本科层次旅游管理高等教育的定位问题，一直是一个争论不休而且始终不能达成基本一致性认识的一个问题。这种状况不仅是旅游管理专业自身的长期困惑，其实也是中国高等教育一直以来教育指导思想混乱的一个局部折射。其中最为重要的一个方面，即关于大学教育中的理论与实践的关系问题，长期以来一直就未曾获得理论上的解决，导致高等教育的行政主管部门一直摇摆于"学术型"和"应用型"之间，从而不断地制造人工的一刀切行政局面，使得中国半个世纪以来的高等教育如同玩跷跷板游戏一般，不断地在"理论"与"实践"、"理论"与"应用"、"学术型"与"应用型"这两端颠来倒去。其实，这种局面的根本在于，并没有真正把握高等教育的本质：教育过程到底是理论教育还是实践教育？这是所有问题的核心，明确了这个根本点，相应的施政纲领也就会顺应规律并取得应有的成效。

从本质上来说，一切教育，尤其是高等教育，作为知识的传授过程，都是理论教育过程，而非实践教育。如果以某种极端的形式来表述的话，那么，可以说，实践就是实践，实践仅仅是实践，实践教育不存在于教育过程中，而仅仅存在于实践过程中。同理，大学教育没有实践教育，只有教育实践。大学所实施的专业教育，都是在提供专业领域的理论教育。延伸到可能被某些人视为错误而在我看来仅仅是一种极端表述而已的观点，那就是，甚至连研究生层次的专业学位教育（如 MBA、MTA 教育），都应该明确是从事理论教育的过程。在这里，恐怕不需要再唠叨"什么是理论"这样的基本问题了，我们只需要重提任何人也否认不了的一个事实就可以了：理论来源于实践，理论用于指导实践，但理论不同于实践。换言之，理论是一种知识形式，实践是一种生命状态，两者的差异是根本性的。将正确的理论恰当地应用于实践，会极大地提升人类生命状态的能力和质量，这就是理论的应用价值，这一事实本身也再次明确了理论与实践的区别和联系。在旅游高等教育乃至中国整个高等教育中，当前存在的错误认识是：不管学科的成熟度（即理论的体系化程度）如何，都同时并存着两种教育类型，即理论教育和实践（应用）教育。这种错误思想导致了教育实践的扭曲，其根本点在于，混淆了作为教育之目标的"理论"与作为教育之工具、方法、手段、路径的"实践性教学"（诸如案例教学、情境化教学，总之是"理论联系实践"的教学方式）之间的关系，以至于在不分学科知识深度（如经济学与旅游管理两个学科在理论深度上的巨大差异）的前提下，就把转向

"应用型大学"、实施"应用型教育"以及编写"应用型教材"等一系列误导教育实践的观念和主张贯彻到全国各类高校当中。此类错误教育思想所导致的教育实践方面的荒唐思想和实践,可谓不一而足。本人曾亲历一事:有某出版社曾邀我主编一套针对二本和三本院校旅游管理本科专业的应用型教材,被我拒绝,但此事足可见人们对"应用型"教育理解偏颇到何种程度。因此,从根本上来看,教材建设领域在对待理论与应用的关系这个问题上所流行的舍本逐末、绝源逐流的做法,其实是教育定位问题的一种反映。试想,那种没有理论的应用,究竟能应用个什么呢?

基于这种认识,我提出旅游管理专业本科教材建设的几点建议:

第一,突破理念局限,向着"理论化"方向努力,吸收旅游管理研究领域的最新科研成果,打造一批有理论分量的本科教材。理论总是体现在范畴和命题层面,只有借助于一些新范畴、新命题的提出及其体系化,理论作为一个知识体系才能得以成立。在我的课堂经验中曾有一例,可以用来说明理论知识与单一事实知识之间的区别:我曾不止一次问过所教过的学生,蚊子有几条腿?答案中除了没有一条腿、三条腿的之外,几乎说几条腿的都有。接着,我告诉大家:"所有的昆虫,都是六条腿。"这时,大家似乎恍然大悟,大有松了一口气的样子。我告诉学生,这后一个结论,就是昆虫学家的一个科学命题,是一种理论结论,它的特点是抽象表述,表达了从特殊到一般的知识转化过程和结果。昆虫学专业教育的目标,就是告诉学生这个一般性的理论结论,而不是逐个去考证个别事实;但好的教学方式,可能会借助于野外观察的方式(实践教学)来让学生获得这个理论知识。这就体现了"理论教学是目的、实践教学是方法"的教育理念。就目前的旅游管理类本科教材的内容构成来看,缺少的是抽象的理论,充斥的是个别的事实甚至带有极大局限性的对策或行动策略。这样的教科书,在科学性上已经大打折扣了。

第二,旅游管理专业本科教材的建设,也要与人才培养的专业定位和人才规格层次定位相呼应,立足于专业方向,限定在普通高等教育层次,力图在这个经纬交叉点上建立起本科旅游管理专业教材的定位基点。在旅游管理专业的高等教育领域,与旅游学研究的情况相对应的一种糟糕情况是,也同样存在着"泛化"的取向:比如,旅游管理专业的课程设置框架泛化,以至于可以开设旅游医学、旅游保险学、旅游交通学等等莫名其妙的课程,并把"旅游××学"作为设置旅游管理专业课的基本思路,殊不知这种以交叉性学科为主的专业课设置思路(名为"交叉",实为"戴帽"),已经在埋没旅游管理专业的"专业特性";再比如,每一门课程的内容框架泛化，以至于每一门课都搞前后、左右、上下的关联，让人感觉每一门课的内容中都包容着别一门课的内容，重复度极高。如果再联系到旅游管理专业的授课教师同时承担多门课程（我所知道的最多门数是一人承担20门，其中有14门专业课程，而通常都在5门左右）这一事实，那么，不难想象，旅游管理专业教科书在内容框架上的彼此缺乏区分度，其实是教师与教材之间长期形成的一个互为因果的循环关系的反映。这种因果链条如果不主动去打破，那么，旅游管理专业本科教育过程中存在的低效率和差效果的局面，必将会持续下去。此外，还存在着普通本科教育因近年来教育主管部门着力推行的就业导向的教育思想而催生出来的"向两边看齐、唯独失却自我"的教育倾向：普通本科专业教育盲目向高职高专教育学习，并将其美称为"应用型"教育模式，或者片面强调研究型教育。以上种种，都是近年来旅游管理普通本科教育因教育思想混乱所引发的教育实践问题。因此，旅游管理专业的教材建设，必须建立在深刻理解作为专业教育和普通本科教育这两个定位维度的根本特性的基础上。

第三，旅游管理专业的教材建设，还应该瞄准人才培养的能力目标来加以组织、建设。其实，大学人才培养的目标往往是复合性的，但每个专业必然有其主导或突出的主体目标，旅游管理专业也不例外，否则，就不成其为专业教育和大学教育。就旅游管理专业而言，依个人浅见，其人才培养的能力目标宜理解为一个"五层金字塔"结构的能力组合，是一个分类、分层的组合结构。具体结构如下：

塔尖层级：对应于专业核心能力，即学习本专业必须具备的最根本能力。由极有限、但必需的课程来加以培养。这一层级是能够在本体论意义上回答"什么是'旅游管理专业'"这一"专业"核心问题的层级，带有学科知识的纵向区分功能。一般地，用以构造一个专业与其他专业根本区分度的课程，是这个专业独特的、专属的少数几门核心基础课。就当前中国旅游管理本科教育层次而言，最为迷失的就是这一层次。这种迷失的表现是：在旅游教育界，人们很难就此几门核心基础课达成基本的共识。

塔檐层级：对应于专业发展能力，即学习本专业必须具备的专业核心能力。由有限的、但必需的、能形成专业核心能力的重要课程来加以培养。就当前中国旅游管理专业普通本科教育层次而言，应属于那些能够构成旅游管理专业基本特色和独特知识保护带的"自足性分支学科"，即可以表述为"××旅游学"形态的知识内容。毋庸讳言，目前此类课程的建设是比较弱的，甚至是有结构性缺欠的，也是旅游教育界未来应积极、自觉地加以巩固和拓展的知识领域。只有这一层次与塔尖层次的完美结合，才能构筑旅游管理专业独特的知识样貌，其学科独立性也便得以彰显。

塔腰层级：对应于专业拓展能力，即学习本专业应该具备的专业巩固能力。由有限的、但相关的、能助成专业延展能力的相关课程来加以培养。在旅游管理普通本科教育当中，传统上是由"旅游××学"＋各类旅游企业管理的分支学科构成这一层级的主体课程，其发育程度相对较好，但因其长期篡位于塔尖、塔檐两个层次而导致了本专业特色的迷失，这是值得警觉和应予调整、复位的。

塔座层级：对应于专业转换能力，即学习本专业应该具备的专业转换能力。由一些体现本校特色和优势、与本专业有所关联的"院校平台课"来加以培养。通常，一些财经和管理类大学会通过设立诸如统计学、经济学、管理学、会计学、财政学等平台课程来培养学生的专业转换能力，或者通过大类招生等办学模式来达到这一目标。其他一些以外语或文史类为特色的大学，也可能在其平台课的设置中寻求旅游管理专业中的外语或人文特色。

塔基层级：对应于人生成就能力，即作为本科教育层次毕业生的基本能力。由一些能体现大学教育层次、养成本专业人才所需要的综合品质的大学共同课来培养。本层次的课程几乎不带有专业色彩，但却充分展现了层次水平，是构成大学生和非大学生在普通人文和自然科学知识领域上层级区分的基本课程。

以上所论，无非个人的区区之见，未必得体。正如本人在第一版序言中曾指出的那样：教材建设实际上是科学研究成就的一个反映，是一个与学术论文、学术专著相关联的知识链条。教材内容的深刻性、系统化程度以及整体协调性，是一个学科长期积累的结果。就旅游管理专业而言，在短短的三四十年的历史中，是不可能一下子达到完善的程度的。好在我们身在其中的每个人，都在为这个目标而努力，而最终呈现给世人的究竟是一个怎样的结果，那也只好留待教材的使用者批评、指正了。

是为序。

谢彦君

2016年3月7日

于灵水湖畔

目 录

第1章 旅游心理学概述 ... 1
- 第1节 旅游心理学的研究对象和内容 ... 2
- 第2节 旅游心理学与相关学科 ... 5
- 第3节 旅游心理学在旅游学学科体系中的位置 ... 12
- 第4节 旅游心理学的研究方法 ... 15

第2章 旅游知觉 ... 23
- 第1节 旅游知觉概述 ... 24
- 第2节 旅游中的社会知觉 ... 37
- 第3节 对旅游条件的知觉 ... 45

第3章 旅游动机 ... 49
- 第1节 动机概述 ... 51
- 第2节 旅游动机与旅游本质 ... 55

第4章 旅游者的态度与旅游偏好 ... 72
- 第1节 态度概述 ... 73
- 第2节 态度与旅游行为 ... 80
- 第3节 旅游偏好 ... 89
- 第4节 旅游者态度的改变 ... 102

第5章 旅游者的人格 ... 111
- 第1节 人格概述 ... 113
- 第2节 旅游者的人格特征与旅游行为 ... 121

第6章 旅游者的情绪情感与体验 ... 131
- 第1节 情绪和情感概述 ... 132

第 2 节　旅游者的情绪情感 …………………………………………… 147
第 3 节　旅游者的体验 ………………………………………………… 150
第 4 节　旅游中的仪式和仪式感 ……………………………………… 163

第 7 章　旅游者的道德行为分化 …………………………………………… 176
第 1 节　旅游者道德研究概述 ………………………………………… 177
第 2 节　旅游世界中道德行为分化影响因素 ………………………… 184
第 3 节　旅游世界中道德行为分化理论 ……………………………… 193

第 8 章　旅游者的消费决策 ………………………………………………… 200
第 1 节　购买决策概述 ………………………………………………… 201
第 2 节　个体决策的研究范式 ………………………………………… 202
第 3 节　旅游者购买决策过程 ………………………………………… 212
第 4 节　旅游者的风险知觉 …………………………………………… 220

第 9 章　旅游服务心理 ……………………………………………………… 226
第 1 节　服务市场中的消费者行为 …………………………………… 227
第 2 节　客人的需求心理 ……………………………………………… 235
第 3 节　前厅服务心理 ………………………………………………… 238
第 4 节　客房服务心理 ………………………………………………… 241
第 5 节　餐厅服务心理 ………………………………………………… 245
第 6 节　旅游商品服务心理 …………………………………………… 249
第 7 节　导游服务心理 ………………………………………………… 254
第 8 节　旅游者投诉心理 ……………………………………………… 263

主要参考书目 ………………………………………………………………… 270
后　　记 ……………………………………………………………………… 274

第1章　旅游心理学概述

【学习目标】

　　通过本章的学习,你应该达到以下目标:了解旅游心理学的学科性质、历史发展沿革并掌握本学科的研究对象,了解旅游心理学相关学科的基本内容;理解旅游学科树,知晓旅游心理学在旅游学学科体系中的位置。掌握旅游心理学的研究方法,并基本掌握获取旅游消费者信息的技能。具有运用旅游心理学的研究方法来分析和预测旅游消费者的行为的能力。

【内容结构】

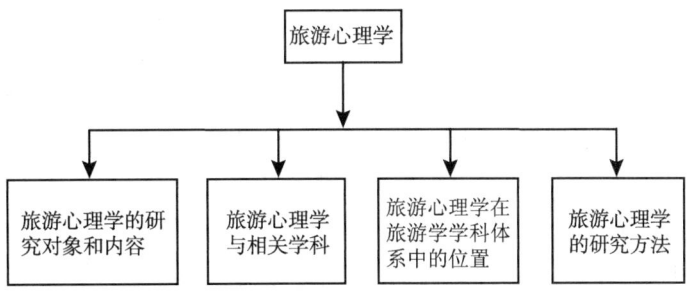

【重要概念】

　　旅游心理学　旅游体验

第1章 旅游心理学概述

引 例

旅游者的怀旧心理

探古访幽乃是旅游者怀旧心理的反映。游过的山水名胜，有机会重游，会感到十分亲切，遐想万千。西安是中国古都，丝绸之路的起点。想当年，盛极一时。1375年，明朝皇帝朱元璋的次子秦王朱樉在原城墙基础上修建了规模宏大的明城墙。游人见到像巨龙一样的城墙，静卧在八百里秦川之上，数百年前的古城风貌，商贾云集，市场繁荣，古时的盛况，一一浮现在游人心中。朝代兴衰，历史沧桑，留给后人无限遐想。人们驱车来到骊山脚下，仰望长空，抚今追昔，想当年华清池水洗凝脂，一派灯红酒绿度时光，广大的老百姓怨声载道，悲愤交加。诗人杜甫写道："朱门酒肉臭，路有冻死骨。"长期以来成为人们控诉封建统治阶级的罪恶名句。总之，不同类型的旅游者有着不同的心理特点。

近几年来，外国旅游者来华旅游的人数与日俱增，尤其是日本人和美国人更多，就客观情况分析，他们均是经济发达的国家，个人收入较高，加上与中国有悠久的历史渊源。他们组团来华参观访问，亲眼看看中国改革开放带来的市场繁荣、社会安定、政治开放的良好局面。有的人一踏上中国的土地就感到中国是个神秘的国家，什么都要看，什么都新奇，一度中国热在世界上持续好久。日本旅游者来华旅游交通方便，费用低廉，况且中日文化和习俗又有许多相似之处，这些均成为日本旅游者来华旅游的强大驱动力。华侨和台、港、澳旅游者，这些人都是炎黄子孙，他们中多数人是来观光、做生意、探亲访友、看病的。有的老华侨在异国他乡生活了很多年，非常思念祖国。当他们一踏上祖国的土地时，不少人抓起黄土亲吻，不少人热泪盈眶，当他们见到了亲朋好友畅叙阔别之情时，连做梦也未曾想到能有今天。这是祖国开放政策带来的结果，否则一辈子也回不了故乡。他们看到祖国经济建设快速前进，城乡一派新气象，心中十分快慰。时至20世纪90年代，国内旅游者如大潮一般汹涌澎湃，席卷中华大地，归纳起来有六种人：一是农民；二是个体户和离休干部；三是老教师；四是学生；五是工程技术人员；六是退休干部职工以及青年工人，每年约有三亿人次。这些人收入并不很高，他们以能到达风景名胜游览点游玩参观为满足，看看祖国大好河山，完成夙愿，条件差些生活苦些都不在乎。

（资料来源：庄复：《旅游者心理探微》，http://www.uoguo.net，2006-2-9）

第1节 旅游心理学的研究对象和内容

旅游心理学是心理学的一门分支学科，它是把心理学的相关研究成果和有关原理及研究方法运用到分析、了解旅游这一现象上来而产生的新兴应用学科。旅游心理学的产生在世界上也不过二三十年,介绍到中国也就十几年。在旅游心理学产生的初期主要是把心理学的知识方法移植过来,直到近些年才有独立研究成果出现,所积累的研究成果并不丰厚,所以说旅游心理学还不是一门很成熟的学科。

一、旅游心理学的研究对象

旅游心理学主要研究旅游体验、旅游消费心理、旅游者社会行为和旅游服务心理。这四方面内容构成了旅游心理学的主体。旅游这一现象本身是一种复杂的社会、经济、文化和心理现象的综合,因而对心理规律的探讨常常不能单独进行,因为心理现象与旅游的其他方面交织在一起,通常旅游心理现象不能单独存在。所以进行这方面的研究是比较复杂并有相当难度的。

(一) 旅游体验

体验通常是指人们对刺激产生的一种心理反映,因为情绪性突出,又被称为情绪体验。旅游体验定义:通过旅游主体与旅游客体的互动,并由旅游主体主动建构的经历和主观感受。旅游体验由三部分构成:情绪情感、认知和外在行为。

在体验问题的研究上走在前列的是心理学和美学,前者主要集中在幸福体验方面,后者体现在审美体验方面。审美体验研究也是美学研究的一个非常重要的领域,成果丰富。旅游体验研究如何借鉴及与审美体验研究进行区隔是一个重要且困难的课题。旅游体验肯定包含审美体验部分,但是也肯定存在重大不同,区隔不清楚,容易出现旅游体验就是审美体验的情况。现实是我国学术界旅游体验研究已经出现这种情况,这会导致旅游学的学科合法性受到质疑,甚至可以说旅游学学科就没有存在的必要性了。如何避免旅游学在借鉴其他成熟学科的成果和研究方法时迷失自己,一直是旅游学学术研究的困局。引狼入室、鸠占鹊巢现象在旅游学研究过程中频频出现。

(二) 旅游消费心理

人们的旅游消费行为是在其消费心理支配下发生的,因此了解旅游者消费心理的发生、发展变化规律是非常有必要的。美国著名心理学家勒温提出的行为公式有助于我们对这个问题的分析。

勒温的行为公式是:

$$行为 = f(人格 \times 环境) \qquad (1-1)$$

他认为人的行为受两大因素影响,一个是人格,一个是人所处的环境,人的行为就是人格和环境的函数。所谓人格简单地说就是个人的心理特点系统。在我们研究旅游行为的规律时,对旅游者个人心理因素的探讨就成为最有价值的切入点。每个人的心理都具有与他人不同的特点,因而形成相互之间在心理因素上的差别。由于这种差别的影响,使得人们在面对相同的旅游条件时产生不同的反应,有的产生旅游行为,有的不产生旅游行为,有的产生这种旅游行为,有的产生那种旅游行为。另外环境是影响人的行为的另一个重要因素,人的行为就取决于人格和环境二者力量的对比,以及它们之间的相互作用。所以我们一方面要探讨旅游者的心理因素对旅游行为的影响,另一方面要探讨旅游者所处的外部环境对旅游行为的影响。

探讨旅游者的旅游消费心理就是要探讨旅游行为产生的规律,探讨旅游者的旅游知觉、旅游动机、旅游态度、旅游者的人格、旅游者的情感以及旅游审美心理等方面。

对于旅游行业的从业者而言,了解旅游者的心理规律对他们正确理解并预测客人的行为有很大帮助,从而为影响和引导旅游者的行为打下基础。孙子兵法云:"知彼知己,百战不殆",在今天旅游业竞争极端激烈的情况下,了解自己的工作对象是非常有价值的。

(三) 旅游者社会行为

旅游者旅游过程中在旅游目的地的一些行为,会与原住民以及其他旅游者发生互动,此类互动所产生的影响一般归于旅游的社会效应范畴,自然对其研究就涉及社会学。在旅游者社会行为范畴中占据重要位置的是旅游者道德行为,旅游学中有旅游者道德弱化的假设,对此已经有了一些研究。本书将对旅游者道德行为问题进行探讨。

(四) 旅游服务心理

旅游业在当今世界上存在和发展的一个重要理由在于旅游业有"接待"这一特点,换句话说要通过人与人打交道来完成其生产过程。从心理学角度可以把旅游产品解释为:旅游者花费一定的时间、金钱和精力所获得的个人经历。从这个角度看旅游服务,那么旅游服务实质上是旅游服务人员通过与旅游者打交道,以帮助旅游者构造其美好经历的过程。要想使客人有好的经历、好的体验、好的感受并不是一件简单的事,它需要迎合旅游者心理,满足旅游者的需要。如果不了解旅游者的心理而进行的旅游服务则是无理性的,它无异于"盲人骑瞎马",撞到哪儿是哪儿,这样是无法得到好的结果的。

 补充阅读资料1-1

旅游心理学研究对象

研究旅游心理学大致有这么几种思路:①以旅游消费者为对象,研究旅游者消费行为的规律。②研究旅游者和旅游工作者的互动关系。③在我国最有代表性、更广泛采用的体系与前面两种都不同。这种体系通常将旅游心理学分为三部分:旅游者心理、旅游服务心理和旅游管理心理。④本书的体系是旅游者心理、旅游服务心理。下面将不同体系的代表作罗列一二,以飨读者。

第一种体系的代表:《旅游心理学》[美]小爱德华·J.梅奥、兰斯·P.贾维斯;《旅游消费者行为学》[美]亚伯拉罕·匹赞姆等。

第二种体系的代表:HUMAN RELATION IN HOSPITALITY INDUSTRY USA DONALD

E. LUNDBERG。

第三种体系的代表：《旅游心理学》屠如骥、甘朝友、吴正平、王柯平；《旅游心理学》刘纯。

二、旅游心理学研究的内容

旅游活动是一种综合性的活动，它既是一种地理现象，一种商业活动，也是一种社会行为，一种人类经历。旅游心理学是解剖这一复杂现象的一个重要角度。根据旅游心理学的研究对象，我们认为旅游心理学的具体研究内容应包括以下几个方面：

（一）旅游者一般心理

具体包括旅游知觉、旅游动机、旅游者的人格、旅游者的态度。这些内容与旅游消费心理、旅游体验、旅游服务心理都直接相关，构成其基础。

（二）旅游体验

具体包括旅游者的情绪和情感、幸福体验、旅游体验。

（三）旅游消费心理

具体包括旅游者购买决策的研究范式、旅游决策过程及购买体验、旅游消费过程中的风险感知等。

（四）旅游者道德行为

（五）旅游服务心理

具体包括导游与景区服务心理、酒店服务心理、旅游交通服务心理、旅游商品服务心理。

这些具体内容在介绍过程中会有交叉甚至融合，因为旅游现象本身是个整体，通常是出于研究和知识表述的需要才对它们条分缕析。

第 2 节　旅游心理学与相关学科

对旅游心理学产生影响的相关学科很多，其中最重要的有普通心理学、管理心理学、消费者行为学、积极心理学和美学等。在此我们只介绍相关的心理学学科，美学就不介绍了。旅游美学也是旅游学科体系中很有分量的一个子学科，所以奢谈美学既感不自量力，即使有此实力为之也是劳而无功，费力不讨好。当然旅游学科中其他学科，如旅游学等自然也高度相关，但无须介绍，理由毋庸赘述。

一、普通心理学

在我们开始探讨普通心理学对旅游心理学产生的影响之前，先简单回顾一下心理学的发展历程。

（一）心理学的发展

1. 从哲学的心理学到科学的心理学

心理学是一门渊源数千载而历史仅有百年的科学。自从有人类以来，就存在着心理现象，但心理学真正成为一门科学，才是近一百多年的事。自苏格拉底、柏拉图、亚里士多德等哲学家起，就对人类的本性、本能、心灵、感觉、意识等问题作为哲学上的主要观念去讨论。但是，他们讨论这些问题时，都只凭主观的设想，而没有建立客观的研究方法和系统的理论。因此，在那一段漫长的时期内并没有形成科学的心理学，只能称之为哲学的心理学。

19世纪以来，自然科学得到更迅速的发展，特别是生物学、生理学等学科的发展积累了大量关于人体的知识。自然科学的突飞猛进，启发了人们的思维，刺激人们寻找研究心理的新方法；而且有许多勇于探索的学者，开始了他们的实验工作。德国生理学家、哲学家冯特受到前人的启发，在吸收前人成果的基础上，于1879年在莱比锡大学建立了世界上第一个心理学实验室，并在他的主持下开展了对感觉、知觉、情感和联想等系统的研究。至此，心理学真正脱离哲学而成为一门独立的实验科学。

补充阅读资料1-2

冯特与科学心理学的诞生

冯特，德国心理学家、生理学家、实验心理学的开创者，心理学史上第一个专业心理学家，构造心理学的倡导者，医学家和哲学家。1862年出版《感官知觉理论》，首次提出实验心理学的名称。1863年出版《人与动物的心灵讲义》，书中提出了许多实验心理学的重要问题。1867年出版《生理心理学纲要》，构造心理学从此诞生。1879年，冯特在莱比锡大学创立了世界上第一个心理学实验室，开展了大量实验研究，造就出一大批心理学家。1881年，创办《哲学研究》杂志，刊载心理学实验室的成果。

2. 现代心理学的三大学派

现代心理学历史不长，流派却很多，其中最著名的是西方现代心理学的三大流派，即弗洛伊德创立的精神分析心理学、华生创立的行为主义心理学和以马斯洛为代表的人本主义心理学。

（1）精神分析心理学

奥地利心理学家弗洛伊德是从事心理治疗"起家"的，他是心理治疗中的"心理分析"学派的创始人。他认为心理上的病态是人的本能冲动被压抑的结果。当一个人觉得自己的冲动严重地违背了"做人的原则"时，他就会压抑这些冲动。压抑的结果是：虽然再也意识不到这些冲动,并且已经可以心安理得地相信自己"没有"这些冲动,但这些冲动依然存在于意识不到的内心深处。弗洛伊德认为,这种"冲动"与"对冲动的压抑"之间的冲突,就是导致心理失常的病因。他还发现,病人的那些被压抑的冲动,往往会"改头换面"地表现在他们的梦境之中。因此,他认为治疗者应该通过深入的分析去破译梦的"含义"。1900年,他正式出版了他的第一本最有影响的著作《释梦》。同年,他又着手写他的另一本很有影响力的著作《日常生活的心理分析》,把他对病人的研究扩大为对一般的正常人的研究。

(2)行为主义心理学

行为主义心理学于20世纪初产生于美国。它以坚决否定传统心理学的姿态登上心理学的舞台,似乎使人感到它在清除心理学所包含的神秘性,改变着心理学的空气,因而立刻迷惑了美国的大批青年心理学者,并在西方心理学界引起广泛而深刻的影响。

华生是行为主义心理学的创始人。他将心理学列入自然科学一个纯粹客观的实验分支。他反对研究意识,把人和动物的行为作为研究对象。他从人和动物行为中所找到的基本因素是刺激和反应,并且断言:"我们能够将我们的一切心理学问题及其解决,都纳之于刺激和反应的规范之中。"刺激—反应公式就成为华生心理学的基本公式。

在一批"新行为主义"心理学家中,最著名的是创立"强化学说"的美国心理学家斯金纳。斯金纳用他的"斯金纳箱"做了大量的动物实验。他认为,通过动物实验也能揭示人的行为规律,因为人的行为和动物的行为基本上服从于同样的规律。斯金纳认为,最重要的问题不在于各种各样的行为是由什么样的刺激引起的,而在于已经出现的行为为什么有的能够巩固下来,有的却没有巩固下来,没有形成习惯。他用大量的实验证明,已经表现出来的行为会因为得到奖励而增加它重复出现的可能性,换句话说就是给予奖励能够"强化"已经出现的行为。

(3)人本主义心理学

马斯洛等人本主义心理学家认为,对于人来说,最本质也是最可贵的东西,不是人与动物所共有的那些"本能",而是那些动物所没有的,只有人才有的"潜能"。1954年,马斯洛所著的《动机与人格》一书问世。他在书中提出了现在已经为大家所熟悉的、以自我实现的需要为最高层次需要的"需要层次理论"。所谓"自我实现",就是通过发挥人的潜能来实现人的价值。

马斯洛所说的人所特有的潜能,如爱的潜能、创造的潜能,都是"善的",而不像弗洛伊德所说的本能那样是"恶的"。但是人的这些潜能与人的动物本能相比要软弱得多,它们只有在良好的环境条件下,才能由"潜在的可能性"变为"现实";在恶劣的环境中,是很容易被摧残的。马斯洛认为,理想的社会就是能使人的潜能得到充分实现的社会。

20世纪50年代末,马斯洛与哈佛大学的索罗金共同召集了"关于人类价值的新知识讨论会"。在这次专题讨论会以后,他又与弗洛姆、罗杰斯等心理学家共同发起,于

1962年成立了"人本主义心理学会"。当时，他们所确定的人本主义心理学的基本原则之一，是"心理学应该关心人的尊严和人的提高"。

60年代末，在人本主义心理学的发展中，又兴起了一个新的心理学派别：超个人心理学。从1969年起，他们就有了自己的组织和刊物。这种超个人心理学不是以人的需要和兴趣为中心，而是以整个宇宙为核心。

（4）社会建构论心理学

社会建构论心理学（Social Constructionist Psychology）是20世纪末兴起的一个心理学思潮。它是后现代心理学的元理论基础。社会建构论心理学主要有三种形态：

①后现代的社会建构论，亦称激进的社会建构论，以美国社会心理学家格根（Gergen，K. J.）为代表，主要特征是完全否定心理现象的实在特性，认为所谓的意识、心理仅仅是一种社会建构。

②实在论的社会建构论，以英国心理学家黑尔（Harre，R.）为代表，其特色是话语心理学和后结构主义倾向。

③修辞—反应的社会建构论，以肖特（Shotter，J.）为代表，强调修辞和反应特性。

三种社会建构论侧重点不同，但都有后现代主义特性，归纳起来社会建构论心理学的基本主张有下列几个方面：

①知识不是经验归纳的产物。所有知识都是一种社会建构，是植根于特定历史和文化的人们的协商、对话的结果，是人们在社会人际交往中"发明"的，而不是通过所谓"客观方法"发现的。建构是社会性的，并不是个体的、内在的。人际互动、社会协商、共同意识决定了知识和知识类型。

②实在（reality）是社会建构的结果。所谓的心理现象，包括意识、情绪、认知等，并不是实实在在地存在于人脑的某个地方，而是一种社会文化的、语言的建构。传统心理学的研究对象——人格、态度、情绪等并不是一种内在实在。心理现象存在于人与人之间，是人际互动的结果，是社会建构的产物。

③语言并不是具有确定意义的透明的媒介，也不是表达思维内容的中性工具。我们用以理解社会和自身的语言系统与语言系统所指涉和描绘的对象之间并不是一一对应的关系，以社会建构论的观点来看，语言是先在的，它不是一个中性的工具和媒介，相反，它为我们认识世界和自己提供了范畴和分类方式，并用于解释新的经验。它不是表达思维，而是规定思维。

基于社会建构论心理学的这些信念，该思潮表现出这样几个特征：

①反本质主义。

②反实在论。

③坚持知识的历史文化特殊性。

④认为语言构成思维的"前见"（precondition）。

⑤将语言作为社会行动的一种形式。
⑥关注社会实践和互动。
⑦关注建构过程。

(二) 普通心理学

普通心理学是心理学的分支学科，它的研究对象是一般正常人的心理现象及其基本规律。普通心理学把个人身上所发生的心理现象分成心理动力、心理过程、心理状态和心理特征四个方面。

1. 心理动力

心理动力是指决定着个体对现实世界的认知态度和对活动对象的选择与偏好的心理现象系统。它主要包括动机、需要、兴趣和世界观等心理成分。

2. 心理过程

人的心理是一种动态的活动过程，即人脑对客观现实的反映过程，它包括认知过程、情感过程和意志过程。

3. 心理状态

心理状态是指心理活动在一段时间里出现的相对稳定的持续状态。它既不像心理过程那样变动不居，也不像心理特征那样稳定持久。例如，在感知活动时可能会出现聚精会神或漫不经心的状态；在思维活动中可能会出现灵感或刻板状态；在情绪活动时可能会产生某种心境、激情或应激的状态；在意志活动时可能会出现犹豫或果敢的状态等。事实上，人的心理活动总是在睡眠状态、觉醒状态或注意状态下展开的，这些不同的心理状态体现着主体的心理激活程度和脑功能的活动水平。

4. 心理特征

心理特征就是人在认知、情感和意志活动中形成的那些稳固而经常出现的意识特性，主要包括能力、气质和性格。

二、管理心理学

管理心理学是心理学的一个分支学科，它产生于20世纪20年代。管理心理学诞生的标志是1924年至1932年在美国芝加哥西方电器公司的霍桑工厂进行的霍桑试验。霍桑试验提出了"人际关系学说"，这个学说使管理心理学正式走向管理学的舞台，"人际关系学说"同时成为管理心理学的核心理论之一。

管理心理学是以企业中人的心理规律为研究对象，目的在于调动人的积极性，以达到最大的工作绩效。

(一) 个体心理

个体心理是指管理心理学中以个体心理为研究对象，以调动个体积极性为目的的研究。有关调动个体积极性的理论称为激励理论。

激励指的是持续激发人的动机的心理过程，也可以说是调动人的积极性的过程。激励理论有三类，它们是：内容型理论、行为改造型理论和过程型理论。

1. 内容型理论

这是激励问题的基础理论，它主要研究激励的原因与起激励作用的因素。其理论有马斯洛的需要层次论，奥德弗的生存、交往、发展理论，麦克利兰的成就需要理论，赫茨伯格的双因素理论。

2. 行为改造型理论

行为改造型理论重点研究如何改造和转化人的行为，以达到变被动为主动、变消极为积极。行为改造型理论主要包括强化论、归因论、挫折论三种理论。

3. 过程型理论

过程型理论主要是说明行为是怎样产生的，怎样向一定方向发展的，如何能使这种行为保持下去，以及怎样结束这种行为发生的整个过程。

（二）群体心理

管理心理学在界定群体概念时，使用了三个标准：各成员相互依赖，在心理上彼此意识到对方；各成员间在行为上相互作用，彼此影响；各成员有"我们同属于一群"的感受。组成群体的要素有三个：活动、相互作用和感情。群体的作用大致有四个方面：完成任务、进行有效的信息沟通、融洽人际关系和满足成员的心理需要。

三、消费者行为学

消费者行为学是心理学的一个应用分支学科，德尔·L. 霍金斯等著《消费者行为学》对消费者行为学是这样定义的："消费者行为学是研究个体、群体和组织为满足其需要而如何选择、获取、使用、处置产品、服务的体验和想法，以及由此对消费者和社会产生的影响。"

（一）基础概念

1. 消费

消费是指人们为满足需要而消耗各种物质产品及非物质产品的行为和过程。广义的消费包括生产消费和生活消费两大部分，而狭义的消费仅指生活消费，即我们日常生活中所说的消费。

2. 消费品

产品可以被定义为人们通过交换获取的一切东西，它是用来使用或消费以满足某种欲望和需要而提供给市场的一切东西。根据消费者的意图，产品可被分为工业品和消费品。二者之间最根本的区别在于它们的预期用途。如果是用于商业，那么产品被定义为工业品或产业用品。工业品是用于制造其他产品或服务、用于促进企业经营以及向其他消费者转售的产品。**消费品**是用来满足消费者个人需求的产品。

按照一般的分类方法，消费品可以分为四种类型：便利品、选购品、特殊品、非寻求品。

（1）便利品。便利品是消费者不需要费力就能买到的价格便宜的商品。对于有些商品，消费者不愿意花大气力去搜寻和购买，比如软饮料、清洁剂、笔记本等。

（2）选购品。选购品一般要比便利品的价格高而且销售的商店也要少。消费者在购买选购品时一般要对几种品牌或商店进行款式、适用性、价格与其生活方式的协调性的比较，他们也愿意花费一些精力以取得自己期望的利益。

（3）特殊品。当消费者广泛地寻求某一特殊商品而又不愿意为此接受替代品时，这种商品即为特殊品。如奔驰汽车、劳力士表等。

（4）非寻求品。一项产品不为其潜在的消费者所了解或虽然了解也并不积极问津，那么这项产品就叫作非寻求品。新产品在通过广告和分销增加了其知名度以前都属于非寻求品。

3. 消费者

简单地说，**消费者**就是购买与使用各种产品或服务的人。具体地说，消费者是对各种消费品的需求者、购买者和使用者。

4. 消费者行为

所谓**消费者行为**，就是指人们为满足需要和欲望而寻找、选择、购买、使用、评价及处置产品和服务时介入的活动和过程。消费者行为学就是研究消费者的这些活动和过程以及影响这些活动和过程的各种因素。

（二）消费者行为学的研究内容

消费者行为学是研究消费者为满足其需要和欲望而选择、获取、使用和处置产品、服务的活动和过程，也包括影响这一活动和过程的各种因素。见图1-1。

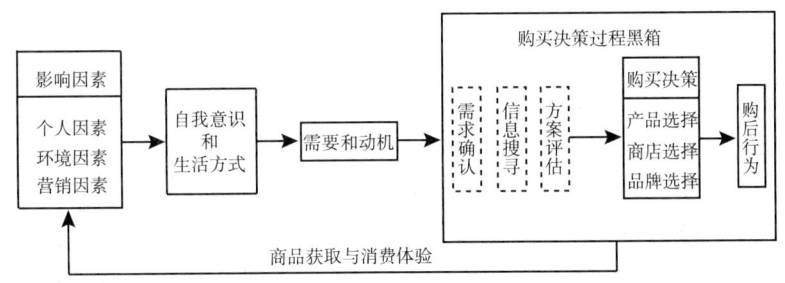

图1-1 消费者购买行为分析模型

1. 研究消费者的需求和动机

心理学研究表明，人的行为的出发点和原动力就是人的需要。所谓需要，就是个体缺乏某种东西时的主观状态。要了解消费者的行为，首先就应该研究消费者的需要。见图1-2。

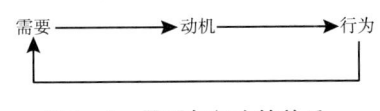

图1-2 需要与行为的关系

2. 研究消费者的购买决策

消费者行为学研究的主要内容之一是要了解消费者的购买决策，因为消费者行为研究要解决的根本问题就是"消费者是如何进行购买决策的"？假如我们能够了解消费者的购买决策过程及其影响因素，就可以通过影响和控制这些因素来影响消费者的购买行为，从而达到提高营销绩效的目的。根据图1-1，我们可以看到，消费者的决策过程主要包括需求确认、信息搜寻、方案评估、购买决策以及购后行为。

3. 研究影响消费者行为的各种因素

从某种意义上说，消费者行为学研究的内容就是消费者的决策过程以及影响消费者决策过程的因素。影响消费者决策的因素是很多的，从大的方面来说，一般认为主要包括个人因素和社会因素。而本书作者认为，在实际影响消费者决策的各种因素中，物理环境和企业的营销因素也能对消费者的购买决策产生影响。因此，图1-1中把影响消费者行为的因素分为三个方面：个人因素、环境因素以及营销因素。

第3节 旅游心理学在旅游学学科体系中的位置

要想说清楚这个问题，首先要讲清楚旅游学。大家知道，关于旅游学，目前并无权威且明确的结论，远未达到水落石出般的清晰明确状态。在此把话题扯远一点实属无奈，却非常必要。

国内旅游学术界对旅游学是否为独立学科的争论从未停止过。要弄清楚旅游学是不是独立的学科，首先要明确独立学科的条件。由于定义学科的方式不同，人们对学科的性质会有不同的表述。一般认为，学科的特征应该在于它不依赖其他学科的独立性。这种独立性表现在有自己独有的研究对象，有一套相对独有的概念和理论体系，有由研究对象所决定的相对独有的研究范式和具体研究方法的组合。

用上述标准来衡量，应该承认，旅游学并不具备独立学科的条件，但是从旅游学发展来看，旅游学应该成为，也必须成为一门独立的学科。按照上述学科的界定标准，旅游要成为独立的学科，首先要确定旅游学的独有研究对象。总的来说，关于旅游学研究对象的探讨存在两大问题：一是我国学者对旅游学的研究对象没有达成共识，二是没有高度关注"独有性"问题。这样将导致两个结果：第一，旅游学不被其他学科承认为学科，即学科没有合法性。没有独有的研究对象，学科就无从谈起。第二，长此以往必定会影响上层建筑及分支学科和基础理论的发展与成型，严重的是对旅游学科建立的框架会产生分歧，造成不同学科背景的学者各自为政，建立各自的学科框架，最终结果就是旅游不成"学"。

比较古老的观点认为旅游学研究对象是"因旅游而引发的各种关系的总和"，具体表现为要素论。如从活动角度界定的六大要素论——食、住、行、游、购、娱,从旅游综合体的角度界定的三要素论——主体、客体、媒体。这也是旅游学界较多人认同的观点。另外一种颇具影响力的观点是谢彦君提出的:"旅游学的研究对象是旅游活动的内在矛盾及表现,旅游学的任务就是通过研究来认识这种矛盾的性质及其发生原因、形态结构、运动规律和它所产生的外部影响。"余书炜认为,旅游理论研究的对象是包括旅游活动及由其引起的各种关系与后果,而旅游活动包括旅游者的旅游消费活动与旅游供给活动两个方面,也就是包含了旅游者活动和旅游产业活动这两个互为前提、相互依存的界面。谢彦君也认同此观点,认为在旅游学的学科体系中,对这两个界面的分别研究既导致了理论与方法的差异,又体现了不同的侧重点。

从上述两种最具代表性和影响力的观点可以看出,旅游学者们对旅游学研究对象的主要分歧在于:是从旅游产业的角度出发还是单纯从旅游者活动的过程来考虑。旅游学研究的对象是人类的旅游活动,而不是旅游业,旅游业只是一个有机的组成部分。因此,以谢彦君的观点为代表的活动论更有说服力。但是,谢彦君把旅游活动的范围从旅游者活动扩大到旅游产业活动,则又是对现实的屈服和迁就了。这样还无法解决旅游学研究对象的"独有性"问题,此问题不解决,旅游学就无法成学。在探讨学科研究对象时,要时刻谨记"独有性"。不独有,则学科存在的必要性就会丧失。现实是:旅游学的"一亩三分地"是公共跑马场,其他学科可以随意进出,尽情驰骋,尘埃散去,旅游学领地支离破碎,满地狼藉,称其一地鸡毛绝非危言耸听。把其他引入的学科剔除,旅游学还剩什么?不由得让人想到这样的场景:摇滚音乐节结束后的广场……

学科研究对象的"独有性"是学科存在的前提,确定自己的研究领地是旅游学的首要任务,刻不容缓,只有确立了独有研究对象,旅游学的学科合法性问题才能得到解决。以往关于旅游学研究对象的探讨似乎假定这个问题已经解决,或者更大的可能是忘掉了研究对象"独有性"这个大前提,根本没有从"独有性"角度出发来确定旅游学的研究对象。

旅游学独有的研究对象是什么?探讨路径应该是从公认的常识出发,在探究过程中把"独有性"作为必需的标准。顺着这样的公认路径前行,能够推演出有价值的结果,见图1-3。

这棵"树"的主干是纵向的旅游学—旅游活动—旅游者和对象物及二者的互动。其他横向的对应有旅游各分支学科研究,在此不再罗列。这里的旅游对象物是指能给旅游者带来核心旅游体验的事物,即旅游者为完成旅游体验过程而从外部世界中主观选择出来并与之发生互动的客观实在。旅游对象物根据存在形态的不同可以分成旅游资源和旅游产品。因此,旅游资源相应地可以这样界定:那些可以为旅游产业开发(最终一定为旅游者所利用)或者为旅游者所直接利用的客观实在。以往,旅游学术界对旅游资源的共识是:只从旅游产业开发角度定义,根本排除了旅游者直接利用旅游资源的可能

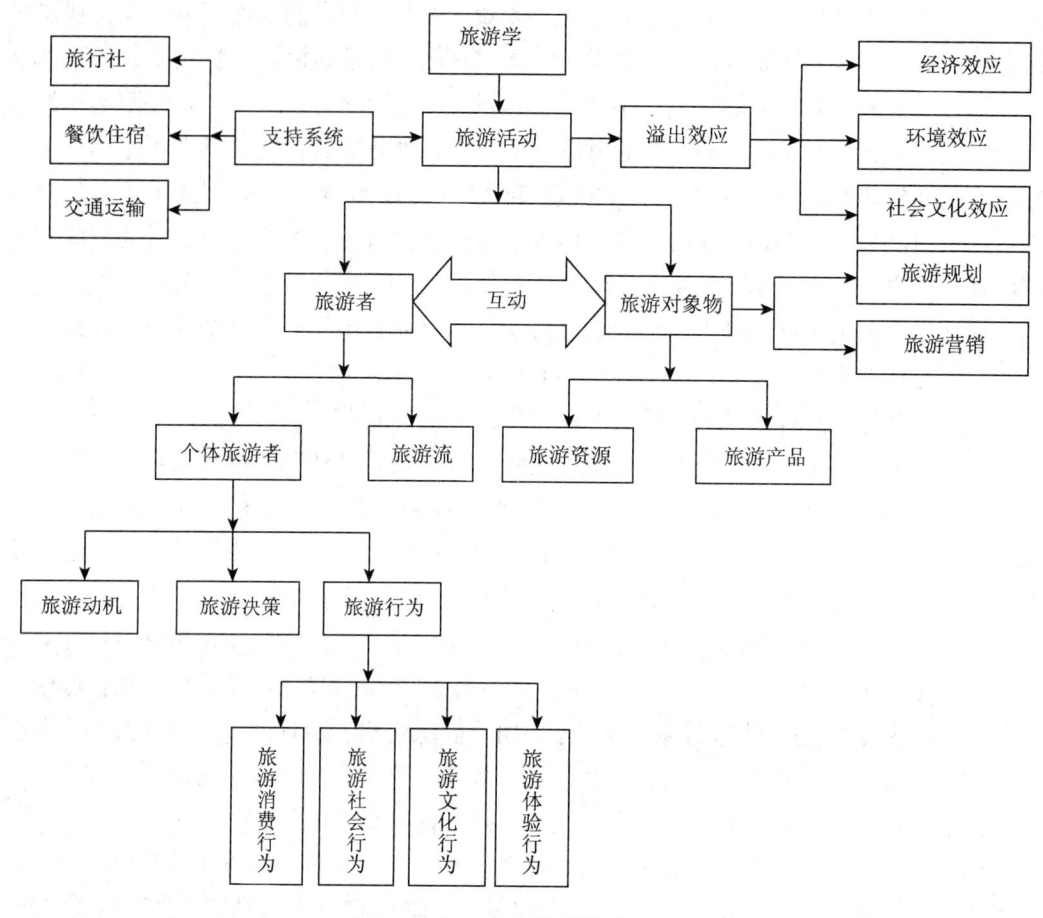

图 1-3　旅游学科树

性。其实这样既违反生活经验也不符合旅游学常识。这个常识就是：旅游出现在旅游产业出现之前。在那个时代，旅游者只能直接利用旅游资源而非不存在的旅游产品。旅游企业利用旅游资源制造开发旅游产品，而旅游者利用旅游资源制造旅游体验。当然这和旅游者利用旅游产品产生旅游体验不矛盾，这也是旅游学区别于经济学的一个根本点。这里面可以确定，旅游活动（旅游者活动，以后均简称旅游活动）是旅游学独有的研究对象，即旅游者、旅游对象物及二者的互动，也可以说是旅游体验。而旅游活动产生的必要条件及由旅游活动引发的效应等，可由其他分支学科深入研究。目前还没有任何一个学科把旅游活动列为自己的研究对象，当然旅游学除外。这完全满足了学科研究对象"独有性"的要求。虽然谢彦君也认为旅游学的研究对象是旅游活动，但是他把范围从旅游者活动扩大到旅游产业活动，就不得不引入其他学科的理论和方法，如经济学、管理学等，结果就是引狼入室，它们不但理直气壮地进来分享（产业活动天然是这些学科的研究对象，即使旅游学不引入，它们也会研究），而且还反客为主，旅游学根本无法抗衡。换言之，也可以说旅游学进入了其他学科的领地，这就是我们经常感到被其他学科蔑视和挤压的原因。

旅游活动是旅游学的独有集合。旅游学的研究对象是旅游活动，而由旅游活动引发的其他重要现象作为学科外延性研究领域存在，由其他分支学科研究。例如，旅游活动的经济效应就牵涉经济学、管理学和市场营销学，地理环境效应牵涉地理学，社会环境效应牵涉社会学，文化效应牵涉人类学等学科。而关于旅游对象物的研究则衍生出旅游规划学、旅游美学等学科。这时候其他学科的引入就是帮助性的，它们是"客"，当然，这些外延性研究范围（尤其是经济和管理范畴）同时也是众多学科研究的共同领域，是众多学科研究范围的交集。这样，一则解决了研究对象"独有性"问题，也就确立了旅游学科存在的合法性；二则避免了其他学科的反客为主和由此生出的嘲弄。

旅游学以旅游活动作为自己的独有研究对象，以此为主干建立学科体系不但解决了学科合法性中最重要的问题，其学科体系的内在逻辑也能够自恰（以"旅游学科树"为证）。

清楚了旅游学，清楚了"旅游学科树"，旅游心理学与旅游学其他学科的关系，以及旅游心理学在学科体系中的位置、价值就自然清楚了。由此可见，旅游心理学是旅游学的核心构成。那么，旅游学应该是一个大学科的名称，介绍旅游学基本知识的学科或者课程就该称为旅游学概论，或者称为基础旅游学。这方面的问题在此就不再详细讨论了。

第4节 旅游心理学的研究方法

旅游心理学是心理学的一个新兴的分支应用学科，其研究方法主要来自于心理学中已经非常成熟的研究方法，同时从旅游心理学的学科特点出发，有选择有变化地使用这些研究方法。心理学的发展为旅游心理学的研究发展提供了知识和方法上的基础，这使得旅游心理学的研究发展变得迅速而有效。此外社会学的知识和研究方法也成为旅游心理学的重要知识和方法的来源。这些构成了旅游心理学发展的先天优势，其后天优势则是强大的社会需要。

一、旅游心理学研究的信息来源

要想有效地对旅游心理学进行研究，首先就要获取相关资料。这些资料主要有两类：第二手资料和第一手资料。

（一）第二手资料

从事任何研究项目，首先应全面收集与此项目有关的现有资料，即第二手资料。第二手资料又称间接资料，是他人为其他某种目的收集的已经加工整理过的信息。第二手资料获取的成本低，需要的时间短，但由于是他人为其他目的收集的，所以适用性较差。

（二）第一手资料

第一手资料又称原始资料，是通过现场实地调查所收集的资料。在许多情况下，利用第二手资料不能完全满足调研者的需要，因为毕竟这些资料不是针对本研究的目的所收集的。虽然第一手资料的获取要更费时间，投入更多的成本，但有时第一手资料才是解决问题的唯一方法，甚至可以说是不可替代的。

获取第一手资料的方法很多，如观察法、实验法、访谈法等。

二、旅游心理学研究的类型

根据调查研究中获取被试者资料的方法的不同，我们可以把旅游心理学的研究分为两种性质不同的类型：定性研究和定量研究。

（一）定性研究

所谓定性研究就是通过综合描述与分类来对事物进行衡量的研究。定性研究的一个基本特点就是它不要求被试者按照事先安排好的回复类别来回答问题。答案是文字性的，不是数量化的，被调查者要用自己的话来陈述答案。事实上，研究者可能也并不知道真正的答案是什么，但也正因为这点，研究者才使用定性研究方法。这种方法可以使研究者发现被试者的动机、态度、偏好及未来的行为倾向。以后我们要介绍的访谈法、投射技术等就属于这一类。

（二）定量研究

定量研究是通过数量对事物进行衡量的研究。在定量研究中，被调查者根据数字化的量表进行回答。量化答案具有可比较性，从而使研究人员可以研究大量的被试者，然后将他们的答案集中在一起，对所研究的被试者行为的某个方面进行总体评估。定量研究的方法主要包括调查法和实验法两大类。

（三）定性和定量相结合的研究方法

由于定性研究得出的结论非常有限，所以一些研究人员使用定性与定量相结合的研究来帮助制定战略决策。他们用定性的研究结果来发现新的观点，用定量研究的成功预测人们的行为。有时从定性研究中产生的观点又被经验检验并且成为设计定量研究的基础。研究人员已经发现，这两种研究方法不是相互矛盾的，而是一种真正的自然补充。实证研究使预测成为可能，定性研究提供了理解，两者合一比使用其中的一种研究方法能对人们行为的轮廓有更丰富更充分的了解。

三、旅游心理学研究的具体方法

（一）观察法

观察法是在自然情况下，有计划、有目的、系统地直接观察被研究者的外部表现，了解其心理活动,进而分析其心理活动规律的一种方法。

运用观察法,首先应有明确的目的,要制订研究计划,拟定详细的观察提纲。观察过程中要敏锐捕捉各种现象,准确、详细地记录下来,及时予以整理和分析,以利于科学结论的产生。由于观察法很少干扰或不干扰被观察者的正常活动,因而得出的结论比较符合实际情况;另外观察法简便易行,可以涉及相当广泛的内容。但由于观察者往往处于被动地位,他只能等待需要观察的现象自然出现,不能在必要时反复观察,因而对观察所得的材料往往不足以区别哪些是偶然的,哪些是规律性的事实。此外观察法对研究者要求较高,表面看起来观察法很简单,但实际运用起来难度非常大,因此,只有经过严格训练的人才能有效使用。

观察法一般适用于以下情形:调查者所关注的行为是公开的,这些行为经常且重复出现或者是可以预测的,行为发生在相对较短的时间跨度里。

从不同的角度来划分,观察法可以分为以下几种类型:

(1) 根据观察的情境,可以将观察法分为自然条件下的观察与人创情境下的观察。前者是在自然情境下等待某一行为的出现,后者是根据当时的需要,创设一定的条件而进行的观察。

(2) 公开观察与隐蔽观察。公开观察是指观察者的身份是公开的,而且消费者意识到自己行为的被观察;隐蔽观察是指观察者的身份不公开,而且消费者没有意识到有人在观察自己。

(3) 结构性观察与非结构性观察。如果将观察限定在预先确定的那些行为上,就是结构性观察;非结构性观察是指对所有出现的行为都进行观察和记录。

(4) 直接观察与间接观察。直接观察是指对行为本身进行观察,而间接观察仅仅是对行为的结果进行观察。

(5) 人工观察与机械观察。按照观察时是否借助于机械、仪器等设备,可以把观察法分为人工观察与机械观察。

(6) 参与式观察与非参与式观察。参与式观察指的是观察者要融入调查环境之中,并需要付出大量的时间和努力。而非参与式观察就没有这个要求。

(二) 实验法

实验法是有目的地严格控制或创设一定的条件,人为地引起某种心理现象产生,从而对它进行分析研究的方法。因此,这种方法涉及在改变一个或多个变量的条件下,观察这种改变对另外一个变量的影响。在控制条件下改变的变量被称为自变量,受自变量影响而改变的变量被称为因变量。实验法有两种形式:实验室实验法和自然实验法。

实验室实验法是在专门的实验室内借助于各种仪器来进行的。在设备完善的实验室里研究心理现象,从呈现刺激到记录被试者的反应、数据的计算和统计处理,都采用电子计算机、录音、录像等现代化手段,实行自动控制。因而对心理现象的产生原因、大脑生理变化以及被试者行为表现的记录和分析都是比较精确的。自然实验法是由研究者有目的地创造一些条件在比较自然的条件下进行的，它既可以用于研究个体一些简单的心理活动，又可用于研究较复杂的心理活动。

自然实验法兼有观察法和实验室实验法的优点。由于自然实验法是在实际情况下进行的，所得到的结果比较接近于实际。又由于自然实验法是由研究者有目的地改变或控制某些条件，因此比较具有主动性和严密性，所得到的结果也比较准确。

（三）调查法

调查法是从大量消费者中系统收集信息的方法。调查可以采用邮寄问卷、电话访问和人员访问等方式。

人员访问通常在工作现场进行，通过运用复杂的问卷等方式，能在较短时间内收集到大量的信息。邮寄调查所花的时间较长，所问的问题一般比较简单一些。这种方法可用来收集中等复杂程度的数据，其优点是费用较低。电话调查的特点是完成迅速，能提供良好的样本控制（可以约定调查对象），而且费用也不太高。但询问的问题同样应该简单一点。

调查法存在的一个主要问题是拒访所引起的偏差比较大。在选择参与调查的对象中只有不到一半的人实际接受了调查。在电话访问和人员访问中，很多人不在家或者拒绝合作，而在邮寄问卷调查中，很多人拒绝或忘了做出回应。为了尽量避免这种情况的发生所带来的不利影响，调查人员可以通过电话或人员再访方式来提高调查回应率。再访应该安排在不同的日子或同一天的不同时段。

（四）问卷法

严格地说，问卷法也是属于调查法的一种，它是根据研究内容的要求，由调查者设计一份调查表，由被调查者填写，然后汇总调查表并进行分析研究的一种方法。

问卷法要求被调查者回答问题要明确，表达要正确，实事求是。问卷法的优点是可以同时进行大规模的调查，缺点是问卷回收率低，对所回收的问卷答案的真伪判断较难。因为有些问卷的回答者可能并不认真对待。

问卷法的用途非常普遍，用它可以来测量或衡量：过去、现在或将要发生的行为；有关的人口统计特征，如年龄、性别、收入、职业等；被调查者的知识水平或对某一问题的了解水平；被调查者的态度和意见。

问卷法成功的关键是问卷的设计。一份好的问卷设计要按步骤地解决以下这些问题：

（1）基本决定：需要收集哪些信息？向哪些人收集信息？

（2）确定所问问题与内容：这一问题确实需要吗？被调查者能正确地回答这一问题吗？是否存在外部的事件使得被调查者的回答具有倾向性？

（3）决定应答方式或形式：这个问题是以自由回答式、多重选择式还是以两分式的形式提出来？

（4）决定提问的措辞：所用的词语是否对所有的被调查者都只有一种含义？问题里是否隐含任何的备选答案？被调查者能从研究者所期待的参照体角度回答这一问题吗？

（5）决定问题的排列顺序：所有问题都是以一种合乎逻辑且避免产生偏差的方式排列的吗？换句话说，前后问题之间有没有矛盾的地方？

（6）预试与修正：最终问卷的确定是否取决于运用少量样本的预试？预试中的应答者是否与最后要调查的被试者相类似？

（五）访谈法

访谈法是指调查者与被调查者进行面对面有目的的谈话、询问，以了解被调查者对所调查内容的态度倾向、人格特征等的方法。

访谈法可以分为结构式访谈和非结构式访谈两种。

所谓结构式访谈，是指由调查者按事先拟订好的提纲提出问题，被调查者按问题要求逐一回答，通过有目的、有计划的提问收集所需要的资料。它的优点是针对性比较强，调查的问题比较明确，节省时间。它的不足是由于所提问题规范化程度比较高，可能会降低被调查者合作的积极性或采取敷衍的态度。

所谓非结构式访谈，是指调查者事先不定出谈话的具体题目，有时甚至也不告诉被调查者谈话的目的，而是在总体目标范围内采取自然交谈的方式。这样做的优点是谈话的气氛比较轻松，被调查者可以坦诚地谈出自己的真实想法。但这种方法要求调查者要有较高的把握目标和掌握谈话技巧的能力。同时，这种方法对收集上来的资料进行归纳和整理也比较困难。

访谈法可以涉及一个调查者和一个被调查者，也可以涉及一个调查者和多个被调查者。前者被称为一对一访谈，后者被称为集中小组访谈。在一对一访谈中，调查者要注意不能给被调查者任何压力和暗示，要使被调查者轻松、自然地回答问题，而不能有意识地影响被调查者的回答。标准的集中小组访谈通常涉及8～12名被调查者。一般来说，小组成员的构成应该能反映特定细分行业和领域的特性。被调查者是根据相关的样本挑选出来的。小组讨论由一名主持人组织，主持人一般在1～3个小时的讨论过程中试图发展起以下三个清晰的阶段：第一阶段，与小组成员建立起融洽关系、设定访谈目标；第二阶段，在相关领域激发热烈的讨论；第三阶段，试图总结小组的各种反应，以确定小组成员在基本观点上一致的程度。

（六）投射技术

投射技术是指向被调查者提供一些含义模糊的材料，通过这些材料激发出被调查者潜意识中的感情和态度。投射技术用来测量被调查者在一般情况下不愿或不能披露的情感、动机或态度，是"根据无意识的动机作用来探询人的个性深蕴的方法"。

应用投射技术时，如果所需要的信息是涉及很多私人问题或者是较深层次的问题，可以让被调查者在一张卡通画上表达自己的思想，或者是给被调查者一个未完成的句子让他来完成，或者是设定一个具体环境请被调查者回答他会把哪些人与这种环境联系在一起。因为这些问题并不是直接的，所以在每一种情况下，被调查者都更有可能表达出自己的真实感情。

常用的投射法测试有很多，如主题统觉测验、造句测验、角色扮演法等。比如，在角色扮演法中，实验者向被调查者描述某种情景，然后让被调查者充当情景中的某一角色，观察被调查者在该情景中的反应，从而取得实验结果。这是一种间接调查的方法，让被调查者在不知不觉中自然地流露出自己的真实动机和态度。

四、当代西方心理学的方法论变革

在当代哲学发展和文化变革大潮的冲击下，现代心理学进行了反思，并寻找变革之路，社会建构论心理学就是其直接产物，在方法论方面也进行了变革。

（一）心理观由主客反映论向社会建构论转变

"意义"或"心理"既非附着于客体，也不是来自主体内心，而是存在于二者"之间"，存在于解释者与对象、主体和客体的关系和互动之中。心理不是主体对客观现实的"反映"，而是一个复杂的社会建构过程的结果。

（二）研究对象由个体内部心理结构向外部社会建构过程转移

现代心理学认为人是具有独立、自足的实体，作为一个独立的自组织系统与外部世界相对立。人的内在心理结构和人格是人固有的本质属性，每个人都有独一无二的心理特质组合和人格构造。

社会生活方式的变革，带来了人的自我解体，现代文化意义上的理性而自主的"人"面临退役，代之以不断建构着的"新人"。他们不再追求稳定的自我身份感，而是依据"他者"，在与"他者"的关系中界定自我。心理不再是一个实体，而成为一个流动的舞台。个体根据不同的情境、不同的对象，从社会提供的脚本中选择合适的角色，参与社会互动，参与对意义的建构。原来的主客体关系变成了多主体关系。这使得现代心理学长期存在的经验主义、内成论与外源论争论就此终结。

心理学的社会建构有两个方面，一是从社会到个体，研究社会的文化、共识、话语对个体心理和行为的建构。二是从个体到社会，研究社会成员之间的协商、互动，导致社会文化的变迁。

（三）研究目的由描述、揭示、预测、控制转向解放、解释、理解和和谐

现代心理学秉承现代科学的知识观和真理观，坚持心理学知识和规律是对客观现实的反映。心理学只能以实证的方法揭示客观规律，研究目的是描述事实、揭示规律、预测趋势、控制行为。一个事实只存在一个真理，排斥其他研究范式。而后现代主义心理学则不承认这些"假设"，它把所有的知识、理论和经验统统看作"一种观点"，给予平

等的对话和参与协商的权力。"真假"、"对错"不再是问题,重要的是理解一种理论或观点是怎样被建构起来的,以及在什么条件下是成立的。

以"为什么"代替以往心理学研究的"是什么",研究人是怎样赋予经验世界以意义的。将建构性和创造性视为人的本质,认为人不应被动地适应环境,而应积极主动地建构周围的世界。意义是人主动建构的结果,现实则是意义的最终实现。

(四)研究方法由单一的实证主义转向接纳多元方法论

现代心理学是以主客关系和人的理性为基础的实证主义方法。具体表现为:真理是唯一的;事物之间是单向度的因果关系;要求消除文化和主观因素的干扰,达到事实与价值的剥离。而基于后现代主要的观点,无论何种研究,它反映的都是研究者本人的立场,任何观察都事先预设了某种理论观点,不存在理论和价值中立知识,而批判的历史主义和现实主义以及各种相对主义则是更合理的。

实证主义和理性主义后退之后,心理学开始接纳多元方法论。表现为:第一,承认多种研究方法的合法性,方法不再作为判断研究价值的标准。第二,让被研究者参与进来,问题直接来源于实践,以此解决心理学脱离现实并造成生存危机的问题。第三,不再坚持价值中立,承认任何研究都不可避免地承载着研究者个人的价值倾向,研究只是对研究对象的一种理解和解释。现实具有"客观事实性"和"主观意义性"双元特质,而社会科学的研究对象恰恰是这样的"现实"。很多时候对人而言,事实是什么不重要,重要的是人怎样解释事实。

西方后现代心理学思潮的兴起和发展,既检讨了过去存在的问题,也提供了一些新的东西,对我们进行旅游研究有很大的启示。事实是,过去旅游研究领域基本上是以实证主义为圭臬的,研究中奉行实在主义、本质主义、基础主义和因果决定论,而实际结果是旅游领域没有公认的概念体系,没有具有统合性的理论,就连旅游的本质是什么都莫衷一是。现实的结果是旅游学根本没有得到作为一个学科的地位和尊重。如果运用社会建构论的方法论,可使我们摆脱这些纠缠不清,没有答案的问题。更不必削尖了脑壳往自然科学堆里钻了。

 本章小结

本章主要介绍了旅游心理学的研究对象、研究方法、相关学科等。旅游心理学的研究对象包括旅游体验、旅游消费心理和旅游服务心理,描述了"旅游学科树"及旅游心理学在其中的位置。主要研究方法包括观察法、实验法、测量法和调查法,以及心理学在研究方法上的新变革。本章还介绍了与旅游心理学关系最密切的几个心理学分支学科、影响最大的三个心理学学派,以及心理学的最新思潮——社会建构论心理学。

思考与练习

1. 旅游心理学的研究对象是什么?
2. 旅游心理学的具体研究内容有哪些?
3. 旅游学何以成学?怎样理解"旅游学科树"?

参与式观察

美国学者福塞斯曾描述了参与式观察的一个案例。其中,调查者为了研究旅游对农业生产和土壤环境所产生的影响,参与到泰国山民的乡村生活中。调查者在去当地之前学习了一年的泰语,而且还得到了会泰语和瑶语的当地翻译的帮助。通过当地一个开发组织,调查者能够确定关键的被调查者,并有机会住进村长家里。他们和这个家庭共住一个院落。调查者去过该地几次,共花了半年时间,每次访谈调查逗留的时间都达一个月。

(资料来源:[美]亚伯拉罕·匹赞姆:《旅游消费者行为研究》,中文1版,243~244页,大连,东北财经大学出版社,2005)

问题:这种观察方式有什么优缺点?

 开放式思考

1. 对目前旅游心理学几种体系进行比较,并指出其主流和趋势。
2. 社会建构论心理学的主要观点有哪些?与传统心理学比较,你认为有什么启示?
3. 研讨当代西方心理学的方法论变革内容,探讨其对旅游研究的启示。

第 2 章 旅游知觉

【学习目标】

通过本章的学习，你应该达到以下目标：了解旅游知觉的内容和特点；认识和了解社会知觉的含义及对人知觉中存在的误区；掌握影响旅游者知觉的各种因素。了解旅游者的知觉过程；掌握感觉阈限的理论，特别是具有运用差别阈限的理论来解释和解决旅游营销中的具体问题的能力。掌握旅游者对旅游条件的知觉特点，以便具有更好地开展旅游工作的能力。

【内容结构】

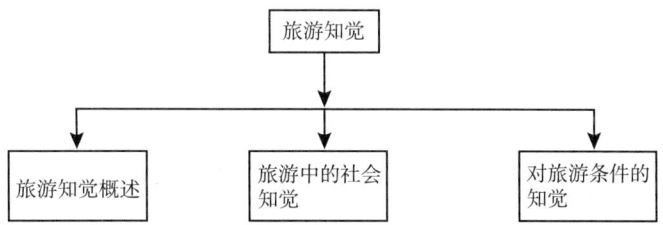

【重要概念】

旅游知觉　社会知觉　自我知觉　第一印象　心理定式　刻板印象　期望效应　习惯定向

> 引例

知觉的神奇

新中国成立前，内蒙古赤峰地区有一个放羊娃。因为是给地主家放羊，如果走失一只就会受重罚。于是他就留意羊走路留下的蹄印。慢慢地，如果有哪只羊走失，他就能根据蹄印找到它。再后来他开始观察人的脚印，可以从一个脚印出发，一直跟到此人的家门口。由于常年留心于此，最后能做到看见一个脚印，脑子里就想象出此人的身材和步行特点。

新中国成立后，这项惊人的本领成了当地公安局的法宝。只要犯罪嫌疑人在现场留下脚印，他一般都可以一直追下去。中间即使隔着水沟、石板，他也能在对面轻松地找到脚印线索继续跟踪。甚至，即使被跟踪者爬上树再从另一面溜下来，也不能干扰他的追踪。

在最神奇的一个案件里，某个犯罪分子在现场留下脚印，但本人逃到了外地。几个月后，这位高人在火车站遇到一个陌生人，突然上前一把扭住。因为此人的走路方式和那个脚印相匹配！最后审问果然没错。

但是，这位高人却是文盲。他完全说不清自己是怎么练出这种本事的。

这些近乎"特异功能"的神奇例子都是"知觉选择性"规律的极端例子。现实世界只有一个，它们发出的物理刺激都是相同的。但是我们的视听嗅味触绝不是在被动地接受这些刺激。它们都是在人格的统摄下去感受外部世界的。每个人都有自己感知世界的特点。"知觉选择性"就是这种个性化知觉之一：张三看到的东西，李四可能视而不见；反之亦然。

第1节 旅游知觉概述

人的心理过程是从感知觉开始的。所谓**感觉**，就是人脑对直接作用于感觉器官的刺激物的个别属性的反映。人们通过感觉，可以反映刺激物的各种不同属性，如颜色、气味、光滑、冷暖等。通过感觉，也可以使人们能够反映自己体内所发生的变化，如身体的运动和位置，各种器官的工作状况等等。而**知觉**是人为了赋予环境以意义而解释感觉印象的过程。

一、感觉的特性

感觉的特性或者感觉的规律，主要体现在以下几个方面。

（一）感受性

对刺激强度及其变化的感觉能力叫感受性，它说明引起感觉需要一定的刺激强度。衡量感受性的强弱用"阈限"表示。所谓"阈限"，就是门槛的意思。在日常生活中，并非所有来自外界的适宜刺激都能引起人的感觉，如落在皮肤上的灰尘，遥远处微弱的灯光，来自手腕上手表的滴答声，这些都是感觉器官的适合刺激，但人通常情况下却无法感觉到。原因在于刺激量太小。要产生感觉，刺激物必须达到一定的强度并且要持续一定的时间。那种刚刚能引起感觉的最小刺激量，叫**绝对感觉阈限**。例如人的眼睛在可见光谱（400~760纳米）范围内，有7~8个光量子，且持续时间在3秒以上，就可以产生光的感觉。声音的感受频率大致在20~200000赫兹，超过这一范围，无论响度如何变化人都听不到。这些情况说明，在一定适宜刺激强度和范围内，才能产生感觉；达不到一定的强度，或者强度超过感觉器官所能承受的强度，都不能产生感觉。

能识别两个刺激之间的最小差别量，称为**差别感觉阈限**。差别感觉阈限是人们辨别两种刺激强度不同时所需要的最小差异值，也叫最小可觉差。其数值是一个常数。如在原来声音响度的基础上，响度要增加十分之一人才能听到声音的变化；感受到亮度的变化需要增加百分之一；而感受到音高的变化则只需提高三百三十三分之一。

感觉阈限的研究对市场营销工作有一定意义。根据绝对感觉阈限原理，商店的软硬件建设首先要立足于对消费者构成刺激，使消费者能感觉到。如果消费者感受不到，则无异于"穿新衣，走夜路"，"黑暗中送媚眼"，劳而无功。差别感觉阈限原理则给我们以更多的启示。比如商店重新改造装修后如何让消费者感到焕然一新，商品的搭配、摆放如何错落有致，不同档次的同类商品之间的价格怎样有利于消费者感知等。

（二）适应性

刺激物对感受器持续作用，使感觉器官的敏感性发生变化的现象，叫作**感觉的适应**。比如我们都经历过视觉适应的两种情况——明适应和暗适应。从暗处来到明亮的地方叫明适应，比如，我们从一个黑屋子里来到外边阳光下的时候，起初觉得光线很刺眼，什么也看不见，过几分钟就好了；从明亮的地方来到暗处叫暗适应，比如我们从外边的阳光下来到一个暗室里的时候，起初更是什么都看不见，差不多像盲人一样，经过较长的一段时间后，才能渐渐恢复正常。此外，嗅觉、听觉等也有适应性，正所谓"久居鲍鱼之肆而不闻其臭，久处芝兰之室而不闻其香"。因此，长期工作在迪斯科舞厅的人，并不觉得迪斯科音乐刺激性非常强烈，而刚刚走进舞厅的人则会感到音乐的强烈刺激，声音震耳欲聋；厨师对菜的各种气味和油烟味习以为常、见犹未见，但如果有少许气味飘进客房或大厅，却会引起客人的强烈反应。这都是感觉的适应问题。

（三）对比性

同一感觉器官在接受不同刺激时会产生感觉的对比现象。比如，白色对象在黑色背景中要比在白色背景中容易分出，红色对象置于绿色背景中则显得更红。因此，在广告设计或商品陈列中,亮中取暗、淡中有浓、静中有动等手法有助于增强消费者的注意力。

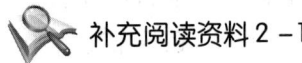
补充阅读资料 2-1

麦当劳的市场开发

麦当劳发现,随着经济的发展,生活节奏的加快,快餐热一定会兴起。但怎样让百姓快速接受汉堡呢?经过长期的实践和研究,他们发现,汉堡在17毫米高的时候咬起来最方便,可口可乐在4℃时和汉堡包配起来味道最鲜美,除此之外,他们还针对不同国家人民身高情况设计交款台,目的是让顾客掏钱最方便,就是抱着这种"急顾客之所急,想顾客之所想"的侠义、古道心肠,麦当劳传遍了世界,不仅打下了"江山",而且守住了"江山"。再如,麦当劳进入中国前的最大担心是怎么让吃惯了几千年馒头的中国人接受洋人的汉堡,为此他们进行了长达八年的深入研究(研究俄罗斯的时间更长,14年)。研究什么?从国家政策到市场环境、原料产地、饮食习惯、文化习俗、收入水平、家庭结构等等,无所不包,最后才下决心进入中国市场。为什么它敢下这个决心?因为它将最后研究视线聚焦到中国独生子女的身上。他们研究后的结论是:中国小孩4~7岁时是味觉形成期,7~12岁时是味觉固定期。如此一来,决策就有了科学的依据:中国小孩4~7岁吃什么都是一个味道,不管是馒头还是汉堡,不管是"土豆泥"还是炸薯条。靠什么吸引小孩呢?红红黄黄的标志、各种尺寸的小旗、各种玩具以及游戏区弄得中国小孩"乐不思蜀"、"流连忘返"。只要去了一次麦当劳就天天闹着爸爸妈妈去。而且一旦这些孩子形成了饮食习惯,就会固定下来,甚至成为西式快餐的终身忠诚消费者。

(资料来源:荣晓华:《消费者行为学》,2 版,76 页,大连,东北财经大学出版社,2006)

色彩的直接性心理效应来自色彩的物理刺激对人的生理发生的直接影响。心理学家对此曾经作过许多实验。他们发现,在红色的环境中,人的脉搏会加快,血压有所升高,情绪兴奋冲动。而在蓝色环境中,脉搏会减缓,情绪也较沉静。冷色与暖色是依据心理错觉对色彩的物理分类,对于颜色的物质性印象,大致有冷暖两个色系产生。波长长的红光和橙光、黄色光,本身有暖和感;相反,波长短的紫色光、蓝色光、绿色光有寒冷的感觉。冷色与暖色除去给我们以温度上的不同感觉外,还会带来其他一些感受。比方说,暖色偏重,冷色偏轻;暖色有密度强的感觉,冷色有稀薄的感觉;暖色有逼近感,冷色有退却的感觉。这些感觉都是偏向于对物理的印象,而不是物理的真实,一般来说,在狭窄的空间中,若想使它变得宽敞,应该使用明亮的冷调。由于暖色有前进感,冷色有后退感,如果在细长的空间中远处两壁涂以暖色,近处两壁涂以冷色,这个空间就会从心理感到更接近方形。

二、旅游知觉的特性

所谓**旅游知觉**是指旅游者为了赋予旅游环境以意义而解释感觉印象的过程。例如，当我们到达某一旅游地，不仅看到各种颜色，听到各种声音，闻到各种气味，而且认识到这是游泳池，那是纪念馆。也就是说，在我们的头脑里产生了游泳池、纪念馆的整体形象，它们已经具有了明确的意义而不是仅仅以物理形态存在了。

旅游知觉的特性主要有以下四方面：

（一）旅游知觉的选择性

作用于旅游者的客观事物是丰富多彩、千变万化的。但旅游者不可能对客观事物全部清楚地感知到，也不可能对所有的事物都作出反应，而总是有选择地以少数事物作为知觉的对象，对它们知觉得格外清晰，而对周围的事物则知觉得比较模糊，这些模糊的事物就成了背景。这就是知觉的选择性。选择的过程就是区分对象和背景的过程。对象和背景的分化是知觉最简单、最原始的形式。旅游者对对象和背景的知觉是不一样的，对象似乎在背景的前面，轮廓分明、结构完整；背景可能没有确定的结构，在对象的后面衬托着、弥散地扩展开来。

对象和背景的关系不是一成不变的，而是依据一定的主客观条件，经常可以相互转换。比如，当游客在听导游员讲解时，导游员的讲话成为游客知觉的对象，而周围的其他声音，则成为这种对象的背景。如果这时候某一游客听到周围其他人正在讨论他很感兴趣的一个话题，他就会把注意力转到别人谈话的内容上。那么，别人的谈话就成了这一游客知觉的对象，而导游员的讲解便成了背景的一部分。

知觉对象和背景的关系也可以用一些双关图来说明。在知觉这种图形时，对象和背景可以迅速地转换，对象能变成背景，背景能变成对象。见图 2-1。

（A）

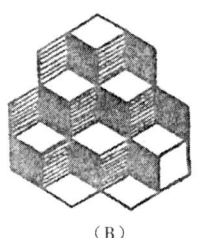
（B）

图 2-1　对象与背景

把知觉的对象从背景中分化出来，客观上受到许多条件的影响，这些条件主要有：

1. *对象和背景的差别*

对象和背景的差别越大，对象越容易从背景中突出出来。在颜色、形状、亮度等强烈对比的情况下，对象更为醒目；反之，差别小，则难以区分。如白纸黑字、绿叶红花，由于对比强烈而使对象容易分化出来。

2. 对象的运动

在固定不变的背景上，运动的物体比不动的物体更容易成为知觉的对象。比如夜晚忽闪忽灭的霓虹灯容易引起人们的注意。

3. 对象的组合

对象各部分的组合也影响着对象各部分的辨认。组合包括两种：接近组合和相似组合。接近组合是指彼此接近的事物比相隔较远的事物容易组成对象。无论是空间的接近还是时间的接近，都倾向于组成一个对象。比如，苏州和无锡，山海关和北戴河，因为它们的距离接近，旅游者往往把它们知觉为一条旅游线。其次，性质相同或相似的事物也容易被人组合在一起，成为知觉对象，如青岛和大连都被认为是海滨避暑胜地，五台山、普陀山、峨眉山、九华山，地理上遥隔千里，但人们把它们知觉为相似的佛教圣地。

总之，在旅游活动中，人们总是按照某种需要、目的，主动地、有意识地选择部分旅游地或旅游景点作为知觉对象，或无意识地被某一旅游景点所吸引。古人云："仁者乐山，智者乐水。"山水并存，乐山或乐水，取决于人的知觉选择。不同类型的旅游者，由于其旅游需要与旅游目的不同，因此在旅游活动中所选择的知觉对象也就有所不同。有人注意奇山异水，有人注意人文古迹；有人喜欢安全系数大的旅游项目，有人喜欢冒险性强的旅游项目。历史考古型的旅游者与商务型的旅游者对同一个旅游区的印象就可能大不相同。

分析提示：在这幅图中，你看见的是一个老妇人还是一个年轻的少女？她们都存在于图中，但你不可能同时看见老妇人和少女。这是怎么回事？！

大脑对同一静止图像赋予了不同的意义。你对每一种图形的知觉总是保持稳定，直到你的注意力转移到了别的区域或轮廓上去。当图中少女的脸部轮廓变成了老妇人的鼻梁的轮廓时，脸部的其他部分也就随之发生相应的改变。鼻梁之下的轮廓线就会被知觉为嘴巴，之下的轮廓线就会被知觉为下巴。这些局部的轮廓线的知觉彼此联系，组成了一个稳定的知觉形象。对整体和局部的知觉将相应的发生联系，最后对图形产生具有一定意义的知觉形象。

图2-2 知觉模糊

视觉系统总是趋向于将类似的或相关的图形区域知觉为一个整体。在这两种图形（少女和老妇人）之间不会存在任何中间图形。呈现在视网膜上的影像并没有变化，但大脑高级神经中枢赋予图像不同的意义，图形的暧昧程度越高，意义越不稳定。这再一次说明大脑对图像有一个加工过程。

(二) 旅游知觉的理解性

旅游者的知觉并不是像照相机那样详细而精确地反映出旅游刺激物的全部细节,它并不是一个被动的过程。相反,旅游者的知觉是一个非常主动的过程,它要根据旅游者的知识经验,对感知的旅游刺激物进行加工处理,并用概念的形式把它们标示出来。旅游知觉的这种特性就叫旅游知觉的理解性。

理解在旅游知觉中起着重要作用。首先,理解使旅游者的知觉更为深刻。在知觉一个事物的时候,与这个事物有关的知识经验越丰富,对该事物的知觉就越富有内容,对它的认识也就越深刻。比如对于某名胜古迹的一砖一瓦,一个有经验的考古专家要比一般人对这些砖瓦有更深刻的认识。其次,理解使知觉更为精确。例如,不懂外语的人听初学者说外语,只能听到一些音节,根本听不出他的外语讲得正确与否;而外语熟练的人不仅能听出他讲得是否正确,甚至发音的细微差异、修辞的适当与否都能辨别出来。最后,理解能提高知觉的速度。例如,我们看报纸或杂志时,如果内容简单而又熟悉,我们常可"一目十行"。

旅游知觉的理解性受到很多因素的影响。一是言语的指导作用。在知觉对象不太明显时,言语指导有助于对知觉对象的理解。在旅游中,言语指导是导游工作的一项重要内容。如游览浙江的瑶林仙境时,面对那些千姿百态的钟乳石,旅游者可能会眼花缭乱,但通过导游的介绍,各种充满神话色彩的形象就会显得栩栩如生。二是实践活动的任务。人的活动任务不同,对同一对象的理解可能不同,产生的知觉效果也就不同。三是情绪状态。同样一种事物,情绪状态不同,人们对它的理解也就不同。例如,当我们心情愉快地开始一天的生活时,在这一天中好像总是看到事物好的一面;而抑郁的心情,总是使人看什么都不顺眼。

对事物的知觉需要已有经验的作用。

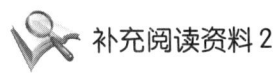
补充阅读资料 2-2

经验对知觉的价值

日本著名写生画家冈山应举画了一幅《马食草图》。一位农夫看了后,便对画家说:"这马是瞎马吧?"冈山应举感到很意外,忙说:"怎么会是瞎马呢?那眼睛不是睁着吗?"农夫说:"马在吃草时,必须把眼睛闭上,使眼睛不被草尖伤着,这马睁眼吃草,准是匹瞎马。"后来,冈山应举经过一番仔细观察,证实了农夫所讲的话。可见,知识经验越丰富,理解就越深刻,理解的速度也就越快。

(三) 旅游知觉的整体性

旅游知觉的对象是由旅游刺激物的部分特征或属性组成的,但旅游者不把它感知为个别的孤立的部分，而总是把它知觉为一个统一的旅游刺激情境。甚至当旅游刺激物的个别属性或个别部分直接作用于旅游者的时候，也会产生这一旅游刺激物的整体印象。

知觉的整体性依赖于客体的特点。当客体在空间、时间上接近时就容易知觉为一个整体；客体的颜色、强度、大小和形状等物理属性相似时容易被知觉、组合成一个整体；当客体具有连续、闭合和共同运动方向等特点，或有较大组合的趋势时，容易知觉为一个整体。参见图2-3：（A）中的两条空间接近的直线被知觉为一个整体；（B）中的直线排列与（A）相同，由于闭合因素，被知觉为三个长方形和一条直线；（C）中各段直线和曲线由于连续的因素，被看成彼此重叠的两条连续线段。

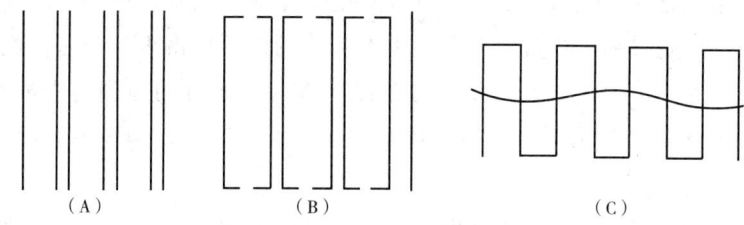

图2-3 知觉的整体性

旅游知觉之所以具有整体性，一方面是因为旅游刺激物的各个部分和它的各种属性总是作为一个整体对旅游者发生作用；另一方面，在把刺激物的几个部分综合为一个整体知觉的过程中，过去的知识经验常常能提供补充信息。例如，客人来到饭店，不只是看到饭店的装饰布置、服务人员的举止着装等某个方面，而是饭店的整体形象。远处走来的熟人，虽然看不清他的面孔，但可以凭借身体外形、走路姿势和其他线索辨认出来。

（四）旅游知觉的恒常性

当旅游知觉的条件在一定范围内改变了的时候，旅游知觉的映象仍然保持相对不变，这就是旅游知觉的恒常性。

在视知觉中，知觉的恒常性表现得特别明显。对象的大小、形状、亮度、颜色等映象与客观刺激的关系并不完全服从物理学的规律。在亮度和颜色知觉中，物体固有的亮度和颜色倾向于保持不变。比如，无论是在强光下还是在黑暗处，我们总是把煤看成是黑色、把雪看成是白色、把国旗看成是红色。实际上，强光下煤的反射亮度远远大于暗光下雪的反射亮度。

知觉的恒常性受到很多因素的影响，其中，主要的是过去经验的作用。知觉的恒常性不是生下来就有的，而是后天学来的。

三、影响旅游知觉的因素

旅游知觉是旅游者对旅游刺激物的感知过程，必然会受到刺激对象本身特点和知觉者本人特点的影响。因此，影响旅游知觉的因素主要包括客观因素和主观因素两个方面。

(一) 客观因素

在旅游活动中，具有以下特性的对象，容易引起旅游者的知觉：

1. 具有较强特性的对象

城市中奇特的建筑，山谷中飘忽的云海，群山中挺拔入云的峰峦，一望无际的蓝天碧水，等等。由于其特性对人有较强的作用，因而容易引起人们的知觉。

2. 反复出现的对象

重复次数越多就越容易被知觉。人们多次看到旅游广告、旅游宣传材料，或者经常听到某旅游地的情况，由于信息反复出现，多次作用，会使人们产生较为深刻的知觉印象。

3. 运动变化的对象

在相对静止的背景上，运动变化着的事物容易成为旅游知觉的对象。如倾泻的瀑布、奔驰的列车、闪烁的霓虹灯等，都容易成为知觉的对象。

4. 新奇独特的事物

在一群穿着普通服装的人中，有一个穿着奇装异服的人很容易被知觉。另外，世界称奇的万里长城、秦始皇兵马俑等，都能引起人们的格外注意。

(二) 主观因素

知觉不仅受客观因素的影响，也受知觉者自身的主观因素的影响。这些主观因素是指知觉者的心理因素。旅游者是具有不同心理特征的知觉者，感知相同的景观时，他们各自的知觉过程和知觉印象是不同的。影响知觉的主观因素主要有以下方面。

1. 兴趣

旅游者的兴趣不同常常决定着旅游知觉选择上的差异。一般的情况是旅游者最感兴趣的事物往往首先被感知到，而人们毫无兴趣的事物则往往被排除在知觉之外。比如，对文史知识感兴趣的旅游者，就会把帝王古都、历史文物选择为知觉对象；喜欢大自然的旅游者，往往对高山、大海、流泉、飞瀑等特别感兴趣；喜欢猎奇的旅游者则乐于探险活动和对奇风异俗感兴趣。

2. 需要与动机

人们的需要与动机不同也在很大程度上决定着人们的知觉选择。凡是能够满足旅游者的某些需要和符合其动机的事物，就能成为旅游者的知觉对象和注意中心；反之，凡是不能满足其需要和不符合其动机的事物，则不能被人所知觉。比如，如果有人外出旅游的目的是为了显示自己的社会地位，那么，他们对那些能象征社会地位的目的地、旅游方式和游览项目就会特别关注。

3. 个性

个性是影响知觉选择的因素之一。比如，不同气质类型的人，知觉的广度和深度就不一样。多血质的人知觉速度快、范围广，但不细致；黏液质的人知觉速度慢、范围较窄，但比较深入细致。此外，有调查表明，胆大自信的人对乘飞机旅游十分积极主动，而胆小谨慎的人对安全问题十分重视，外出旅游时乐于乘坐火车。

4. 情绪

情绪是人对那些与自己的需要有关的事物和情境的一种特殊的反映，对人的知觉有强烈影响。比如，当旅游者处于愉悦的情绪状态时，每样东西看上去都是美好的，并兴高采烈地参与各项活动，主动去知觉周围的景物。当旅游者心情不佳时，就会对周围的事物不感兴趣。因此，旅游工作者应当努力使旅游者的情绪经常处于最佳状态，使他们乘兴而来，满意而归。

5. 经验

经验是从实践活动中得来的知识和技能，是客观现实的反映，它是人们行为的调节器。在旅游活动中，如果没有对旅游景点的知识和经验，观察就可能是表面的、笼统的、简单的，当导游员作了适当的讲解后，旅游者就可能观察得更全面、更深刻。这是由于吸收了别人的经验，增加了自己的知觉，使旅游者对旅游点有了更多理解的缘故。

四、旅游知觉的种类

知觉的种类主要有以下几种：

（一）空间知觉

空间知觉是人脑对物体的形状、大小、远近、方位等空间特性的知觉。

1. 形状知觉

形状知觉是靠视觉、触摸觉和动觉获得的。对物体形状的知觉时，物体在视网膜上成像起着巨大的作用。在观察物体时眼球随着物体轮廓运动所产生的动觉刺激，为物体形状提供了信号，用手触摸物体时，肌肉活动产生连续的动觉刺激也传到大脑，大脑皮层对这些信号进行分析综合的结果，人们才能形成物体的形状知觉。

2. 大小知觉

对象的大小知觉也是靠视觉、触摸觉和动觉获得的。物体大小的视知觉，由下面两个因素决定：一是物体的大小。大的物体在视网膜上的视像大，物体就被知觉得较大；小的物体在视网膜上的视像小，物体就被知觉得较小。另一个因素是物体的距离。视像是按光学的几何投影原理形成的，与物体的距离成反比。同一物体，处于远处，视像就小；处于近处，视像就大。大小不同的物体，由于远近不同，可能视像的大小相同，甚至视像的大小相反。因此，距离知觉总是与大小知觉紧密联系着的。只有两者相互配合，才能保证物体大小知觉的正确性。

3. 距离知觉

距离知觉是对物体离我们远近的知觉。人是依据很多条件来估计物体的远近的。这些条件既有外部的，也有内部的。对判断物体远近距离起作用的条件有以下几个主要方面：

（1）对象的重叠。如果观察的对象之间有重叠，那么就容易辨别出远近，未被掩盖的物体近些，部分被掩盖的物体远些。当我们眺望远处时，就是通过重叠来判断远近的，被遮挡的物体比未被遮挡的物体距离我们较远。

（2）空气透视。由于空气中尘埃、烟气等的影响，远处的物体看起来不容易分辨细节，模糊不清；而近处物体则很清晰，细节分明，因此，空气透视可作为判断距离的标志。

（3）明暗和阴影。由于光线的照射会产生明暗的差别或造成阴影。光亮的物体看起来近些，阴暗的物体显得远些。

（4）线条透视。近处的物体形成的视角大，在视网膜上的投影也大，因而被知觉为较大的物体。远处的物体所占的视角小，因而被知觉为较小的物体。

（5）运动视差。运动着的物体，由于距离我们的远近不同，引起的视角变化也不同，从而表现为运动速度的差异。距离近的物体视角变化大，觉得速度快；距离远的物体视角变化小，显得运动速度慢。

4. 方位知觉

方位知觉是对物体在空间所处的方向、位置的知觉。如对东西南北、前后左右、上下等的知觉。方位总是相比较而言的，必须有其他条件作为参考标志。东西南北是以太阳升落的位置和地球磁场为参考的，上下则是以天地为参考，而左右前后是以人的身体为依据的，离开了客观标志是无法辨认方位的。

方位知觉是靠视觉、动觉、平衡感、触觉等来实现的。用眼睛观察客观的事物，用耳朵辨别声音的方向，用触觉、动觉、前庭觉去感知自己身体与客体之间的空间关系，甚至嗅觉在方位的确定上也起着辅助的作用。许多分析器的协同配合，相互补充，提高了空间定向的能力。

（二）时间知觉

时间知觉是对客观现象的延续性和顺序性的反映，即对事物运动过程的先后和长短的知觉。

人总是通过某种衡量时间的媒介来反映时间的。这些媒介可能是自然界的周期性现象和其他客观标志，也可能是机体内部的一些生理状态。自古以来，人们经常利用自然界的周期现象衡量时间。一天的时间是以太阳的升落为标准的，日出是早晨，日落是晚上。月亮的盈亏代表了一个月的时间，经历了四季变化就是一年。后来人们发明了计时工具，制定了日历，使人们对时间的知觉更为准确。另外，生理过程的节律性活动也是估计时间的重要依据。人的许多生理活动是节律性的运动，如呼吸、心跳、消化等。当活动的节律性与客观事物之间形成一定的联系之后，它就可以用来感知时间的长短。

时间知觉也是人对客观世界的主观映象，它也必然受到主客观因素的影响。影响人对时间估计的因素主要有以下几个：

1. 活动的内容

在一段时间里，做紧要有趣内容充实的事情时，觉得时间过得快，人们倾向于把这段时间估计的短些；如果对事情不感兴趣，事情又无关紧要，活动内容又贫乏，就觉得时间过得慢，对这段时间估计的就要长些。在人们事后回忆时，情形则恰好相反，对前者感到时间长，对后者感到时间短。

2. 情绪和态度

在欢乐的时候，觉得时间过得快，时间被估计的短些；在烦恼和厌倦的时候，觉得时间过得慢，时间被估计的长些。正所谓"欢娱嫌夜短，寂寞恨更长"。期待着愉快的事情到来时，觉得来得慢，感到时间长；而不愉快的事情，却觉得来得快，感到时间短。

3. 时间标尺的利用

会不会利用时间标尺直接影响着时间估计的准确度。例如，用数数、数脉搏作为时间标尺，时间估计的准确性就提高。特别是在长时距估计中，准确性提高更为明显。反之，不会利用时间标尺，时间估计的误差就大。

旅游工作者了解旅游者在旅行游览过程中的时间知觉的特点是非常重要的，为此应该注意以下几个问题：

（1）旅宜速，即旅行要求快速。旅游者一般都希望以最快的速度到达目的地，能尽量缩短时空距离。因为旅途这段时间常常被认为是没有意义的，感觉枯燥、乏味而且容易引起机体疲劳。为了降低旅游者的这种不良感觉，旅游组织者最好能在旅途中安排一些有趣的活动，导游员作一些游客感兴趣的讲解。

（2）游宜慢，即游览活动要求放慢速度。人们外出旅游的真正目的就是为了游览风景名胜、历史古迹等，即所谓的"饱眼福"。游览的内容越丰富，越具有魅力，就越能使人们暂时忘却时间的流逝，达到"乐而忘返"的境界。

（3）提供各种交通工具要准时。旅游者搭乘交通工具过程中最担心的问题就是安全和准时这两个问题。在保证安全的情况下，交通工具能否准时就显得非常重要。因为准时能保证旅游者按照计划去安排时间和活动，否则就会感到一切都被打乱了，就会产生烦躁感甚至发展到强烈的不安和不满。有些国家和地区由于飞机不能准时起飞或临时取消航班，或者车船误点等，都容易造成乘客的不满，引起纠纷、投诉，直接影响这些部门的信誉。

（三）运动知觉

运动知觉是对物体的空间位移和移动速度的知觉。通过运动知觉，我们可以分辨物体的静止和运动及其运动速度的快慢。

运动知觉依赖于许多主客观条件，这些条件有：

1. 物体运动的速度

非常缓慢的运动和非常快速的运动，都不能直接觉察出来。例如，钟表上时针的移动,速度太慢,我们看不出它在移动;而光的速度太快,我们也觉察不到。

2. 运动物体与观察者的距离

以同样速度移动着的物体,如果离我们近,看起来速度快;如果离我们远,看起来移动很慢,有时甚至看不出运动。

3. 运动知觉的参考标志

运动是相对的,在没有更多的参照标志的条件下,两个物体中的一个在运动,人可能把它们任何一个看成是运动的,如可以把月亮看成在云后移动,也可以把云看成在月亮前移动。在日常生活中,这种相对运动现象不断发生,因为对象一般都是在更大范围的静止环境中运动的,周围环境的所有静止物体都是参考标志。

4. 观察者自身的静止或运动状态

观察者自身也往往是运动知觉的参考系。因此,其运动或静止状态以及对这种状态的自我意识,是运动知觉的重要条件。例如,在火车上观看邻近火车的开动,往往分不清是自己乘坐的火车在开动还是另一列车在开动。这时只有以月台等固定景物作参考,或通过机体平衡器官感觉到自身的颠簸或加速,判定了自身的运动与否之后,才能分辨出哪一列车在运动。

(四)错觉

错觉是对外界事物的不正确的知觉。在一定的条件下,人在感知事物的时候,会产生各种错觉现象,这些错觉现象包括以下几种:

1. 几何图形错觉

几何图形错觉是视错觉的一种。这种错觉的种类很多,下面仅举几例。

(1)垂直水平错觉。垂直线与水平线长度相等,但多数人把垂直线看得比等长的水平线要长。见图2-4(A)。

(2)缪勒—莱依尔错觉。两条线是等长的,由于附加在两端的箭头向外或向内的不同,箭头向外的线段似乎比箭头向内的线段短些。如图2-4(B)。

(3)线条的影响。平行线受到交叉线条的影响,仿佛改变了方向,显得不平行了。见图2-4(C)。

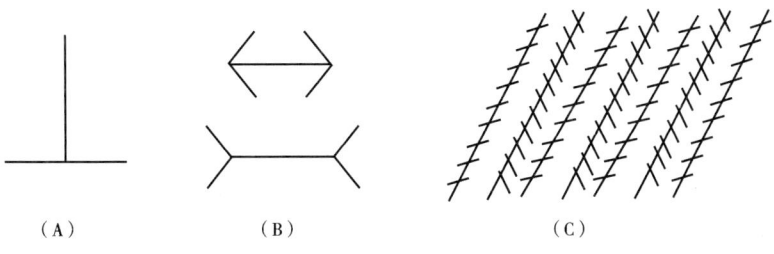

图2-4 图形错觉

2. 形重错觉

一公斤铁和一公斤棉花的物理重量是相等的,但是,人们用手加以比较时,就会觉得铁比棉花重。

3. 大小错觉

初升或将落时的太阳和月亮,看起来好像总比它们在我们头顶上时要大些。这种错觉的产生是因为初升或将落时的太阳和月亮是同树木、房屋相比较的,而头顶上的太阳是同辽阔的天空比较的。

4. 方位错觉

在海上飞行时,由于水天连成一片,失去了自然环境的视觉参考标志,飞行员很容易产生"倒飞视觉",虽然飞机实际上是倒飞的,而感觉上却是正飞的。这时飞行员要靠仪表来判定飞机的状态,否则,会造成倒飞入海的事故。

5. 运动错觉

第一次乘火车长途旅行,下车后一段时间内,如果躺在床上,还觉得房间似火车车厢一样地在运动。再如,我们在桥上俯视桥下的流水,久而久之就好像身体和桥在摇动。

在旅游资源开发和建设中也常常利用错觉,以增加旅游审美效果。特别是中国的园林艺术,常常利用人的错觉,起着渲染风光、突出景致的作用。比如园林中的高山、流水,都是通过缩短视觉距离的办法,将旅游者的视线限制在很近的距离之内,使其没有后退的余地,而眼前只有假山、流水,没有其他参照物,这样,山就显得高了,水就显得长了。现在的许多现代化游乐设施也常常利用人的错觉组织丰富有趣的娱乐项目,给游客带来惊心动魄的乐趣。

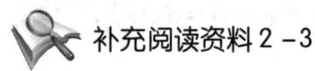
补充阅读资料 2-3

风声鹤唳、草木皆兵

公元 383 年,前秦皇帝苻坚率百万大军进攻东晋,东晋谢安派谢石率八万军队迎战,东晋军首战击败前秦,并与苻坚大军于淝水隔河对垒。苻坚听到前锋被杀、要塞失守,心中大惊,登高远望,见东晋军队阵容严整,旗帜鲜明,向八公山上看去,但见漫山遍野都是东晋军队,心中悚然。后在对阵中前秦大败,几十万大军兵败如山倒,在逃跑中,听到风声鹤唳就以为东晋军队追来了。

知觉并不总是客观正确的,它受两方面因素影响:外在客观因素和内在主观因素,任何一种因素都足以影响人的知觉过程,甚至导致错觉产生。疑心生暗鬼,失败所引起的强烈恐惧心理,使前秦军队产生风声鹤唳、草木皆兵的错觉。

第2节 旅游中的社会知觉

社会知觉就是对人的知觉，它是影响人际关系的建立和活动效果的重要因素。旅游活动中的社会知觉主要包括对人的知觉、人际知觉和自我知觉。

一、对人的知觉

对人的知觉主要是指对别人的外表、言语、动机、性格等的知觉。对人的正确知觉，是建立正常的人际关系的依据，是有效地开展活动的首要条件。

（一）对人知觉的主要内容

人际交往中对人的知觉包括很多方面，其中主要的有：

1. 对他人表情的知觉

表情是个体情绪状态的外显行为，是个体身心状态的一种客观指标，也是向他人传达信息的一种工具。

面部表情包含着十分丰富的内容。比如，人生气时，会拉长了脸，肌肉下沉；人高兴时，会"喜笑颜开"，肌肉松弛。另外，在人们的交往中，要想达到最佳的交际效果，还要学会巧妙地使用目光。例如，要给对方一种亲切感，你就应让眼睛闪现热情而诚恳的光芒；要给对方一种稳重感，就应送出平静而诚挚的目光。自然得体的眼神是语言表达的得力助手。

2. 对他人性格的知觉

性格是一个人对待现实的稳定的态度和与之相应的习惯化了的行为方式，是人的心理差异的重要方面，是个性的核心。当我们对一个人的性格有了深切的了解之后，我们就可以预测这个人在一定的情境中会有什么样的反应。比如，我们知道某人热心、讲义气，那么我们就可以预测在紧急情况下他会挺身而出、见义勇为；相反，我们知道另一个人自私、冷漠，那么我们也可以预测在紧急情况下他会退避三舍甚至逃之夭夭。

3. 角色知觉

角色指人在社会上所处的地位、从事的职业、承担的责任以及与此有关的一套行为模式。如导游员、游客、商人、教师等。

角色知觉主要包括两个方面：一是根据某人的行为判定他的职业，如教师、学生、艺术家等；二是对有关角色行为的社会标准的认识，如对教师这一角色，认为他的行为标准应该是谈吐文雅、学识渊博、仪表端庄等等。

对角色的知觉一般从以下几个方面着眼：

（1）感情或情绪。如认为政府官员应该是情绪稳定，讲话慎重，喜怒不形于色。

(2) 目的与动机。如导游员以热忱服务为宗旨，教师以教书育人为目的。

(3) 对社会的贡献。如工人为国家多制造产品，农民为国家多打粮食。

(4) 在社会上的地位。如教师是人类灵魂的工程师，导游员是游客之友。

每个人在社会上都扮演各种角色，如经理、父亲、丈夫等。每种角色都有一定的行为标准，每个人都应当正确地知觉这些标准，并根据自己扮演的不同角色实现角色行为的转变，以与环境相适应。

（二）社会知觉"误区"

对人的知觉依赖于多种因素，如认知主体、认知客体以及环境等。旅游者不是外部世界被动的简单的知觉者，更重要的是，旅游者在知觉世界的同时，在选择"材料"并使用这些"材料"建构自己的主观世界，在选择和建构过程中，无疑就产生了偏差和意愿性。因此，我们就得出了一个结论，知觉者不是照相机一样的反映者，他还是选择者、参与者、建造者。那么，人的知觉世界是什么样子就有了许多不确定性，寻找人在知觉时的规律就是理解人的必由之路了。

从认知主体心理方面看，存在一些社会知觉"规律"，它们的存在容易给社会认知带来偏差。因此，也将这些社会知觉"规律"称为社会知觉"误区"。

1. 第一印象

第一印象是在首次接触时所留下的印象。第一次进入一个新环境，第一次和某个人接触，第一次到某商场购物，第一次到某宾馆住宿等，由于双方首次接触，总有一种新鲜感，与人交往时都很注意对方的外表、语言、动作、气质等。因此，第一印象的产生，主要是感知对方的容貌、表情等外在的东西。

在人际交往中，第一印象起着十分重要的作用，并常常成为以后是否继续交往的依据。无论是招聘面谈，还是客我交往或是初到一个新的环境，给人留下的第一印象往往会成为以后对你的基本印象。虽然人们都知道仅靠第一印象来判断人常常会出现偏差，可实际上每个人都不可避免地受第一印象的影响。

游客的不断变换是旅游接待工作的一个显著特点，在与客人的短暂接触中，双方都来不及进行更多的了解，无法达到"路遥知马力，日久见人心"的境地。因此，对于旅游工作者来说，给游客留下良好的第一印象是非常重要的。

 补充阅读资料 2-4

美国心理学家（Walster，1966）以明尼苏达大学新生为对象，举行"电脑舞会"，由电脑随机安排舞伴，不得交换。中间休息时填写一个问卷，以了解每个人对其舞伴的印象。得出的结论是：对方被喜欢以至想进一步与其约会的原因只有一条——对方的外表条件。

曾有学者（Feldmen，1971）分析比较自1900年到1968年之间的美国总统当选人，其身材均比对手高。在美国社会中，人们似乎一般认为男子身材高大，有可能具有其他较多又符合社会期待的人格品质。身材高大似乎更值得人们信赖。

有这样一个研究，向两组大学生分别出示同一个人的照片，出示之前，对甲组说，这是一个德高望重的学者；而对乙组说，这是一个屡教不改的惯犯。然后，让两组大学生分别从这个人的外貌说明其性格特征。结果，出现了截然不同的评价。甲组的评价是：深沉的目光，显示思想的深邃和智慧；高高的额头，表明在科学探索的道路上无坚不摧的坚强意志。乙组的评价是：深陷的眼窝，藏着邪恶与狡诈；高耸的额头，隐含着死不悔改的顽强抵赖之心。从这里可以看出，在得到别人的第一印象时，会伴随产生一定的态度，从而影响产生进一步的知觉。间接资料左右了人的判断。

（注：孙喜林：《现代心理学教程》，2版，85页，大连，东北财经大学出版社，2000）

2. 晕轮效应

晕轮效应是指由对象的某种典型特征推及对象的其他特征现象。这种心理容易产生忽视客观证据而定格对象的现象。就像月晕一样，由于光环的虚幻印象，使人看不清对方的真实面目。

晕轮效应与第一印象一样普遍。它们的主要区别在于：第一印象是从时间上来说的，由于前面的印象深刻，后面的印象往往成为前面印象的补充；而晕轮效应则是从内容上来说的，由于对对象的部分特征印象深刻，使这部分印象泛化为全部印象。所以，晕轮效应的主要特点是以点带面、以偏概全。

在人际交往中，晕轮现象既有美化对象的作用，也有丑化对象的作用。由于一个人被标明是**好**的，他就被一种积极肯定的光环笼罩，并赋予一切好的品质，这就是**光环作用**。如果一个人被标明是**坏**的，他就被认为具有所有的坏品质，这就是相反的情况，亦称**扫帚星作用**。从而产生美化或丑化对象的现象。就像月晕一样，由于光环的虚幻印象，使人看不清对方的真实面目。

比如，有的商品由于其包装精美、价格偏高，人们往往会认为该产品的质量也会像精美的包装一样好，会和偏高的价格相一致。又如，某演员演技高，表演效果好，人们就会以为该演员的一切都是美好的，即使有点缺点，也忽略不计。例如，美国是个发达的现代化国家，人们就易于把美国的一切都看作是现代的、合理的甚至美好的，而事实上并非如此。这种晕轮效应一旦泛化，会产生很大的消极作用。客人第一次到某饭店就餐时，碰到了一个态度傲慢的服务员，他就会认为这个饭店整体的服务都不好。再比如，有的外国人第一次到中国旅游，碰巧遇上了交通事故，他就会认为在中国旅游很不安全。因此，从旅游业角度讲，为了使旅游者产生好的印象，在提供旅游产品和旅游服务时，一定要防止由于晕轮效应使旅游者把某些劣质产品和劣质服务扩大到企业的整个产品和服务中去。

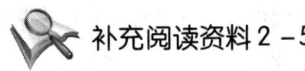
补充阅读资料 2-5

晕轮效应实验

戴恩（K. Dion，1972）等实验研究提供了证明。给被试者一些人的照片，他们分别是有魅力的、无魅力的或中等的，然后，让被试者在一些与魅力无关的特性方面评定每个人。结果，几乎在所有的特性方面，有魅力的人得到的评价最高，而无魅力的人得到的评价最低。

（资料来源：孙喜林：《现代心理学教程》，2 版，86 页，大连，东北财经大学出版社，2000）

3. 心理定式

心理定式是指人在认识特定对象时心理上的准备状态。也就是说，它在对人产生认知之前，就已经将对方的某些特征先入为主地存在于自己的意识中，使知觉者在认识他人时不自主地处于一种有准备的心理状态。这就是我们通常所说的先入之见。即使支持性的证据被否定了，这种先入之见仍难以改变。我们越是极力想证明自己的理论和解释是正确的，就对挑战我们信念的信息越封闭。我们的信念和期待在很大程度上影响着我们对事件的心理构建。我国古代"疑人偷斧"的典故，就是典型的心理定式。

心理定式的产生，首先和知觉的理解性有关。在知觉当前事物时，人们总是根据以往的经验来理解它，并为随后要知觉的对象做好准备。比如，在日常生活中，当你觉得某人是个好人，一旦发生了一件好事，你就会把这事和这人联系起来；同样，如果你不喜欢某人，觉得他是个坏人，那么一旦出现一件不好的事，你就又会把这人和这事联系起来。

纠正这种心理偏失的一个可行的办法是解释相反的观点的正确性。通过寻找反方观点的正确之处，可以降低甚至消除心理定式所带来的负面影响。当然对各种可能的结果的解释（不仅仅是反方观点），会促使人仔细考虑各种不同的可能。

补充阅读资料 2-6

列子·说符篇

我国古代一位老者丢失了一把斧头，他怀疑是邻居小伙子偷去了，在以后几天的观察中，越看越觉得邻居小伙子是窃贼。一次偶然，老者找到了斧头，他再看邻居小伙子，就怎么也不像小偷了。

分析提示：这是典型的心理定式现象。由于老者不知道出于什么原因怀疑邻居小伙子偷了他的斧子，所以就有了随后的对小伙子观察，并且越看小伙子越像小偷。

（资料来源：孙喜林：《现代心理学教程》，2 版，87 页，大连，东北财经大学出版社，2000）

4. 刻板印象

刻板印象指的是社会上部分人对某类事物或人物所持的共同的、笼统的、固定的看法和印象。这种印象不是一种个体印象，而是一种群体现象。例如，人们一般认为青年人有热情、敢创新而易冒进，老年人深沉稳重而倾向于保守；日本人争强好胜、注重礼仪，美国人喜新奇重实利、随便自由等。

刻板印象一方面有助于人们对众多的人的特征作概括了解，因为每一类人都会有一些共同特征，运用这些共同特征去观察每一类人中的个别人，有时确实是知觉别人的一条有效途径。但是，另一方面，刻板印象具有明显的局限性，能使对人的知觉产生偏差。因为每类人中的每个人的具体情况不尽相同，而且，每类人的情况也会随着社会条件的变化而变化。因此，在旅游工作中，知觉来自不同国家和地区的游客时，除了了解它们的共同特征之外，还应当注意不受刻板印象的影响，进行具体的观察和了解，并且注意纠正错误的、过时的旧观念。

台湾地区学者李本华与杨国枢（1963）以台湾大学学生为对象，调查对外国人的刻板印象。结果如下：

美国人：民主、天真、乐观、友善、热情。

印度人：迷信、懒惰、落伍、肮脏、骑墙派。

英国人：保守、狡猾、善于外交、有教养、严肃。

德国人：有科学精神、进取、爱国、聪慧、勤劳。

法国人：好艺术、轻浮、热情、潇洒、乐观。

日本人：善于模仿、爱国、尚武、进取、有野心。

俄国人：狡猾、欺诈、有野心、残酷、唯物。

5. 期望效应

期望效应也称为"皮格马利翁"效应。皮格马利翁是希腊神话中塞浦路斯王，工于雕刻，由于他强烈地热爱上了自己所雕的大理石少女雕像，爱神阿佛洛狄忒见他感情真挚，就赋予雕像以生命，两人最终结为夫妻。**期望效应**是指在生活中人们的真心期望会变成现实的现象。

国内有人做过实验，学期初给几个班的中学生搞智力测验，然后从中随机抽出一些学生，在学生和老师都不知情的情况下，欺骗老师说：这些学生智力测验得分很高，很聪明。事实上这些学生并不是以智商高为条件选择出来的。到学期结束时再来看这些学生的学业成绩，结果发现，他们的成绩普遍提高了，总成绩排名都有不同程度的提高。老师认为这些学生是聪明的，结果他们就真的学习好了，老师的期望变成了现实。造成这种现象的原因是多方面的，在此我们不作全面详细分析，只就人际交往的对等原则加以说明。在人际交往过程中人们是按照对等原则行事的，你对我友好，我就对你也友好，反之亦然。一个人要想得到他人的尊重、喜欢和友好等，那么他首先要对他人表示出尊重、喜欢和友好。这就是所谓"种瓜得瓜，种豆得豆"现象。

期望效应现象对人际交往有借鉴意义。在与人交往过程中要从心底里尊重、喜欢对方，只有这样才能把人际交往纳入良性循环轨道，向着自己所期望的方向发展。相反，有些人从心底里既不尊重他人，也不喜欢他人，尽管他们强制自己不表现出来，但真情难抑，会在有意无意之间流露出来，一旦被对方感觉到，结果是可想而知的。生活中形式是为内容服务的，一时的表里不一能做到，长期下去则无法做到。认知和行为的长期不一致会产生严重的心理冲突，给人带来极大的痛苦。心理学研究证明，人的认知、情感、行为三者在多数情况下是统一的，如果长期不协调，会导致心理疾病。只有真心喜欢他人、尊重他人的人才能赢得大家的喜欢。

6. 习惯定向

习惯定向是指个人以习惯性的方式应付某类问题，而不作经验以外的尝试，以致形成机械的或盲目的习惯反应倾向。

人们习惯性的方式大多是从个人生活经验中形成的，是应付某类问题情境屡次成功的结果，它在通常情况下是有效的。但在一些特殊情况下可能变成妨碍有效解决问题的障碍，使人失去灵活性，变得机械盲目，却不自知。

7. 假定相似性偏见

人们有这样一种倾向，总是认为他人和自己是相同的。这种现象称为**假定相似性偏见**。尤其当了解到他人的年龄、民族、社会地位等因素与自己相近时，更是如此。人们喜欢由己推人，就是这种现象。一个不喜欢繁文缛节的人倾向于认为别人也讨厌礼节过多；而一个喜欢礼节和程式化的人，则倾向于认为礼多人不怪。其实人与人之间存在很大差别，远不是一个相似所能解释的了的。弗洛伊德把这种现象称为"投射作用"，就是个人把他们自己身上的特性归属到他人身上。有时要了解一个人，好的办法不是让他自我评定，而是让他去评价别人，从他对别人的评价中更能折射出他自己的特性来。

8. 行动者—观察者偏见

美国心理学家勒温提出一个著名的行为公式，$B = F(P \cdot E)$。B代表人的行为，P代表个人因素，E代表环境因素，他认为人的行为是环境力量和个人力量的函数。这是人的行为的最一般规律。所谓**行动者—观察者偏见**，就是行动者和观察者两方面，对于导致某一行为产生的原因的个人力量和环境力量有不同的认识，在推测时会表现出相反的倾向。

由于行动者和观察者所处的角度不同，对行为产生时的具体情况了解不同，造成他们的解释不同。一种情况是，当做出行为的人地位高或者是强有力的人物，则人们倾向于认为他的行为是由其个人力量造成的；相反，行为者地位低、是非强有力人物，人们则倾向于将其行为原因归结为环境力量。此外，当某个行为结果不好时，人们倾向于将其归之个人原因；成功时，容易寻找外部原因。一个组织的行为失败了，观察者常常归咎个人，这就是抓替罪羊现象。就行动者而言，成功了，他往往归功于自己的主观努力；失败了，常归罪于环境因素的影响。后者是一种自我保护倾向，心理学上也称之为**自我服务偏见**。

自我服务偏见：当人们加工和自我有关的信息的时候，会出现一种潜在的偏见。人们一边轻易地为自己的失败开脱，一边欣然接受成功的荣耀，很多情况下，人们把自己看得比别人要好。这种自我美化的感觉使多数人陶醉于高自尊光明的一面，只是偶尔会触及其阴暗的一面。

9. 错觉思维

人们试图在随机事件中寻找规律，这种倾向常常会令人们误入歧途。错觉思维主要表现为错觉相关和控制错觉。

错觉相关是说人们期待发现某种重要联系的时候，人们就很容易将各随机事件联系起来。沃德和詹金斯（Ward & Jenkins, 1965）进行了一个实验，向被试者报告一个50天人造云试验的结果。告诉被试者在这50天中的哪几天造了云，哪几天下了雨，而有时并没有下雨。结果人们确信——与他们对于造云效应的观点相一致——他们确实在人造云和下雨之间发现了相关。

另一些研究发现，假如人们相信事件之间存在相关，人们更可能注意并回忆出某些支持性的证据。假如相信前兆与事件本身有联系，人们就会有意注意并记住前兆和稍后相继出现的一些事件。假如在人们想起某个朋友之后，恰好他打来了电话，人们就会记住这个联系。而其他没有具备这种支持性的事件则不被注意和记忆。

控制错觉是认为各种随机事件受自己影响。这是将随机事件知觉为有联系的倾向导致的。这是驱使赌徒不断赌博的动力，也是令我们其余的人为许多不可能完成的事努力拼搏的原因。

兰格（Langer, 1977）对赌博行为的实验证实了控制错觉的存在。与那些由别人分配彩票号码的人相比，自己抽彩的人，当要求他们出售彩票的时候，其要价是前者的四倍。当和一个笨拙而紧张的人玩随机游戏的时候，他们会比和一个精明而自信的对手玩时下的注多得多。许多实验都发现人们行动时往往认为自己能够预测并控制随机事件。

股票交易者同样喜欢由自己选择和控制股票交易所带来的"权力加强感"，好像他们的控制比一个"有效率的市场"做得还好。控制错觉导致人们过度自信，会给人们带来经常性的损失。

股票投资行为实际上是预测他人行为的游戏，投资者不是试图选出满足自己偏好的股票，而是选择满足其他（多数）投资者偏好的股票。投资者买进还是卖出，取决于他对其他投资者行为的预测，然后先其一步行动。这就是股票市场"先一步法则"。这种心理是导致股票市场总是发生大涨和大跌现象的主要原因。

10. 效果性偏见

效果性偏见是指那些鲜明的更容易形象化的事件，与那些较难形象化的事件相比会被认为是较容易发生的。人们从一条一般公理演绎出一个具体的例证是很慢的，但是他们从某一个鲜明的例证归纳出一般公理是非常迅速的。

深入研究发现，小说、电影和电视中的虚构情节会给人留下深刻印象，深深地影响人们随后的判断。读者（观赏者）越是全神贯注和情绪激动，故事对他的影响就越大。这也正应了一句话："大部分人的推理都是戏剧化的，而不是定量的。"

效果性偏见可以解释为何生动的奇闻逸事通常会比统计数据更引人注目，以及为何感知到的风险和真实的风险之间总是相差很大。比如人们觉得乘飞机要比乘汽车危险，因为飞机失事事件给人的印象太深刻了。

二、人际知觉

人际知觉就是对人与人之间相互关系的知觉。

任何一个人都与他人发生联系，形成人与人之间的不同关系，表现为接纳、拒绝、喜欢、讨厌等各种亲疏远近的状态。对这种关系的正确知觉是顺利进行人际交往的依据。旅游工作者一方面要尽快了解旅游团体的人际关系状况，另一方面也要洞悉旅游工作者自己与游客之间的人际关系状况，以便利用这种关系搞好旅游接待工作。

人和人之间在情感上的亲疏和远近的关系是有差别的，它有不同的层次。比如，同一团体中的人，有的只是点头之交，有的来往密切非常友好，也有的势不两立互相敌对，这就是人与人之间心理上的距离。心理上的距离越近，说明人们越相互吸引；心理上的距离越疏远，则反映双方越缺乏吸引力。

三、自我知觉

自我知觉是指一个人通过对自己行为的观察而对自己心理状态的认识。人不仅在知觉别人时要通过其外部特征来认识其内在的心理状态，同样也要这样来认识自己的行为动机、意图等。

前面介绍的社会知觉误区现象很多处提到了对自我认识的问题，在此就不再重述。

自我知觉是自我意识的重要组成部分，随着个人自我意识的发展，自我知觉经历着不同的发展阶段：

（一）生理的自我

个体主要表现为对自己身体、衣着、家庭和父母对自己的态度以及对自己所有物的判断，从而表现为自豪或自卑的自我感情。

（二）社会的自我

个体的自我评价主要表现在对自己在社会上的荣誉、地位、社会中其他人对自己的态度以及自己对周围人的态度等方面的判断和评价，从而表现出自尊或自卑的自我体验。

(三) 心理的自我

处于这一阶段时,个体主要表现为对自己的智慧、能力、道德水平等方面的判断和评价,从而表现出自我优越感等自我体验。

随着自我意识的发展,在社会化进程的影响下,个体的自我知觉水平一般是遵循着生理的自我—社会的自我—心理的自我这一进程的。当然,由于每个人的社会化程度的不同以及各种主客观因素的影响,每个人的自我知觉水平也不完全一样。比如,有人过分注重自己的身材容貌、物质欲望的满足,有人则偏重于社会地位、名誉等方面的追求,也有人在自我评价的基础上,追求高尚的情操、自我实现的需要等。

有了正确的自我知觉,才知道需要怎样去做,能够做到哪些,并对自己的行为不断地进行自我调节,这对每个人来说都是非常重要的。否则,就会造成行为上的盲目性。比如,如果由于期望过高而采取不适当的行为,或者不能正确判断自己的行为而不能进行自我调节,这不仅会造成与社会环境的不协调,而且还会给自身带来不良的心理后果。旅游者如果缺乏正确的自我知觉,就会选择自己不能胜任、无法适应的旅游活动,或者在旅游中提出不适当的要求,一旦达不到自己的目的,就很可能产生消极心理。如果旅游工作者缺乏正确的自己知觉,就不能正确知觉旅游活动中主客双方的关系,把自己摆在不适当的位置,就不能很好地规范自己的行为。所以,旅游工作者正确的自我知觉对旅游接待工作是十分必要的。

第 3 节 对旅游条件的知觉

旅游者的旅游活动是由食、住、行、游、购、娱等行为组成的,与这些行为有关的事物就是基本的旅游条件。实践证明,旅游者对旅游条件的知觉印象,对具体的旅游决策、旅游行为以及对旅游服务的评价等都有显著的影响。

一、对旅游点的知觉

人们决定要去旅游时,首先要选择能够最大限度满足自己需要和兴趣的旅游点。虽然大多数人在日常生活中,都能得到关于某旅游点的一些信息,但由于内容数量少,留存在自己记忆中的就少,仅靠这种被动知觉是远远不够的。因此,人们一旦决定出去旅游,就会首先收集各种信息资料进行分析、评价和判断,选定具体的旅游目的地。当然,由于需要、兴趣的不同,人们会关注不同的旅游目的地,从而选定不同的旅游目标。比如,如果人们为了通过旅游满足休息、娱乐和健康的需要,就会注意收集风光明媚、气候适宜的旅游点的信息;为了增长知识、开阔眼界,就会对名胜古迹或具有现代社会发展水平的旅游地格外看重。

在旅游过程中，旅游者对旅游点的知觉印象取决于以下三方面。首先，旅游景观必须具备独特性和观赏性，这样才能把旅游景观的吸引力和旅游者的需要结合起来。其次，旅游设施必须安全、方便、舒适。在标准化的同时，注意特异性。最后，旅游服务必须礼貌、周到、诚实、公平。

二、对旅游距离的知觉

在人们选择旅游点的同时，还要考虑从居住地到旅游点的距离，因为距离的远近也常常影响人们的旅游决策。旅游距离对旅游行为的影响，通常表现为两个方面。

（一）阻止作用

从一方面看，旅游是需要付出代价的消费行为，距离越远，要付出的金钱、时间、身体等代价就越大。这些代价往往使旅游者望而生畏。只有旅游者意识到，能够从旅游行为中得到的益处大于所要付出的代价时，他们才会做出有关旅游的决策。这些和距离成正比的代价，抑制人们的旅游动机，阻止旅游行为的发生。所以，在一般情况下，如果受到时间、金钱、身体状况等条件的限制，人们就不会选择远距离的旅游点。从这个意义上说，距离会对人们的旅游产生阻止作用。由此我们也可以理解，为什么出国旅游的人要比在国内旅游的人少，近距离的游客比远距离的游客多。

（二）激励作用

从另一个方面看，人们出去旅游的动机之一，是寻求新奇和刺激。而远距离的目的地，有一种特殊的吸引力，能使人产生一种神秘感。此外，从心理学的角度看，人们在感知对象时，拉开的距离增加了信息的不确定性，给人以更广阔的想象空间，因而产生一种"距离美"。正是由于这种吸引力、神秘感、"距离美"，有的人舍近求远，宁愿到陌生、遥远的地方去旅游。从这个意义上说，距离对人们的旅游又会产生激励作用。

另外，旅游是在一定的时间和空间中发生的。人们对旅游距离的知觉，也常常用所用的时间来衡量。比如，从沈阳到大连，人们很少说要经过几百里，而是强调要坐几个小时的火车。

总之，距离对人的旅游行为既有阻止作用，又有激励作用。但是，哪种作用更大，则取决于很多因素。这些因素除了旅游者自身的时间、金钱、身体、兴趣等以外，还和旅游景点的开发、建设、宣传等因素有关。所以，为了吸引游客，旅游工作者首先应该提供高质量的旅游产品，同时应该破除"酒香不怕巷子深"的落后观念，充分利用各种方法，积极开展旅游宣传，引导游客的旅游决策。

三、对旅游交通的知觉

人们外出旅游，不可避免地要借助于各种交通工具。随着现代社会的发展，可供人们选择的交通工具越来越多，主要有飞机、火车、游览车、游船、出租车等。

由于生活节奏的加快以及人们经济水平的提高，特别是在远距离旅游的情况下，很多人选择乘飞机旅游。对于经常乘飞机的游客来说，他们一般看重信誉好、服务优的航空公司以及机身宽敞、比较舒适的喷气客机，而对服务和信誉不太好的航空公司以及载客量少、不太舒服的小型客机则很少光顾。对于初次乘飞机的游客来说，他们对机型的关注较少，而主要关心的是安全问题。因此，他们注意收集有关的航空公司的事故记录、飞机的新旧程度以及飞行员的技术水平等信息。此外，人们也比较重视飞机上乘务员的服务态度。一般说来，热情、友好、周到、礼貌的服务，会使人产生亲切感，并留下美好的印象，使人乐于接近，乐于选择；否则，人们就会产生疏远的态度，拒绝选乘。因此，世界各航空公司都非常重视乘务员的服务态度与服务质量，并以此作为占领市场、提高竞争力的关键因素。

对于许多游客来说，如果时间允许的话，他们宁愿乘火车旅游。虽然火车的速度比不上飞机，但它也有飞机所不具备的优点。一是火车车次多，乘车方便。二是运行周期合理，特别是专门的旅游列车，往往是朝发午至，午发暮归，有利于观光游览。三是舒适度高，火车设有软卧、硬卧车厢，即使硬座车厢内也可以来回走动，这一点对老年人和小孩子来说尤为重要。四是可以浏览沿途风光，即便不能下车驻足观赏，也在一定程度上大饱眼福了。

此外，上下山的时候，为了避免过度的身体消耗或者只是为了消遣享受，人们也常常乘坐空中缆车。人们对空中缆车的要求除了要有一定的舒适度外，主要的是必须有安全感。另外，当人们在海上和江河上旅游时，也常以游船作为交通工具。当然，选择什么样的游船因人而异，这主要取决于人们对游船的舒适度、安全度、娱乐性，游船能到达港口城市的多少以及港口城市游览景点的多少等方面的知觉。

总之，旅游知觉的产生，不仅取决于旅游景点的功能，还取决于人们希望在旅游的过程中能得到些什么，这是一个有选择的知觉过程。因此，建设旅游点和创造旅游条件，应该建立在了解人们的动机、需要和兴趣等心理因素的基础上，并且根据产生知觉的规律，采取有效的形式传递旅游信息，从而有效地影响人们的知觉选择。

本章小结

本章讲述了旅游知觉、旅游中的社会知觉和对旅游条件的知觉三部分内容。

首先，介绍了知觉的概念，知觉的四种特性，即组织性、理解性、整体性和恒常性。在介绍知觉的种类时，着重介绍了几种视错觉研究。旅游中的社会知觉包括以下部分：对人的知觉、对人际关系的知觉和自我知觉。对人的知觉容易陷入几种误区，即第一印象、晕轮效应、心理定式、刻板印象、期望效应、习惯定向、假定相似性偏见和行动者—观察者偏见等。人要想获得正确的社会知觉需要时时注意克服上述错误。自我知觉的发展经历了生理的自我、社会的自我和心理的自我三个由低向高的阶段。旅游距离对旅游行为的影响，通常表现为两个方面：阻止作用和激励作用。

第 2 章　旅游知觉

 思考与练习

1. 影响旅游知觉的因素有哪些？
2. 什么是自我知觉？它有什么重要作用？
3. 蛋糕落地为什么总是奶油那面先着地？运用原理说明。
4. 从知觉原理分析：眼见为实。

 案例分析

肯基的故事

肯基在非洲位于赤道附近一个叫俾格米的文化中长大，自出生以来就只居住在茂密的热带森林中。有一天，他第一次和人类学家托恩布尔一同乘车穿越一个开阔的平原。后来，托恩布尔这样描述肯基的反应：

"肯基远眺平原上几英里外大概一百头左右正在吃草的一群牛，问我那是哪一种昆虫。我告诉他那是比他所认识的森林野牛大一倍的野牛。肯基大笑着要我别讲这样的蠢话，并再次问我它们是哪一种昆虫。然后他自言自语，为了找出更合理的比较，试图把那些野牛比作他熟悉的那些甲虫和蚂蚁。

当我们坐上汽车向这些野牛吃草的方向行进时，肯基还在做这样的比较。尽管肯基和其他俾格米人一样勇敢，当他看到那些野牛变得越来越大时，还是坐得离我越来越近，嘴里嘀咕着说一定有什么魔力……终于当他认识到它们是真的野牛时，他不再害怕了，但仍然感到困惑，为什么刚才它们看起来那么小，是否刚才真是那么小而现在突然变大了，或者是不是有什么骗术？"

（资料来源：[美] 理查德·格里格等：《心理学与生活》，中文 1 版，102 页，北京，人民邮电出版社，2003）

问题：根据本章所学的理论解释肯基为什么会有这样的困惑。

 开放式思考

1. 西方发达国家的一些饭店在招聘新员工时，曾有这样的要求出现："无工作经验者优先。"请给予解释。
2. 对当地的旅游者进行观察和深入访谈，同时对照性地了解本地居民，比较他们对当地旅游景区和旅游地在观察视角和结论上有什么差异，并解释原因。
3. 假设你将在假期去国内某著名旅游胜地旅游，你如何解释距离对人们的旅游行为既有激励作用又有阻止作用？

第 3 章 旅游动机

【学习目标】

通过本章的学习,你应该达到以下目标:了解动机和需要的含义和特点;理解需要和动机的类型及意义;认识和了解相关的动机理论。熟练掌握和运用旅游本质理论。具有运用所学的有关动机的理论来激发旅游者动机的能力。

【内容结构】

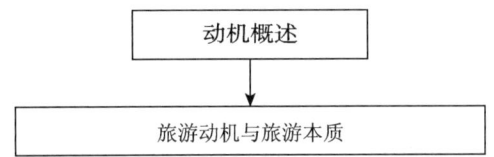

【重要概念】

需要　旅游动机　单一需要　复杂需要　旅游本质　刺激寻求　安乐寻求

第3章 旅游动机

引例

拉脱维亚另类旅游——体验克格勃监狱痛苦

据俄罗斯新闻网报道，拉脱维亚波罗的海港口城市利耶帕亚市推出一种另类旅游业务，允许外国游客和当地居民花上5欧元，到市内克格勃监狱体验当年囚犯们遭受的所有痛苦，如果额外消费，还可体验被虐待、被（模拟）处死的感觉。

在一个炎热的夏天里，监狱楼前聚集了20名另类游客，其中15名为拉脱维亚当地居民，5名为美国游客，准备在其后2小时内到神秘莫测、阴森恐怖的监狱一游。充当"克格勃看守"的迈里斯开始进入角色，向游客们说："谁会到这所监狱里来？（当然是）企图窃取我们机密情报的资本主义间谍！"

游客们走过两层楼内阴暗的走廊，依次参观克格勃监狱内部牢房，沿途可以感受到混合着血腥汗渍和悲惨过去的气息。全程监狱游的口号非常简单：服从！

充当囚犯的游客在监狱内各有分工，有人洗地板，有人举起双手脸靠着肮脏的墙壁罚站，所有人都要执行命令。和弟弟一起来旅游的27岁的美国女教师福勒说："他们对我们说，如果我们放下手，就应（受罚）清洗卫生间，其实很难说是厕所，只是在牢房地板上打了三个洞。"

普通监狱游费用约为5欧元，额外付费还可以"遭受虐待"，体验严刑拷打的感觉，参与模拟处决，体验被处死的感觉，也可以在牢房内过夜，不喝水、不睡觉。

这所监狱初建于1905年，沙皇用于关押起义的水兵。"二战"期间，希特勒纳粹分子在这里虐待、杀害叛国者和开小差者。战后成了苏联克格勃的秘密监狱。1997年彻底关闭，现在由利耶帕亚市军港拯救者协议管理、维持。

拉脱维亚搞监狱游，让游客体验囚犯感觉，在国内引起较大争议。反对者认为，把虐待人民的监狱变成旅游胜地是不正确的，不伦不类；支持者认为此举有教育意义，甚至还吸引了苏联囚犯前来讲述自己悲惨的历史。

迈里斯说："纳粹德军占领利耶帕亚市期间共在这所监狱里杀害了160人，"二战"时的囚犯至今还有两人健在，但他们不愿到这儿来回忆过去在这儿的痛苦时光。"

（资料来源：据俄罗斯新闻网，《拉脱维亚另类旅游——体验克格勃监狱痛苦》，中国新闻网，2006-8-7）

为什么有人愿意体验"痛苦"？这种现象似乎违背常理，但是旅游心理学对旅游动机的探讨能够给我们答案。这就是在第二现实中的旅游者和第一现实中的人们的区别。本章要揭示这些处于特殊状态的人的心理奥秘。

第1节 动 机 概 述

人的一切行为都受动机支配,动机驱使人追求某一事物,从事某一活动;或驱使人避开某一活动,停止某一活动。动机是人行为的直接的内在原因。

一、什么是动机

动机是指引起和维持个体的活动,并使活动朝向某一目标的心理过程或内部动力。人类的各种活动都是在动机的作用下,向着某一目标进行的。

动机具有三种功能:一是激活功能,即动机会促使人产生某种活动。旅游者外出旅游是在其各种旅游动机的直接驱动下发生的。二是指向功能,即在动机的作用下,人的行为将指向某一目标。旅游者在旅游动机的指引下会奔向旅游目的地。三是强化功能,即当活动产生以后,动机可以维持和调整活动。当活动指向某个目标时,个体相应的动机便获得强化因而某种活动就会持续下去,在遇到困难时能予以克服。

动机是在需要的基础上产生的,一种需要演化为哪种动机受到环境因素的影响。无论是物质的需要还是精神的需要,只要它以意向、愿望或理想的方式指向一定的对象,并激起人的希望时就可构成行为的动机。

动机虽以需要为基础,但只有需要,并不一定产生动机。动机的产生至少应该具备两个条件,一是需要,二是具有满足需要的对象。当需要处于萌芽状态,客观上缺乏满足需要的对象时,需要只表现为一种意愿或意向。只有当需要被强化到一定的程度,在客观上又有满足的对象时,需要才转化为动机。

二、动机的分类

一个人复杂多样的动机往往以其特定的相互联系构成动机系统。动机可分为两类:

(一) 根据动机的性质,动机可分为生理性动机和心理性动机

生理性动机来源于人体得以生存和繁衍下去的最基本的生理需要,如对空气、水、食物、休息、性爱等的需要,由这些需要引发的动机来源于人体内部某些生理状况的先天驱动力,并非后天学习和强加来的。

心理动机来源于人们对社会环境所带来的需要,由这些需要驱使的行为动机,来自外部社会,一般通过外界学习而获得。

(二) 根据动机在行为中的作用,动机可分为主导动机和辅助动机

在引起复杂活动的各种不同动机中,有的动机强烈而稳定,在活动中起主导和支配作用,有的动机则起辅助作用,只是对主导性动机的一种补充。

三、动机与需要

动机产生的内在条件就是需要。可以说,人所有的动机全部能够找到其内在依托,就是相对应的需要。所以谈动机,必须谈需要。

(一) 需要概述

1. 需要的概念

需要是个体缺乏某种东西时的一种主观状态。它是客观需求的反映,这种客观需求既包括人体内的生理需求,也包括外部的、社会的需求。它们在演化为心理现象之后,表现为需要。

人是自然属性和社会属性的统一体,对其自身和外部生活条件有各种各样的要求。当某种生理或心理因素缺乏时,就导致生理或心理上的匮乏状态。当这种匮乏状态达到一定程度,必须进行调节时,个体就感到需要的存在,进而产生恢复平衡的要求。首先是生理平衡。人体内必须不断补充一定的物质和能量才能生存,如食物、水、热量等。这些物质与能量的吸入量由体内复杂的生理系统进行调节,维持着人的生理平衡状态。以饮食调节为例,人的生理调节机制,时刻检测着食物和水的数量、时间和界度。当达到某种临界值时,便产生某种生理需要,人受到激发从而产生饮食行为。其次是心理平衡。人的生理失调主要在于有机体内部的刺激,而心理失调主要取决于有机体外部的刺激,这种外部刺激既有物质的,又有精神的。当心理失去平衡时,个体就产生心理上的需求,如有爱的需要、求知的需要、审美的需要等。

2. 需要的特征

(1) 对象性。需要总是指向某种具体的事物。换句话说,需要总是和满足需要的目标联系在一起。比如,人饿了就要寻找食物,渴了就要寻找水,冷了就要寻找衣服,等等。需要一旦实现,总能给人们带来生理或心理上的满足。离开了目标和对象,就无从观察和研究人是否具有某种需要。

(2) 紧张性。需要是个体在生活中感到某种欠缺而形成的某种心理状态。当某种需要产生后,便形成一种紧张感、不适感或烦躁感等,从而在人脑中形成某种需求。

(3) 驱动性。人为消除生理或心理上的紧张,构成寻求满足需要的驱动力,推动着人们去行动,以求得生理或心理上的平衡。

(4) 层次性。人的需要是有层次的,先是满足最基本的生活需要,而后是满足社会和精神需要,人们的需要总是不断地由低级向高级发展。

(5) 发展性。人的需要随着社会生产力的发展和物质文化生活水平的提高而发展。这不仅体现在需要的标准不断提高上,而且体现在需要的种类日益复杂多样上。

3. 需要层次理论

人类的需要一直是心理学家们研究的对象,并产生了有关需要的不同理论。其中马斯洛的需要层次论影响较大。

美国人本主义心理学家马斯洛（A. Maslow）在1943年出版的《调动人的积极性的理论》著作中提出了"需要层次论"。这一理论50多年来流行甚广，是国外心理学家试图解释需要规律的主要理论。

马斯洛把人类行为的动力从理论上和原则上作了系统的整理，提出了人类动机最著名的理论之一：需要的层次论。马斯洛把人的多种多样的需要，归纳为五大类，并按照它们发生的先后次序分为五个等级。见图3-1。

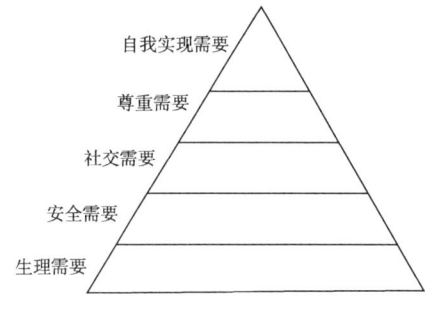

图3-1 人类需要的层次关系

在马斯洛看来，只有当低层次的需要满足之后，高层次的需要才能到来。但任何一种需要并不因为下一个高层次需要的出现而消失，只是高层次需要产生后，低层次需要对行为影响变小而已。各层次的需要呈相互依赖与重叠的关系。见图3-2。

马斯洛的需要层次论，对研究人类的行为需要和动机具有重要和普遍的意义，在心理学的许多应用领域有着广泛影响，如组织行为学、市场营销等。马斯洛的理论到目前都缺乏明确、稳定的实证研究成果，其观点也遭到一些研究者的否定。但目前还无法找到可以取代它的新理论。马斯洛理论以其人

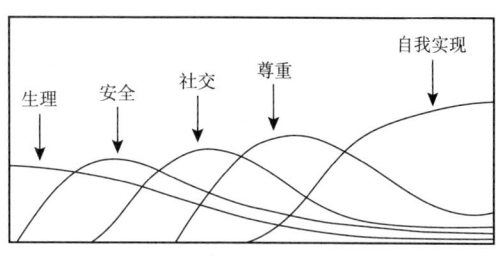

图3-2 五种层次需要的心理发展关系

本主义、简明性和符合主流价值观而得到广泛认同。在旅游领域内，虽不能用来解释所有旅游行为的动因，但它确实为我们认识旅游动机提供了重要的理论依据。

（1）生理需要。这是人类最原始的基本需要，包括饥、渴、性和其他生理机能的需要，它是推动人们行动的最强大的动力。马斯洛认为人的生理需要是最重要的，只要这一需要还没得到满足，他就会无视其他需要或把其他的需要搁置一边。用这一观点就可以解释人们为什么夏天要到海边或山里去避暑，人们为什么越来越对农业旅游感兴趣以及紧张生产线上的工人或繁忙工作岗位上的企业管理人员为什么要到异国他乡暂时改变一下环境。这很可能是人体内部某些生理状态的需要所表现出来的行为。

（2）安全需要。当一个人的生理需要得到满足后，就想满足安全的需要。要求获得生命和财产安全，要求避免职业病的侵袭，希望解除严酷监督的威胁，要求避免意外事件的发生等等。马斯洛认为整个有机体是一个追求安全的机制，人的感受器、效应器、智能和其他能量主要是寻求安全的工具。人们的这些需要在旅游活动中处处可以表现出来。比如，人们乘坐交通工具既要准时又要安全，在一些特殊的旅游项目上还希望有人身保险等。

(3) 社交需要。马斯洛的社交需要含有两方面的内容。一方面是爱的需要，即人都希望伙伴之间、同事之间的关系融洽或保持友谊和忠诚，希望得到爱情，人人都希望爱别人，也渴望接受别人的爱。另一方面是归属的需要，即人都有一种归属感，都有一种要求归属于一个集团或群体的感情，希望成为其中的一员并得到相互关心和照顾。社交需要比生理需要更细致，它和一个人的生理特性、经历、教育、宗教信仰都有关系。

人们为了探亲访友、寻根问祖、结识新朋友而进行的旅游，就是满足社交需要的表现。进行任何一种旅游活动，都要接触新的人际环境、发生人际交往。因此，旅游是人们结识新朋友、联络老朋友的最有效的活动之一。

(4) 尊重需要。当社交需要得到满足后，人还希望有稳定的地位，有对名对利的欲望，要求个人能力、成就得到社会的承认等。马斯洛认为，尊重需要得到满足，能使人对自己充满信心，对社会充满热情。但尊重需要一旦受到挫折，就会使人产生自卑感、软弱感、无能感，会使人失去生活的基本信心。

受尊重的需要还同个体感到自己对这个世界有用的感觉有关，也与有关事物如衣服、汽车、教育、旅游和接待重要人物等能否增进自我形象有关。人们到一个知名度很高的旅游点去旅游，当然是会令人羡慕的，他们到这个旅游点的动机可能很多，但其中之一却可能是为了满足尚未得到满足的受人尊重的需要的驱使。

(5) 自我实现的需要。自我实现的需要是指实现个人的理想、抱负，发挥个人的能力于极限的需要。也就是说，人必须干称职的工作，是什么样的角色就应该干什么样的事，音乐家必须演奏音乐，画家必须绘画，诗人必须写诗，这样才会使他们得到最大的满足。马斯洛还指出："为满足自我实现的需要所采取的途径是因人而异的。有人希望成为一位理想的母亲，有人可以表现在体育上，还有人表现在绘画或发明创造上……"简而言之，自我实现的需要是指最大限度地发挥一个人的潜能的需要。旅游是极富有象征性的活动，有的人出去旅游就是用体现自我价值来满足自我实现的愿望。当然人们参加旅游活动，并不都是出于自我实现的需要，但随着社会的发展和人们对生活质量的关注，对自我实现的要求会越来越多。

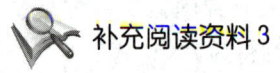

补充阅读资料 3-1

需要层次论新解

后来马斯洛对于他以前所提出的五个层次的需要作了补充，即认为人们还有认识和理解的需要和欲望，还有审美的需要。马斯洛认为这两类需要与前面的五个层次的需要并不处于同一层次发展系统之中，而是表现出一种既相互重叠又相互区别的关系。

认识和理解的需要 这是人人都具备的一种基本需要，即人们对于各种事物的好奇、学习，探究事物的哲理，对事物进行实验和尝试的欲望。马斯洛由人们对安全需要的前提出发推论出，人们进行各种学习和探究，其最终的目的也包括获得生活和生存的安全和取得安全的方法，洞悉事物的奥秘、满足认识事物的需要是一种令人欢快和幸福的事情，学习和探究事物的奥秘也是智者自我实现他们价值的一种方式，好奇还是儿童的一种天性，儿童从他好奇的事物中得到最大的快乐。

审美的需要 人们对于美的需要也是一种基本的需要，比如，希望行动的完美，对于事物的对称性、秩序性、闭合性等美的形式的欣赏、对于美的结构和规律性的需要等，都是审美需要的表现形式。

（资料来源：彭运石：《走向生命的巅峰》，1 版，111 页，武汉，湖北教育出版社，1999）

第 2 节　旅游动机与旅游本质

旅游动机是指直接引发、维持个体的旅游行为并将行为导向旅游目标的心理动力。那么这种心理动力是什么呢？对这个问题的回答，也就解决了人们旅游的真正的直接原因。

一、旅游动机分析

人们为什么要旅游？对这个问题通常有许多的答案。但在这些解释之间彼此存在什么关系却缺乏明确的说明。它们往往没有触及人们为什么要旅游的较深刻的心理原因。其实，旅游行为的产生，其直接的心理动因是人的动机，而隐藏在动机背后的原因则是人的需要。需要和动机、动机和行为之间的关系是这样的，见图 3-3：

需要产生动机，动机产生行为，整个过程受到行为主体的人格因素和外在环境的影响。

动机是在需要的基础上产生的，因此，要研究旅游者的动机，就离不开对旅游者的需要的研究，对旅游需要的探讨有助于我们对旅游动机的理解。

（一）单一性需要和复杂性需要

心理学家们多年来一直在争论人们是力求在生活的所有领域都保持心理的单一性，还是主要追求多样性。其实，这一争论的双方都能帮助我们从另外一个角度来理解人们旅游的基本原因。

1. 单一性需要

单一性需要是指人们在生活中总是寻求平衡、和谐、相同、可预见性和没有冲突。任何非单一性都会产生心理紧张。因此，人

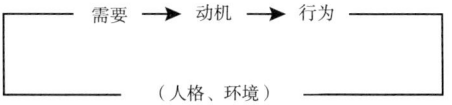

图 3-3　需要和动机、动机和行为之间的关系

们为减轻心理紧张，便会寻求可预见性和单一性。

按照单一性理论，旅游者在旅游过程中尽量寻找可提供标准化的旅游设施和服务。因此，人们一般会选择北京故宫、杭州西湖、广西桂林、安徽黄山等非常著名的旅游点去旅游，还要选择那些知名度高并能提供标准化服务的宾馆饭店去住宿。因为标准化的旅游服务使旅游者能够预见自己什么样的花费会带来什么样的设施标准和服务。

总之，单一性理论认为人们在期望出现某一件事情的过程中，不要再遇到意料之外的事情。弗洛伊德认为，人们行为的基本目的是减少由非单一性所造成的那种心理紧张。如果人们面临着非单一性的威胁，他们就会设法防止这种威胁成为事实。如果他们不幸真的遇到了某种意想不到的事情，他们就会很不舒服。经历了这种感受之后，他们以后就会更加谨慎，防止再出现非单一性。例如，如果某位旅游者在外出旅游时遇到找不到饭店可以入住，买不到返程飞机票，旅游者以后再外出旅游时，就可能事先订机票、订客房或者到旅行社办理委托，有的人可能从此再也不愿出去旅游了。

2. 复杂性需要

与单一性理论相反，**复杂性需要**是指人们追求新奇、出乎意料、变化和不可预见性等。人们之所以追求复杂性需要，是因为这些复杂性东西的本身就能给人带来满足。

根据复杂性理论，在旅游环境中，旅游者将游览从未去过的地点。他宁可驱车行驶在偏僻的道路上并光顾当地的饮食店，而不去人们所熟知的连锁饭馆。而且，他宁可光顾独立经营的旅馆，而不去住一些提供标准化住宿条件和服务的名牌连锁旅馆。对于希望避免单一性和可预见性的旅游者来说，著名的饭店、众所周知的旅游点所提供的单一性和可预见性太多了，令人感到厌倦。这种旅游者希望要与他在家所习惯的东西和他在上次旅游中所经历的东西有所不同。

3. 单一性和复杂性的平衡

上述的单一性需要和复杂性需要这两种概念都能解释在旅游环境中所出现的许多现象。虽然这两种理论看起来前后矛盾，但如果把二者结合起来，就可以帮助我们进一步理解人们旅游的动机和行为。

适应性良好的人们在自己的生活中需要单一性和复杂性两者的结合。单一性通常由人们在家里以及有时在工作中那种有条不紊的常规来提供，因为大多数人在家里可能愿意有相当程度的单一性和可预见性。而工作环境里提供的单一性或者复杂性的程度存在着很大的差别。比如，一个装配线上的工人可能会感到他的工作环境太单一，而最高一级的公司行政管理人员是在相当不可预见的、多样的和复杂的环境中工作。

人们在家庭生活和工作中的单一性、可预见性以及不变性，必须用一定程度的复杂性、不可预见性、新奇性和变化性加以平衡。没有任何一个人能够在一个百分之百可以预见的世界中精神正常地生活。在某些时候，一个人对在家里和工作中所见到的有条不紊的常规和单一性变得厌倦起来。一旦厌倦到一定程度，他就需要新奇和变化来抵消由厌倦造成的心理紧张。显然旅游为寻求摆脱厌倦的人们提供了一种较为理想的刺激。它使人们得以变换环境、改变生活节奏，使生活丰富多彩。从这个意义上说，旅游对有的人来说是对现实生活的一种逃避。相反，如果一个人长期生活在复杂的环境中，他就需要一定程度的单一性来平衡。比如对有些人来说，即使在旅游度假期间，所寻求的也只是休息和放松。因此，只在湖滨或海边晒晒太阳、看看风景或听听音乐就足够了。

总之，心理学研究认为，人们在生活中总是力求使单一性和复杂性保持最佳的平衡状态，使心理维持在一个可以承受的紧张程度，否则，单一性过多，会使人产生厌倦；复杂性太多，又会使人产生过分紧张以至于恐惧。见图3-4。

（二）好奇心

人类所有行为的终极目的都是追求快乐，快乐是人类生存的目的，即使与追求快乐相反的一些行为，如延迟满足、暂时付出、苦行甚至牺牲，其最终目的也都是为了获得快乐，当然这是由于对快乐的理解和追求方式不同造成的。但是旅游则是在社会、经济条件允许后大多数人为获得快乐而做出的共同选择。这种对获

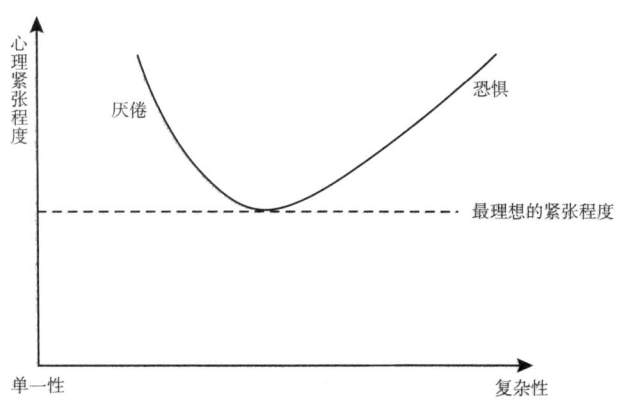

图3-4　单一性、复杂性和心理紧张

得快乐方式的选择不分种族、阶级和文化背景，有着高度的一致性。造成这种一致性的原因来自于人的本性。人为什么旅游？其中一个深层原因是为了满足人类的好奇心。**好奇心**可以这样定义：人类和其他一些高等动物在面对新奇、陌生、怪诞或复杂刺激时所产生的一种趋近、探索和操弄，以求明白、理解和掌握的心理倾向状态。

人类有一种基本的心理性内在驱力——好奇、探索、操弄，这种驱力并不以生理上的需要为基础，也不是经过学习而获得的，纯粹是由个体生活环境中刺激而引发的、先天的内在驱力。它是人类心灵正常发展的原动力之一，是维护心理健康的一个条件，同时它也是旅游的一个根本性动因，它在某种程度上可以解释"人们为什么旅游"。因为内在驱力会给人带来紧张，它迫使人们必须以某种方式、方法来应付这些紧张。这些紧张以及人们如何在旅游中消除这些紧张，可以用来解释许多旅游现象。

幼儿对新奇事物表现兴奋，每逢新玩具到手，总是以注视、抚弄、吸吮、摇动、敲打、撕裂等方法对新玩具"研究"一番；而当幼儿到了一个新环境，也会不由自主地四处探索，只要能达到的地方、能打开的柜门都要看看和摸索，甚至把能搬动的东西都搬出来。

动物也有对新环境喜欢探索的特点。在动物并无需要应付的紧急情况时，往往会去

探索。有时探索的驱力甚至会压倒通常人们认为是更迫切需要解决的问题。一只饥饿的猫在开始安下心来吃东西之前，可能会花些时间去仔细观察一下一种没见过的东西。当然人类仅仅为了探索未知的东西，会冒着受伤以至失去生命危险的事例也比比皆是。"好奇心"和"探索欲"似乎是整个动物界的共同特征。巴甫洛夫在研究条件反射时发现，动物和幼儿在遇到新异刺激时都会做出反应，而不顾眼前的情况，他把这种现象称为"探究反射"，并具体解释为"是什么反应"，它是未经学习而具有的无条件反射。这种人类乃至整个动物界具有的对外部世界的这种自动探究现象，从其发生上看，在个体保存和种属保存上是有着极其重要价值的。动物在进入新环境时的第一个反应是探索、了解、熟悉以做到对它最大限度地把握，这样首先能知道新环境中是否存有危险，其次即使以后出现新的危险因素，由于它对环境的熟悉也能做出恰当的防御反应。人类保存了这种生存本能，它表现在人身上就是"好奇、探索、操弄"，就是好奇心。那么从好奇心的发生角度看，说它是生物现象也不为过。

 补充阅读资料 3-2

好奇的故事

①古希腊有这样一个生活故事：宙斯给一个叫潘多拉的女孩一个盒子，盒子里装着人类的全部罪恶，宙斯叮嘱潘多拉千万不要打开这个盒子。潘多拉按捺不住越来越强烈的好奇心，更加想看盒子里到底装的是什么。她打开了盒子，结果所有的罪恶都跑到了人间。

②马铃薯从美国传入法国的历史非常具有启发性。马铃薯刚传入法国时长期得不到推广，原因是牧师称它为"魔鬼的苹果"。医生认为他有害健康，农学家则说它会枯竭土壤。而当时法国正面临着食品不足的危机。法国著名农学家巴蒙蒂埃在德国时曾经吃过马铃薯，他回国后，努力推广马铃薯，但经过了很长时间也没能说服任何人栽种马铃薯，于是他采取了一个计策。1787年，国王批准他在一块以贫瘠著称的土地上种植马铃薯。他要求国王派遣全副武装的士兵在田野里看守马铃薯。但是这些士兵白天守卫，一到晚上就撤回去。这样做的结果却激起了人们的好奇心，他们开始在晚上偷偷地把马铃薯挖出来，然后种在自己家的菜园里。马铃薯就这样在法国传播开来，而这正是巴蒙蒂埃所企求的。

（资料来源：孙喜林：《现代心理学教程》，2版，50页，大连，东北财经大学出版社，2000）

二、旅游本质

2002年诺贝尔经济学奖获得者卡尼曼在作诺贝尔演讲时，特地谈到了心理学家奚恺元教授的研究成果。奚教授认为经济学的最终目标不是最大化财富,而是最大化人们的幸福。也就是说,人们到底是不是幸福,取决于许多和绝对财富无关的因素。他认为,除了绝对财富外,有两个因素影响我们的幸福。一是时间性的比较和社会的比较。人们通过与自己的过去进行比较以及与他人进行比较,如果结果对自己有利的话,就会产生幸福感;二是脉冲式的变化。舒适不是幸福的重要因素,如果一个人本身的生活水平不是特别高,但如果他的生活中时不时地有一些起伏变化,比如旅游、探险等,这些脉冲式的变化就能使人感到更加幸福。

按照奚教授的观点,我们就可以解释为什么在社会、经济条件允许后,旅游成为一种世界性的大多数人的共同选择。奚教授没有进一步探讨脉冲式变化之所以能带给人们幸福的深层的心理学原因,笔者认为其答案就是以好奇心为核心的刺激寻求需要。

(一) 刺激寻求

个体对刺激的需要性接收和主动追求、厌恶单调的现象,在心理学上称为刺激寻求(Sensation Seeking)。刺激寻求分为普通刺激寻求和高级刺激寻求,前者表现为对单纯物理刺激的需要心理和寻求行为,后者则是对具有情境性意义刺激的需要心理和寻求行为。

1. 人需要刺激

心理学的一些研究有助于我们理解刺激寻求问题。20世纪50年代贝克斯登(Bexton,1954)进行了刺激剥夺实验。他雇佣一些大学生作为实验被试者。一间小的备有舒适的帆布床的隔音房间。要求被试者一直躺在帆布床上(除进餐和上厕所外)不做任何事情。房间的灯是开着的,但被试者戴着半透明的护目镜,使之看不到任何东西。其他装置使被试者不能触摸物体或听到有规律的声音。起初,被试者以睡觉来打发时间,两三天后,所有大学生都不干了,决意逃脱单调的实验环境。被试者普遍感到无聊、不安,思维过程明显受到扰乱,智力测验的成绩大大下降。大量出现白日梦、幻觉,脑电波等生理方面也发生了变化。总之,刺激剥夺实验导致人的活动全部失调,使被试者烦恼不安,最终他们不顾自尊心和报酬方面的代价,发出立即释放的信号。

这个实验告诉我们:人们有追求刺激、紧张,以达到一种生理和心理上的激起、警醒状态的需要,而这种激起、警醒状态的不时存在是保持人身心正常的必要条件,并能够带给人快乐。

2. 人需要什么样的刺激

什么样的刺激才能满足人们对刺激寻求的需要?

人的感觉器官在接受物理刺激时有这样的规律:落在同一感受器上的一连串相同的刺激,导致后来的刺激效应减少。这种现象称为感觉适应。刺激量的变化只有达到一定的量,人才能感觉到发生了变化,人能够感觉到变化的最小刺激变化量就是差别阈限。差别阈限等于刺激变化量比上原有刺激量,而这个比值近似为恒定分数。这种现象称为心理物理定律,用公式表示为:

$$S = a\log I \tag{3-1}$$

式中：S 为感觉量（亦称心理量）；I 为刺激量；a 为常数。公式表示：刺激量呈对数变化时，感觉量（心理量）呈算术变化。

西方经济学中关于效用的理论同样有助于我们理解社会层面的刺激寻求现象。效用就是一种商品或服务能够给人带来多大的快乐。所谓边际效用，是指在消费者偏好不变的一段时间内，额外增加一单位商品或服务的消费，使总效用数额相应增加。当连续不断消费某种商品或服务时，开始时总效用增加速度递增，在达到某一消费量时，继续增加消费某种商品或服务时，则总效用递减。这就是边际效用递减律（见图3-5）。如果我们把"消费某种商品或服务"换成"刺激"一词，则与心理物理定律是吻合的。

这些研究说明：人在满足刺激寻求的需要时存在着适应现象。面对持续的同样刺激，人们会出现适应，变得"麻木"；只有当刺激强度增加幅度很大，或刺激种类发生变化时，人们才能进入激起和警醒状态，这种状态意味着刺激寻求需要的满足，达成了身心快乐。

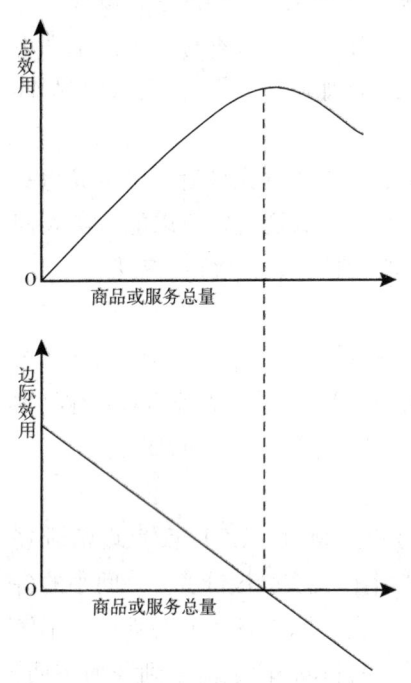

图3-5　总效用和边际效用曲线图

3. 好奇心是高级的刺激寻求

好奇心（Curiosity Motive）的内涵：人类和其他一些高等动物在面对新奇、陌生、怪诞或者复杂刺激时所产生的一种趋近、探索和操弄，以求明白、理解和掌握的心理和行为倾向。"好奇心"和"探索欲"是整个动物界的共同特征。巴甫洛夫称为"探究反射"，是未经学习而具有的无条件反射，它在个体和种属保存上有着极其重要的价值。人类保存了这种生存本能，而且上升为更高级的激起的追求。人类的刺激寻求具体包括四方面内容：①寻求激动和冒险；②寻求体验；③放纵欲望；④厌恶单调。

能引起好奇心的刺激要具备"新奇性"（novelty）与"复杂性"（complexity）两个条件或两者之一，这两个条件是决定刺激物吸引力的基本因素。此外好奇心可以分为扩散好奇心和特殊好奇心。前者没有一定的目标，只是想获得各种各样的信息。后者是对某一特定目标抱有一种想知道怎么回事的动机。

幼儿的好奇心表现为对周围环境的探索和操弄，其目标具有弥散性，属于扩散好奇心。成年人的好奇心则通常以旅游的方式表现出来，更具主动性和选择性，属于特殊好奇心。对幼儿而言，周围环境本身就具有"新奇性"和"复杂性"，足以满足其扩散的好奇心。成年人要满足好奇心就困难许多，周围环境通常难以激发成人好奇心，而自身的成熟和特有经历通常会使其形成特殊好奇心。所以对很多成年人来说，要想满足这种特殊的好奇心，只好长途跋涉、不辞辛苦地赴异地旅游，甚至远行探险。

（二）旅游本质分析

学术界关于旅游的本质一直是众说纷纭，没有一个公认的结论。目前，有几种颇具代表性的观点。首先是经济本质论，即从经济学角度来探究旅游本质。该理论认为，旅游是一种经济现象，是一种经济活动。例如，葛立成曾说："从社会学、心理学、文化学、历史学等角度出发，人们认为旅游是一种社会交往、一种心理体验、一种文化活动或一种历史现象。但从本质上说，旅游是一种经济活动，是旅游者的经济行为。"许多学者突出强调旅游中的消费行为和旅游所产生的经济效益。旅游行为所表现出的经济属性不可否认，特别是对于现代旅游而言，没有经济的支持，就没有旅游，旅游也不可能发展得如此迅猛，但把经济归为旅游的本质，不仅不能解释诸如宗教朝圣、民俗旅游等文化特性很突出的旅游活动，而且只触及旅游行为的表象，并没有认识到旅游行为的本质属性。南开大学的申葆嘉教授基于对国外旅游学研究状况的系统考察，曾提出，对旅游现象的研究应从经济中进去，从文化上出来，并建议广泛地使用文化人类学和社会学的方法研究旅游。申教授的看法实际上是注意到了旅游的文化内核，这就是旅游的文化本质论观点，这个观点重点强调旅游对人的精神需求的满足。从事旅游文学研究的冯乃康曾认为：旅游的基本出发点、整个过程和最终效应都是以获取精神享受为指向的，所以，旅游不是经济活动而是精神活动，这种精神享受是通过美感享受而获得的。因此，旅游是一种综合性审美活动。沈祖祥也说："旅游属于文化范畴，是文化的一个内容。"还有一种是仪式本质论。美国著名旅游人类学家纳尔逊·格雷本率先提出一种观点：旅游是具有"仪式"性质的行为模式与游览的结合。他认为，旅游与传统生活中各种周期性仪式和阶段性洗礼存在实际意义方面的类似性，认为旅游度假与结婚仪式、毕业典礼等一样，是人生当中必须经历的仪式，而探险旅游则是一种界标式的人生通过仪式，经过这种仪式的考验，人们会变得高兴、愉悦，并创造出一种新的精神面貌。另外，现在最具影响力的是谢彦君提出的以愉悦为目的的休闲体验论，即旅游的硬核是以愉悦为目的的休闲体验。龙江智也指出，旅游是个人旨在满足各种心理欲求所进行的短暂休闲体验活动。此外，还有一些其他的旅游本质论，如从社会学角度认为旅游本质是一种社会交往，从心理学角度认为旅游本质是一种心理体验，等等。

要认识旅游的本质，首先需要明确什么是现象的本质。辩证唯物主义认为，本质是指事物固有的，决定事物性质、面貌和发展的根本属性，是事物内在的、最终极的、最具区分度的特征，是决定该事物与其他事物相区别的内在根据。世界上的事物千差万别，都是事物的本质使然。旅游的本质就应是旅游之所以成为旅游而与其他行为相区别的内在根据。在上面的典型的旅游本质论中所提出的旅游本质虽都是旅游的属性，但并不是旅游之所以是旅游而与其他事物最具区分度的特征。例如，谢彦君认为，旅游的本质是异地休闲体验，人类的多种行为都可以是休闲体验，那么旅游的休闲体验这一属性就很难把旅游与其他这些行为区分开来。用异地性加以限定是否可以解决这个问题？在逻辑层面这样表述事物的本质特征也不规范。另外，休闲体验是一个大范畴，不具有终极性。谢彦君对旅游学研究对象的扩大也带来了另一个困扰：他认为旅游的本质是"异地休闲体验"，体验只能发生在旅游者身上，而不会产生于旅游产业活动上。那么旅游的本质只存在于部分研究对象的身上，这种情况在逻辑上是不成立的。解决这个问题的简洁技术手段就是把旅游产业活动排除于旅游学研究对象，这样旅游学研究对象就只剩下旅游者活动了。

旅游行为可分为旅游体验行为、旅游消费行为、旅游社会行为、旅游文化行为等。其中旅游体验行为是核心。到此是否已经找到了旅游的本质？体验是否是旅游最具区分度和终极的内在特征？体验作为一种心理现象可否作为旅游的本质？尽管谢彦君对其进行了限定，但还是难以令人满意，体验既是旅游的核又是旅游的本质，逻辑上难以自圆。旅游体验如果是旅游的终极，那么就没有继续研究探讨的空间了。如是，旅游何以成学？其内容足以支撑起旅游学的大厦吗？笔者认为，旅游体验不是旅游的本质、旅游的终极，旅游体验内涵很大。其实在谢彦君的主导下对旅游体验进行了许多研究，这本身就已经告诉我们：旅游体验不是旅游的终极。这些研究本身和他的观点存在矛盾。

笔者认为，旅游体验行为可以分为两大类，即刺激体验和安乐体验。后者对应的是休闲度假旅游，休闲度假旅游追求的是身心放松和调适，要求简单、美好，要达到"安乐"状态。而前者追求激动、强烈、复杂、深刻等，寻求"刺激"，要达到"快乐""痛快""沉浸""震撼"等状态。它更强调"得"。依据旅游体验的类型可以把旅游分为两大类，即观光游和度假游，前者主要行为特征是探索，后者是休闲以达成身心调适。对旅游的这种基本分类完全和常识契合，见图3-6。

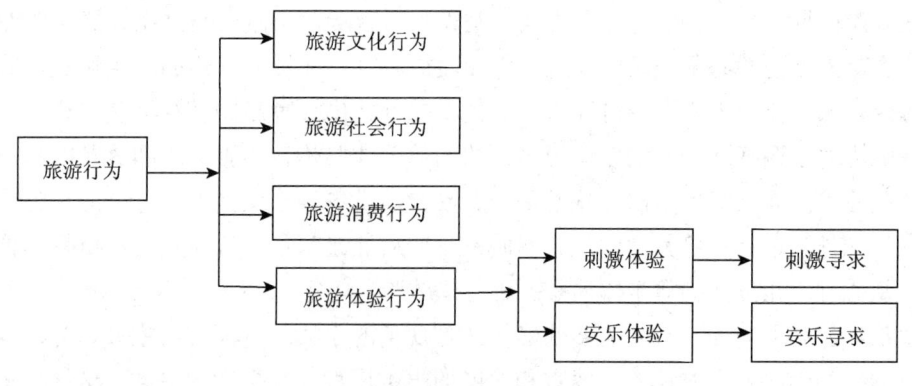

图3-6 旅游行为与旅游本质

现在，我们可以得出结论：旅游这个"大筐"里装着两个性质不同的东西，就是观光游和度假游。它们的动机和目的是不同的，前者追求刺激，后者追求安适，前者的显著特征是有感，后者是无感。所以，可以说，旅游的本质有两个，就是"安乐寻求"和"刺激寻求"。

"安乐"一词出于出自中国著名儒家典籍《孟子》，选自《孟子·告子下》："入则无法家拂士，出则无敌国外患者，国恒亡，然后知生于忧患，而死于安乐也。"这里的"安乐"可理解为"安逸享乐"的意思。现代汉语中"安乐"多指"安宁快乐"。本文提出的"安乐寻求"，是相对于"刺激寻求"的，这里的"安乐"是要身心放松和调适，要求简单、美好，最主要强调的是一种心理状态，即内心的宁静（inner peace），是要达到一种"宠辱不惊，看庭前花开花落；去留无意，望天空云卷云舒"的心醉神迷的状态。所以，安乐寻求是指：寻求身心放松，尤其是内心的平静的宁静感。而所谓宁静感恰恰是一种无感状态，人的身心呈现一种极其和谐的平衡状态。

刺激寻求在心理学上是指个体对刺激的需要性接收和主动追求、厌恶单调的现象。刺激寻求可分为普通刺激寻求和高级刺激寻求，前者表现为对单纯物理刺激的需要心理和寻求行为，后者则是对具有情境性意义刺激的需要心理和寻求。通过 20 世纪 50 年代心理学家贝克斯登的刺激剥夺实验可以知道：人们有追求刺激、紧张以达到一种生理和心理上的激起、警醒状态的需要，而这种激起、警醒状态的不时存在是人保持身心正常的必要条件，并能够带给人快乐。刺激寻求就是要追求激动、强烈、复杂、深刻等从而达到"快乐""痛快""沉浸""震撼"等状态，打破生活世界中"单调的紧张"的状态。高级的刺激寻求以满足好奇心为目的，具有新奇性和变化性，也就是求新、求异。可以通过求知、探险、奇遇等方式来满足。刺激寻求过程，实质上是旅游者的自我重新建构过程。旅游有两大外部特征，即异地性和暂时性，异地的未知性使其天然具有了神秘感，也就具有了"新奇性"和"复杂性"；而暂时性则避免了感觉适应问题。到他乡去对旅游者构成了永恒的吸引力，几千年来一直强烈地诱惑着人们外出旅游。在旅游名胜区居住的人对周围的美景并不很感兴趣，或者说不像外来的游客那样感到有很大吸引力，甚至并不觉得有什么可看的，转而奇怪为什么有那么多的人来旅游。其中主要原因有两个：一是心理距离太小，过度的功利介入导致失去审美的视角。布洛的审美心理距离说能很好地解释这一点，在此不加赘述。二是"审美疲劳"现象，这些美景对于当地居民缺乏"新奇性"和"复杂性"，绝不是他们看不出来，以至不知道其美丽。由于天天见、日日接触，因熟视而变得无睹。他们"身在福中不知福"的原因是："不识庐山真面目，只缘身在此山中""久处芝兰之室而不闻其香"。这就是前边谈到的"感觉适应"。常言道，"熟悉的地方没风景"说的就是这个道理。不变就是不好，缺乏"新奇性"和"复杂性"就会导致吸引力的缺乏。就旅游审美而言，"新奇性"和"复杂性"在某种意义上具有美的前提价值。在桂林长大的人也要出来游山玩水，而不会居胜地而不游天下，他们出来旅游的一个目的就是要寻找新奇和复杂。正所谓凡人羡仙境，仙人慕凡尘，其道理就在于此。

以往通常在探索性旅游上探寻旅游的本质，却总是被休闲性旅游所困扰，二者从来没有被兼顾，现在我们解决了这个问题。它们不存在共同内在动机特征（有共同的外在特征：异地性和暂时性），自然也就无法找出共同的本质。体验这个"筐"太大，如果把体验作为它们的共同内在特征（其实体验不是什么事物的特征，它是一种现象）则没有到达终极核心，因为体验还有不同的类型，每一种类型都有自己的内核。旅游本质难以确定，除了旅游研究对象没有确立之外，探究旅游的单一本质也是一个主要原因。如果把"暂时性和异地性"这个旅游的外在特征作边界，以体验为内在目的，那么旅游这个"筐"里就装有两种东西，它们是性质完全不同的两类旅游形态，即观光游和度假游。旅游这个"大筐"里既有"鱼"，又有"熊掌"，"鱼"是观光游，"熊掌"是度假游，其对应的旅游体验分别是刺激体验和安乐体验。刺激体验的本质（终极核）是"刺激寻求"，休闲体验的本质是"安乐寻求"。

谢彦君在《基础旅游学》（第三版）中提供一种分析方法，即孔子所谓的"叩其两端而竭焉"的求知方法。这种方法被证明在辨析一个事物的本质特征时是有效的。这里，我们不妨使用这种方法验证一下刚刚得出的旅游本质的结论，见图3-7。

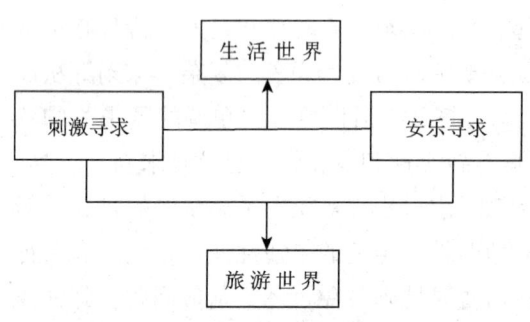

图3-7 旅游世界与生活世界的关系

如果把人生看作一个波谱，处于两端的"刺激寻求"和"安乐寻求"是旅游的本质，而中间部分则表示除了旅游以外的一切日常生活世界。这里我们可以看出旅游世界是生活世界的极端。

到这里，笔者认为应该完成了从旅游学研究对象到旅游本质的终极追索，提出了旅游区别于生活世界的本质特征是刺激寻求和安乐寻求的观点。这并不是说生活世界中完全没有刺激和安乐，只是在旅游世界中这两种需求最容易得到满足。因此，可以把旅游定义为：旅游是个体利用余暇时间前往异地以达成"刺激寻求"或"安乐寻求"为目的的短暂经历。

通过以上分析可以得出如下结论：旅游学的研究对象是旅游活动，其主体是旅游者行为，而旅游行为的核心是旅游体验行为，旅游体验行为又分为两类，分别是刺激体验和安乐体验，其对应的旅游形态分别是观光游和度假游。这两种体验行为的终极核即旅游的两个本质，分别是"刺激寻求"和"安乐寻求"。

回顾旅游学科生存危机和基本问题探索的乱象纷纭、莫衷一是，可以说：没有从"独有性"入手是乱象之源。解决学科合法性问题，首先要确定学科独有的研究对象，然后从这个对象中发掘出本质，并以此为基础确立相对独有的研究范式和研究方法、概念体系和理论体系。以独有研究对象为核心扩展出相关的其他研究领域，如人类学方面、社会学方面、经济学方面、管理学方面和地理学方面，等等。当然，在理论探索过程中必须解决逻辑荒谬这个学术上的幼稚病。

只有树立了旅游学独立的学科地位，旅游学才能够真正拥有自己的阵地，才不会使这个阵地成为"公共跑马场"。其他学科的理论方法可以借鉴到旅游研究中，但它们都是"客"，只能为"主"服务，不能反客为主。而旅游专业教育应该以旅游学为核心，按照"旅游学科树"中的分支设置课程，一改现在旅游专业混乱的局面，使旅游专业能够规范化发展，使旅游专业的学生产生专业认同。

三、旅游动机产生的客观条件

人类的基本需要以及好奇心等是人们产生旅游行为的内在动力，也可以说是主观条件，但如果不具备一定的客观条件，人们的旅游行为最终也不会发生。旅游动机产生的客观条件有：

（一）经济条件

旅游是一种消费行为，需要有一定的经济基础，有支付各种费用的能力。当一个人的经济收入仅能够维持其基本生活需要时，那么他就不会有更多的财力去支付旅游的开销，也就不能产生外出旅游的动机。经济越发达，国民收入越高的国家和地区，外出旅游的人数就越多，反之就越少。有关统计资料表明，当一个国家或地区国民生产总值达到 800~1000 美元时，国民将普遍产生国内旅游动机；达到 4000~10000 美元时，将产生国际旅游动机。

（二）时间条件

时间条件指人们拥有的余暇时间，即在日常工作、学习、生活及其他必需时间之外，可以自由支配，从事消遣娱乐或自己乐于从事任何其他事情的时间。旅游需要占用一定的时间，一个人没有余暇时间和属于自己休养的假期，不能摆脱繁重的公务或家务劳动，就不可能外出旅游。我国实行每周五天工作制和带薪年休假制度后，人们自由支配的时间增多了，对旅游动机的产生起着很重要的作用，外出旅游的人数越来越多了。

（三）社会条件

社会条件主要指一个国家或地区的经济状况、文化因素以及社会风气等。旅游作为现代人的一种生活方式，不可能脱离开社会背景而单独存在。首先，一个国家的旅游发达程度同这个环境或地区的经济水平成正比。只有当整个国家或地区的经济发达时，才有足够的实力改善和建设旅游设施、开发旅游资源、促进交通运输业的发展，从而提高旅游综合吸引力和接待能力，激发人们旅游的兴趣和愿望。其次，团体或社会压力也能影响人们的旅游动机。比如单位集体组织的旅游活动，或是奖励旅游行为等，对个体参加旅游活动都有一定的吸引力，使人们不自觉地产生旅游愿望，并进而产生旅游行为。最后，社会风气也能影响人们的旅游动机。同事、朋友、邻居的旅游行为及其旅游经历往往能够相互感染，或者形成相互攀比心理，使人们产生同样外出旅游的冲动，形成一种效仿旅游行为。

四、旅游动机的分类

人们外出旅游的动机常常是多种多样的，这一方面是因为人们的需要是复杂多样的，另一方面也因为旅游本身就是一种复杂的象征性行为，是一项综合性的社会活动。因此，对旅游动机的分类就可以从不同的角度来进行。

（一）国外学者对旅游动机的分类

这里主要介绍日本、美国、澳大利亚等国学者对旅游动机的分类。

1. 日本学者的分类

在《日本的旅游事业》一书中，介绍了日本的田中喜一先生和今井省吾先生对旅游动机的分类。

（1）田中喜一先生对旅游动机作如下分类：

①心理动机：思乡心、交游心、信仰心。

②精神动机：知识的需要、见闻的需要、欢乐的需要。

③身体动机：治疗的需要、修养的需要、运动的需要。

④经济动机：购物的目的、商业的目的。

（2）今井省吾先生对现代旅游动机的分类是：

①消除紧张的动机：变换气氛，从繁杂中解脱出来，接触自然。

②充实和发展自我的成就动机：对未来的向往，了解外部未知的世界。

③社会存在的动机：朋友之间的友好往来，家庭团聚，从众心理等。

2. 美国学者的分类

（1）美国学者麦金托什提出基本旅游动机可分为4种类型：

①生理因素诱发的动机：体力的休息，包括参加体育活动、海滩消遣、娱乐活动以及对健康的种种考虑。

②文化因素诱发的动机：获得有关其他国家知识的愿望，包括他们的音乐、艺术、民俗、舞蹈、绘画和宗教。

③地位和声望因素诱发的动机：想要受人承认、引人注意、受人赏识和具有好名声的愿望。

④人际因素诱发的动机：结识各种新朋友，走亲访友，避开日常的例行公事以及家庭或邻居，或建立新的友谊的愿望。

（2）美国的奥德曼把旅游动机分为8个方面：

①健康的动机：使身心得到调剂和保养。

②好奇的动机：对文化、政治、社会风貌和自然景色等的观赏或考察。

③体育的动机：一种是亲自参与的，包括狩猎、球类、集体比赛、滑雪等。一种是

观看的,包括田径赛、各种球赛和赛马等。

④寻找乐趣的动机:游玩、文艺、娱乐、度蜜月、赌博等。

⑤精神寄托和宗教信仰的动机:朝圣、宗教集会、参观宗教圣地以及欣赏戏剧和音乐等。

⑥专业或商业:科学探险和集会、公务或商务旅行、教育活动等。

⑦探亲访友:寻根、回国以及家庭联系等。

⑧自我尊重:受邀请或寻访名胜。

(3) 另外,约翰·A. 托马斯在《是什么促使人们旅游》一文中提出了驱使人们进行旅游的18种重要的旅游动机。这些动机列于表3-1中。

表3-1 十八种重要的旅游动机

文化教育	休息和娱乐	种族传统	其 他
去看看别的国家的人民如何工作、生活和娱乐	摆脱日常单调的生活 去好好玩一下	去瞻仰自己祖先的故土	天 气 健 康
去某些地方观光		去访问自己的家庭或朋友曾经去过的地方	运 动 经 济
去获得新闻界正在报道的事件的更进一步的了解	去获得某些与异性接触的浪漫经历		冒 险 胜人一筹的本领 顺应时尚 参与历史
去参与特殊活动			社会学 了解世界的愿望

(4) 达恩的推—拉理论。达恩(Dann,1977)认为旅游者外出旅游并不仅仅只是受自身需要的推动,还受外界环境的吸引,因此,他提出旅游动机的推—拉理论。推的因素是指由于不平衡或紧张引起的动机因素或需求,它促使旅游愿望的产生,是内在的;拉的因素是由旅游者对吸引物和旅游目的地属性的认识所产生,影响目的地的选择。Crompton (1979) 支持达恩的观点,并提出推动型动机包括7种社会心理动机:逃避世俗环境、寻找自我和评价自我、放松、声望、回归、增进亲友关系以及加强社会交往;拉动型动机包括两种社会文化动机:新奇和教育。而后,Mannel & Iso-Ahola (1987) 也提出与达恩的推—拉理论相似的动机模型:逃和寻。"逃"指离开日常环境的愿望;"寻"指通过相对照的环境旅游获得内在的心理回报的愿望。不过 Iso-Ahola 把"拉"理解为内在的利益,而达恩把"拉"定义为旅游目的地的吸引力。

(5) 旅游动机的整合。旅游动机的推—拉理论被学者们广泛地接受和应用,他们进一步提出了各自的观点(Tinsley & Eldredge, 1995; Weissinger & Bandalos, 1995; Fodness, 1994; Cees Goossens, 2000 等)。Fodness (1994) 认为研究旅游者动机的理论缺乏整合,因此,他把旅游动机整合成了一个功能框架,包括:"知识"功能(文化和教育目的)、"功利"功能——"最低限度的惩罚"(逃避或避免刺激)、"享乐"功能

——"最大化的奖励"（寻求快乐和情感愉悦）、表现价值的功能、"自我尊重和自我增进"的功能（社会威望）。并从旅游市场营销的角度提出，必须根据旅游者的需要来设计和销售旅游服务和附属产品。Cees Goossens（2000）提出享乐旅游动机模型，特别强调"推"和"拉"的关系，并着重突出旅游者情感因素的作用。他指出，旅游者被自己的情感需要所推动，被自身的情感利益所拉动。

（6）迈勒的新推—拉理论。迈勒（Mannel，1987）等提出两种主要的推动和拉动型因素，即个人因素和人际因素。他们提出，人们旅游的动机是为了摆脱现实中的个人或人际矛盾，并获得个人与人际关系补偿和回报。旅游所带来的个人回报主要有自主决策、能力意识、挑战、学习、探险和放松，而人际关系的回报则源于社会交往。

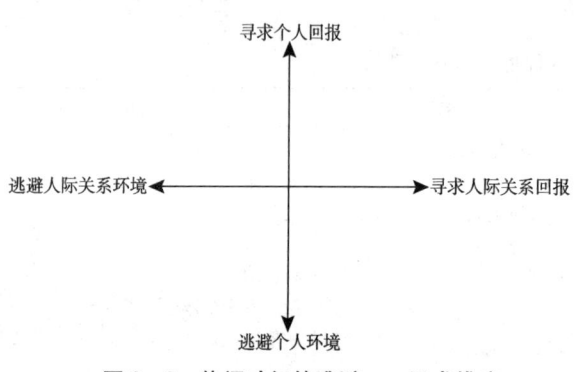

图3-8 休闲动机的逃避——寻求维度

（7）普洛格旅游动机模型。普洛格（Plog，1974）提出的旅游动机模型被广泛使用。普洛格对旅游者进行两个维度的划分：激进—温和维度、精力维度。相对较激进的旅游者喜欢新奇的目的地、自组织的旅游而不是包价旅游，并且更多地融入当地文化。温和型的旅游者更倾向于熟悉的目的地、包价游和常规旅游区。后来普洛格引入了精力要素，精力旺盛的旅游者偏爱较多的活动，而精力缺乏者则倾向于较少的活动。而实证研究发现，大多数人既非激进型也非温和型，而是"折中型"——介于两者之间。

（二）本书对旅游动机的分类

上述几种国外学者对旅游动机的分类，从一定程度上对旅游动机的类型作了概括，对研究人们的旅游行为有着重要的参考意义。但由于人们需要的复杂多样性，以及不同国家、民族、社会阶层、职业、宗教信仰、风俗习惯等方面存在的差异，必然使人们的旅游动机呈现出多源性。本书仅就最常见的旅游动机作以下分类：

1. 健康、娱乐的动机

在紧张的生活和工作之余，为了消除身体的疲劳和心理的紧张感、枯燥感，使身心得到放松，人们就会到外地去旅游，通过休息、休养来恢复和增进健康；通过游玩、娱乐暂时忘却烦恼，以保持心理平衡。

具有健康、娱乐动机的旅游者，在选择旅游目的地和旅游活动的项目上，主要是那些能够调节人们身心活动节律、增进身心健康、使人全身心投入的活动，如轻松愉快的参观游览、不太强的体育健身活动、各种休养治疗活动以及令人开怀的文化娱乐活动等。各种自然风光、历史古迹、公园、海滨、温泉疗养区以及有较好的艺术活动传统的地区，常常是具有健康、娱乐动机的旅游者选择的对象。

2. 好奇探索的动机

好奇和探索是人类基本的心理性内在驱力。这种动机比较强烈的人，由于他们追求奇特的心理感受和迫切认识新异事物的需求，即使旅游活动具有某种程度的冒险性，一般也不会成为他们旅游的障碍，甚至冒险性会成为增强这种动机的因素。因此，好奇探索的旅游动机的特点，主要是要求旅游对象和旅游活动具有新异性、知识性和一定程度的探险性。

3. 审美的动机

出自审美的动机是指旅游者为满足自己的审美需要而外出旅游。这是一种高层次的精神方面的需求。

从某种程度上说，旅游是一次综合性的审美活动，它集自然美、社会美、艺术美于一身，熔文物、古迹、建筑、雕刻、绘画、书法、音乐、舞蹈、美食……于一炉，能极大地满足人们的审美需求。

具有这种动机的旅游者，他们的旅游活动多指向奇异美丽的自然界的事物、现象，指向那些使人们能够接触旅游地居民的活动，以及参观博物馆、展览馆、名胜古迹和参加各种专题旅游活动等。

4. 社会交往的动机

人们为了探亲访友、寻根问祖、结识新朋友而进行的旅游，就是社会交往动机的体现。个人、团体以至政府间的访问，人员间进行的公事往来、文化技术交流活动，也都包括这种动机的成分。进行任何一种旅游活动，都要接触新的人际环境、发生人际交往并且要依靠这种新的人际交往来实现旅游活动。这种动机常常表现出对熟悉的东西的一种厌倦和反感，也表现出逃避现实的一种欲望。因此，具有社会交往动机的旅游者，其特点是要求旅游中的人际关系友好、亲切、热情和得到关心。

5. 宗教信仰的动机

人们为了宗教信仰，参与宗教活动、从事宗教考察、观礼等而外出旅游。出自宗教信仰的动机主要是为了满足自己的精神需要，寻求精神上的寄托。

目前，世界上信仰宗教的人很多。许多宗教信徒到异地参与宗教活动，或在特定时间、特定地点举行宗教庆典活动。比如，基督教信徒到耶路撒冷或罗马的梵蒂冈朝圣、伊斯兰教信徒到麦加或麦地那朝圣、佛教徒到名山古刹朝拜、西藏民众到拉萨朝圣等。此外，民间还有许多在特定地点举行的祭祀活动，也有许多非信徒在宗教活动时前往参观、考察。许多地方宗教庆典已成为民族传统节日，这些活动都会吸引大批游客。

6. 商务动机

商务动机是指人们为了各种商务活动或公务而外出旅游。比如有些人为了购买商品专程或绕道而到某地旅游。另外，参加学术考察、交流，到异地洽谈业务、出差、经商等，都属于出于商务的动机。还有各种专业团、政府代表团以及交易会、洽谈会等所参与的旅游活动也都属于此类动机。

按照旅游动机的广泛性和重要性，将其分为以上六种类型，但这并不排除还有其他的旅游动机的种类。此外，每一个旅游者往往并不是只具有一种旅游动机，而是以某种旅游动机为主，兼有其他旅游动机。

本章小结

本章探讨了旅游需要和旅游动机及二者的关系。旅游需要有五个特征：对象性、紧张性、驱动性、层次性和发展性。介绍了马斯洛的需要层次论、单一性需要、复杂性需要和好奇心。提出了旅游本质就是"刺激寻求"和"安乐寻求"观点。旅游动机理论主要介绍了国内外学者的相关研究成果。本书根据这些研究归纳出六种旅游动机。

思考与练习

1. 如何理解旅游需要单一性与复杂性的平衡？
2. 什么是旅游动机？举例说明常见的六种旅游动机。
3. 举例说明推—拉理论。

案例分析

我们就是冲这个来的

小杨带的团队到长沙之后，游客为先去什么地方游览发生分歧。小杨召开全团会议，希望能求得一个"平衡"。

刘太太先发言，她说："我们报名时就看中了举世闻名的马王堆，我们就是冲着它来的，我们的意见是应该先去马王堆出土文物展览馆。"她的话立刻得到一部分游客的响应。

小杨心想："中心人物"应该是团长欧阳先生，是不是现在刘太太取代欧阳先生了？要不，为什么她第一个发言，又得到其他客人的响应呢？可是——也不像。响应她的客人只占全团人数的三分之一呀。

李先生第二个发言，他说："我们是从事教育工作的，我们到长沙就是为了看这个岳麓书院。它在中国的教育史上的地位是人所共知的。听我朋友说过，这个书院很大，所以我们明天应该先去岳麓书院，要不然时间肯定不够。"

李先生的话得到近一半游客的响应。小杨想：新的"中心人物"是李先生？也不像。如果是他，刘太太恐怕不会第一个跳出来说话。

欧阳先生站起来了。他说："我们为什么这一次带着小孩来长沙？就是为了让他们看看毛主席当年在长沙从事革命活动的地方，让他们受教育，让他们知道今天的幸福生活来之不易。革命圣地当然应该优先安排……"

欧阳先生话音未落，就有人响应："对，革命圣地当然应该优先安排！""橘子洲头就应该先去！毛主席的词《沁园春·长沙》写的不就是这个地方吗？'独立寒秋，湘江北去，橘子洲头'……你们说是不是？"

小杨闻到一点"火药味"了。他当机立断，对大家说："大家的要求我都明白了，现在请大家回房间休息。我和地陪讨论一下，在少走弯路、节省时间的前提下，尽量满足大家的要求。"

问题：请以本章所学的有关理论解释上述现象。

 开放式思考

1 关于旅游本质你了解了哪些观点？
2 你如何理解学术界对旅游本质的争论？
3 你认同哪种旅游本质观点？为什么？

第 4 章　旅游者的态度与旅游偏好

【学习目标】

通过本章的学习，你应该达到以下目标：了解态度的含义与特点；认识态度的功能与构成；掌握有关态度形成的理论。了解态度与行为的关系方面的研究。了解并掌握旅游魅力理论，旅游偏好概念已经形成其机制理论，充分理解心理印刻方面的研究，并能分析旅游者不同旅游偏好背后的心理印刻现象，进而在旅游流的预测和相关旅游项目开发规划方面加以运用。

【内容结构】

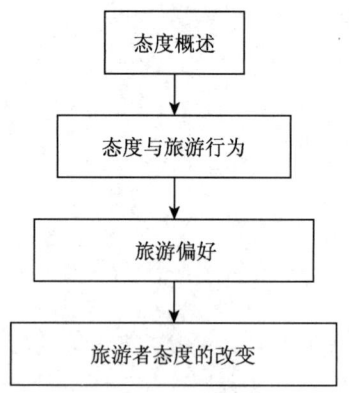

【重要概念】

态度　旅游偏好　旅游魅力　心理印刻

> **引 例**

改变人的态度是不可能的？

迈克·西门在《美国科学》杂志上发表文章介绍了美国埃墨里大学（Emory University）的一项研究。在2004年美国总统大选中，研究小组锁定了30名民主党和共和党的坚定支持者，结果一点不出乎意料，小布什与克里的辩论总是强化了各自支持者的立场，越是辩论白热化，双方的阵营越是偏爱自己的支持者。迈克·西门在自己朋友圈做类似实验，发现有鲜明政治立场的人，总是愿意放大支持自己的证据，而忽视不利的因素，因此，民主党支持者更加支持民主党候选人，共和党支持者更加支持共和党候选人，水与火不能妥协。埃墨里大学的研究小组通过扫描人的脑部，还发现了人"放纵"自己偏见的大脑工作原理。

（资料来源：南方周末，2006-7-27）

历来搞宣传的和搞市场营销的人都在不遗余力地试图改变他人的态度，以便最终影响他人的行为，而这个研究似乎让他们会感到沮丧。接下来我们就来探讨其中的原因。

第1节 态 度 概 述

不管人们的职业性质如何，几乎每个人都离不开态度这个概念：比如，企业的厂长或经理关心员工的态度，因为它会影响到生产积极性和生产率；市场营销管理人员关心的是顾客对相互竞争的各种品牌的产品和服务的态度，因为这直接影响到企业的生存和发展。同样，旅游工作者也要关注旅游者的态度，以便进一步提高旅游服务质量，促进旅游业的发展。

一、态度及其构成

态度是指个人对某一对象所持有的评价与行为倾向。态度的对象是多方面的，其中有人、事件、物、团体、制度以及代表具体事物的观念等。人们对一个对象会作出赞成或反对、肯定或否定的评价，同时还会表现出一种反应的倾向性，这种倾向性就是心理活动的准备状态。所以，一个人的态度不同，就会影响到他的行为取向。

从态度的构成看，主要包括三种成分，即认知成分、情感成分和意向成分。

认知成分是指对人、对事物的认识、理解和评价，即我们通常所说的印象。它是态度形成的基础。比如，某游客认为大连是个好地方，环境整洁优美，海滨风光秀丽，气候湿润宜人，这就是游客对大连的看法。

情感成分是指对人、对事所做的情感判断，它是态度的核心并和人们的行为紧密相连。比如，当某游客对大连做出了评价，有了印象后认为"大连是个美丽的、可爱的城市"，这里就清楚地看出其中有积极的情感成分。

意向成分是指个人对态度对象的反应倾向，即行为的准备状态。我们研究态度中的行为成分常常根据态度中的情感成分推测。比如，某游客对大连产生了积极肯定的情绪情感，他在心理上就积极地做各种准备，一旦外部条件成熟就可能来大连旅游。

态度的上述三种成分一般是协调一致的。比如，游客到大连后在选择酒店的过程中，如果他认为渤海明珠大酒店服务优，硬件条件好，所处位置方便，他就会对渤海明珠大酒店比较满意，产生喜欢、愉快的情感，从而准备住到那里。因此，态度的三种成分之间的相互一致性，对我们研究客人的态度与行为的关系是非常重要的。

态度是人们的一种内在的心理体验，因此它不能直接被观察到，而只能通过人们的语言、表情、动作表现等进行判断。比如，客人对酒店的服务感到满意，常常表现为温和、友好、礼貌、赞赏；如果客人不满意就可能表现出烦躁、易怒，容易制造事端。所以在旅游服务中如果发生客人投诉或产生矛盾、冲突，我们在寻找原因时不能仅仅把眼光放在当前具体事件上，很可能这不过是客人不满意的一个表现而已。

二、态度的特点

人们的态度一旦形成，就通常具备以下几个特点：

（一）对象性

态度必须指向一定的对象，若没有对象，就谈不上什么态度。态度是针对某一对象而产生的，具有主体和客体的相对关系。人们做任何事情，都会形成某种态度，在谈到某一态度时，就提出了态度的对象。例如，对某个酒店的印象如何，对酒店的收费有何感觉，对服务员有什么看法等，没有对象的态度是不存在的。

（二）社会性

态度是通过学习获得的，不是生来就有的。态度不是本能行为，虽然本能行为也有倾向性，但这是不学就会的；而所有的态度都不是遗传来的，而是后天获得的。比如，客人对某酒店的态度，或者是他在接受服务的过程中通过亲身观察得来的，或者是他通过广告宣传、其他客人的评价等形成的。

（三）内隐性

态度是一种内在结构。一个人究竟具有什么样的态度，我们只能从他的外显的行为中加以推测。例如，一个员工在业余时间里总是抱着各种专业书在看，那么我们就可以从他的行为中来推测他对学习是抱着积极的态度的。

心理学家罗森伯格用下述图解（见表4-1）描述了态度的内在结构的特征。

表4-1是通过刺激、态度、反应的三者关系来说明，态度这一内在结构是刺激与反应之间的中介因素。

表4-1 态度的内在结构特征图

刺 激	态 度	反 应
外界刺激是可以观察到的独立变量：如个人情况、社会问题、社会团体及其他对象。	态度是中介因素，有三个成分： 情　感； 认　知； 意　向。	反应是可以观察到的从属变量情感反应。 认知反应以及观点的言语反应外显行为。

（四）稳定性与可变性

态度的稳定性是指态度形成后保持相当长的时间而不变。态度是个性的有机组成部分，它使人在行为反应上表现出一定的规律性。比如，客人在某酒店接受了良好的服务后，感觉很好，从而形成了对这家酒店的肯定的态度，以后当他再有这种需要时，很可能还选择这家酒店。这也就是人们常说的"回头客"。回头客的多少，既反映了酒店服务质量的高低，也反映出了客人态度的稳定与否。

当然，态度也并非一成不变，当各种主客观因素发生变化时，态度也会随之改变。假如客人在某酒店受到某个新来的服务员不太礼貌的接待或发现这家酒店的饭菜质量已不如从前，他就会改变原来对这家酒店的积极肯定的态度，而产生消极、不满的情绪，他可能从此不再光顾这家酒店。

（五）价值性

态度的核心是价值。价值是指作为态度的对象对人所具有的意义。人们对于某个事物所具有的态度取决于该事物对人们的意义大小，也就是事物所具有的价值大小。

事物的主要价值有六种：理论的价值；实用的价值；美的价值；社会的价值；权力的价值和宗教的价值。

事物对人的价值大小，一方面取决于事物本身，比如，客人对某酒店的态度，主要取决于该酒店能为客人提供什么，如地位（社会的价值）、休息（实用的价值）等；另一方面，也受人的需要、兴趣、爱好、动机、性格、信念等因素所制约。所以，同样一件事，由于人们的价值观不同，因而产生不同的态度。为此，能满足个人需要、投合个人的兴趣爱好、与个人的价值观念相符的事，人们会产生正面的态度；反之则产生消极的态度。

（六）调整性

态度的一个重要特点就是它具有调整功能。所谓调整就是当事人在社会奖惩或亲朋意见及榜样示范作用下改变自己态度的情况。这种功能有助于旅游者在心理上适应新的或困难的处境，使自己不必亲身经历或付出代价而达到态度的改变。在旅游活动中最常见的就是人们根据他人或社会的奖惩来调整或改变其态度。例如，某人准备到某旅游胜地去度假，当其同事或朋友表示了不同的看法，或看到游客在此地受到不公正对待的报道后，他就很可能改变原来的态度，取消这次旅游或到别的地方去旅游。

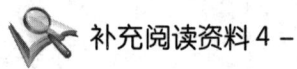补充阅读资料 4—1

偏见：一种常见的否定性态度

从个人的角度考察，偏见的持续与个人的"权威人格"有关。权威人格又称专制人格，具有此种人格的人往往会表现出这样几种相互关联的人格特征：固守传统的等级观念，顺从、认同强有力的权威形象，敌视其他群体的成员，对周围的事物好作两分法的简单判断。由于这类人强调权利、地位与支配，所以特别易于执着于偏见态度。此外，偏见的持续还与个人遭受到的挫折和顺应不良环境，以及个人的尊严和地位受到严重威胁有关。

（资料来源：周晓虹：《现代社会心理学》，1 版，264 页，上海，上海人民出版社，1997）

三、态度的形成过程

人的态度不是生下来就有的，而是在一定的社会环境中形成的。刚出生的婴儿，无所谓态度，在其发育成长过程中不断接触周围事物，从而在大脑中形成了各种印象、看法，获得了相应的情绪体验就逐渐形成了对事物的态度。

（一）凯尔曼的态度形成三阶段理论

心理学家 H. C. 凯尔曼提出了态度形成有三个阶段，即服从、同化、内化。

1. 服从阶段

人为了获得物质与精神的报酬或避免惩罚而采取的表面顺从行为称为服从。服从阶段的行为不是个体真心愿意的行为，而是一时的顺应环境要求的行为。其目的在于获得奖赏、赞扬、被他人承认，或者为了避免惩罚、受到损失等。当环境中奖励或惩罚的可能性消失时，服从阶段的行为和态度就会马上消失。

服从行为和态度，在日常生活中非常普遍。比如，刚入学的大学生对于学校规定的出早操的要求，有些学生由于没有早起的习惯，刚开始觉得非常别扭，甚至觉得学校是多此一举。可是学校的规定必须执行，否则就要受到惩罚，无奈只能出早操。这种不愿早起又不得不早起的行为，就是服从行为。

2. 同化阶段

这一阶段的特点是个体不是被迫而是自愿地接受他人的观点、信念，使自己的态度与他人的要求相一致。同化阶段的态度不同于服从阶段的态度，它不是在环境的压力下形成或转变的，而是出于个体的自觉或自愿。如一个人想加入某个有吸引力的社会团体，他就会承认该团体的章程，愿意以该团体的规范约束自己的行为，接受团体对他的要求和指导，并以该团体一分子的态度对待工作与生活。以大学生出早操为例，某学生坚持了一段时间以后，由于出早操给他的身体和精神都带来了好处，即使不出操不给任何惩罚，他也会主动遵守学校的这一规定。

3. 内化阶段

内化阶段是指人们从内心深处真正相信并接受他人的观点而彻底转变自己的态度，并自觉地指导自己的思想和行动。在这一阶段，个体把那些新思想、新观点纳入了自己的价值体系，以新态度取代旧态度。一个人的态度只有到了内化阶段，才是稳固的，才真正成为个人的内在心理特征。

态度的形成从服从阶段到同化阶段再到内化阶段，这是一个复杂的心理过程。当然，并不是所有的人对所有事物的态度都要完成这个过程。人们对一些事物的态度的形成可能完成了整个过程，但对另一些事物可能只停留在服从或同化阶段。

（二）认知平衡理论

认知平衡理论的创始人是美国社会心理学家弗里兹·海德。这个理论认为，认知的平衡是这样一种情境，此时，被认知的对象和情感平静地共同存在着，因此，不论对认知组织的变化还是情感表现的变化都没有压力。而一旦失去这种平衡，就会产生紧张和恢复平衡的力量。

认知平衡理论用"P—O—X"模型来说明其原理。P是认知主体，O是认知客体，X是与P、O有关系的某种情境、事件观念或第三个人。P、O、X这三者具有情感或态度上的联系，态度可以是肯定的，也可以是否定的。反映P的认知结构中三者关系既可以是平衡的，也可以是不平衡的。当三方关系均为肯定，或两方为否定，一方为肯定时，是平衡状态，否则就是不平衡状态（见图4-1）。不平衡状态会产生心理紧张，造成恢复平衡的心理压力，从而导致改变态度、求得平衡。

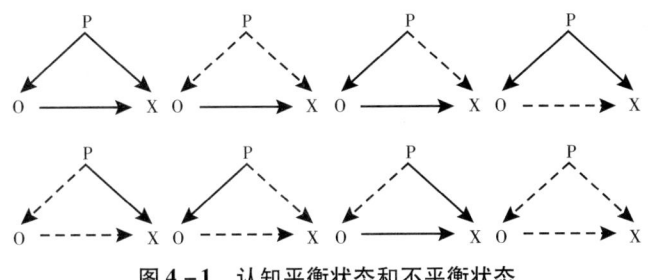

图4-1 认知平衡状态和不平衡状态

（三）精细加工可能性模型

彼特等人提出的精细加工可能性模型（the Elaboration Likelihood Model，简称ELM）有助于说明不同的广告内容在消费者态度改变过程中的作用。这一理论模型把消费者态度改变归纳为两个基本路径：中枢的和边缘的。中枢说服路径把态度改变看成是消费者认真考虑和综合信息的结果，即消费者进行精细的信息加工，综合多方面的信息，分析、判断广告商品的性能与证据。边缘说服路径认为态度的改变不在于考虑商品本身的性能及证据，不进行逻辑推理，而是根据广告中的一些线索，如专家推荐、广告诉求点的多少、信息源的可信度、广告媒体的威望、广告是否给人美好的联想和体验等直接对广告作出反应。

该理论认为，广告的信息内容和策略与潜在消费者的路径选择有密切关系，处理认知性信息时，中枢路径被激活；处理情绪性信息时，激活的是边缘路径。但是，路径的选择除了和广告内容有关以外，还和消费者自身的条件有关系，因此，弄清楚不同的路径起作用的条件是至关重要的。

后来的学者（MacInnis 和 Jaworski）认为消费者是否通过中枢路径对广告进行精细的加工取决于其 MAO 水平，M 指动机（motivation），消费者必须处于高卷入状态下；A 指能力（ability），消费者必须具有必要的知识和信息加工技能；O 指机会（opportunity），指消费者接触广告时的条件是促进还是妨碍信息加工的程度，如分心的刺激或时间限制不利于信息加工，适当的重复则有利于信息加工。只有同时满足了这三个条件，精细的信息加工才有可能。因此，当消费者具有较高的 MAO 水平时，中枢路径在品牌态度的形成过程中起主要作用，在这种情况下，广告宣传中应提供更具体、更具有逻辑性和事实性的信息；反之，当消费者的 MAO 水平较低时，边缘路径起主要作用，理性广告会因为消费者缺乏相应的信息处理的动机或能力而显得枯燥，而情感广告则容易引起消费者的共鸣。例如，促使新新人类购买其崇拜的青春偶像在广告上推荐的某种饮料的原因，实际上与该饮料的特性毫无关系，起作用的是对歌星的喜爱。这是因为人们在对该饮料本身的特性不太了解的情况下，只能通过该信息的外围因素（如产品包装、广告形象吸引力或信息的表达方式）来决定该信息的可信性。

（四）多属性态度模型

多属性态度模型有几种表达方式，其中费宾斯的影响最大。

费宾斯理论的主要观点是，人们对显著信念的评价能引发他们对事物的整体的态度。简单地说，人们趋向喜欢有"好的属性"的对象，趋向不喜欢有"坏的属性"的对象。在费宾斯多属性模型中，对对象的整体态度由两个因素构成：显著信念与对象的联系程度以及对显著信念的评价。其公式如下：

$$Ao = \sum_{i=1}^{n} b_i e_i$$

其中：Ao = 对对象的态度；

b_i = 有属性 i 的对象的信念强度；

e_i = 对属性 i 的评价；

n = 与此对象有关的显著信念的数量。

对于大多数事物，我们都有一些信念。例如，我们也许相信并认为"健怡可乐"：几乎不含热量；含有咖啡因；相对来说贵一些；是一家大公司生产的。

关于这种品牌饮料的所有信念构成了对于"健怡可乐"的认知。这里需要指明的是,信念不必是正确的或真实的,只要消费者相信就行。

人们对于任何的产品、品牌或事物都可以形成许多信念。但是由于人们的认知能力是有限的,不可能在头脑里储存关于某一事物的所有信念,所以只有很少一部分信念被激活然后被有意识地考虑到。那些被激活的信念叫作**显著信念**。只有对对象的显著信念才能形成人们对对象的态度,并进而产生相应的行为。因此,了解消费者态度的关键是弄清显著信念。图4-2列举了消费者对佳洁士牙膏的一些信念。

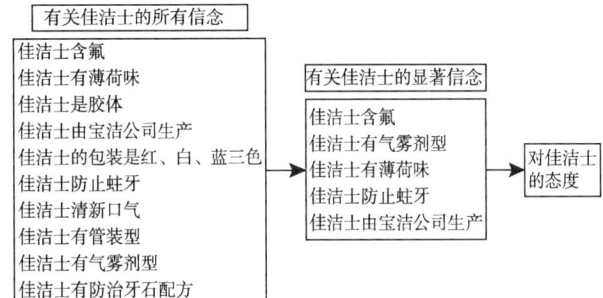

图4-2 消费者对佳洁士牙膏的一些信念

人们对产品或品牌的信念(尤其是显著信念)之所以能预测人们的态度和行为,是因为许多关于产品属性的信念本身具有评价性质。"防止蛀牙"、"可靠的表现"、"吸引人的式样"等通常被视为正面信念。一个产品或品牌与越多的正面信念相联系,每种信念的正面程度越高,则人们的态度就越积极,就越可能导致人们的购买行为。

费宾斯多属性态度模型说明了人们在整合过程中通过结合对产品的显著信念的评价和信念的强度,从而形成对该产品的整体的态度。那么,消费者在实际的购买决策中是怎样整合他们的知识的呢?下面举例说明。

表4-2说明了消费者如何把信念的强度和信念的评价结合起来以形成对两种品牌饮料的态度。这个消费者分别对每种品牌的三种属性有显著信念。这些信念在内容、强度和评价上有所不同。

表4-2 多属性态度模型的一个例子

产 品	饮料1(露露)			饮料2(低热百事)		
属 性	不含咖啡因 ($i=1$)	纯天然成分 ($i=2$)	杏仁味道 ($i=3$)	不含卡路里 ($i=1$)	含咖啡因 ($i=2$)	可乐味道 ($i=3$)
信念强度	$b_{11}=10$	$b_{12}=5$	$b_{13}=8$	$b_{21}=7$	$b_{22}=6$	$b_{23}=10$
信念评价	$e_{11}=+3$	$e_{12}=+1$	$e_{13}=-1$	$e_{21}=2$	$e_{22}=-3$	$e_{23}=1$
总体态度	$Ao_1=27$			$Ao_2=6$		

其中,

$$Ao_1 = \sum_{i=1}^{n} b_i e_i = 10 \times 3 + 5 \times 1 + 8 \times (-1) = 27$$

$$Ao_2 = \sum_{i=1}^{n} b_i e_i = 7 \times 2 + 6 \times (-3) + 10 \times 1 = 6$$

由于 $Ao_1 > Ao_2$，可以预测到某消费者在买饮料的时候，他更倾向于露露而不是低热百事可乐。

这里，信念强度（b_i）是对某对象与它的相关属性之间的联系被感知的可能性，可以通过让消费者为每一种显著信念与他的这种联系的可能性打分来测量。比如：

"露露不含咖啡因，你认为可能吗？"

选择：很不可能 1　2　3　4　5　6　7　8　9　10 很可能

每一显著信念都有相关的信念评价（e_i），它反映的是消费者怎么样看待某属性，同样可通过让消费者对显著信念做出评价来测量 e_i。比如：

"露露不含咖啡因"。

选择：很坏 -3　-2　-1　+1　+2　+3 很好

可见，消费者的购买行为有时可能很复杂（当然，一般像饮料这样的例行性购买消费者是不会这样仔细计算的，这里只是举例说明）。在运用显著信念和多属性态度模型来分析消费者的行为时，营销人员要把握以下两个方面：

第一，消费者对产品或品牌的信念的强度受到他们过去经历的影响。而且，消费者在实际使用某产品后对该产品的属性或结果的信念的强度会趋于更高，而仅仅是通过广告宣传或与营销人员交谈而形成的信念强度就要低得多。这是因为建立在亲身经历基础上的信念更容易被激活从而对人的态度和行为产生更大的影响。因此，营销人员可以通过分发免费样品或出售便宜的小包装试用品来增加消费者的实际接触，从而最大限度地把潜在顾客转化为现实顾客。

第二，一般来说，有关一个对象的显著信念的数量不会超过 7 个到 9 个。如果一个消费者解释和整合信息的能力有限，那么他对许多对象所能得到的显著信念就会更少。而且，正如表 4-2 所显示的，对显著信念的评价按每个显著信念的强度成比例地对对象的心理和行为产生影响。因此，对积极的属性强的信念将比同等积极的属性较弱的信念对对象的态度产生更大的影响。同理，消极的信念评价按照它的信念强度"权重"成比例地影响对对象的心理和行为，减少对对象的态度的积极性质。可见，对同一产品来说，由于消费者可能看重的是不同的属性，因而他可能对各属性赋予不同的"权重"，其结果就是不同的消费者对产品或品牌会产生不同的偏爱。

第 2 节　态度与旅游行为

态度与行为是什么关系？态度与行为是一对一的决定关系吗？了解了旅游者的态度就可以预测甚至影响他们的行为了吗？

一、态度对行为的影响

有关态度与行为之间的关系的探讨几乎和态度本身的研究历史一样长远。大多数学者对态度和行为之间的关系基本上持肯定的意见,即认为**一个人的态度决定了他的行为**。比如,你觉得不该发展烟草工业,你就不可能抽烟。这也正如前所说,态度是行为的内在准备状态,因而可以通过态度来预测行为。

然而,也有人研究认为,在一些情况下,态度和行为会出现不一致。早在20世纪30年代初,美国学者 R.T. 拉皮尔就在一项著名的研究中对态度与行为相一致的看法提出了疑义。在这项研究中,拉皮尔与一对年轻的中国留学生夫妇作了一次环美旅行。由于当时美国人对东方人普遍持有歧视态度,拉皮尔和同伴们行前预料很难得到旅馆和饭店的良好接待。但是,在万余公里的行程中,他们光顾的184家饭店和66家汽车旅馆只有一家拒绝接待。6个月以后,拉皮尔给他们光顾过的旅馆、饭店和一些他们没有光顾过的旅馆和饭店寄去了调查问卷。问卷共有两种,一种是只就中国人提问,一种是分别就中国人、德国人、法国人、日本人等提出类似的问题。因为拉皮尔担心只就中国人的提问会引起怀疑,而得不到确切结果。两种问卷都包括这样的问题:"你愿意在你那里接待中国人做客吗?"结果如表4-3所示。

表4-3 对"你愿意在你那里接待中国人做客吗"的回答

项　　目	光顾的旅馆		未光顾的旅馆		光顾的饭店		未光顾的饭店	
回答总数	47		32		81		96	
接待对象	1	2	1	2	1	2	1	2
回 答 数	22	25	20	12	43	38	51	45
否定的回答	20	23	19	11	40	35	47	41
回答看情况	1	2	1	1	3	3	4	3
肯定的回答	1	0	0	0	0	0	0	1

注:接待对象栏中"1"只就中国人提问;"2"分别就中国人、德国人、法国人和日本人提问。

也就是说,尽管上面那对中国夫妇在实际旅行中受到了很好的接待,但开饭店或旅馆的美国人对中国人依然怀有极大的偏见和歧视。拉皮尔和其他一些研究者依此得出了态度和行为之间有时存在着很大的不一致性的结论。

拉皮尔的研究引起了人们对态度与行为的关系问题的重视。因此人们**更注意研究在什么情况下,以及在什么样的前提下,态度与行为具有相关关系**。但不管怎样,要想通过态度来预测行为,所测量的态度必须与所考察的行为相一致。

美国人对中国人的态度是对待某类事物的一般态度,而没有拒绝接待眼前的中国人,这种行为是具体条件下的具体行为,这种行为与对具体对象的具体态度是一致的。

就像某人喜欢鲜花,这是他对鲜花的一般态度,但这并不意味着他会喜欢每一种具体的鲜花,后者是具体态度,也可以称为特殊态度。

在下述情况下,态度能预测人的行为:其他因素的影响最小化;态度是针对具体行为的;当人们清楚地意识到态度是强有力的时候。

社会心理学家认为态度和行为互相支持。流行的大众观点认为态度对行为有重要的影响,而越来越多的研究告诉我们,态度经常不能很好地预测行为。并且改变态度很显然不能在很大程度上改变人的行为。研究证明,人们言行不一的原因是,人们所表露出的态度和做出的行为各自受许多因素的影响。

为了对特定的行为做出预测,费希伯恩等提出了"行动意图模式"。他们认为,人会考虑到自己行动的含义,大部分行动都是受意识支配的。因此,一个人是否采取某一特定行动的最直接的决定因素是意图。意图又取决于两种变量,一是行为者对该行为的态度,二是行为者的主观行为规范,它由个体所知觉到的行为期待构成。一个人的行为意图就是这两个因素的函数,这两个因素分别是:他对于该行为的态度和他的主观规范。

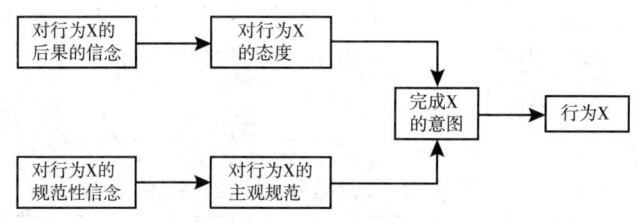

图4-3 预测特定意图和行为的模式

在这一模式中,态度是个人对特定行为的态度,而不是个人对一般对象的态度。因此,我们可以通过这种特定态度和主观规范来预测一个人的特定行为。

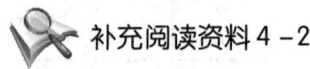补充阅读资料4-2

态度在学习中的作用

琼斯(E. E. Jones,1956)等做过一项实验。研究者选择对"白人与黑人分校学习"有不同态度的大学生做被试者,第一组为反对分校者(即反对歧视黑人者),第二组为赞成分校者(即有种族歧视者)。然后让两组被试者个别地朗读11篇主题为"反对黑人与白人分校学习"的文章,读后请两组被试者分别将读过的文章内容尽量完整的写出来。结果发现,第一组学生所记忆的材料数量(即成绩)远优于第二组。

这说明了态度在学习中的过滤作用,即学习者对某些事件所持的社会态度,也常影响着他对有关事件的论述。材料内容有筛选地去掌握,会产生不同的学习效果,这也就是说与读者社会态度相吻合的材料,易被吸收、同化和储存、提取;而与读者的社会态度（包括信念、价值观）相反的材料，则往往被忽视或曲解。显然，态度在学习过程中起过滤器的作用，是影响学习效果的一个重要因素。

二、行为对态度的影响

态度对行为有影响既有大众观念的支持，也有许多研究成果的证明，结论是人们常常言行不一，态度对行为的影响不是简单的一对一的关系。那么，行为和态度是什么关系，前者对后者有什么影响？研究表明，不但态度会影响人的行为，同样行为也会影响态度。那么行为在什么条件下影响态度呢？

（一）行为在什么条件下影响态度

 补充阅读资料 4-3

乔治大脑中控制头部运动的区域暂时被植入了电极。当神经外科医生（Delgado，1973）用遥控刺激电极，乔治总要转头。他并没有意识到这是遥控的结果，而是给他转头做出了合理的解释："我在找拖鞋。""我听到了一种声音。""我闲不住。""我想看看床下有什么东西。"

（资料来源：[美] 戴维·迈尔斯（David G. Myers）：《社会心理学》，1版，102页，北京，人民邮电出版社，2006）

1. 角色扮演

角色这个词来源于戏剧，它指的是那些处于特定社会位置的人被期望表现出的行为。当人们扮演一种新的社会角色时，起初可能觉得很虚假，但很快就会适应，表现出符合"身份"的行为。

一项相当具有说服力的角色试验是由斯坦福大学心理学家菲利普·津巴多（Philip Zimbardo）和他的同事完成的。他们在斯坦福大学心理系办公楼的地下室建起了一座"监狱"，以每天15美元的价格雇用了24名大学生参加试验。这些学生情绪稳定、身体健康、遵纪守法，在各项人格测试中的得分均属"正常"。试验者给这些学生随机分配了角色：一部分人为"看守"，另一部分人为"犯人"，并制定了一些基本规则。

为了使试验有一个"逼真"的开始，津巴多得到了帕洛阿尔托市警察署的协作。警察们在事先没有通知的情况下进入扮演"犯人"的学生家中，在朋友和邻居的面前逮捕了该学生，给他们戴上手铐，并塞入警车。然后，把这些学生带到警察署，录了口供并按压了手印后，才送入"斯坦福监狱"。

模拟试验原定两周时间。刚开始时，被分配做看守的学生和被分配做罪犯的学生之间，没有多大差别。而且，做看守的学生也没有受到过专门训练来看守犯人。他们只是被告知要"维护监狱的法律和秩序",不理会犯人的胡言乱语(例如,犯人说的"禁止使用暴力")。为了更真实地模拟监狱生活,犯人可以像真正监狱那样,接受亲戚和朋友的探视。不过,模拟看守可以每8个小时换一次岗,而模拟犯人除了吃饭、锻炼、上厕所以及办些必要的事情之外,必须全天待在牢房里。

犯人没有多长时间,就承认了看守的权威地位,或者说,模拟看守就适应了自己的新的权威角色。特别是在试验的第二天,看守们"粉碎"了罪犯试图进行反抗之后,犯人的反应更为消极。不管看守吩咐什么,罪犯们都唯命是从。犯人们真的相信,正如看守经常提醒他们的,他们低人一等、无力改变现状。而且,在模拟试验的过程中,每一名看守都做过虐待罪犯的事情。例如,一位看守说:"我觉得不可思议……我让他们互相谩骂,还让他们擦洗厕所。我真的把罪犯当成畜生,而且我一直在想,'我必须看住他们,以防他们做坏事'。"另一位看守补充说:"我一到犯人的牢房就心烦,他们穿着脏衣服,牢房里臭气熏天。在我们的命令下,他们相互撕扯打斗。他们已经不觉得这是一次试验,一切好像都是真的,尽管他们还努力保持自己原来的身份,但我们向他们灌输我们才是老板,这使他们的努力收效甚微。"令人诧异的是,在整个试验过程中——甚至在遭受虐待的日子里,没有一个犯人站起来说:"不许这样。我和你一样是学生,这只不过是一个试验而已。"

这次的模拟试验相当成功地证明个体学习一种新角色是多么的迅速。由于参加试验的学生在试验中表现出了病态反应,研究人员不得不在试验进行了6天之后终止了试验。请注意,参加这次试验的人都是经过严格挑选的神志正常、情感稳定的人。

这个试验能够告诉我们许多东西:首先,一个人进入新角色是多么迅速,尽管新角色可能离他原有的角色非常远。其次,一个人表现出的行为似乎更靠近自己的角色而非自己的心灵。道德、修养在角色要求面前显得多么微不足道。这样的解读似乎让人感到悲哀。管理上的启示是:我们更应该关注制度、环境条件,而不是寻找具有某种品质的人,前者要比后者更具确定性。看来,在生活中,我们要试图改变一个人的态度,一个有效的办法是赋予他相关的角色,随着他做出相应的角色行为,他的态度就会随之发生变化。

在美国士兵侮辱伊拉克战俘之后,菲利普·津巴多写道:"这与斯坦福模拟监狱里狱卒的行为有着惊人却令人不快的相似。"他说,"这种行为源于一个罪恶的环境,他可以把好人变成罪恶的替身。如果我们把好苹果放进一个劣质的桶里,这个桶会使所有接触它的东西腐烂"。

2. 语言会变成信念

生活中常有这种现象发生,在尝试说服他人的时候,却说服了自己。人们在向其他人表达自己看法的时候,有时会按照听众的喜好来修改讲话的内容。

托里·希金斯与其同事的研究证实了语言是如何变为信念的。他让一些大学生阅读有关某人的人格描述,然后让被试者对另一个人总结该描述,这个听众喜欢此人,或者不喜欢此人。当听众喜欢此人时,这些学生会总结一个更积极的评价。说过好话以后,他们自己会更喜欢这个人。让他们回忆自己读过的内容，他们会记起比实际更多的积极描述。简而言之，人们似乎倾向于根据自己的听众来调整自己的讲话内容，并且在说过之后也会相信这些歪曲的信息。

3. 得寸进尺现象

心理学实验表明，如果想让别人帮你一个大忙，一个有效的策略就是：先请他帮一个小忙。这就是得寸进尺现象（foot-in-the-door phenomenon），要想"进尺"，首先要"得寸"，"得了寸"，"进尺"的可能就非常大了。也就是说，要想"上炕"，先越过"锅台"，如果没有遭到反对，成功就在眼前了。

研究者（Freedman & Frasser, 1966）假扮安全驾驶的志愿者，他们请求加利福尼亚人在院子前面安置巨大的、印刷粗糙的"安全驾驶"标志。结果只有17%的加利福尼亚人答应了。然后，研究者就请求其他的人先帮个小忙：他们可以在窗口安置一个3英寸的"做一个安全驾驶者"的标志，几乎所有的人都答应了。两周后，76%的人同意在他们的院子前面树立巨大而丑陋的宣传标志。

其他一些研究也证明了得寸进尺现象的存在。

研究者（Gueguen & Jacob, 2001）通过邀请法国的互联网使用者签署反地雷的请愿书，从而使他们为儿童地雷受害者组织募捐的比率达到原来的3倍（从1.6%到4.9%）。

需要注意，人们最初的顺从行为（小的帮忙）都是自愿的。这些研究可以得出这样的结论，当人们承诺公众行为并且认为这些行为是自觉做出的时候，他们更加坚信自己的所作所为。

在市场营销领域，即使顾客意识到了销售者的动机，上述法则仍然有效。一个最初没有任何损失的承诺，如返还一张有更多信息的卡片和一件礼物，答应去做免费美容等，常常会使人做出更大的承诺。预约式销售常常会发生撤销现象，为了减少撤销现象的发生，在签署预约协议的时候，非常重要的步骤是让顾客自己填写合约，就这简单的方法，就会保证很多协议。让顾客自己填写完了以后，他们通常会坚持自己的承诺。

今天，到处存在试图诱导我们顺从的现象，从被影响者的视角，我们有这样的建议：在答应某一个小要求之前，考虑一下后果是什么。

（二）行为影响态度的理论

研究表明，有三个理论似乎对解释行为影响态度的现象有帮助。

1. 自我展示理论

人们都很在意其他人对自己的看法。给别人好印象常常能给自己带来社会和物质的报酬，能让自我感觉良好，甚至能让我们的社会身份更有保障。没有人愿意让自己看起来自相矛盾。为了避免这一点，人们表现出与自己行为一致的态度。为了看起来一致，人们也许会假装表现出某种态度，虽然那意味着有些做作或虚伪。但为了给人留下好印象就是值得的。总之，为了让在他人眼中看起来一致，人们会表现出某种态度。这也称为"印象管理"。

2. 认知失调理论

认知失调理论是美国社会心理学家费斯汀格提出的。他认为，每种认知结构都是由诸多基本的认知元素构成的，而认知结构的状态也就自然取决于这些基本的认知元素相互间的关系。他将这种关系分为三种可能性：

（1）协调，此时两种元素的含义一致。
（2）不相干，此时两种元素的含义互不牵连。
（3）不协调，此时两种元素的含义彼此矛盾。

不协调的程度可以用以下公式说明：

$$不协调的程度 = \frac{不协调认知数目 \times 认知对象的重要性}{协调认知数目 \times 认知对象的重要性}$$

费斯汀格认为，作为心理上的不适，不协调的存在将推动人们去努力减少不协调，并力求达到协调一致的目的。减少不协调的具体途径有：

（1）改变行为。
（2）改变态度。
（3）引进新的认知元素。

当不协调出现时，除设法减少它以外，人们还可以能动地避开那些可能使这种不协调增加的情境因素和信息因素。

在美国，40%的吸烟者和13%的不吸烟者认为吸烟没有多大害处（Seed，2002）。在英国，几乎所有的不吸烟者相信吸烟非常有害，而吸烟者中有半数不相信这一点（Eiser & others，1979）。

费斯汀格和他的学生（Carlssmith，1959）设计的一个著名实验很有趣。在一个小时中，给被试者分配一些无聊的任务，比如反复地转动把手。在实验结束后，研究者解释说这个实验是关于期望如何影响绩效的。同时，研究者希望在外面等着的另一个被试者会认为将要做的实验是非常有趣的，看上去心烦意乱的研究者对被试者解释说参与设计该实验的助手往往无法完成这一步骤，并紧握住被试者的手恳求道：你能代替他吗？

被试者答应了，他要告诉下一个被试者（真正的实验助手）：自己所经历的实验过程是多么令人兴奋。"真的"那个假被试者问道。"我的一个朋友在一周前做过这个实验，他说很无聊。""哦，不，"被试者回答，"它真的很有趣。在转动把手时你会得到很好的锻炼。我保证你会喜欢。"划分出两组被试者，一组给1美元报酬，另外一组给20美元报酬。最后，被试者要完成一份对转动把手喜爱程度的问卷。实验者要求被试者以5～15之间的任一数值表示工作令人欢欣的程度。

在什么情况下你最可能相信自己的小小谎言并且说实验真的有趣？多数人可能认为是报酬高的那组。但是，恰恰相反，费斯汀格做出了1美元组被试者更可能改变态度以

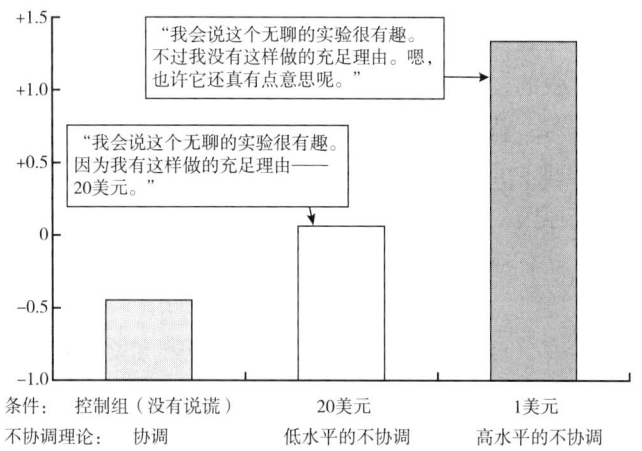

图 4-4 理由不足

适应这种行为,因为他们撒谎的理由不充分,更可能感到不舒服(不协调),并因此相信自己的所作所为。而 20 美元报酬组被试者能够给自己的行为找到充足的理由,所以应该体验到较少的失调。而实验结果恰恰符合这个有趣的预测。

这一现象用传统的强化理论是不能解释的。更少的报酬能导致更大的态度改变,而更多的报酬成了坚持原有态度的理由,因而不会导致失调的体验,更无法导致观点或态度的改变。

后来的一些实验研究证实,当人们拥有选择权的时候,或者可以预见行为结果的时候,态度—依从—行为的效应更强。简单说,当人们觉得要对自己的话负责时,会更加相信它们。这时,托词就变成了现实。

比如温和地告诫孩子,他们更可能内化成人的要求。因为这样做不能为孩子听话提供充足的理由。而严厉的威胁已经是个充足的理由了。注意,认知失调理论关注的不是行为后的奖惩具有什么样的效力,而是什么因素会引发那种好的行为。就是说当人们觉得自己的行为是自愿的时候,以后更可能采取同样的行动。

另外,该理论认为,只有当权威在场时,专制管理才是有效的。原因就是人们不大可能内化被迫的行为。

进一步的研究证实,当人们做出重要决策以后,常常会过高地评价自己的选择而贬低放弃的选择,以此来减少不协调。对于简单的决定,这种决定变成信念的效应会变成自负。一旦做出决定,它就会长出支撑自我的双腿。这些腿非常强壮,即使失去一条腿,决定也不会改变。

3. 自我知觉理论

当问一个人对某事的态度时,人们通常首先回忆他们与这事有关的行为和经历,然后根据过去的行为推断出对该事的态度。所以如果某人被问到他从事某工作的态度的感受，由于他已经干了好多年了，他就会说喜欢这个工作。自我知觉理论认为，态度是在事实发生之后，用来使已经发生的东西产生意义的工具，而不是在活动之前指导行为的工具。这种倾向是非常强的，这是达里尔·贝姆（Daryl Bem，1972）的观点。他认为，当人们的态度不很坚定时，就通过观察自己的行为及其环境来推断自己的态度。自我知觉理论根本上还是归因理论的延伸。当人们无法把自己的行为归因于外部约束力的时候，就容易归结为自身原因。

此研究似乎表明，我们擅长为自己的行为寻找理由，而不擅长去做有理由应该做的事。

从影响人的行为角度，自我知觉理论告诉我们，报酬和奖励的运用要非常慎重。如果因为出色的表现而获得赞扬，这能让人们觉得自己更有能力和更成功，并能够增加动力。如果个体很明显是为了控制别人而事先付出不相称的报酬时，就会发生过度合理化效应。关键是报酬意味着什么？如果报酬和赞赏是针对人们的成就，会增加个体的内部动机。而如果报酬是为了控制别人，而且人们自己也相信是报酬导致了他们的努力，那么这会降低个体对工作的内在兴趣。

三、态度与旅游决策

态度对旅游者行为的影响直接体现在对旅游决策的影响上。

旅游决策与人的其他决策一样，往往要求决策者经历一系列的心理步骤。图 4-5 所示的是对这一决策过程的一种认识。

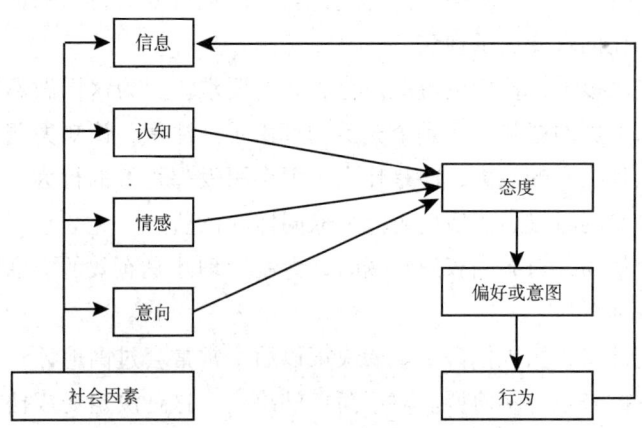

图 4-5　态度与旅游决策过程

态度是由认知、情感、意向三种成分构成的一种内在心理结构。在旅游决策过程中，旅游者的某种态度一旦形成，就会导致某种偏好，进而影响人们的旅游决策。当然，某种偏好能否导致某种行为，还取决于各种社会因素的影响。

第 3 节　旅 游 偏 好

一、旅游偏好概述

态度在预测人们的实际旅游行为上效率并不高，旅游偏好则是更具效率的概念。所谓旅游偏好，是指人们趋向于某一旅游目标的心理倾向。心理倾向的核心是个性特征，个性特征更多的是描述一种状态，而倾向性更多用于解释为什么会有这样那样的行为。旅游偏好与旅游行为之间有着直接关系。这也是探讨旅游偏好的原因。

人们在进行具体旅游决策的过程中有主观和客观两大影响因素，即感知环境差异的影响，如能够从外部获得的相关信息、参照群体等；还要受个性特征，如个人的兴趣、爱好与性格差异的影响。而国情、民俗习惯、个体成长过程中的重大经历在其与旅游决策相关的个性特征形成中影响很大。对旅游决策影响重大的那些个性特征就构成了旅游偏好。旅游偏好对决策者的影响，可以从居住环境、年龄、职业、学历等人口统计方面去研究，还可以从其成长经历方面进行研究。

旅游者行为的一个构成部分就是消费行为。在经济学中，研究消费者行为的模型是很简单的，即人们总是选择他们能够负担的最佳物品。"能够负担"就是在预算约束之内，"最佳物品"就是能给消费者带来最大效用的物品。在英国维多利亚女王时代，哲学家和经济学家把效用作为人们福利的指标。所谓效用，就是指人们的满足程度。"最大效用"的"最"字表示通过比较排序得来的，也就是说除了要实现效用最大化以外，效用的概念并没有其他独立意义，因此就有了序数效用论者否定了基数效用论的效用的绝对数值，效用只是用来描述偏好的一种方法，消费者行为理论是在消费者偏好的基础上完全重新阐述的。

所谓偏好就是爱好或喜欢的意思。在消费者行为的经济模型中，偏好被认为是人们按照自己的意愿对可供选择的不同商品组合的排序。排序的对象是商品组合，偏好的关系是一种运算的概念。在模型中，同时也给出了关于偏好的基本假设：完备性、传递性、反身性。在经济学"理性人"的假设下，偏好也有行为良好的假设，也就是理性的假设：单调性和凸性。模型中的商品组合是包括所有商品的，也就是说消费者根据偏好排序的商品组合中没有商品的差别，只有数量的差别。偏好是经济学中消费者行为理论中的一个重要概念，然而在经济模型中的许多结论，例如消费者均衡、边际替代率递减规律等都是在假设偏好给定的条件下得出的。经济模型中，并没有研究对商品的偏好，也没有研究偏好是如何形成的、有什么样的个人差异。

旅游中的偏好并不完全是这种理性的，不只是依据数量进行排序的。在旅游者进行决策的时候，偏好是一个很重要的影响因素，不能看作是给定的。旅游中的偏好实际是潜藏在人们内心的一种情感和倾向，引起偏好的感性因素多于理性因素。以往关于旅游偏好的研究都只停留在偏好什么的层面，有的给出偏好的个体和呈现出的群体特征。

在消费者行为学中不像经济模型那样简单了。从某种意义上说，消费者行为学研究的内容就是消费者的决策过程和影响决策过程的因素。这些影响因素可以分为三大类：个人因素、环境因素和营销因素。其中，环境因素和营销因素都是通过个人因素来起作用的。心理学家研究认为，几乎人类所有的行为都包括某种形式的学习，因此，学习是一个影响人们行为的非常重要的因素。行为主义的学习观把学习看成是外部事件引起的反应，这些心理学家强调可以观察到的行为，提议把内心过程看成是"黑箱"，也就是"刺激—黑箱—反应"理论。认知理论则强调内部心理过程的重要性。在皮亚杰的认知发展理论中有一个核心概念——图式。图式最初是由康德提出的，他把图式看作"潜藏在人类心灵深处的"一种技术、一种技巧。皮亚杰把图式看作动作或活动的结构和组织，在皮亚杰看来，图式是主体内部的一种动态的、可变的认知结构。他反对行为主义刺激→反应公式，提出刺激→（AT）→反应的公式，即一定的刺激被个体同化（A）于认知结构（T）之中，才能做出反应。个体之所以能对各种刺激做出这样那样的反应，是因为个体具有能够同化这些刺激的某种图式。皮亚杰认为，图式虽然最初来自先天遗传，但在适应环境的过程中，图式不断变化、丰富和发展起来。图式的发展通过同化和顺应两种形式进行，同化是指将环境中的刺激纳入并且整合到已有的图式中，顺应则是指按照刺激的要求改变原有的认知结构或创造新的认知结构。简单来讲，图式就是人脑中已有的只是经验的网络。图式可以影响记忆、对注意对象的选择、对自我和他人的知觉。

二、旅游魅力

目前，旅游学术界对旅游目的地的评价多采用旅游满意度指数和笼统的所谓旅游指数概念，它们在现实中和理论的内在逻辑自洽方面都存在严重问题。另外，旅游目的地吸引力表述效能低。在此，我们提出旅游魅力和旅游魅力指数概念。

旅游偏好与旅游魅力是什么关系？第一，偏好是魅力的基础，也就是说魅力通常是基于偏好而生，魅力是偏好的一种表现；第二，它们在描述旅游现象的不同方面时效能不一样，都具有不可取代性。下面介绍孙喜林和王晓丹关于旅游魅力的研究。

（一）旅游魅力的理论

1. 旅游魅力的概念

魅力，是一种自然流露出来的令人喜欢的感觉、一种能吸引人的力量。

旅游魅力可以界定为人们对旅游对象物吸引力的感知。旅游对象物是指旅游者为完成旅游体验过程，而从外部世界中主观选择出来并与之发生互动的客观实在。作为旅游魅力的载体，旅游对象物所散发出的吸引力即为旅游魅力。旅游对象物根据存在形态的不同可以分成旅游资源和旅游产品。因此，旅游资源相应地可以界定为能为旅游产业开发或者为旅游者所利用的客观实在。旅游魅力能影响旅游者选择前往某地旅游的意愿度；与此同时，由于旅游者在兴趣、认知、能力、经历等方面存在差异性，不同旅游主体对旅游魅力的感知亦不同。

管理学中的赫兹伯格双因素理论可以为旅游魅力概念提供支撑。该理论认为引起人们工作动机的因素主要有两个：一是保健因素，二是激励因素。其中，保健因素是指使员工感到不满意的因素，主要与工作环境或工作条件有关，例如公司的政策、工作条件、薪水、地位、安全以及各种人事关系的处理不善；激励因素是指能够使员工满意的因素，主要与实际工作内容有关。人们一般认为满意的对立面是不满意，但是赫兹伯格打破常规，指出满意的对立面是没有满意，不满意的对立面是没有不满意。在此基础上，赫兹伯格提出保健因素不会让员工满意，却会消除员工的不满意，但也并不会因此使员工满意；激励因素才会对员工起到激励作用，使员工达到满意。

根据这一理论，笔者认为在对某一旅游目的地进行评价时，必须要分清楚作为旅游魅力载体的旅游对象物与旅游支持系统各自对旅游者的作用。与双因素理论相对应，旅游魅力要素对旅游者而言相当于激励因素对员工的激励作用，是旅游决策的充分条件；而支持系统相当于保健因素，是旅游决策的必要条件。前者对旅游者而言解决的是值不值得去的问题。旅游支持系统虽不能吸引游客前往某地，但如果不完善或达不到旅游者的要求，就会导致旅游者对该目的地的不满意。另外，后者解决的是可行性问题，就是能不能去，属于旅游目的地可进入性范畴。从这个角度来说，旅游支持系统就是阻力因素，好坏程度就是阻力的大小。越好，阻力越小。

2. 旅游魅力的特征

旅游魅力由两个方面决定：一方面是旅游目的地的旅游对象物自身的质量，另一方面取决于旅游者的感知。旅游魅力特征包括：

（1）旅游魅力具有客观性。旅游魅力的载体是旅游对象物，它是一种客观存在；旅游对象物对于旅游者而言，自身的品质和数量高低多寡很大程度上决定了其对旅游者的吸引力大小的感知。

（2）旅游魅力具有主观性。旅游对象物对具体旅游者的价值大小与个体的人格因素相关。

以上两点与美学中关于美的主客观性同理。

（3）不同旅游目的地的旅游魅力大小可以比较，这就是旅游魅力指数。

（4）旅游魅力有先在性。在旅游者实际前往某地进行旅游之前，心目中就已经有了对旅游目的地的相关评估，即为行前感知。

（5）旅游魅力可改变。当旅游者实际去往某一旅游目的地之后，他们可以通过自己的亲身经历重新对某地进行评价,即为游后感知。

(二) 旅游魅力指数与旅游满意指数

1. 旅游魅力指数

为了测度旅游魅力的大小,笔者提出了与之相对应的测量指标,即旅游魅力指数,如图4-6所示。旅游魅力指数是专门衡量旅游魅力大小的标尺。旅游指数的核心是旅游魅力指数,这也使旅游学与经济学区分开来。现在的一些旅游指数测量基本拷贝了经济学的体系。有学者提出过"旅游区吸引度指数"的概念,并采用"旅游区吸引度分析法"评价旅游区。但该方法基于的评价内容和选取指标从根本上来说依然是"综合"的,包含了与旅游相关的所有要素,也就是说,对旅游对象物和旅游支持系统的价值作用未进行严格的区分,这也是其他类似指数概念同样存在的问题。

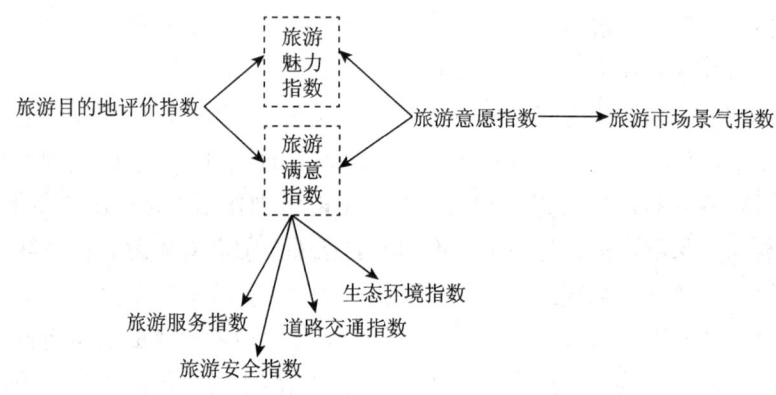

图4-6 旅游指数框架图

2. 旅游满意度的重新界定

在所有与旅游活动发生关系的要素中,将旅游对象物自身所具有的魅力要素从所有要素中剥离开,是为突出其旅游价值的核心地位,而其他相关要素皆归入旅游支持系统之中。谢彦君认为,旅游支持系统是对旅游产品价值的追加,包括各种媒介体产品,如饭店、旅行社、交通通信等和处于支持层次的旅游者及旅游标志物。笔者在此把旅游支持系统界定为旅游目的地所拥有的所有与旅游活动相关的辅助设施和支持条件,即餐饮住宿、交通运输、旅行社、社会治安、生态环境等。与之对应的是,旅游满意度是指旅游者对旅游目的地的旅游支持系统客观存在情况的满意程度,旅游满意指数即是旅游者对旅游支持系统满意度的测量尺度。根据双因素理论,旅游者对旅游支持系统的满意度是保健因素,也可理解为阻碍因素,支持系统中的某一项要素是否能令旅游者满意,判断的简单标准即为是否对旅游者前往某地起到了阻碍作用。对旅游者而言,旅游支持系统能起到的最大效用就是无障碍,而非从客观上比较其完美程度。因为交通系统等旅游支持系统并不以旅游的存在而存在，它们是为方便当地居民的日常生活而建，所以旅游支持系统只是旅游活动的一个必要条件。有关旅游对象物、旅游支持系统、旅游魅力及旅游满意度四者之间的关系，如图4-7所示。

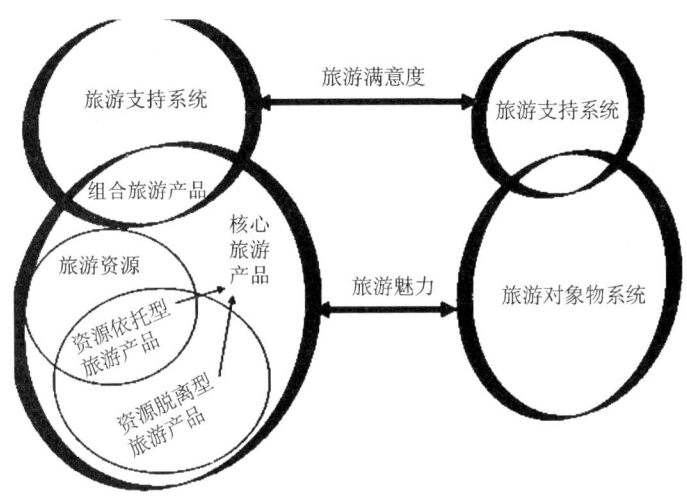

图4-7　旅游目的地评价内容

基于以上论述，新的旅游目的地评价指标体系的整体架构可以简单地表述为：

旅游目的地评价指标体系 = 旅游魅力指标 + 旅游满意度指标

旅游目的地评价指数 = 旅游魅力指数 + 旅游满意指数

该评价体系的评价对象是旅游目的地，即针对旅游目的地的竞争力。其中，旅游目的地评价指数、旅游魅力指数和旅游满意指数分别是衡量旅游者对旅游目的地的整体评价、对某一旅游目的地的旅游对象物所具有的旅游魅力的评价，以及对旅游支持系统的满意程度。

3. 旅游魅力和旅游支持系统在游客满足感产生过程中的作用

旅游魅力和旅游支持系统在游客满足感产生过程中发挥的具体作用是不同的。旅游魅力是旅游动机的启动者，造就核心旅游体验。在此，我们将旅游者与旅游对象物互动所产生的体验称为核心旅游体验，而对旅游支持系统产生的体验称为配属旅游体验。旅游对象物的魅力大小直接决定了旅游目的地发展空间以及存在价值的大小。旅游活动需要多行业相互配合才能得以实现；旅游魅力的引力作用和造就核心旅游体验作用，并不否定住宿、娱乐、交通通信等设施的支持价值，它们是相辅相成的关系。前者是旅游活动的充分条件，后者是必要条件。旅游支持系统既有保障旅游者活动的作用，也要对原住民的日常生活提供支持。

4. 指标的选取与指标要素的权重分配

以往旅游满意度评价体系对带来满意的要素和带来不满意的要素在理论上未加区分,划分权重时也就一视同仁了,与经济指数区分度不大。另外,内涵模糊,实际应用价值不高,甚至带来混乱,与旅游者经验常识相悖。以 2009 年 3 月中国旅游研究院和国家旅游局质量监督与管理司联合开展的"全国游客满意度调查"项目为例,参照为调研而编制的问卷以及 2009~2014 年的各季度报告,会发现每一季度的排名或多或少地都存在一定的问题。比如,2011 年第一季度,宁波在满意度排名中居榜首,紧随其后的依次为北京、成都、无锡、上海;2012 年第二季度报告中排名前五的是上海、南京、黄山、苏州、沈阳,沈阳排在了第五名,位列成都和厦门及其他众多城市之前,人们根据经验常识即可判断这一结果的不可靠性①。对于 2011 年宁波位居榜首,李仲广解释说,宁波虽然不是每个指标排名都靠前,但是综合起来排名居首。有学者为了回避此类指数存在的严重缺陷,提出不同旅游目的地不能相互比较,实际上已经否定了这类指数存在的价值和意义。大家知道,经济学的各种指数可以在全世界互相比较,这就是它的科学性和实际价值。

表 4-4　中国旅游研究院全年城市游客满意度排名前 10

2012 年	苏州、上海、黄山、南京、成都、厦门、宁波、杭州、无锡、重庆
2013 年	苏州、黄山、成都、无锡、青岛、宁波、厦门、杭州、北京、桂林
2014 年	无锡、杭州、青岛、成都、宁波、苏州、黄山、重庆、厦门、珠海

携程从 2009 年发起百万网友评选年度"最佳旅游目的地"活动,2012~2014 年的评选结果,如表 4-5 所示。

表 4-5　携程百万网友评选年度"最佳旅游目的地"情况

年份	十大中国最佳旅游城市
2012	三亚、丽江、北京、厦门、桂林、杭州、九寨沟-黄龙、上海、成都、青岛
2013	三亚、成都、厦门、杭州、北京、拉萨、上海、青岛、西安、大连
2014	三亚、杭州、成都、厦门、桂林、青岛、北京、苏州、上海、西安

比较"全国游客满意度调查"和网友的评选,后者似乎更靠谱,更接近常识。

在对旅游目的地进行考察并评价时,要想避免重蹈覆辙,就必须强调旅游魅力的主体地位,弱化旅游支持系统对旅游活动的作用,以此避免由于地区经济发达而使旅游支

---

① "全国游客满意度调查项目"简介,http://www.ctaweb.org/html/

持系统的作用被夸大。

（1）通过专家对旅游魅力要素进行权重分配，并计算出各自的分值；确定旅游魅力指数的基准，淘汰缺乏魅力的旅游目的地。所谓的旅游魅力指数的基准，即为吸引旅游者前往某一旅游目的地的旅游魅力的最低标准，亦为旅游魅力指数的最小值。这个标准一经确定，不得轻易变动。

（2）对达到旅游魅力基准以上的对象进行旅游支持系统要素的指标选取与权重分配工作，并计算出旅游满意指数。然后，根据旅游魅力和旅游满意度两个指标的相对重要性进行权重分配。此时，在赋予指标权重时，要始终遵循突出旅游魅力的原则。之后，计算出各自的加权平均数，进而通过分值的大小对参评对象进行比较并排行。如此反复，根据实际情况修正权重，符合实际才是根本。一个有效的指标评价体系需要2~3年或者2~3次调查，经过不断地调整才能最终稳定下来。这个评价体系如运用于实践中，则需几年时间加以检验和修正，才会成为完整体系。旅游目的地评价工作的流程，如图4-8所示。

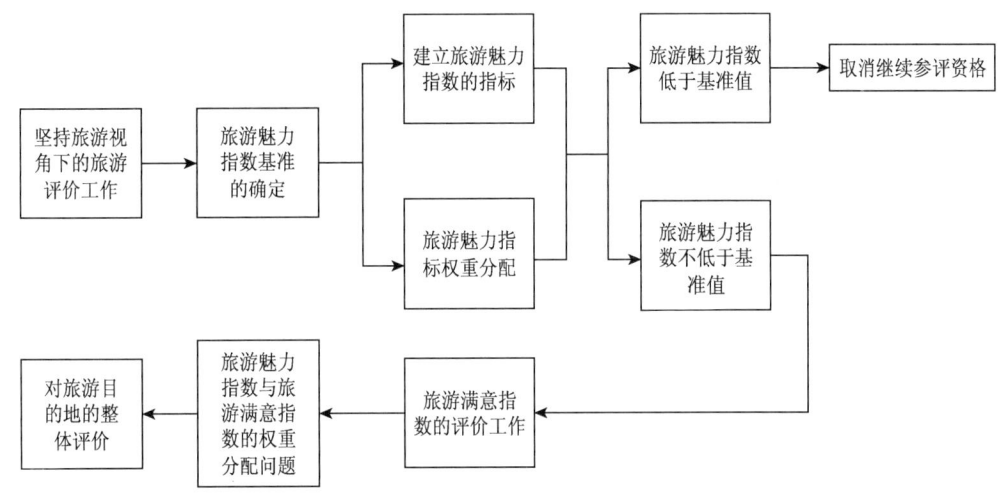

图4-8 基于旅游魅力的旅游评价工作流程图

在整个旅游评价与实际考察的过程中需要始终遵循一个原则：旅游魅力指数居于主导地位。为了凸显旅游魅力的重要性，在进行评价时先用专家评价法将未达到魅力基准线的目的地筛掉，然后进入正常的评价渠道，将旅游支持系统纳入评价体系之中，考量它在整个旅游活动中的作用。

旅游目的地评价体系要始终坚持以旅游对象物所投射出的旅游魅力为核心的原则，再考虑旅游支持系统在旅游活动中所起到的辅助作用。任何与旅游相关的评价体系都应该以旅游自身所特有的魅力为主体。

三、旅游偏好形成的心理机制

旅游偏好研究的另一个重要路径,是探索其个性层面形成的心理机制以及旅游偏好的类型。下面介绍孙喜林和林婧在这方面的研究。

(一) 心理印刻的基本理论

1. 概念的起源

1910年,德国行为学家海因罗特在实验过程中发现一个十分有趣的现象:刚刚破壳而出的小鹅,会本能地跟在它第一眼看到的自己的母亲后边。但是,如果它第一眼看到的不是自己的母亲,而是其他活动物体,它也会自动地跟随其后。1935年奥地利生物学家康拉德·劳伦兹对灰腿鹅(或幼鸭)进行了一项不寻常的实验,他把灰腿鹅生的蛋分作两组孵化,第一组由母鹅孵化,孵出的雏鹅最先看到的活动物体是它们的母亲,于是母亲走到哪儿,它们就跟到哪儿。第二组鹅蛋放在人工孵化器里,雏鹅出世后不让它们看见自己的母亲,而让它们最先看到劳伦兹本人。于是劳伦兹走到哪儿,小鹅就跟到哪儿,小鹅把劳伦兹当作"妈妈"了。随后劳伦兹把两群小鹅放在一起,扣在一只箱子下面,让母鹅在不远的一边看着。当劳伦兹把箱子提起时,受惊吓的小鹅朝两个方向跑去:记住母鹅的那些小鹅朝母鹅跑去,记住劳伦兹的朝劳伦兹跑来。劳伦兹把幼鹅的这种学习行为命名为"印随",指处于刚出生阶段的幼小动物追随环境中第一个看到的活动的物体学习的现象,也叫作"印刻"[①]。

印刻现象不仅存在于动物界,在人类中也存在,按照印刻现象的定义是动物向出生后看到的第一个活动的物体学习,也就是会沿袭这个活动的物体的习性。但是在后来的研究中渐渐发现,印刻现象的发生会有一个关键期,而且不同动物的关键期会有所不同,研究一般认为越是高级的动物关键期来得越晚,持续的时间越长。因此,人类的印刻和动物的印刻是不同的,需要一个较长时间的学习过程。本书在印刻的基础上提出心理印刻。

2. 心理印刻的定义

心理印刻是指人生中的重大事件,或者在关键期对个体心理倾向形成产生重大影响的经历的深刻记忆(孙喜林,林婧)。

印刻现象的发生通常具有关键期,即个体生活中对印刻有最高敏感性的某一时期,对某些物种,它还是印刻得以发生的唯一时期。同样,心理印刻也有关键期,这个关键期通常是儿童期(包括幼儿期、童年期、青春期),对于儿童来说世界是新奇的,刚出生的婴儿脑中是一张白纸,写上什么就是什么,很清晰,所以人们会对儿童期的记忆异常深刻。而这种记忆又常常被埋藏到潜意识中,难以被意识到,但是却仍留在心里并在

[①] 李长峨,印刻:心理学上的新见解[J].西南师范学院学报——自然科学版,1982,3:115-118

无意识中使人们形成一些特殊的观念，这些观念总是影响着人们的思想、感觉和生活，但人们却又很少能够意识到这种记忆对自己行为与情感的支配。

童年期有思维发展的一次质的飞跃，青春期是成长中的矛盾期，是生理发育与心理发育的不平衡期，也是心理断乳的重要时期。也就是说，这个时期是对外界刺激的敏感期，是心理印刻形成的关键期。这个时期发生的事情对人格的形成有重大影响，人格一旦形成就具有相对稳定性，而人格常常又是影响人们的态度、倾向及行为的决定性因素。因此，这个时期记忆的影响会贯穿整个人生。

所谓的重大事件是指对当时的个体来说具有重要意义的事件，并不一定是社会上发生的大事件，是否重大的判断标准并非是客观的，而是主观的，对个体来说重要就是重大的。

3. 心理印刻的形成和唤起

心理印刻的定义中包含两个重要因素：关键时期和重大事件。也就是说心理印刻的形成要么是在关键时期，要么是有重大事件或者二者兼而有之。关键时期形成心理印刻是带有一定的生理基础的，因此也可以称为生理印刻。主要是记忆的空白、思维发展的飞跃和身心发育的矛盾，使心理印刻形成成为可能。

心理印刻的唤起实际上就是眼前的场景与心中的印刻发生共鸣。共鸣的原意本是指发声器件的频率与外来声音的频率相同时，它将由于共振的作用而发声的现象。这里的共鸣是指眼前场景与心中印刻产生共振与感应的情形。共鸣离不开对场景的深入感受和理解，是情感、想象等多种心理反映达到强烈程度的表现。因此，心理印刻一旦被唤起就将明显地对人产生强大的影响力。

（1）场所依恋（place attachment）

"场所"或者"地方"（place）是一项很热门的研究。"场所"是相对"空间（space）"提出来的。空间只包括地理位置和物质形式两个都没有文化含量的成分。段义孚（Yifu Tuan）于1976年首次提出"场所"概念，并将场所作为人文地理学的研究中心。他认为场所是"在世界活动的人的反映，通过人的活动，空间被赋予意义"。也就是说场所具有文化因素，是使社会模式在空间范围内运作具体化的一个概念。场所是人类生活的基础，在提供所有人类生活背景的同时，给予个人或集体以身份感和安全感。对于场所这个概念，现存的所有相关概念基本包括三个部分：地理位置（location）、物质形式（material form）、以及它拥有的价值和意义（value and meaning）。

段义孚发现"场所与人之间存在着的一种特殊的依恋关系"，并于1974年提出"恋地情结（Topophilia）"概念，恋地情结是人与场所之间形成的感情联系，这种感情联系是人对地方的关系、感知、态度、价值观和世界观的总和。之后，瑞弗（Relph）于1976年提出"场所感知（sense of place）"概念，场所感知是人与自然以某种美妙的体验为中心的结合，这种体验和意识集中于某些特别的设施。它们是存在于现实世界的基于体验的现象，现实的物体正在进行的活动似乎都充满了意义，变成了个人和社区特性的重要来源，这种特性经常是人存在的深刻的中心，带着强大的情绪和心理联系。威廉姆和罗根布克（Williams&Roggenbuck）于1989年提出"场所依恋（place attachment）"的概念，场所依恋是人与场所之间基于感情、认知和实践的一种联系，其中，感情因素是第一位的。

场所依恋实际上包括功能性依赖和精神性依赖。功能性依赖体现资源及其提供的设施对想要开展的活动的重要性。精神性依赖则指个体与客观环境的依赖关系是依靠一个与该环境有关的人有意或无意的想法、信仰、偏好、感觉、价值观、目的、行为趋向和技巧综合在一起的复合体而形成的。因为场所依恋中，感情因素是第一位的，也就是说场所依恋更强调精神性依赖，或者说功能性依赖也会逐渐增加感情的因素而不再仅仅是对功能的依赖了。

心理印刻的唤起能够形成场所依恋，这可以用心理学中的"刺激—反应"理论来解释。但是，个体对环境的反应需要有中间阶段的分析说明，因为这个中间阶段赋予了人们所接受到的环境刺激以个人的意义。实现刺激与反应的中间阶段是人的主观心理因素，也就是说人的反应是在特定环境中客观因素刺激与主观心理因素相互作用的结果。据此，"场所依恋"可以用以下公式来表示：P（场所刺激：自变量）→O（中介变量）→A（依恋反应：因变量）（周慧玲，许春晓）。公式中P和A都很明了，要弄清楚这个公式，关键就是要知道这个中介变量是什么。从前文的论述中不难得出结论，这个中介变量就是心理印刻。场所依恋由场所刺激引起，即场所唤起了心理印刻，而"依恋"是人的心理印刻被唤起后的反应。因此，从"场所刺激"到"场所依恋"实际上经历了一个相当复杂的中间过程，即心理印刻被唤起，并且对人的认知和情感起到强烈的影响作用。

（2）仪式依恋

仪式，起源于古典神话和宗教，所以早期的人类学中对仪式的研究也是从探讨古典神话和宗教渊源开始的。虽然学术界对仪式还没有一个统一的定义，但通过学者的研究可以得出仪式的以下特征：

①群体性：仪式一定是在群体中发生的，个体的活动不能成为仪式。

②符号性：仪式中一定包含各种具有象征意义的符号，这些符号成为仪式的核心要素，缺少了这些符号，就不会是完整的仪式。

③象征性：仪式中的符号都是具有象征意义的，而且一个群体的仪式是可以象征这个群体的文化的。

④重复性：仪式具有传承文化的作用，这种作用正是依靠仪式的重复进行而一代一代传下去的。

⑤时间、地点的特定性：仪式只有在属于它的时间地点才有意义。否则，仪式就将只是一个活动，失去了应有的文化意义。

根据以上特征，本书采用如下定义："仪式是指充满象征性符号的热闹激情的画面，是一个群体在重大事件和重要时刻形成的一种程式化的活动形态。"不同的群体有不同的仪式，因此，仪式可以成为识别群体差异的标志。从群体内部来说，仪式也是群体中自我认同的标志，认同了一个群体的仪式，就说明融入了这个群体（李河）。

日本的石川荣吉在《现代文化人类学》中将仪式分为：一是一年中例行的节日和活动（Annual calendric ritual）；二是通过礼仪或人生礼仪（rites of passage，life-cycle calendric ritual），如诞生、命名、成人、结婚、丧葬等；三是状态礼仪（ritual sofcircumstance），即消除灾祸的仪式。

仪式最核心的功能在于能够传承文化。同时，仪式还具有其他社会功能，例如仪式可以创造民族集体感、群体归属感和群体认同感，仪式可以满足人们的社交需要。除了这些社会功能以外，仪式还能对人们产生一种心理层面的影响，重复进行的仪式可以印刻在人们的心里，使人们形成心理印刻。

仪式依恋是相对于场所依恋而言的。虽然场所中也包含文化因素，但是场所还是主要强调地理位置和物质形式。所以，仪式依恋主要强调文化因素，指人们的活动。仪式依恋与场所依恋的形成机制是类似的，可以用公式：R（仪式刺激：自变量）→O（中介变量）→A（依恋反应：因变量）来表示。只不过这里的刺激变成了仪式，中介变量依然是心理印刻，只不过是依赖于仪式产生的心理印刻，当人们参与仪式时会和心中依赖于仪式形成的印刻产生共鸣，也就是心理印刻被唤起，然后对人产生影响进而产生依恋。

很多中年人对童年时过年的情景都有着非常深刻的记忆，而那种记忆就会影响他现在过年时的行为与情感，也就是童年时过年的仪式形成了一种心理印刻。而年轻人对过年的记忆就淡化了很多，等到现在的小孩子长大的时候可能就对过年没什么特殊的记忆了，因为现在过年的仪式已经不那么隆重了，表现为仪式消失和仪式弱化。弱化体现在形式和内容两个方面，缺乏仪式性就难以在人心中产生仪式感，导致这些孩子不能对过年形成心理印刻。

在旅游体验一章，将对旅游仪式感进行深入的探讨。

（二）心理印刻的分类

可以从不同的维度对心理印刻进行分类。

1. 按照个体性和群体性分类

按照个体性和群体性，可以将心理印刻分成个体印刻和群体印刻。

（1）个体印刻是由于每个个体的成长经历不同而形成的不同印刻。个体印刻强调个性。

（2）群体印刻是同一生活背景下人们的共同成长经历而形成的心理印刻。群体印刻强调共性。

2. 按照心理印刻形成的文化、空间、时代等因素分类

按照心理印刻形成的文化、空间、时代等因素的不同，心理印刻又可以分为地域印刻、时代印刻、组织印刻和特殊群体印刻等。

（1）地域印刻，即生活在同一地域的人们的共同印刻，也就是亚文化印刻。比如中国人的心理印刻、美国人的心理印刻，或者南方人的心理印刻、北方人的心理印刻等。

（2）时代印刻，是指一个时代背景下的人们的共同印刻。比如知青的心理印刻、"文革"印刻、超级玛丽现象等。

（3）组织印刻，是在同一组织文化的熏陶下，经过类似的训练所形成的印刻。比如北大人的印刻、解放军的印刻等。

（4）特殊群体印刻，是指一些生活背景比较特殊的群体的印刻。比如"富二代""红二代""星二代"等的心理印刻。

（5）文化印刻，是指成长和生活在同一文化背景下，文化就会使这个群体形成共同的文化印刻。如"不到长城非好汉"对国人旅游的影响、江西婺源"梦里老家"广告等，就是依托国人共同的文化记忆。

3. 按照形成时期分类

个体心理印刻按照形成时期的不同，可以分为成长印刻和成年印刻。

（1）成长印刻。成长印刻，顾名思义，就是在成长过程中形成的印刻，包括童年（含婴幼儿期）印刻、青春印刻。其中，童年和青春期是形成心理印刻的关键时期，又可称为关键期印刻。童年是形成记忆的初始时期，已知的世界是空白的，从童年期开始逐渐填补这个空白，刚刚填补进去的往往是记忆最深刻的，对以后的人生观、世界观的形成会起到关键作用，也就是说这个时候很容易形成心理印刻。如"妈妈的味道""年味"等。青春期是个体成长的矛盾时期，身体发育发生重大变化，使他们有了"成人感"——以为自己已经成熟，但是这时候面临身心发育的不平衡，他们在知识、经验、能力方面并未成熟，只处于半成熟的状态，这就造成了成人感与半成熟现状之间的矛盾。青春期是心理断乳的重要时期，从心里想要摆脱对长辈的依赖，但是心理能力又明显滞后于自我意识，所以这时候的个体就是一个矛盾体。青春期情感、人格都处于不稳定的状态，容易受到外界的影响出现波动，因此在这段成长经历中的事情很容易形成印刻，甚至影响整个人生。如不忘的初恋、知青情结等。

（2）成年印刻。成年印刻，也就是人成年之后的印刻。人在成年后分为两个阶段：青年期和中年期。到了青年期和中年期，身心发展都已经成熟，人格也相对稳定，不会再因为一些小事就出现较大的波动，因此这时候形成的心理印刻也会相对较少。但是，如果发生一些重大事件，比如战争、"文化大革命"、汶川地震、"9·11"事件等，同样会深刻地埋藏在记忆中，可能会影响以后的人生轨迹，所以这时候也还会形成心理印刻，当然这两个时期的心理印刻通常都是由于重大突发事件引起的。

4. 按照内容构成成分分类

依据内容构成成分，心理印刻可以分为认知印刻、情感印刻、意志印刻。

（1）认知印刻。认知印刻是由于对某事物的特殊认知而形成的印刻。认知是人们认识外界事物的过程，或者是说对作用于人的感官的外界事物进行信息加工的过程。它包括感觉、知觉、思维、想象等心理现象。因为童年期和青春期是对外界事物认知的重要时期，所以认知印刻也多发生在这两个时期，也就是说认知印刻多是关键期印刻。如对中国符号的认知。

（2）情感印刻。情感印刻是由情感积聚而形成的印刻。典型的是明星依恋，姚明、刘翔、李娜、宁泽涛等之所以拥有巨大影响力，就是因为他们承载了国家情感。另外，体育俱乐部拥趸等现象也属情感印刻。

（3）意志印刻。意志印刻，也可以说是行为印刻，就是通过对意志行为的完成而形成的印刻。意志行为是有意识、有目的并且通过克服困难才能完成的行为。意志行为需要确定行为目标、选择行为方案并做出决策，在确立目标的时候常常会遇到一些动机冲突，比如双避式冲突、双趋式冲突、趋避式冲突、双重趋避式冲突等，遇到的冲突越激烈、矛盾越尖锐、选择越困难，越容易形成心理印刻。在确立目标之后，就要制订执行计划来完成目标，这一过程常常会遇到各种挫折，需要有勇气去面对困难，灵活地调整计划，以便完成目标。在这一过程中，付出的努力越多，越容易形成心理印刻。

5. 按照印刻形成的时间发生方式分类

按照印刻形成的时间发生方式，可以分为初始印刻和反复印刻。

（1）初始印刻。初始印刻，是指首次见到某一事物留下的深刻印象所形成的印刻。也就是平常所说的首因效应、第一印象效应。新官上任"三把火"，就是力图给别人留下良好的"第一印象"。另外，童年经历、初恋等能让人一生难忘，也是初始印刻的结果。

（2）反复印刻。反复印刻，是指某一事物反复出现从而使人形成的印刻。比如，机械记忆就属于反复印刻，通常所说的日久生情也是反复印刻。某一事物在一个人生活的某一段时间反复出现，总是会让人对此留下深刻印象，甚至改变以后的生活习惯、人生方向。

（三）心理印刻与旅游

不同的心理印刻使人们形成不同的旅游偏好，而旅游偏好通常又是旅游决策中的决定性因素，因此可以说心理印刻引发人们不同的旅游行为。由于心理印刻存在个体差异，所以旅游决策和旅游体验是非常个性化的；又因为心理印刻有一定的群体特征，所以旅游行为也具有群体性。在进行旅游目的地设计时要把握旅游行为的群体特征，为具有相同心理印刻的一类人提供针对性服务。旅游项目设定和项目内容设定都直接与人们的心理印刻高度相关，心理印刻应该成为旅游规划策划的科学依据。

心理印刻不但为解释和了解旅游偏好提供了正确路径，而且还是旅游体验品质高低的重要影响因素。在旅游中，旅游目的地或者旅游项目就是唤起心理印刻的刺激。学者研究普遍认为，旅游中的参与程度是衡量体验品质的一个重要因素，心理印刻被唤起的程度越高，旅游者的介入、卷入程度也就越深，其旅游体验就越强烈。如果眼前的场景没有与心中的印刻发生共鸣，那么旅游者心理介入程度就会相对降低，得不到高质量的旅游体验。

例如怀旧旅游，就是旅游企业以旅游者心理印刻为依据营造旅游项目，以此招徕客人。"怀旧（nostalgia）"一词来源于希腊，nost 源自希腊词 nostos，意思是回家，algia 源自希腊词 algos，表示痛苦忧伤，连在一起的意思是因思慕家乡而陷入忧伤、痛苦的状态。17 世纪时，怀旧被医生诊断为一种致命的疾病。19 世纪早期到 20 世纪初，怀旧被认为是一种心理症状，如同抑郁。后来"怀旧"一词逐渐远离医学范畴，慢慢融入社会，开始指向个人意识和社会文化趋势。随着怀旧越来越成为备受关注的社会现象，其原始的心理学意义开始淡化，社会学意义逐渐凸显。现代意义上的怀旧是人们对过去生活的一种情感记忆。在大多数人的心中，怀旧总被想象成一种不言而喻的感觉，它是某种朦胧的、有关过去的审美情愫，不仅象征了人们对那些美好却又一去不复返的过往的珍视和留恋，还隐含了人类的某种情感需求。

"乡愁"是今天中国广为流行的词汇，怀旧旅游是纾解乡愁的最佳方式。狂飙突进的中国现代化进程，剧烈的生存环境变化，迅速的社会身份改变，使得人们的乡愁愈发强烈，同时又使乡愁变得无处安放。回不去的家乡（家乡早已物非人非）、解不开的乡愁成为现代中国人普遍的心结。这恰恰为旅游产业提供了方向和契机。根据国人的乡愁打造相关旅游项目，"解乡愁，来旅游"。何以解乡愁之忧，唯有旅游，它既是旅游界的目标，也是旅游界的社会责任。人们前往与自己的人生经历具有某种特殊联系的地点参观探访，是一种怀旧之旅。怀旧是因为某种刺激唤起了心中的印刻，使人产生深刻的感受。怀旧在某种意义上支撑着人们的存在感，用现在时尚的语言，就是："刷存在感"，旅游有"刷存在感"的价值，怀旧游更是深层意义上的"刷存在感"。现在，怀旧旅游在中国大行其道，相关产业已经成为中国旅游产业重要的构成。美中不足的是，旅游学术界的理论研究并没有跟上怀旧旅游的脚步。

如果说具体旅游项目是手，心理印刻就是弦，找到旅游者的心弦，用对应的旅游项目和内容之手拨动，就会奏出美妙的旅游体验之音，进而迎来旅游业的春天。

第 4 节　旅游者态度的改变

了解旅游者的态度，更主要的是为了对其施加影响，从而最终影响旅游者的行为。所以，了解和掌握旅游者态度改变的知识和方法则成为本章的核心。

一、影响旅游者态度改变的因素

态度的改变有两种情况：一是方向的改变，另一个是强度的改变。比如，原来不喜欢某种交通工具，后来变得喜欢了，这是方向的变化。原来对某旅游目的地有犹豫不决的态度，后来表示坚定不移地要去或不去，这就是强度的变化。当然，方向与强度也有关系，从一个极端转变到另一个极端，既是方向的改变，又是强度的改变。

影响旅游者态度改变的因素主要有以下几个方面：

（一）旅游者本身的因素

由于旅游者的需要、智力水平、性格特点、受教育程度以及社会地位等的不同，对态度的改变都会产生影响。

1. 需要

态度的改变与旅游者当时的需要密切相关，如果能最大限度地满足他当时的需要，则容易使其改变态度。

2. 性格特点

从性格上看，凡是依赖性强、暗示性高或比较随和的人容易相信权威、崇拜他人，因而容易改变态度。反之，独立性强、自信心高的人则不容易被他人说服，因而不容易改变态度。

3. 智力水平

就一般而言，智力水平高的人，由于具有较强的判断能力，能准确分析各种观点，不容易受他人左右。反之，智力水平低的人，难以判断是非，常常人云亦云，因而容易改变态度。

4. 自尊心

自尊心强的人，心理防卫能力较强，不容易接受他人的劝告，因而态度改变也比较难。反之自尊心弱的人则敏感易变。

其他如受教育程度高和社会地位高的人要想改变他们的态度也比较难。

（二）态度的特点

态度的强度、态度的价值性、态度的三种要素之间的关系，以及原先的态度与要求改变的态度之间的距离等，都能对旅游者态度的改变产生影响。

1. 态度的强度

态度的强度即态度的力量，它是指个体对对象赞成或不赞成的程度。一般来说，态度强度越大，态度就越稳定，改变起来也就越困难。

人们对某一对象的态度强度与态度对象的突出属性有关，而态度对象的突出属性对人的重要程度是因人而异的。任何事物都有许多的属性（包括形状、外观、价格等），人们对事物的认知是针对其具体属性而言的。不仅如此，对于同一个人来说，随着需要或目标的改变,其态度对象的突出属性也会发生变化。

由此可见,态度对象的突出属性与人们旅游的需要有关,即与他们期望通过旅游所获得的主要收获有关。"收获"在旅游行为和旅游决策中是一个重要的概念,人们正是为了获得某种收获才去旅游的。当然,"收获"的含义非常广泛。比如,人们并不是为了大海本身而来大连,而是因为大海对他们确实有某些好处——例如,在大海里可以游泳、海边气候凉爽可以避暑、在大海里可以使人身心愉快,等等。

同样,人们也并不是为了产品或服务本身才出钱去购买,而是因为这些产品或服务能够提供某种收获。因此,对于旅游工作者来说,重要的是要按照旅游者所寻求的收获去理解旅游者的行为,要能够识别与对他们的服务相联系的突出属性。也就是说,要真正做到自己提供的正是旅游者所需要的。当然,做到这一点非常不容易。因为一方面,正如前所述,每一种属性的相对重要性是因人而异的;另一方面,在有些时候通常被我们看作非常重要的属性,实际上有的游客并不把它看得特别重要。例如,对于某个大型航空公司来说,旅游者当然很关心航空公司的安全记录,但是他们往往以为所有大型航空公司的安全记录都差不多。因此,当人们在选择两个大城市之间的飞机航线时,安全就不是一个突出的属性了。其他因素如航班时间、舒适程度、价格和飞机类型等就可能成为突出属性。

2. 态度的复杂性

态度的复杂性是指人们对态度对象所掌握的信息量和信息种类的多少,反映了人们对态度对象的认知水平。人们对态度对象所掌握的信息量和信息种类越多,所形成的态度就越复杂。

比如,对于某个特定航空公司的态度就可能很简单,除了起飞时间、直达服务及其他时间方面的便利外,人们往往觉得相互竞争的大航空公司之间差别很小。然而,对于整个航空旅行的态度,就会比对于个别航空公司的态度要复杂得多。对航空旅行的态度涉及速度、方便程度、节约时间、费用、身份、声望、空中服务、行李携带等多方面的问题。对于旅游者来说,最复杂的态度也许是对国外旅游目的地的态度。这些态度至少涉及陌生的旅馆、异国风味的食品、外国人、陌生的语言、不同的传统等方面。

一般来说,复杂的态度比简单的态度更难以改变。比如,对旅行支票的态度属于简单态度,如果一位旅游者对旅行支票持否定态度,只是因为他并不认为这些旅行支票真的有用,那么只要向他指出一个人离家在外时丢失钱包是多么不方便,他就会改变这种态度。然而,一个对出国旅游持否定态度的人,要改变他的态度倾向就非常难。即使他相信别人所说的出国旅行的费用很合理,他也可能仍然会坚持自己的否定态度,理由是文化环境陌生、饮食或传统不同等。要改变他对出国旅游的否定态度,必须改变整个态度中的许多成分。可见,态度越复杂就越难以改变。

3. 态度的三种要素之间的关系

构成态度的三种要素(认知成分、情感成分、意向成分)一致性越强,越不容易改变。如果三者之间直接出现分歧、不一致,则态度的稳定性越差,也就越容易改变。

4. 态度的价值性

态度的价值性也对旅游者的态度产生重要影响。态度的价值性是指态度的对象对人的价值和意义的大小。如果态度的对象对旅游者的价值很大,那么对他的影响就会很深刻,因而一旦形成某种态度后,就很难改变。反之态度的对象对旅游者的价值小,则他的态度就容易改变。

5. 旅游者原先的态度与要改变的态度之间距离的大小

心理学家采用态度的主观量表来表示态度之间距离的大小,如图4-9所示。

从图中可以看出,第一项"-1"与"+1"表示两个极端,"0"表示中间;第二项中,"1,2,3,4,5"表示态度的等级;第三项中,"0,50%,100%"表示态度强弱的百分比。

量表上的任何两点都可以表示原先态度与要改变的态度之间的差距。如果两点落在尺度的两端,则表明两者差距很大;反之,两者靠得很近,则表明差距很小。

图4-9 态度间距离的主观量表

态度转变的难易要看两者差距的大小而定。这说明,要转变一个人的态度取决于他原来的态度如何,如果两者差距太大,往往不仅难以改变,反而会更加坚持原来的态度,甚至持对立的情绪。例如,要让一个恐高症患者或在一次空难中死里逃生的人乘飞机旅行几乎是不可能的事。

(三)外界条件对态度改变的影响

除了旅游者和态度本身的特点影响态度的改变以外,一些外界条件也能改变旅游者的态度。这些外界条件有:

1. 信息的作用

从某种意义上说,旅游者的态度是他们在接受各种信息的基础上形成的。旅游者在行动前,会主动收集各种有关的信息。各种信息间的一致性越强,形成的态度越稳固,因而越不容易改变。

2. 旅游者之间态度的影响

态度具有相互影响的特点。这在作为消费者的游客之间表现得尤为明显。因为旅游者之间的意见交流,不会被认为是出于个人的某种利益,也不会被认为是有劝说其改变态度的目的,因而不存在戒备心理;此外由于旅游者之间角色身份、目的和利益的相同或相似性,彼此的意见也容易被接受。事实证明,当一个人认为某种意见是来自与他自己利益一致的一方时,就乐于接受这种意见,有时甚至主动征询他人的意见,以作为自己的参考。

3. 团体的影响

旅游者的态度通常是与其所属团体的要求和期望相一致的。这是因为团体的规范和习惯力量会在无形中形成一种压力影响团体内成员的态度。如果个人与所属团体内大多数人的意见相一致时，他就会得到有力的支持；否则，就会感受到来自团体的压力。比如，虽然某游客非常想到国外去看看异国风光，但由于他所在团体的人们都在国内旅游，所以他也就打消了去国外旅游的念头。这就是所谓的群体压力下的"从众行为"。

二、改变旅游者态度的策略

旅游者的态度，是旅游者在旅游活动中形成的对旅游商品或服务的肯定或否定的心理倾向。对旅游商品或服务持积极肯定的态度会推动旅游者完成旅游活动，而消极否定的态度，则会阻碍旅游者完成旅游活动。所以，要促进旅游者产生旅游行为，完成旅游活动，就必须把旅游者的消极态度转变为积极态度，把否定态度变为肯定态度。那么如何改变旅游者的态度呢？

（一）更新旅游产品，提高旅游产品质量

旅游产品是旅游者在旅游过程中所购买的各种物质产品和服务的总和。从某种意义上讲，更新旅游产品是改变旅游者态度的最基本的有效方法。只有不断更新旅游产品，提高旅游产品质量，才能长期占有稳定的市场，保持源源不断的客源。

从我国旅游业的现状看，存在的主要问题是旅游产品种类少，结构简单，交通落后，产业观念相对滞后。因而，旅游者对旅游过程中的交通、住宿、餐饮、景观等方面常常产生不满情绪，在有些时候旅游变成了花钱买罪受。比如，由于交通"瓶颈"现象的存在，使人们外出旅游时最头疼的就是买票难问题，特别是由于旅游旺季的火车票难买，使得许多人退出了旅游者队伍。另外，有些旅游点的人文景观也难以让旅游者满意。比如，前些年一窝蜂兴起的游乐宫热，全国各地一套模式修建的什么"西游记宫"、"历险宫"等，现在大多因经营不善而关门歇业了。其实，旅游景点的设立是有一定的规律性的，涵盖着自然风光条件、消费心理等各方面的因素。一个旅游景点的开发建设起码要考虑两个因素：一是资源分布构成，首先得确定一条旅游线路中缺少什么，需要什么，不能突兀乱建；二是要看旅游景点的建设是否符合旅游者的消费心理。简单地说，旅游者就是要看与当地风光有关的货真价实的人文景观。近的地方能看到的景观，何必大老远地跑到这儿来看呢？目前全民开发旅游的趋势已经明显，但总体说来，许多旅游景点的开发建设还属于比较盲目。

鉴于这种情况，为了改变旅游者的态度并促进旅游业本身的持续发展，必须更新旅游产品，不断提高旅游产品的质量。

（1）改善旅游基础设施的建设。旅游基础设施包括交通、通信、金融、文化娱乐、宾馆饭店等旅游接待，设施的建设要跟上时代发展的进步要适应日益繁荣的经济环境的要求。

(2) 运用先进的科学技术，可以简化服务过程，这既节省了时间，又方便了旅游者，有助于旅游者形成更加肯定的态度或变消极的态度为积极的态度。

(3) 对旅游从业人员进行业务训练，提高人际交往的能力。比如，美国航空公司对所有雇员进行了"业务分析"的训练，提高一线员工的人际交往能力和技巧。

(4) 运用价格策略。对一般人来说，旅游服务项目的价格是一个比较突出、比较敏感的问题。因此，适当地运用价格策略，可以使旅游者产生"公平合理"的感觉。例如，在物价上涨的情况下，降低一些产品的价格或保持价格不变，但增加服务的品种和项目，可以收到较好的效果。此外，也可以改变服务的手段和策略，如预订车船票、代办金融信贷等业务，这些都可以改变旅游者的态度。

(二) 旅游宣传科学化

态度的形成依赖于旅游者对态度对象的认识，通过旅游宣传，向旅游者传送新的知识和新的信息，有助于旅游态度的改变。

1. 影响旅游者态度改变的有效方式

从态度理论中可以得出三种影响旅游者态度改变的有效方式：

(1) 观点或主张的重复。首先，人们对常常看到的事物会有更积极态度的倾向，这称为"熟悉效应"。"熟悉效应"成立的原因可以从两个方面解释：一是由于熟悉，减少了不确定性，因而有更大的安全感。二是如果对常常出现在你生活中的事物采取对抗态度的话，人们要付出太多的成本，而结果还很可能是无力改变现实，明智的选择就是接受它。接受无法改变的东西正是中国古老的人生智慧。"重复某种事物足够多的次数，即使是最卑鄙的谎言也足以使公众最终相信。"这是长期以来为一些政治家和广告商所信奉的金科玉律。

(2) 由受钦佩或有吸引力的人作出保证。博学的专家学者的观点更有说服力，这是历史形成的。另外，人们在愉快状态下容易接受传达给他们的观点。这就是为什么广告总是请漂亮、被人们喜欢的明星代言的原因。人们为了推销自己的观点，还常常采取酒会、晚宴等方式，这都是在创造一个愉快的情境。

(3) 将信息与美好情感相连。每个人都有"梦"，一种生活方式、梦中情人、偶像、想象中或逝去的生活场景等，如果传达的信息使人联想到了这些"梦"，就拨动了人们的心弦，似乎那样就接近了自己的"梦"。这就是为什么宣传广告通常要编织一个美好故事，传递一种心境、情境。

2. 在旅游宣传的过程中要注意的问题

客源问题一直是国际旅游市场展开激烈竞争的中心。下面以日本为例，他们在进行海外旅游宣传活动中，作了如下几方面的宣传：

(1) 日本的旅游宣传。

①广告、专栏报道。在旅游报纸杂志上大量刊登日本的风景名胜和旅游热线的动

态，向电台、电视台提供新闻影片、资料等，重点介绍最新旅游消息。特别是要消除到日本旅游的高价现象，大力宣传低价旅游的可能性。

②举办旅游讲座。在世界各地举办旅游讲座，宣传日本风光和旅游业状况。其目的是让海外游客了解日本旅游业的经营特点、接待方式和低廉的价格。

③邀请外国旅游商和国外信息联络员进行合作。如邀请外国旅游经营者来考察业务，邀请各新闻媒介的有关人员和摄影记者到该地访问并回去宣传。

参加或举办海外展览。如利用交易会、展览会、博览会等展开宣传。

④出国进行民族艺术表演，宣传文化传统。

⑤派遣旅游代表团出国作访问宣传。

⑥发行精美的旅游宣传手册，并配备地图、文字、照片等，进行说明。

⑦用风光电影片来宣传。

⑧加入国际旅游组织并配合宣传。

以上介绍的虽然是日本的海外旅游宣传的内容和方式，但对我国的旅游宣传工作也有一定的借鉴意义。我国有着悠久的历史和灿烂的文化，有像长城、秦兵马俑、桂林山水、云南石林等数不尽的名胜古迹。只要我们加大旅游宣传的力度，我们的海外旅游市场是大有潜力的。

（2）宣传要有针对性。对于某个具体的宣传材料来说，其内容的组织方式也是非常重要的。比如，对于一个旅游目的地，宣传者手中有正反两方面的材料。那么这正反两方面的材料如何向被宣传者提供呢？这就要视具体情况而定。首先是客观情况。如果旅游者不知道反面材料，那么最好只提供正面材料，这有利于形成并加强肯定的态度。如果旅游者本来就知道反面材料，就应该主动提供正反两方面的材料，并同时强调正面材料，削弱或否定反面材料的真实性与可行性。这有利于增加正面材料的可信度，改变模糊的态度并形成肯定的态度。其次要根据旅游者的态度和受教育程度。如果旅游者一开始就对正面材料持肯定态度，这时最好只提供正面材料，这有助于加深和巩固肯定的态度。如果旅游者对正面材料持怀疑或反对的态度，则应该同时向其提供正反两方面的材料，这有助于削弱他的防卫心理，消除怀疑，改变否定态度。受教育程度高的人分析、判断问题的能力较强，应该向他们提供正反两方面的材料，而对受教育程度较低的人则最好只提供正面材料。

（3）逐步提出要求。通过说服宣传来改变旅游者的态度时，如果要求其改变的态度与原来的态度差别过大，则应逐步提出要求，不断缩小差距，最后达到完全改变。否则，一下提出过高要求，不但难以改变旅游者原来的态度，反而会使其产生逆反心理而更加坚持原来的态度。因此，宣传者想要改变旅游者的态度，应该从不断缩小态度差距着手，才能使旅游者接受宣传者的态度，而改变原来的态度。

（三）引导人们参加旅游活动

要转变一个人的态度，必须引导他积极参与有关活动。比如，对于一个对体育活动不太积极的人，与其口头劝说，还不如动员他去运动场活动一下。要改变旅游者的态度也是一样。组织一次旅游活动，邀请特定的人来参加，让其亲身体验一下旅游活动所带来的乐趣，他可能从此改变对旅游活动的态度，从而成为旅游活动的积极分子。

除了上述方法以外，通过改变知觉或激发人们的潜在动机等也是促使旅游者态度改变的有效方式。

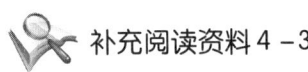

补充阅读资料 4-3

态度改变实验

实验目的：不同的活动方式对美国家庭主妇改变吃动物内脏的态度的影响。

实验方法：勒温把被试者分为两组。一组为控制组，他对这一组被试者采用讲演的方式，亲自讲解动物内脏的营养价值、烹调方法、口味等，要求他们改变对动物内脏的厌恶态度，把它作为日常食品。另一组为实验组，组织他们讨论，共同议论动物内脏的营养价值、烹调方法、口味等，并且分析使用动物内脏做菜可能遇到的苦难，如丈夫不喜欢吃的问题，清洁问题等，最后由营养专家指导每个人亲自实验烹煮。

实验结果：控制组有3%的人采用动物内脏为菜；实验组有32%的人采用动物内脏为菜。

实验组和控制组在态度改变上可以划分为主动型和被动型两大类。前者主动介入群体活动，他们在讨论中自己提出问题又自己解决它，因而态度改变比较快。他们参与政策的制定，参与权力的推行，同时能自觉遵守群体规范等。而后者被动参与群体的活动，他们很少把讲演的内容与自己相联系，因而态度就难以改变。他们服从权威，服从别人制定的政策，遵守群体规范等。实验结果告诉我们：主动参与群体决策的制定过程，有利于参与者态度的改变。

（资料来源：卢盛忠等：《管理心理学》，1版，148页，杭州，浙江教育出版社，1984）

本章小结

本章介绍了态度的相关理论和旅游偏好方面的研究。态度由三种成分构成，即认知成分、情感成分、意向成分。态度具有以下特点：对象性、社会性、内隐性、稳定性和可变性、价值性、调整性。态度是可以改变的，但这种改变依赖于多种因素。介绍了凯尔曼的态度变化阶段说，还介绍了认知平衡理论、精细加工可能性模型和多属性态度模型。在旅游偏好一节介绍了旅游偏好、旅游魅力和心理印刻的概念，另外，还探讨了旅游魅力指数问题、旅游偏好的形成机制、心理印刻的分类等，最后探讨了改变旅游者态度的问题。

思考与练习

1. 旅游态度能否改变?为什么?试举例分析。
2. 根据生活经验,你认为具有什么特征的人容易说服他人改变态度?
3. 在哪些情况下,行为对态度产生影响?
4. 列举实证研究说明行为对态度的影响。

 案例分析

同一度假地的不同旅游偏好

有两个在大连金石滩国家旅游度假村度假的旅游者,在相互交谈时道出了完全不同的度假理由。A 来这里的理由是基于自然风光和气候;B 则是受一流的高尔夫球场的吸引。

问题:为什么他们对同一度假地会有不同的旅游偏好?

 开放式思考

1. 何为旅游偏好、旅游魅力,它们之间是什么关系?
2. 旅游魅力概念有什么价值?
3. 什么是心理印刻?怎样理解心理印刻是旅游偏好形成的内在心理根源?
4. 心理印刻有哪些种类?它对旅游体验品质有什么影响?

第 5 章　旅游者的人格

【学习目标】

通过本章的学习，你应该达到以下目标：了解人格的含义与影响因素；认识和了解有关人格的理论。具有能够根据旅游者的外部表现来分析游客类型的技巧。认识旅游者的人格类型和人格结构，具有一定的预测和引导旅游者的行为的能力。

【内容结构】

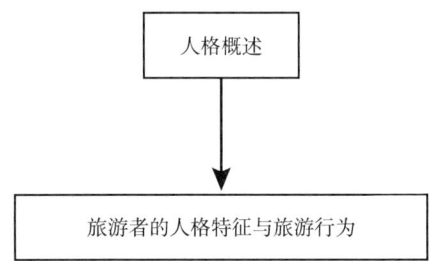

【重要概念】

人格　特质　内控型　外控型　随和性　开放性

第5章 旅游者的人格

> **引 例**

表现、含蓄与被动——中日韩三国文化体验记

我喜欢首尔古色古香的仁寺洞,每次去韩国我总是住在那附近的宾馆或旅馆。徜徉在仁寺洞的店铺里,我有一个有趣的发现:在店铺的陈列窗里,肯定摆着华丽的、高级的、大的货物,也就是尽摆好东西。在顾客出入的地方放着好东西,里边放普通的小东西。我喜欢脸谱,经常去的那家店,也是前面摆着最大最贵的,越往里去东西就越小。

在中国,情况恰恰相反。去古玩店,最外面象征性地摆一些小东西,不值钱的;店家听客人说想要什么样的货之后,才从最里面拿出藏好的宝贝给你看。

从这个现象里,我发现了潜藏其中的民族性差异。就是说,韩国人有重表现的性格。而中国人则有善于隐蔽、不溢于言表的性格。

韩国的招牌美得无与伦比,服装和物品的原色系列设计能够让人一下子过目不忘;日本的设计稳重清洁,让人感到"寂静";中国的设计,既不华丽也不清洁,让人感到有一种悠然、留有空白的有待完成的沉重。

一位做导游的朋友说,在中国,大多认为韩国的旅游者是最热闹的外国人。日本人,总是跟在中国旅行社的导游身后,一边静静地记笔记一边配合导游工作;可是韩国人,也许是由于个性强,什么事总是个人意志优先,不守规矩,所以带他们总是很累。

比起不论在何时何地都不能不表现的韩国人,中国人当然具有大陆化的强烈表现力,但却不像韩国人那样为表现而表现。中国人控制表现,更注重强烈的隐蔽意识。中国成语"喜怒哀乐不形于色"就是这一隐蔽意识的最好说明。在著名的《菜根谭》里,有这样的教诲:觉人之诈不形于言,受人之侮不动于色,此中有无穷意味,亦有无穷受用。

和韩国人的表现意识、中国人的隐蔽意识有所不同的是,日本人具有一种"被动"意识。日本人没有韩国人那么旺盛的表现力,也没有中国人那种控制表现的能力。但是,不善于自我表现的日本人,在善于接受对方这一点上确实很优秀。

(资料来源:金文学著:《东亚三国志》,1版,234页,北京,中信出版社,2006)

本书作者是出生于中国的朝鲜族人,留学日本多年,专攻比较文学、比较文化及文化人类学。独一无二的经历和学术背景使作者能够深刻地理解中日韩三国的不同之处。他对三国的文化、历史、传统、习俗、观念、生活等方面进行了有趣的对比分析,言人所未言,道人所未道。诸多发现,读后给人以很大的触动和启发。

第1节 人格概述

在上一章中,我们探讨了旅游者的动机。其实,动机和人格是两个很难分割的概念。因为动机揭示的是人们行为的原动力,比如人们为什么要旅游?为什么有人要到南方去旅游而有人却愿意到北方去旅游?要对这一问题作出回答,就要涉及旅游者的人格。人格差异是造成行为差异的一个主要原因,它是一种复杂的心理现象,是由学习、认识、动机、情绪和角色等很多因素综合而形成的。通过本章的学习,要了解人格的基本理论,掌握关于旅游者人格的研究成果。

一、什么是人格

人格一词(personality)来源于拉丁语(person),原意是指舞台上演员戴的假面具,它代表着剧中人的身份。心理学把它引用过来,以表示在人生大舞台上每个人扮演的不同角色以及表现出的相应行为。

心理学家对于人格是什么曾经做过大量探讨,提出过众多的定义。人格心理学家阿尔波特曾综述过50个定义。在阿尔波特以后也有不少心理学家综述或分析过人格的定义。虽然时代改变了、科学发展了,但对于人格的概念问题一直没能达成统一。这里我们介绍一个比较具有综合性的定义:**人格**是个人在适应环境的过程中所表现出来的系统的、独特的反应方式。它是由个人在其遗传、环境、成熟、学习等因素交互作用下形成的,并具有很大的稳定性。

这个定义首先强调了人格是人对环境作出的一种反应,而这种反应在不同的人之间是不同的,带有浓重的个人色彩;其次,这种独特的反应方式具有系统性、完整性和稳定性;最后,人格的形成主要受四种因素的影响,即遗传、环境、成熟、学习。

遗传素质构成了一个人心理发展的基本前提。这就像一件玉石艺术品必然要受玉石原料材质特点所影响和制约一样,人的心理发展受个人遗传素质的影响。如个人的神经类型、感官特点、智力潜能、内分泌系统的特点、体貌特征等都构成了个人心理发展的影响因素。

环境是指人出生后所处的社会环境,例如社会历史条件、文化、学校、家庭等因素。这些因素对一个人人格发展的内容、方向、水平等构成影响,同时它也使遗传所提供的潜能转化为现实。如果没有环境条件,遗传潜能是不能自动实现的。

成熟本身就是遗传和环境二者的产物,其中遗传的作用是主要的,环境起到保证作用。人的心理发展受到个人成熟度的制约,不同的成熟度与人格发展的各阶段相对应,也就是说,不同的成熟度,对应于人格发展的不同主题。成熟规定了人格发展的一些规律性的东西。

学习是人的一种主动行为。在个人成长过程中,随着个体独立性的增强,在自我意识的支配下，人可以主动地选择和获取来自环境的信息，并因此带来自身行为的变化。学习行为的主动性以及它对人格形成构成的影响，使它成为影响人格发展的独立变量。

研究旅游者人格的目的，就是要了解旅游者行为的差异性，这是预测和调节旅游者行为的重要途径。

二、人格理论

由于人格一词的定义并不统一，范围也相当广泛，因此有关人格问题的研究也是五花八门，各有千秋。大多数研究主要集中在对人格的形成、结构、功能以及与外显行为的关系等方面。心理学家们从各自的生活经验和实验研究出发，对人格问题提出了各自的见解，形成了不同的理论学派。其中最有影响的四种理论是特质理论、精神分析理论、学习理论和自我理论。

（一）特质理论

特质理论认为，人格是由许多特质要素构成的。所谓**特质**，是指在人的行为中一贯性的具有倾向性的东西。如开朗的、好发脾气的等都属于特质。特质论者认为特质在各个人之间只有量的差别，而没有质的不同。也就是说，人们都有共同的人格特质，只是因量的不同才产生人们之间的差别。

在人们身上表现的特质数量很大，如《韦氏大辞典》收集18000个形容词，描述人们的行为、举止、思维、感知的特质。阿尔波特也收集了4000个词，比如谦虚、友善、诚实、直率等。

特质理论认为，特质既不同于习惯，也不同于态度。

一般认为特质和习惯都有决定行为倾向的意义，但特质比习惯更富多样性，而且控制行为水平也比较高。例如，小孩子的嘴里说"谢谢"，但他可能连别人的话都没有听懂。这种"谢谢"的行为表现是通过个别反应逐渐学习而变成习惯。如果孩子长大了，"谢谢"的表现成为一种生活方式，那么这种习惯就成为具有统合作用的文明的、礼貌的"优雅"特质。可见特质形成于习惯，又高于习惯。

特质和态度也有区别。首先，态度限定在特定对象，如对人的态度、对学习的态度等。特质的表现并不是很明显地指向于某种对象。其次，态度用于是接受该种事物的价值还是否定它的价值，表现出对事物的好恶评价。特质一般不用于表态。

特质理论在英国和美国比较流行。其代表人物有阿尔波特、卡特尔、艾森克等。

1. 阿尔波特的理论

阿尔波特是美国心理学家，是人格特质理论的创始人。他认为"特质"具有指挥个体行为的能力。正是我们的"特质"，才使我们在变化的情境中给以步调一致的反应。例如"友好"这一特质，可以使我们始终不变地表示这一特质的方式，对相当广阔领域的刺激进行反应，见表5-1。

表 5-1　友好特质对应的刺激和反应

刺　激	特质	反　应	刺　激	特质	反　应
碰见一个陌生的人和同事一道工作	友好	开朗、愉快有益、鼓励	访问家庭成员与一位朋友约会	友好	温和、有趣有礼貌、有思想

阿尔波特将人的各种特质分为三种：基本特质、核心特质和次要特质。三者在人身上是重叠交叉的。

（1）基本特质。一个人具有某一基本特质，则他的一切行动都受到这种特质的影响。因此这种特质是极其弥漫、渗透的。在许多情况下，有这种基本倾向的人常常是他的主要情操和优势倾向代替了他的人，他的身份。显然，基本特质只有在少数人的身上才可观察到。

（2）核心特质。渗透性差一点的，但还是相当概括的、有一般意义的倾向。这是人格的建筑构件。比如，让你非常忠实、客观地评价你所熟悉的某个人，那么你在描述这个人的时候用了哪些词汇，而这些词汇就是那个人的核心特质。一个普通人的核心特质大约有多少？阿尔波特让93个学生对自己熟悉的同性别者，以词、短语、句子描写他的代表性特点，所得结果发现90%的学生列出3~10个特点，平均7.2个。

（3）次要特质。是指不太明显、不太受人注意的，一致性、一般性都较少的那些人格特质。它的渗透性极少。与基本特质和核心特质来比，次要特质是从更为狭窄的各种刺激来说的。次要特质与习惯和态度密切相关，但比两者都更具一般性。次要特质包括一个人独特的偏爱，如某种食物、衣着等。

2. 卡特尔的理论

特质理论发展到20世纪40年代以后，因为受到测验统计上因素分析法的影响而有改变。从人格测验的观点看，特质理论的心理学家们必须考虑两个问题：一是决定人格的是哪些基本特质？二是用什么方法去测量人格的基本特质？对这两个问题的研究最有贡献的，是美国心理学家卡特尔。卡特尔是用特质的阶层来表示人格构造的。第一层次分个别特质与共同特质两种；第二层次分表面特质和根源特质。

（1）个别特质与共同特质。**个别特质**是指每一个人所具有的特质；**共同特质**是指某一社区或某一集团的成员都具有的特质。但共同特质在各个成员身上的强度是不同的，即使在一个人身上，其强度在不同时间的表现也不相同。

（2）表面特质与根源特质。**表面特质**是指经常发生的、从外部可以直接观察的行为表现。从许多表面特质中求出相关系数，就可以发现根源特质，即潜在因子，抽出潜在因子是卡特尔研究的主要目的。**根源特质**是内蕴的，它构成人格的基本特质。人的任何行为都受根源特质的影响。

卡特尔是采用因素分析方法研究人格特质的心理学家。因素分析的目的在于从各种各样的测定结果中,得到少数被精选的基本因子,卡特尔试图运用因素分析方法通过表面特质找出根源特质。

卡特尔从不同的人中取样,首先排除所有不常见的特质,然后再用因素分析法。他发现像大胆、独立、坚韧等这样一些特定的特质,常常群集于同一个人身上。也就是说,它们之间有很高的相关性。他把所有群集的特质结合在一个范围广泛的标题之下,以缩减特质的数目。例如,大胆、独立、坚韧等可以组合在一个表面特质"自主性"这个标题之下。

接着,卡特尔又进一步缩减了这张表面特质表,其目的是抽出人格的"根源特质",这是深处潜在的特质,它是决定个体的自主性(一种表面特质)的重要因素。

卡特尔根据自己的研究,确定人格包含16种根源特质。于是他把16种因素在某些情况下可能产生的表现编成16组,每组包括十几个问题的试卷。每个问题有三个答案,供被试者选用。然后根据被试者得分进行统计处理,找出被试者的人格特质。这就是卡特尔的《16种人格因素测验》(简称P·E)。

卡特尔的16种人格因素特质是:(A)乐群性,(B)聪慧性,(C)情绪稳定性,(E)好强性,(F)兴奋性,(G)有恒性,(H)敢为性,(I)敏感性,(L)怀疑性,(M)幻想性,(N)世故性,(O)忧虑性,(Q1)激进性,(Q2)独立性,(Q3)自律性,(Q4)紧张性。

3. 艾森克的理论

艾森克认为一个人是在多维空间生活着,他的人格也必然和空间维度有关。因此他认为人格可以从两方面描述:即一方面是外倾与内倾。外倾是指变化的一端,内倾是不变的另一端;另一方面的神经质,表现为情绪稳定的一端和情绪不稳定的一端。

图5-1是艾森克在大量相关的测验中,用统计方法得出的情绪稳定性—情绪不稳定性和内倾—外倾两方面变化的相互制约关系,并绘制出图解,从中可以找出人格特质来。例如,一个人在健谈性的特质上得分高,就可以认为在稳定性和外倾方面相关高,这属于稳定外倾性;一个人在被动性和有思想性方面得分高,就可以认定他在内倾方面和稳定性方面相关高,这是稳定内倾性的人。

特质论的最大影响是它采用了科学的分析方法来研究人格,这种方法对以后人格测验的发展有很大的贡献。但是,由于特质论缺乏对人格的整体观,因而不能对人格给予普遍性与原则性的解释。

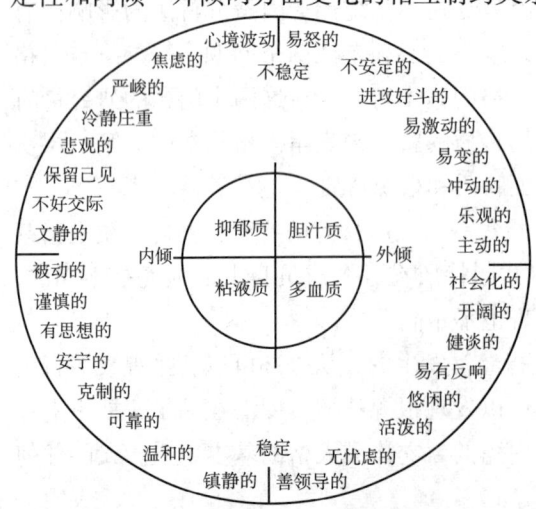

图5-1 从两维度来分的人格结构图示

（二）精神分析理论

在所有的人格理论中，内容最复杂而且影响最大的是弗洛伊德创立的精神分析理论（也称心理分析理论）。弗洛伊德的精神分析理论不仅对心理学本身产生了巨大的影响，甚至可以说，20世纪人类文化的每一个方面，几乎都受到精神分析理论的影响。正因为精神分析理论的影响太大，同时也由于该理论本身的局限性，引起了很多学者们的批评与研究，并形成了所谓新精神分析学派。所以后人把精神分析理论分为经典的（即弗洛伊德的）精神分析理论与新精神分析理论两种。这里我们主要介绍弗洛伊德的理论。

弗洛伊德的人格理论，主要可以分为两大主题：人格结构与人格发展。

1. 人格结构

在弗洛伊德看来，人格是一个整体，在这个整体之内包括彼此关联且相互作用的三个部分，分别称为本我、自我和超我。由于这三个部分的交互作用而产生的内驱力，支配了个人所有的行为。

（1）本我。**本我**是人格结构中最原始的部分，是遗传下来的本能。本我之内包含着一些生物性的或本能性的冲动（最原始的动机），其中又以性的冲动和破坏性冲动为主，这些动机就是推动个人行为的原始动力。弗洛伊德把这种原始动力称作"里比多"。外在的或内在的刺激都有可能促使里比多增加，而里比多增加时就会增加个人的紧张与不安。为了降低紧张，本我要求立即满足需求以发泄原始的冲动。所以本我是受"快乐原则"支配的，由本我支配的行为不但不受社会规范道德标准的约束，甚至由本我支配的一切都是潜意识的。弗洛伊德认为生物需要在人的一生中持续存在，是人格的一个永存的部分，在人一生的精神生活中，本我起了最重要的作用。

（2）自我。**自我**是个体在与环境的接触中由本我发展而来的人格部分。在本我阶段因为个体的原始性冲动需要获得满足，就必须与周围的现实世界相接触，从而形成自我适应现实环境的作用。例如，因为饥饿而使本我有原始性的求食冲动，但是哪里有食物以及如何取得食物等现实问题，必须靠自我与现实接触才能解决。因此，人格的自我部分是受"现实原则"所支配。自我介于本我与超我之间，它的主要功能：一是获得基本需要的满足以维持个体的生存；二是调节本我的原始需要以符合现实环境的条件；三是管制不为超我所接受的冲动；四是调节并解决本我与超我之间的冲突。由此可见，自我是人格结构中的主要部分。

（3）超我。**超我**是在人格结构中居于管制地位的最高部分，是由于个人在社会化的过程中将社会规范、道德标准、价值判断等内化之后形成的结果。平常所说的良心、良知、理性等，都是超我的功能。本我寻求快乐，自我考虑到现实环境的限制，超我则明察是非善恶。所以，超我是本我与自我的监督者，它的主要功能：一是管制社会所不接受的原始冲动；二是诱导自我使其能以合乎社会规范的目标代替较低的现实目标；三是使个人向理想努力达成完美的人格。

本我、自我、超我三者不是完全独立的，而是彼此交互作用而构成人格整体。一个正常的人，其人格中的三部分经常是彼此平衡而和谐的。本我的冲动应该有机会在合乎现实的条件下，并在社会规范许可的范围内，获得适当的满足。

2. 人格发展

精神分析理论关于人格发展有两个前提：第一，强调发展，认为成人的性格是由婴幼儿时期的各种经验塑造而成的；第二，性力是一生下来就有的，并随着个体心理的发展而发展。弗洛伊德认为，在儿童发展的不同时期，里比多（性欲本能的能量）投放集中于身体不同的特定部位。这些部位对维持生存起着重要的作用，而且也是快乐的来源。按照里比多投放的主要部位，人格的发展可以分为以下五个时期：

（1）口唇期。这是在婴儿生后第一年，里比多重要投放在口唇部位，口唇刺激（吸吮、吃手指、咬东西等）是愉快的来源，因为这样能减轻饥饿产生的紧张，并引起吸吮产生的快感。如果在这个时期内婴儿的口腔活动受到过分的限制，使口唇期本能发展顺利，就会影响以后的发展而产生"滞留现象"。若滞留现象出现在口唇期，长大后可能保留下一种"口唇性格"。按照弗洛伊德的说法，具有口唇性格的人，在人格上常偏向于悲观、依赖、退缩、猜忌、苛求，甚至对人仇视等性格。

（2）肛门期。儿童从一岁到三岁，是人格发展的肛门期。幼儿由于排泄粪便解除内急压力所得到的快感经验，因而对肛门的活动产生满足。这个阶段对儿童进行卫生训练很重要，训练的好坏可以影响儿童以后性格的发展。如果训练过分严格，儿童在情绪上受到威胁恐吓时，可能导致其将来性格冷酷无情、顽固、吝啬、暴躁，甚至生活秩序紊乱。按照弗洛伊德的解释，这种现象是由于肛门期不能顺利发展所产生的滞留作用影响而形成的。因此，弗洛伊德称之为"肛门性格"。

（3）性器期。儿童长到四五岁左右，开始产生恋母（男孩）或恋父（女孩）情结。这一时期的儿童在行为上有了性别之分，并且开始模仿父母中的同性别者，但却以父母中的异性作为爱恋的对象。与此同时，他们惧怕双亲中与自己同性的，"并努力使自己成为双亲中同性的那样，于是就产生自居作用"。这导致儿童采取父亲或母亲的行为和评价。这样，"超我"就发展起来。

（4）潜伏期。弗洛伊德认为，儿童到六岁以后，其兴趣不再限于自己的身体，而是注意周围环境中的事物。因此，从儿童性的发展看，六岁以后进入潜伏期。性潜伏期一直延续到十二岁左右，这段时间正是儿童的小学阶段。在这一时期，儿童由于生活范围的扩大和接受系统的知识，因而使他们人格中超我的部分得到发展。同时，儿童与异性间的交往比较少，团体活动时常常是男女分开。这种现象一直维持到青春期后才发生转变。

（5）青春期。儿童到了青春期以后，开始对异性产生兴趣，喜欢参加两性组成的活动，而且在心理上逐渐发展而有了与性别关联的职业计划、婚姻理想等。

从理论的观点看，弗洛伊德的精神分析理论是人格理论中内容最完善的。它不但解释了人格结构，而且也详述了人格的发展。尤其是他对潜意识历程的研究，不但扩大了人格心理学的研究范围，而且对整个心理学界产生了巨大的影响。不过，弗洛伊德的理论也有局限性。首先，他的理论大多是以心理失常者的行为为基础，因而未必能适用于解释一般人的行为。其次，资料多是根据个人的观察经验，缺乏实验性的量化研究。最后，他过分重视人类本能的性冲动对行为的支配作用，而忽视社会文化对行为发展的影响。也正是由于这最后一点，他不断地受到批评，甚至他的学生和继承者也表示反对，因而产生了"新精神分析理论"。

（三）学习理论

学习理论认为学习是人格形成的决定因素。学习主要有古典条件学习、操作条件学习和社会学习。目前社会学习的作用在人格形成上尤其受到重视。下面简单介绍斯金纳的操作条件学习理论和班杜拉的社会学习理论。

1. 操作条件学习理论

一般地说，操作条件学习的历程是这样的：个体在某一情境中出现一种自发性的反应或活动；由于他自发的活动带来了一种后果；后果可能是愉快的，也可能是痛苦的；后果的愉快或痛苦对个体的活动具有正的或负的增强作用；操作学习形成后，如果在一段时间内不予强化，就会出现衰退现象。

对于人格问题，斯金纳也乐于从学习角度进行研究。他认为，学习使人获得各种行为，因而人能在复杂环境中生存。在一定环境中，生活中的偶然事件有的给人带来满足，有的给人造成痛苦，人就是学会辨别在哪些刺激或情境下行为会得到强化，在哪些刺激或情境下，同样的行为不会得到强化。例如，有的孩子学会了在公共场合哭闹，因为在这种场合，母亲总会来安慰他，满足他的要求；相反，如果在家里，母亲或许根本不会理睬他。人的一生，首先学习简单技能，然后掌握和运用越来越复杂的行为。

斯金纳的人格理论主要侧重于行为矫正和儿童教育方面。比如在儿童教育中，斯金纳认为，不论在美国还是在其他国家，学校里的教师和行政管理人员倾向于用令人生厌的措施教育和管理学生。例如，几十年前，学生为逃避戒尺而完成指定的学习任务；今天，低年级学生为了不被教师批评或者免受同学的嘲笑而完成家庭作业。家庭作业是教师强制的，有时候被用作对调皮捣蛋行为的惩罚。在大学中，分数竞争也十分激烈，教师以传统的钟形曲线衡量学生的水平。因而一人高分意味着他人低分。

按斯金纳的观点，种种这类措施造成了大多数学生的痛苦，并且产生了许多不良的副作用，比如，逃学、退学、毁物甚至攻击老师等。那么，用什么方法取代旧的教育方式呢？斯金纳认为，最可取的方法是程序教学法。程序教学法是应用小步子渐进和及时强化原理，把复杂的问题通过一系列小的、容易懂的问题一步步地呈现给学生。斯金纳认为，程序教学法比传统教学法更有效。它能使许多教师从繁重的教学任务中解脱出来，而且，程序教学法实际上承认个体差异的重要性。传统教学法往往抹杀了这一点，从而成为教育无效的原因之一。

2. 社会学习理论

社会学习理论不同于其他一些理论。它既不把大量精力耗费在是内部因素还是外部因素在行为决定中起主要作用的无休止的论战上，也无心过问人类悲观论者和乐观论者给人们造成的担心和希望。按照社会学习理论，时时刻刻存在着的是有机体和环境的相互作用的过程，班杜拉称之为交互作用。社会学习理论也不同于斯金纳的学习理论。它认为学习在没有强化（奖赏）的情况下也可以发生，强化或奖赏只是促使这种已经习得的行为表现出来；而斯金纳则强调学习是强化的结果，这一点构成了社会学习理论与斯金纳学说的主要区别。具体说来，社会学习理论主要有以下几个观点：

（1）一个人在特定的情境中的行为取决于情境的特殊性，取决于个人对情境的评价和对别人的类似行为的观察。如果遇到的情境和自己的愿望相吻合，就会经常出现同样的行为。

（2）一个人当看到别人的行为受到奖赏或是遭到惩罚时，对自己的行为起着强化作用。一个人在他的成长过程中，有些行为是直接学来的，而有些行为是通过观察而产生的。人们常常从观察别人的行为及其后果而学会辨别行为的好坏，并知道在什么情况下发生的什么行为是适宜的，应该模仿；在什么情况下发生的什么行为是错误的，应该鄙弃。

（3）强调个人行为和别人的关系。例如，常和别人争吵的人容易受到别人的轻视，而这种轻视是自己的行为所引起的。一个讲礼貌的人使人感到舒服，同时别人也会以礼相待。

总之，社会学习理论的核心认为环境的变动引起人的特殊行为，这对心理诊断有很大贡献，它引导人们认识人类的行为是对特殊环境的反应作用。环境影响人的行为，而人又可以通过改变环境来改变自己的行为。

（四）自我理论

自我理论是20世纪50年代以来发展起来的一种人格理论。这里的"自我"，是指个体对自己心理现象的全部经验，它是描述性的，而不是像精神分析学说那样是动力的和解释性的。自我理论的主要代表人物有罗杰斯和马斯洛。这里简单介绍一下马斯洛的观点。

马斯洛认为，心理学不应该只偏重研究挫折、冲突、焦虑、仇视等属于异常者的行为，更应该对正常人的欢愉、鼓舞、爱情、幸福等健康生活上的问题加以研究。马斯洛对人类行为持乐观的看法，他认为人类不像动物那样行为方式主要靠本能的支配，人类的行为受环境及社会文化影响而有很大的可变性。

马斯洛的人格理论，主要讨论两方面的问题，一方面讨论人类动机的发展，另一方面讨论自我实现者的人格特征。马斯洛把动机称为需要，又按需要的性质和彼此间的关系，排列为五个层次，其中自我实现的需要是最高层次的需要。

总之，强调以人为本的自我理论，将人格心理学的研究带入了一个新的境界。自我理论改造了特质论者的支离与精神分析论者的病态观的缺点，它重视整个的人、健康的人，使人格心理学的研究范围扩大，研究的目标更高。

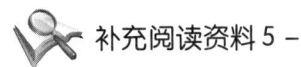

补充阅读资料 5-1

自我实现者的人格特征

(1) 了解并认识现实，持有较为实际的人生观。
(2) 悦纳自己、别人以及周围的世界。
(3) 在情绪与思想表达上较为自然。
(4) 有较广的视野，就事论事，较少考虑个人利害。
(5) 能享受自己的私人生活。
(6) 有独立自主的性格。
(7) 对平凡事物不觉厌烦，对日常生活永感新鲜。
(8) 在生命中曾有过引起心灵震动的高峰体验。
(9) 爱人类并认同自己为其一员。
(10) 有至深的知交，有亲密的家人。
(11) 有民主风范，尊重别人的意见。
(12) 有伦理观念，能区别手段和目的；决不为达到目的而不择手段。
(13) 有哲学气质，具幽默感。
(14) 有创见，不墨守成规。
(15) 对世俗，和而不同。
(16) 对生活环境有时时改进的意愿与能力。

第 2 节　旅游者的人格特征与旅游行为

旅游者的人格特征与旅游者的行为之间的关系既十分复杂又紧密相关。通过对旅游者的人格类型和人格结构的分析，有助于旅游工作者更好地预测和引导旅游者的行为。

补充阅读资料 5-2

团队中不同国籍旅游者性格差异

大型旅游船、火车上都会有不同国籍者同飞共乘，因此应了解东西方人的性格和思维方式。

东方人含蓄内向，善于控制感情，往往委婉表达意愿，思维方式一般从抽象到具体，从大到小，从远到近。

西方人开放，爱自由，易激动，感情外露，喜欢直截了当地表明意愿并希望得到肯定的答复。他们的思维方式一般由小到大，由近及远，由具体到抽象。

其实这仅是一般情况，正像中国人，不同地区、不同民族的性格、思维方式也有很大差异，社会阶层、职业、性别、年龄不同，心理特征、生活情趣也各不相同。同样西方人也一样，英国人矜持、幽默，绅士派头十足；美国人开朗大方，爱交朋友但随随便便；法国人喜自由，易激动，爱享受生活；德国人踏实勤奋，不尚虚文；意大利人热情，无拘无束，热爱生活。

一、人格类型与旅游行为

关于人格类型的划分有两种方式，一种是基于纯心理学理论研究的成果，例如，内倾或外倾，男性气质或女性气质，内控型或外控型，自尊或自卑等。另一种是出于应用的需要而划分出的人格类型，例如经济学家从消费行为特点的角度把人划分为多虑型、文静型、不拘礼节型、性情急躁型、友好型等。

（一）心理学研究中划分的几种人格类型

从心理学的角度，有以下几种人格类型：

1. 内倾、外倾

最早在心理学领域内规范化地使用内倾和外倾这一概念的是心理学家荣格。他认为人在与周围世界发生联系时，人的心灵一般有两种指向，一种是指向个体内在世界，叫内倾；另一种是指向外部环境，叫外倾。具有内倾性格特点的人一般比较沉静、富于想象、爱思考、退缩、害羞、敏感、防御性强；而外倾者则爱交际、好外出、坦率、随和、轻信、易于适应环境。内倾和外倾实际上是个连续体，而不是各自独立的两个极端。大多数人处于内倾和外倾这一连续体中的某一位置上，绝对内倾或外倾的人并不多见。

从旅游工作的特点看，在选择不同工作岗位员工时就要有所区分。例如，导游员、餐厅服务员、从事公关或营销以及大堂的一些工作人员，就应该是具有外倾性格特点的人。而客房服务员、物品保管员、收银员等就应该选择那些有内倾特点的人。

2. 男性气质、女性气质

所谓男性气质是指有进取心的、喜欢专断和控制人的，而且独立性较强；而女性气质指的是温和的、能容忍的、细腻的，有依赖性的。一般而言，男人更多地具有男性气质，女人更多地具有女性气质。但这并不是绝对的。有的男人具有女性气质，如较温和，能容忍，同样，有的女人具有男性气质，有进取心，爱控制人。

依据酒店工作的特点，服务人员更多地选择女性，这主要是基于女性有更多的女性气质，而这种特点是适合于服务工作的。需要注意的是，有些女性也具有男性气质。所以仅仅依靠性别这一生物特性来选择服务员是不够的，还要考察其心理气质。

3. 内控型、外控型

内控型的人，是那种坚定地认为自己是自己命运的主宰，只有自己才能控制自己的命运。这种人独立性强，不容易受外界影响而改变自己的行为。这种人如果碰到了好事，则认为是自己努力的结果。如果遇到倒霉事，也只怪自己，认为是自己造成的。因而这种人从不怨天尤人。外控型的人则相反。他认为一切事情都是命运主宰的，自己只是处于被动地位。因此，无论成功或失败，他们总认为是外力的结果。比如，面对一次升迁机会，如果没能如愿，内控型的人会认为自己还不合格，可能是自己工作干得还不太出色或资历不够；而外控型的人则可能会骂领导，认为是领导不公正。

从文化心理上看，我国人外控型居多。例如，我们说到成功时，最常提到的是外部条件，即天时、地利、人和之类，而对自己在成功中所扮演的角色很少提及。而一个合格的旅游工作者应该是内控型的人，工作中有自信心，有主动性，使客我交往能顺利进行。在遇到问题时，能从自身找原因，不相互推诿、抱怨，不指责客人，这样才能搞好服务工作。

4. 自卑、自尊

把人分为自卑、自尊两大类型也是一种心理学的基本观点。所谓自卑，就是认为自己软弱、无能，对自己评价较低；自尊则是自视较高，认为自己了不起，对自己估计过高。

一般情况下人们有时会有自卑感，这并不表明这个人有问题或不正常，相反它会构成一种追求卓越的力量，促使人做出更大的努力，最终获得成功并因此而产生优越感。但是如果过于自卑的话，就可能摧垮一个人，整日唉声叹气，最终一事无成。

有时人们为了掩饰自卑心理以求得心理平衡，会显出很高傲的样子，表现出强烈的自尊。但这种高傲假象很容易被识破。因为这种高自尊的人比较敏感、脆弱，而且攻击性较强，一有机会就会贬低别人以抬高自己。这种人通常不会有所作为，只是小心翼翼地把自己笼罩在高傲的幻象中，欺骗自己以求自安。

恰当的自尊是必要的，它是维护个人心理的统整性、保持心理健康的重要前提。但一个人优越感过强、自视太高就可能变成一个专横跋扈、自吹自擂、傲慢无礼、爱贬低别人的人。

旅游服务工作者有一定的自尊感是必要的，保持自尊是维持与他人正常和谐交往的前提，也是做好服务工作的心理条件。自卑心强，会表现得敏感、攻击性强，容易与客人发生冲突；而自尊心太强则很难"低下头来"为客人服务，难以履行自己的角色职责。所以，旅游服务工作者既不能过分自卑，也不能优越感太强。

5. 五维度模型

通过因素分析法得出五项人格因素是最基础的维度，它们是：

（1）外倾性：是否善于社交、言谈、决断、自信。

（2）宜人性：是否随和、合作、信任。

（3）责任心：责任感、可靠性、持久性和成就倾向。

（4）情绪稳定性：平和、热情、安全或者紧张、焦虑、失望和缺乏安全感。

(5) 开放性：一个人幻想、聪慧和艺术的敏感性方面的人格维度。

五维度模型是当前被广泛接受的一个人格理论，尤其在管理领域，这个理论具有很好的适用性。

（二）旅游者的人格类型分析

人格类型的划分，可以从不同的角度来进行。为了更好地理解旅游者的人格和旅游行为的关系，我们在这里从多个侧面来进行分析。

1. 根据旅游者在生活中的表现来划分

根据旅游者在生活中的表现或与他人之间的关系，可以划分为以下几种类型：

(1) 神经质的旅游者。神经质一词更多地用在变态心理学中，指的是具有敏感、易变等不完善人格的人。神经质的旅游者的特点：厌倦的、脾气乖戾的；急躁的、大惊小怪的；兴奋的、易激动的；无礼的、事必挑剔的；敏感的、难以预测的。这类客人最难服务，对服务人员是最大的挑战。通常情况下这类客人比例较小，但随着社会的发展，生活节奏日益加快，外在压力的增大，人们体验到的失败感越来越多，导致神经质的旅游者有增加的趋势。从旅游业的角度来说，没有选择客人的权利，只能给客人以舒适、抚慰、尊严。

(2) 依赖性的旅游者。具有依赖性的旅游者的特点是：羞怯的、易受感动的、拿不定主意的。这类客人包括人格不健全的幼稚性人格者、初次出门的旅游者、年老和年幼难以自理者以及不熟悉情况的外国客人。这类客人需要更多的关注和同情，他们需要详细掌握旅游业所提供的服务项目、收费情况等。对这类客人如果不能给予充分关注，他们便难以充分享受和消费旅游业所能提供的各种产品，从旅游业角度看也就失去了商机。

(3) 使人难堪的旅游者。使人难堪的旅游者的特点是：爱批评的、漠不关心的、沉默寡言的。这类客人的心中好像有许多不平事，属于原则对外的那类人。他们只是对别人提要求，而很少理解和关心别人。他们也从不由己推人，进行心理换位。因此，对这类客人要谨慎、周到、注意细节，在服务过程中要给予更多的关注。

(4) 正常的旅游者。除了以上三种类型的旅游者以外，绝大多数的旅游者是属于有礼貌、有理智的正常的客人。对于这些正常的旅游者，服务人员可以充分发挥自己的聪明才智，把各种服务充分有效地提供给他们。

2. 根据旅游者的性格倾向来划分

与内倾、外倾的分类方法相近的一种分类方法，是把人们分为心理中心的人和他人中心的人两大类。心理中心的人计较小事，考虑自己，一般忧心忡忡，心情有些压抑，不爱冒险。他人中心的人喜欢冒险、自信、好奇、外向、急于与外界接触、喜欢在生活中作新的尝试。

在一项专为调查旅游目的地受人们欢迎的程度为什么出现大幅度摆动而设计的研究

中，人们分析心理中心的人和他人中心的人在旅游行为的许多重要方面存在着明显的差别。见表5-2。

表5-2 各种心理描述类型的旅游特点

心理中心人格	他人中心人格
选择熟悉的旅游目的地	选择非旅游地区
喜欢旅游目的地的一般活动	喜欢在别人来到该地区前享受新鲜经验和发现的喜悦
选择晒日光浴和游乐场所，包括相当程度无拘无束的休息	喜欢新奇的、不寻常的旅游场所
活动量小	活动量大
喜欢能驱车前往的旅游点	喜欢坐飞机去目的地
喜欢正规的旅游设备，例如设备齐全的旅馆、家庭式的饭店以及旅游商店	旅游设备只要包括一般或较好的旅馆和伙食，不一定要现代化的大型旅馆，不喜欢专吸引旅游者的商店
喜欢家庭的气氛，熟悉的娱乐活动，不喜欢外国的气氛	愿意会见和接触具有他们所不熟悉的文化或外国文化的居民
要准备好齐全的旅行行装，全部日程都要事先安排妥当	旅游的安排只包括最基本的项目（交通工具和旅馆），留有较大的余地和灵活性

从表5-2中可以看到，心理中心的人显然要求他的生活具有可测性，他最强烈的旅游动机是休息和松弛一下。而他人中心的人则希望生活中有一些估计不到的东西。他一般去那些比较偏远的、不太为人所知的地方去旅游。他办事灵活，如能去一些没有听说过的地方，体验一些新的经历，避免千篇一律，他会感到十分满意。

3. 根据生活方式划分

生活方式是指社会生活的形式，它作为一种综合性的人格特征，与人的日常生活中的各种行为关系密切。根据生活方式划分，旅游者的类型有以下几种：

（1）喜欢安静生活的旅游者。这类旅游者重视家庭，关心孩子，维护传统，爱好整洁，而且对身体健康异常注意。尽管他们也有足够的钱用来旅游，但他们更愿意将较多的钱用来购置家具，花更多的时间维修和粉刷房屋等。当然，他们对于一次幽静的度假也会十分欣赏。一般情况下，他们选择的旅游目的地大多是环境宜人的湖滨、海岛、山庄等旅游区。他们喜欢这里清新的空气、明媚的阳光，喜欢去狩猎、钓鱼、与家人野餐。这种人喜欢平静的生活，不愿意冒任何风险，而且对广告从来都抱怀疑态度——尤其是报纸和杂志上面的广告。了解了这类旅游者的特点以后，我们就可以知道哪些产品和哪些产品宣传方式符合这一类人的需要、价值观、爱好和态度。因此，在激发这一部分人的旅游动机、引导他们的旅游行为时，就应该着重强调该旅游目的地能够提供全家在一起度假的机会，这里有助于培养孩子们对户外活动的兴趣，比如告诉他们这里的空气有多么清新，环境是多么清洁，等等。

（2）喜欢交际的旅游者。这类旅游者活跃、外向、自信、易于接受新鲜事物，他们喜欢参加各种社会活动，认为旅游的含义不能局限于休息和轻松，而应该把它看成是结交新朋友、联络老朋友、扩大交往范围的良好时机。他们还喜欢到遥远的有异国情调的旅游目的地去旅游。总之，他们是敢作敢为的，活跃的，对新经历充满兴趣的。

（3）对历史感兴趣的旅游者。对历史感兴趣的旅游者认为旅游应该有教育意义，能够增长见识，而娱乐只是一个次要的动机。他们认为旅游是了解他人、了解他们的习俗和文化的良机，是丰富自己对形成今天这个世界产生过影响的历史人物和事件的了解的良机。

对历史感兴趣的旅游者之所以对受教育和增长见识如此重视，这是因为他们把自己的家庭和孩子看成是生活中最重要的部分，认为帮助教育孩子是做家长的主要责任。因此他们认为假期应该是为孩子安排的，并且认为全家能在一起度假的家庭是幸福的家庭。因此，要想吸引这一类人去旅游，在旅游景点的宣传上就要突出其所能提供的受教育、长知识的机会，并强调全家可以在一起度假。

4. 根据旅游者的其他因素对旅游者的划分

斯太瓦特（Sitewart，1993）对英国度假旅游者需求和愿望的变化进行了研究，提出了一个度假行为模型。该模型建立在实际观察的基础之上，比如人们越富裕就越愿意外出旅游，这样旅游的经验就越丰富；旅游经历越丰富，他们就越想去旅游；而且随着他们的富裕程度和旅游经验的不断提高，他们会更具冒险精神、更加自信。

根据人们的富裕程度和旅游经验将个体旅游者的度假分为四个层面，在每个层面中，不同的旅游目的地所受欢迎程度有所不同，而潜在的旅游动机和对旅游产品的需求也有不同。

（1）第一层面——纯观光型旅游者。这是最初级层次的旅游者，其特征是富裕程度较低，缺乏旅游经验。他们旅游主要是出于好奇，传统的包价旅游是理想的选择。斯太瓦特借用厄里提出的"透明罩旅游"概念，即旅游者可以一睹外国文化却不必深入其中。"透明罩"使游客免遭来自异国环境的不同生活方式的干扰，并给予他们旅游的基本信心。

（2）第二层面——追求理想经历的旅游者。这个层面的旅游者富裕程度稍高，并且具备了跨国旅游的基本经验。这使他们更自信，表现得更加冒险、更加灵活和具有更多自主性。倾向于文化和地域差异更为明显的度假地。

（3）第三层面——开阔眼界的旅游者。旅游者的富裕程度和跨国旅游经验都有较大提高。他们有信心去尝试更大范围文化的体验，无论对环境熟悉与否。他们对独立和自由的渴求表现为更加以自我为导向的、范围更大的旅行。

（4）第四层面——完全沉浸的旅游者。最后，旅游者几乎达到超越旅游的层次。他们的旅游动机不是感受地道的外国文化，而是创造出犹如该国本地人的文化体验，完全融入该国的语言、文化、传统和生活方式中。

二、旅游者的人格结构

1964 年,加拿大临床心理医生埃里克·伯恩博士在其专著《人们玩的游戏》中,提出了一种新的人格结构理论。该理论把人格分成三个部分,或者说人格是由三种自我状态构成的,它们分别是"父母自我状态"、"成人自我状态"和"儿童自我状态"。

(一)人格结构

埃里克·伯恩博士的这三种自我状态大体上和本章人格理论部分提到的弗洛伊德的"超我"、"自我"和"本我"相对应。每种状态都是思维、感情和行为的单独来源。在任何情况下,人的行为都受到这三种人格状态或其中之一的支配。

1. 儿童自我状态

一个人最初形成的自我状态就是儿童自我状态。儿童自我状态由自然的情感、思维和行为构成。一个人按他的儿童自我状态行动时,他或者想怎么干就怎么干,这叫作自然儿童自我状态;或者按他小时候所受的训练来行动,称为顺应儿童自我状态。

儿童自我状态是一个人的人格中感受挫折、不适当、无依无靠、欢乐等情感的那一部分。此外,儿童自我状态也是好奇心、创造性、想象力、自发性、冲动性和新发现引起的激动等的源泉。儿童自我状态控制人们完全不受压抑的、表面可笑的行为和天真烂漫的行为以及自然的言行。

儿童自我状态是人格中主管情感和情绪的部分。人们的欲求、需要和欲望大部分也由儿童自我状态掌管。每当一个人感到自己需要什么东西时,他的儿童自我状态就表达了他的愿望。比如:"我还想吃一块糖!"或者"我还没玩够!"可见,儿童自我状态表现出来的多是原始的、具有动机或动力性的东西。如果一个人的儿童自我状态疲弱,那么他就是一个缺乏活力的、刻板的人。

2. 成人自我状态

成人自我状态是人格中支配理性思维和信息的客观处理的部分。成人自我状态掌管理性的、非感情用事的、较客观的行为。当一个人的成人自我状态起主导作用时,他待人接物比较冷静,处事谨慎,尊重别人。这种状态支配下的人,说话办事逻辑性强,喜欢探究为什么、怎么样等。

3. 父母自我状态

父母自我状态是人们通过模仿自己的父母或其他在其心目中具有父母一样的权威人物而获得的态度和行为方式。父母自我状态提供一个人有关观点、是非、怎么办等方面的信息。

父母自我状态以权威和优越感为标志,是一个"照章办事"的行为决策者,通常以居高临下的方式表现出来。父母自我状态具有两面性:一方面是慈母式的如同情、安慰,另一方面是严父式的如批评、命令。父母自我状态告诉人们应该怎么样,也帮助人们分清功过是非。

关于父母自我状态、成人自我状态和儿童自我状态的语言表现、语调和相应的身体动作，见表5-3。

表5-3 儿童、成人及父母自我状态的表现

	语言表现	语调	非语言表现
儿童自我状态	孩子的口吻：我想要，我要，我不知道，我不管，我猜，当我长大时，好得多，好极了	激动 热情 高而尖的嗓门 尖声嚷嚷 欢乐 愤怒 悲哀 恐惧	喜悦 笑声 咯咯笑 可爱的表情 眼泪 颤抖的嘴唇 撅嘴 发脾气 眼珠滴溜溜地转 垂头丧气的眼神 逗趣 咬指甲 扭身子撒娇
成人自我状态	为什么，什么，哪里，什么时候，谁，有多少，怎么样，有可能，我认为，依我看，我明白了，我看	几乎像计算机那样 不假思索	直截了当的表情 舒适自如 不很热情 不激动 漠然
父母自我状态	按理，应该，决不，永远 不要，别，不，让我告诉你应该怎样做 评论的语言：真蠢，真讨厌，真可笑 别再这样做了！你又想干什么！我跟你说了多少遍了？请你千万记住，好孩子，好宝贝，真可怜	高声＝批评 低声＝抚慰	皱眉头，指手画脚，摇头， 惊愕的表情，跺脚，双手叉腰， 搓手，叹气，拍拍别人的头，死板

在一个心理健康的人身上，这三种自我状态处在协调、平衡的关系中，三者都在发挥作用。在不同的情境中，有时是他的儿童自我状态起主导作用，有时是他的成人自我状态起主导作用，而有时是他的父母自我状态在支配着他的行为。哪种自我状态起主导作用，要视当时的具体情况而定。

如果一个人的行为长期由某一种自我状态支配，那么他的人格就出现问题了，也就是说他是个心理不健康者。一个主要由父母自我状态支配自己行动的人，即常定父母自我状态的人，往往把周围的人都当成孩子看待。常定成人自我状态的人通常被称为是惹人生厌的人，他跟周围的人可能相处得很僵甚至格格不入，因为他人格中关心他人的父母自我状态和天真活泼的儿童自我状态的侧面都被抑制了，未能发挥作用。常定儿童自我状态的人一辈子都像个孩子，永远也不想长大。这种人从不独立思考，

从不做出自己的决定，从不对自己的行为承担责任。

人格的三种自我状态必须相互平衡、协调，当它们共同有机地负担起支配行为的职责时，这个人才是正常的、健康的。当然，在日常生活中有的人虽然以某一种自我状态占优势，但他也是正常的，比如我们常见有的人较富理性，有的人更具责任感，而有的人更浪漫些。

（二）人格结构与旅游行为

人格结构理论把人格分成了三个独立的部分，每个部分都分别支配着不同类型的行为，这为我们分析旅游者的消费行为和旅游服务行为提供了非常有价值的角度。

人们是否要去旅游，到什么地方旅游，乘坐什么样的交通工具，游览什么样的旅游景点，人格的每一种自我状态都会提出自己的看法。一般地说，人们的旅游动机主要存在于儿童自我状态中，也就是说，儿童自我状态最容易被诱惑被激发。所以，在旅游促销活动中，首先要激发旅游者的消费欲望，激发起他们的快乐情感，使其处于"跃跃欲试"的状态。然后对旅游者进行理性说服，让其成人自我状态得出"可以"、"还合适"、"做得到"的结论。最后，要提出一个高尚的或有意义的理由，以满足父母自我状态的一些原则性要求，比如"这样做合乎身份、有利于工作"或打动父母自我状态的关心、爱护的一面。只有全面满足了自我状态的三方面要求，才能最终使旅游者采取消费行动。总之，在旅游促销过程中，要做到"打动"、"意义化"、"合理化"。

在旅游服务过程中，人格结构理论同样具有启发性。在服务过程中必须对旅游者的三方面要求予以满足，这样他们才会感到旅游消费行为是成功的，经历是美好的。如果旅游者是处于父母自我状态，颐指气使，盛气凌人，作为旅游服务人员不能对以父母自我状态，要避免冲突，最好先以儿童自我状态接受下来，避其锋芒，同时使客人的自尊心得到一定程度的满足，然后再设法调动客人的成人自我状态让其讲理。如果旅游者处于儿童自我状态，表现出刁蛮无理或发泄情绪时，服务人员就要对以父母自我状态中慈爱的一面，展现出宽容、忍让、先予以缓冲、消气，然后再唤起其成人自我状态，进行平等、理性的交往。

 本章小结

人格在心理学中是一个非常重要的研究范畴，这方面的成果也很多。人格理论主要有：特质理论，代表人物有阿尔波特、卡特尔和艾森克等；精神分析理论，包括精神分析理论的创始人弗洛伊德的理论和新精神分析理论；学习理论，包括斯金纳的操作条件学习理论和社会学习理论；自我理论，代表人物有罗杰斯和马斯洛。在旅游者的人格特征与旅游行为部分，主要介绍了旅游者的人格类型与旅游行为之间的关系，以及加拿大临床心理医生埃里克·伯恩提出的人格状态理论在旅游领域的运用。

思考与练习

1. 根据旅游方式可以把旅游者划分为哪些类型？每一类型的旅游者的人格特点是什么？
2. 简述斯太瓦特对旅游者的划分。
3. 根据人格状态理论，你应该向某人的父母自我状态、成人自我状态和儿童自我状态分别传递哪些信息呢？

 案例分析

人格与行为

A先生出国旅游，由于离开了自己的生活环境，外在的限制和制约性下降，鬼使神差他去了目的国的红灯区。但最后他还是控制住了自己，没有做出放纵行为。

问题：试用人格理论对他的行为加以分析。

 开放式思考

1. 以本章引例为例，讨论遗传、环境、成熟和学习这四个因素在人格形成过程中是怎样发挥作用的？
2. 根据自己的旅游经历，探讨旅游者成熟度对旅游体验的影响。
3. 根据弗洛伊德人格理论，尝试解释中国人的国民性。

第6章 旅游者的情绪情感与体验

【学习目标】

通过本章的学习,你应该达到以下目标:了解情绪情感的内容和特点;认识情绪情感的作用以及有关情绪情感的理论。了解旅游者情绪情感的特征,并掌握情绪情感对旅游者行为的影响。重点掌握旅游者体验研究内容,掌握旅游体验概念,重点掌握积极情绪体验相关研究成果,理解旅游仪式感。

【内容结构】

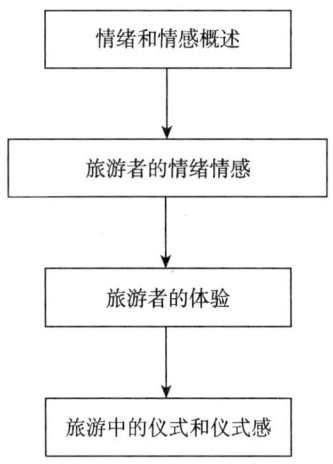

【重要概念】

情绪情感　积极情绪体验　旅游体验　主观幸福感　仪式感

第6章 旅游者的情绪情感与体验

> **引 例**

如何应对带情绪的旅游者

冷静对待争辩激动型的游客

一般来说,属于争辩激动型的游客,大多数是由于生理或心理上的原因所造成的。他们为人处世好胜心强,无论什么问题和事情他们都要提出异议和反驳,并且非要争个高低,不达目的誓不罢休。因此,导游员对待此类游客要有充分的准备,防止与游客搞得太"僵"。

对待争辩激动型的游客的基本态度是:不要被他卷入毫无意义的争辩之中去。有时可以表示对某种观点和意见的赞同,同时努力使原争辩话题进行转移,当然也不要使对方难堪和下了台。其次,在与此类游客打交道的过程中,要注意保持头脑冷静,不要伤害他,始终保持一定的交往距离。游客与你争辩或引起激动时,要克制自己不能冲动,而且要有微笑,等到游客停下来以后,再慢慢地进行诱导。导游员应该明白,游客毕竟是你服务的对象。哪有服务员把自己服务对象搞得很尴尬的道理呢?

如何对待猜疑型游客

猜疑型游客的最大特点是遇事生疑。他们不仅对导游员以及其他游客都存在猜疑的感觉,而且对旅游团队所发生的事情与问题也持怀疑态度,这类游客猜疑的本性主要是由于个人的性格和本质所决定的。

导游员在与游客打交道的过程中,要尽快熟悉和了解游客的性格脾气,并确实做到心中有数。一般来说,猜疑型的游客其表现与其他游客的表现有所不同,导游员不仅可从"察言观色"上获得某种信息,而且也可从言行举止上得到证实。所以,对待猜疑型的游客,导游员在与他们打交道时,尽量避免使用模棱两可的语言,不仅要表现出事事有信心,处处有把握的姿态,而且说话要有根据,是黑是白干脆清楚。

第1节 情绪和情感概述

情绪和情感是人类行为中最复杂的一面,也是人类生活中最重要的一面。试想,若是一个人没有情绪生活,这个丰富多彩的世界,对他将毫无意味,无所谓悲伤忧愁,无所谓幸福快乐,不需要友谊的慰藉,也体验不到爱情的温馨。一般平常人的生活中,随时随地都有喜怒哀乐等情绪的起伏与变化。

一、情绪和情感的概念

(一) 情绪和情感定义

所谓**情绪和情感**,是人对客观世界的一种特殊的反映形式,是人对客观事物是否符合自己需要的态度（存在中性情绪）的体验。

对上述定义，可以从三个方面来分析：

第一，情绪和情感也是人对客观现实的一种反映形式。客观现实中的对象和现象与人们之间的关系是情绪与情感的源泉。因为人同各种事物的关系不完全一样，人对这些事物所抱的态度也不一样，所以人对这些事物的情绪情感的体验也就不同。

第二，人所以对自己的对客观现实是否符合需要的态度能有所体验，是因为人在与客观事物接触的过程中，客观现实与人的需要之间形成了不同的关系。例如，有些对象和现象，如清新的空气、悦耳的歌声、高尚的品德等，一般都符合于人的需要，就使人产生趋向于这些事物的态度，从而产生满意、愉快、喜爱、赞叹等情绪和情感的体验。另一些对象和现象，如卑鄙自私、庸俗虚伪、凶恶狠毒等，不符合、不满足于人的需要，就使人产生背向于这些事物的态度，从而产生不满意、烦恼、忧虑、厌恶等情绪和情感的体验。

第三，在现实生活中，并不是所有事物都可以产生情绪和情感。例如，我们每天要接触到很多事物，固然有很多事物引起我们的爱好或厌恶的情绪和情感，也确实有不少事物是无所谓的，对我们来说，是既不讨厌也不喜欢的。这里必须指出的是和我们的需要具有这样或那样关系的事物，才能引起我们的情绪和情感。

事实上，心理学对情绪情感概念的理解并没有广泛的共识，但这并不妨碍进一步深入的研究。这种现象在心理学领域是常见的。

（二）情绪的构成

心理学家弗里伊达（Friyida，1999）提出，情绪由五个相互关联的成分组成：

（1）感染，对欢乐或痛苦的体验。

（2）评价，对客体进行积极或消极的价值认定。

（3）行为准备，对环境做出相应反应的预备。

（4）自动唤醒，相当于对行为的激励。

（5）认知性行为发生改变。

弗里伊达的观点对有明显价值倾向的情绪是有意义的，但人类还有许多无任何价值倾向的情绪，如兴趣、放松、平静等中性情绪的产生不需要经过评价这个环节。

二、情绪和情感的区别和联系

情绪和情感是十分复杂的心理现象，它们是从不同角度来揭示人的心理体验的概念。由于人的心理体验的复杂性，对情绪和情感做出严格区分是困难的，只能从不同的侧面对它们加以说明。

（一）引起情绪和情感的需要的性质不同

情绪通常是指那种由机体的天然需要是否得到满足而产生的心理体验。天然性需要得到满足，就产生积极的、肯定的情绪，否则，就产生消极的否定的情绪。

情感则与人在历史发展中所产生的社会需要相联系，情感的基础是和人与人之间的关系（即社会关系）相联系的需要。如对社会的贡献、道德的需要、尊重的需要等。由满足这些需要而产生的责任感、荣誉感、道德感、集体感等心理体验，就是情感。这些需要和情感都是人们在社会生活条件下形成的，它具有社会历史性，情感是人类所特有的。

（二）情绪和情感在稳定性上的差别

情绪带有很大的情景性、激动性和短暂性，一般是由于当时特定的条件所引起的，它常常在活动中表现出来。一定的情景出现便引起一定的情绪，情景过去了，情绪也就消失了。

情感则既具有情景性又具有稳定性和长期性。人与人之间在共同活动中产生的友好情感，不会因为活动的结束而消失，还会长期存在并可能得到发展。所以，情感是长期的、稳定的。

情绪情感的区别是相对的，有时人的情感也可能以强烈、鲜明的体验表现出与人的自然需要相联系的情绪。而情绪长期积累，就会转化为情感。在日常生活中，情绪和情感并没有严格的区别，情绪通常都是作为一般情感的同义语来运用的。

三、情绪、情感的两极性

人的情绪、情感是多种多样的，把情绪情感的表现形式分为最基本的两类，即所谓情绪情感的两极性。其表现形式有以下几个方面：

（一）肯定性和否定性的两极对立

例如，满意和不满意，快乐和悲哀，敬慕和蔑视，热爱和憎恨，兴奋和烦闷，轻快和沉重，等等。当然，构成肯定或否定这一种两极的情绪情感不是绝对互相排斥的，对立的两极性在一定条件下可以互相转化。如"乐极生悲"、"苦尽甘来"。

（二）积极（增力的）和消极（减力的）的对立

积极的情绪如愉快、热情等能够增强人的活动能力，促使人去积极地行动。消极的情绪如烦恼、不满等能降低人的活动能力。在有些情况下，同一情绪可以既有积极的性质又有消极的性质，例如，在危险情境下产生的恐惧情绪，既会抑制人的行动，减弱人的精力，又可以驱使人动员自己的能量同危险情境做斗争。

（三）紧张和轻松的对立

紧张和轻松一般与人所处的情境、面对的任务、对个人需要的影响等相联系。当人所处的情境直接影响到个人重大需要的满足，以及面临重大任务需要完成时，人们的情绪就会紧张起来。相反，则比较轻松。一般来说，紧张的情绪与人的活动的积极状态相联系，人们进行的任何活动，都需要激发起一定紧张度的情绪。否则，情绪处在很低的水平而松松垮垮，甚至处在半睡状态，是无法适应任务和活动的要求的。但过度的紧张情绪也会引起抑制，造成心理活动的干扰和行为的失调。

（四）激动和平静的对立

激动的情绪表现为强烈的、短暂的然而是爆发式的心理体验，如激愤、狂喜、绝望。激情的产生，往往与人们在生活中占重要地位、起重要作用的事情的出现有关，而且这些事件违反原来的意愿并以出乎意料的形式出现。与激动的情绪相对立的是平静的情绪。人们在大多数情况下是处在平静的状态之中的，在这种状态下，人们能从事持久的智力活动。

（五）强与弱的两极性

许多类别的情绪都有由强到弱的等级变化。如从微弱的不安到强烈的激动，从愉快到狂喜，从担心到恐惧等。情绪的强度越大，人自身被情绪卷入的程度越大。情绪的强度决定于事件和活动对人的意义的大小，以及人的既定目的和动机是否能够实现。

上述每一对对立的情绪之间，都存在强度不同的中间情绪状态，如非常满意与非常不满意之间有很满意、满意、不满意、很不满意。

情绪情感的两极性是相辅相成的，没有满意，就无所谓不满意；没有快乐，就无所谓悲伤；没有紧张，就无所谓轻松；没有爱，就无所谓恨。所有情绪情感的两极性是相互联系的，同时也可以在一定条件下相互转化。

四、情绪、情感的分类

情绪和情感是作为对事物的一种反映形式存在的，由于世界上事物的绚丽多彩，构成了人与客观事物之间关系的丰富多样性，使情绪、情感产生了极为丰富和复杂的内容。目前，人类已经命名了二百多种不同的情绪。为了便于理解和把握，根据情绪和情感的性质、状态及包含的社会内容，可以作出如下四种分类。

（一）根据性质分类

1. 快乐

快乐是一种在追求并达到所盼望的目的时所产生的情绪体验。比如，人们在旅游中一路顺利，而且欣赏到优美的自然风光，参加富有情趣的活动，就会产生愉快和快乐的情绪体验。快乐的程度取决于愿望的满足程度和满足的意外程度。快乐的情绪从微弱的满意到狂喜，分成一系列程度不同的级别。

2. 愤怒

愤怒是由于妨碍目的达成而造成紧张积累所产生的情绪体验。比如，人们外出旅游时交通工具出故障，或者飞机不按时起飞、火车不正点到站等，都能引起人们的不满情绪。如果旅游工作者不能及时地化解这种不满情绪，或者对游客的询问置之不理甚至不屑一顾，就会引起游客的愤怒。愤怒的程度取决于对妨碍达到目标的对象的意识程度。愤怒从弱到强的变化是：轻微不满→愠怒→怒→愤怒→暴怒。

3. 恐惧

恐惧是企图摆脱危险情境时产生的情绪体验。引起恐惧情绪的重要因素是缺乏处理可怕情境的能力。比如，单独一个人到一个人迹罕至的地方去探险，如果中途迷路或遇见可怕的情景，他就会体验到恐惧。消除恐惧情绪要靠镇定和勇敢，以及战胜一切困难和危险的信念。

4. 悲哀

悲哀是指失去自己心爱的对象或自己所追求的愿望破灭时所产生的情绪体验。比如，游客由于一时疏忽或其他原因，把一路上的旅游风光照片丢失，他的悲哀可想而知。悲哀的程度取决于所失去的对象和破灭的愿望对个人或社会的价值的大小。悲哀按程度的差异表现为失望→遗憾→难过→悲伤→哀痛。

5. 喜爱

喜爱是指对象满足需要而产生的情绪体验。喜爱表现为接近、参与、欣赏或获得。事物、活动、艺术品和人，都可以是人们所喜爱的对象，引起人们喜爱的情绪体验。

（二）根据发生的强度、速度、持续时间分类

1. 心境

心境是一种比较微弱、平静而持续一定时间的情绪体验。它平静而微弱，持续而弥散。心境由于有弥散的特点，所以，某种心境在某一段时间内影响着一个人的全部生活，使人的语言、行动及全部情绪，都染上了这种心境的色彩。一个人在愉快、喜悦的心境中，仿佛一切都染上了"快乐的色彩"，看什么都那么顺眼，对一切都感到是满意的。而处在忧愁悲伤心境中的人，在一段时间里就表现得无所不悲，仿佛一切都染上了"忧伤的色彩"。心境的特点是不具有特定的对象，即不是关于某一事物的特定的体验，它是具有弥散性的情绪状态。

心境分为暂时心境和主导心境两种。

由当前的情绪产生的心境，叫暂时心境。例如，人们在欣赏艺术表演时会产生愉快的心境，当演出结束后，这种心境还会持续一段时间，但不会很长。随着其他情境和事物的出现，这种心境就会逐渐消失。

由一个人的生活道路和早期经验所造成的个人独特的、稳定的心境，叫作主导心境。主导心境是以一个人生活经验中占主导地位的情感体验的性质为转移。主导心境决定着一个人的基本情绪面貌。一个具有良好主导心境的人，总是朝气蓬勃，具有乐观的情绪，对这样的人，别人就比较愿意并容易和他交往。一个具有不良主导心境的人，就会经常表现为失望、忧愁和情绪消沉，别人也不太容易和他交往。但是，对主导心境不好的人，更需要给以热情的关心、帮助并予以谅解。

心境的产生总是有原因的，其原因也是多种多样的。个人生活中的重大事件，事业的成败，工作的顺利与否，与周围人相处的关系等都能引起某种心境。此外，有机体的健康程度，时令季节的变化等自然界的事物，甚至记忆中的事物的回忆有时也会影响一个人的心境。

2. 热情

热情是一种强有力的、稳定而深厚的情绪体验。热情有两个基本特征：第一，热情

是强有力的，它影响人的整个身心，是鼓舞人去行动的巨大力量；第二，热情是深厚的、稳定而持久的，它使人长久地、坚持不懈地去从事某种活动，并对这种活动产生愉快、满意等积极肯定的情感体验。

3. 激情

激情是一种猛烈的、迅速爆发而短暂的情绪体验。例如狂喜、恐惧、绝望等，都属于这种情绪状态。

激情是由对人具有重大意义的强烈刺激所引起的，这种刺激的出现及出现的时间往往出人意料。激情发生时伴有内部器官的强烈变化和明显的表情动作。如愤怒时，紧握拳头，全身发抖；恐惧时，毛骨悚然，面如土色；狂喜时，手舞足蹈，欢呼雀跃。

激情有积极和消极之分。积极的激情与理智和坚强的意志相联系，它能激励人们克服艰险，成为正确行动的巨大动力。如运动员参加国际性比赛时，为国争光，打出国威，夺取胜利，这就是激励他们力量的源泉。而消极的激情对有机体活动具有抑制作用，这使人的自制力显著降低。如在绝望时目瞪口呆，呆若木鸡，或者引起冲动的行动，如打人，摔东西等。

（三）根据情感的社会内容的性质分类

人的情感是多种多样的，其中有一类是与人的社会需要直接有关的，由人的社会需要是否获得满足而产生的情感，主要有道德感、理智感和美感。这种情感是人对社会生活现象与人的社会需要之间的关系的反映。

1. 道德感

道德感是人们根据一定的道德标准，评价自己和别人的言行、思想、意图时产生的情感体验。

道德感是对客观对象与一个人所掌握的道德标准之间关系的心理体验。当思想、行为符合这些标准时，就产生肯定的情感体验，感到满意、愉快，反之，则痛苦不安。当别人的思想、意图和行为、举止符合这些标准时，就对他肃然起敬，反之，则对他产生鄙视和愤怒的情感。例如，看到或听到别人做了一件好事，我们就会对此产生一种复杂的情感：对做好事的人，有一种敬慕之感；和自己的行为一比，有一种惭愧之感。这就是一种道德感。或者，自己做了好事，感到安慰；做了坏事，感到后悔、内疚，甚至痛恨自己。这也是道德感。道德感取决于复杂的情感对象是否符合我们的道德信条，它具有一定的稳定性。

2. 理智感

理智感是由客观事物间的关系（包括由别人揭露出或由自己揭露出的）是否符合于自己所相信的客观规律所引起的情感。客观事物所表现出来的关系，如果出乎自己所相信的客观规律之外，就会感到困惑不解，甚至痛苦。如果别人发现的客观规律与自己所相信的不符，或自己不懂，也会感到痛苦。在这些情况下，都会感到不愉快。经过调整，消除了认识上的矛盾，才能感到愉快。

人在认识过程中有新的发现，会产生愉快和喜悦的情感；在不能作出判断而犹豫不决时，会产生疑惑感；在科学研究中发现未知的现象时，会产生怀疑感或惊讶感；在解决了某个问题而认为依据充分时，会产生确信感；等等，这些情感都属于理智感。

理智感是在认识事物的过程中产生和发展起来的，它是认识活动的一种动力。热爱真理、追求真理，是发展认识和科学研究的重要条件之一。所以，当一个人的科学活动与深刻的理智相联系时，往往会在科学上作出应有的成就。

3. 美感

美感是对客观现实及其在艺术中的反映进行鉴赏或评价时所产生的情感体验。

美感是由一定的对象引起的，美感的对象包括自然界的事物和现象、社会生活和社会现象以及各种艺术活动和艺术品。美感受对象的外在形式的特点的重要影响，同时受对象的内容制约，美感还受人的主观条件的影响。人们的审美需要、审美标准、审美能力不同，对同一个对象的美感体验就不同。同一个对象，有的人感觉是美的，有的人不认为美，就是由于受审美标准和对美的鉴赏能力的影响。

爱美之心，人皆有之。在人类长期的生活实践中，人的爱美之心在不断的演化过程中已沉淀为人的一种本能，支配着人的行为。旅游是一种综合性的审美活动，它集自然美、社会美、艺术美于一身，能极大地满足人们的审美需求。虽然旅游者由于文化背景、社会地位、生活阅历等存在着很大的差异，但审美动机始终贯穿在旅游活动的全过程之中。

（四）专家划分

普拉切克（Pluchik, R.）从四个维度指标区分不同的情绪。四个维度是：积极与消极，单一性与综合性，两极性，强度。并据此提出了八种人类基本情绪，即高兴、接受、害怕、惊奇、悲痛、憎恨、愤怒、期待。

伊扎德提出从愉快度、紧张度、激动度和确信度四个维度对情绪进行分类。他提出了人类有九种基本情绪，它们是：兴奋、喜悦、惊奇、悲痛、憎恨、愤怒、羞耻、恐惧和傲慢。

五、情绪理论及其外部表现

多年来，不少生理学家和心理学家对情绪的生理机制，进行了很多的研究，建立了不少学说。

（一）詹姆士—兰格情绪学说

美国心理学家威廉·詹姆士和丹麦生理学家卡尔·兰格各自独立地分别于1884年和1885年提出了基本观点相同的学说，后来人们把二者合在一起称为詹姆士—兰格情绪学说。

詹姆士认为情绪就是人对自己身体变化的感知觉。他说："我们一知觉到激动我们的对象，立刻就引起身体上的变化；在这些变化出现的时候，我们对这些变化的感觉，就是情绪。"正如他作的结论所说的："情绪只是对身体状态的感觉；它的原因纯乎是身体的。"

兰格认为情绪是一种内脏反应。他以饮酒和药物的作用为例，说明这些因素之所以引起人们的情绪变化，是因为酒精和药物影响了血管系统活动的结果。他认为，血管扩张的结果产生愉快情绪，血管收缩和器官痉挛的结果产生恐怖情绪。

有两位英国心理学家设计了一个实验，在一定程度上支持了兰格的观点。它们设计了三个温度不等的房间：一个是"热室"，室温为33℃，使人感到很热，浑身不舒服；第二个房间为"正常气温室"，室温在20℃；第三个房间为"冷室"，室温为7℃。将自愿受试者分别安置在三个房间中，然后对他们提出一系列问题，并要求他们以书面回答。当受试者回答完问题后，由一个十分"挑剔"的主考人，通过一扇大窗对他们的答案做出带有侮辱性的、讽刺性的评价。每个房间还装有一个按动电钮。受试者被告之：按电钮"主考人"就会尝到电击的痛苦，以此可对"主考人"惩罚。实际上电钮只连接一架录有人的惨叫声的录音机。结果，第一个房间"热室"的人不停地按电钮，甚至不管"主考人"的话是好话还是坏话，一律不听，只是按电钮；第三个房间"冷室"的人，只对"主考人"评语中说到他认为"不公正"或"使人恼怒"的话才按电钮；第二个房间"正常气温室"的人，却没有进行任何报复行为。由此，两位心理学家认为，人的情绪与所处环境的气温有关。这个实验表明，人的情绪受其生理状态的影响，如果人生理上不舒服、痛苦，则容易产生消极情绪，生理状况的正常是情绪正常的一个前提条件。

（二）情绪认知学说

美国心理学家阿诺德在20世纪50年代提出：情绪与个体对客观事物的评估联系着。她给情绪下的定义是：情绪是趋向知觉为有益的，而离开知觉为有害的东西的一种体验的倾向，这种体验的倾向被一种相应的接近或退避的生理变化模式所伴随。这种模式在不同的情绪中是不同的。很明显，她强调了来自外界环境的影响，要经过人的评价与估量才产生情绪，这种评价与估量是在大脑皮层上产生的。情绪是由这种评价和估量所引起的。例如，在森林里看到一只猛兽，必然引起人的恐惧，而在动物园里看到一只关在笼子里的猛兽则并不会引起恐惧。之所以有这样的区别，关键在于人们对当时情景的估计不同。

补充阅读资料6-1

是情绪支配认识，还是认识支配情绪？

我们介绍一个相关实验（Bradyet al.，1958）。两只猴子分别被困在能通电的架子上。一个架子有一个杠杆，猴子每蹬一下，电流中断20秒。猴子为了避免受电击，就必须不断地蹬杠杆，否则就会受电击。另一个架子则没有杠杆，这只猴子只能被动地忍受电击。由于两个架子的电流是串联的，所以，两只猴子受电击的机会相等。长期、剧烈的情绪紧张、焦虑能引起生理疾病，例如胃溃疡。过了一段时间检查发现，两只猴子都得了胃溃疡。但蹬杠杆的那只猴子胃溃疡严重，而无可奈何的那只猴子胃溃疡反倒轻些。化验两只猴子的尿，也得出同样的结论。

第6章 旅游者的情绪情感与体验

造成这种结果的原因是这样的：在主动的状态下，认知成分多，为了避免受电击，其注意力要时刻保持高度集中，精神和肉体总是处于紧张状态，导致其焦虑水平高，因而对生理的影响大。那只被动的猴子则因为无力自救而无须付出更多的精力和体力，结果焦虑水平低，对生理影响小。许多研究和常识都告诉我们，情绪对认识产生影响，这个实验则告诉我们认识同样对情绪有很大影响，同时，情绪有相应的生理反应。

（资料来源：孙喜林：《现代心理学教程》，2版，214页，大连，东北财经大学出版社，2000）

同样强度的痛苦刺激，若对其强度有准确的预知，比没有预知引起的焦虑弱。换句话说，即将到来的痛苦刺激的不确定性越大，焦虑越强。实验（Epstein and Roupenian，1970）证明了这一点：让三组被试者数数（由1到15），告诉他们数到15时将受到一次电击。一组事先给以一次电击示例（强度大），另一组也给以一次电击示例（强度小），第三组不给示例。结果见图6-1，越接近受电击的时间，焦虑水平越高；电击的不确定性越大（无电击示例），引起的焦虑水平就越高。

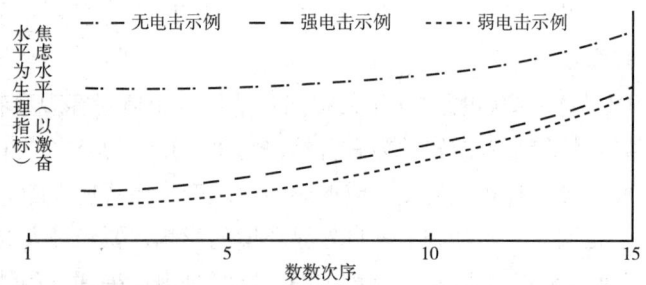

图6-1 将有电击的不确定性对焦虑水平的影响

美国心理学家斯凯特等人于1962年提出了"情绪归因论"。他们同样认为个人对自己情绪状态的认知性解释是构成情绪的主要因素，经刺激所激发的生理变化是构成情绪的次要因素。斯凯特等人设计了实验以验证他们的观点。以自愿参加的大学生为实验对象，把被试者分成三组；各组同样接受一种药物注射（肾上腺素但大学生不知道），在注射时，实验主持者向三组做出了不同的药效说明。第一组得到的是正确说明，由实验主持人告之注射后将会产生心悸、手颤、面部发热等现象（这类现象是注射肾上腺素的正常反应）。第二组得到的是错误说明，实验主持人告诉被试者说：注射后会感到身上有点发痒，手脚有点发麻，此外没有其他兴奋作用。第三组只注射药物，不作任何说明。注射后三组被试者分别进入预先设计的实验情境休息；一种情境是惹人发笑的愉快情境（有人作滑稽表演），另一种情境是惹人发怒的情境（强行要求被试者回答一些烦琐的问题，并吹毛求疵，强词夺理横加指责）。这样设计，即产生3（组）×2（情境）=6种不同的结果。实验的目的是要了解：当个人了解自己身体将因注射药物而产生反应而又处在不同情境时,个人的情绪经验是由生理反应决定,还是由情境因素决定?根据主试观察与被试者自述报告的结果是,在愉快的情境中,第三组与第二组的被试者大多显示愉快的情绪,第一组因为自认为受生理激动的影响而表示愉快。同样,在愤怒的情境下,也是第二组与第三组受环境因素的影响而感到愤怒,而第一组则不是这样。这个结果就可以说明,即使个体内部因为刺激而产生的激动状态相同(三组同样注射肾上腺素),而个人在不同情况下却是靠自己对生理反应的认知来决定情绪经验。也就是说,在决定个体情绪经验的因素中,心理的因素大于生理的因素。

它和詹姆士—兰格学说的不同之处在于:詹姆士—兰格的反应序列是:情景——机体表现——情绪。而阿诺德的反应序列为:情景——评估——情绪。因为阿诺德认为情绪的来源,是对情景的评估,而认识与评估都是大脑皮层的过程,因此,皮层的兴奋是情绪的主要原因。所以,阿诺德的学说,称为情绪的评估—兴奋学说。

 补充阅读资料 6-2

上天的判决

我国古代官员审案时有这样的方法,给被告的嘴里放上一把干燥的米饭。如果在审讯之后,他吐出的米饭仍是干燥的,他就被认定为有罪。其心理学依据是,当人恐惧、焦虑时的一个生理变化是唾液分泌减少,嘴会变得干燥。

据说,从前印第安人也有类似的审案做法。法官向偷窃嫌疑人讲述与案情有关的词句,诸如"偷钱"、"钱袋"、"被害人的姓名"、"钱的数量"等。被告必须不加停顿地回答,同时,还要很轻微地敲锣,敲出的声音只能让法官听到,站得远一点的人就听不到。如果一个人真的有罪,由于恐惧和紧张,他在回答法官的问话时,就会语无伦次,并不自觉地使劲敲锣,旁听者听到锣声就会指控他是贼。

这一类"上天的判决"对那些深信这种方法一定会奏效的人作用最佳。那些不做亏心事,也怕鬼叫门的人则容易被冤枉。测谎器同样存在这种缺陷。

(资料来源:孙喜林:《现代心理学教程》,2 版,219 页,大连,东北财经大学出版社,2000)

(三)情绪的表现

人的情绪情感在外界环境的刺激下会发生各种变化,同时伴有相应的外部表现。情绪发生时表现在身体外部的生理变化也叫表情。表情在社会生活中起着很大的作用。它是表达心理、交流心理的重要手段。虽然人们表达心理、交流心理的主要手段是语言,但在某些情况下,表情比语言还重要。因为有些心理状态是无法用语言来表达的。比如我们有时听人说某某人实在"太那个了"。这就是用语言说不出来的表现。有时人们心口不一，例如口是心非现象，心里反对，嘴里赞成。巧言令色在人类而言是一种经常性的行为。察言观色则可以发现真实的心理状态。语言可以把心理状态掩蔽起来，表情却不容易掩蔽。比如服务人员嘴里说全心全意为客人服务，但在实际工作中如果流露出不耐烦或不屑一顾的表情，那么客人肯定能觉察出来的。对人类来说，表情和动作的效用是很大的。在一般情况下，一个正常的成年人能够根据对方的表情、动作来判断他的心理的。

关于表情，进化论的首创者达尔文有过细微的观察。他写过一本书叫作《人类和动物的表情》。他用进化论的观点来说明表情的效用。他认为表情在动物的进化上，是它们生存竞争与适应环境的手段之一。按照达尔文的观点，无论动植物的形态结构或机能，都是有利于它们个体生存和种族延续的。诸如植物的形状、颜色，动物的动作，都有利于它们适应环境。凡是无利的方面，就逐渐被淘汰；而有利的方面则越来越发达。他认为表情也是如此。表情不是一种无关重要的、偶然的附带现象，它和动物的其他活动一样，有生存竞争的意义。

人类的表情虽然还有动物表情遗留的痕迹，但已不像动物表情那样，对适应环境起直接的作用。人类的表情是复杂而细腻的，它可表达种种心理内容，还可表达语言不能表达或不便表达的心理活动。

我们知道，情绪的变化会引起机体的生理变化及表情动作的变化，因此可以通过测量机体的生理变化和观察表情变化，间接地去了解别人的情绪。人在发生情绪变化时，会引起呼吸系统、循环系统及生物电的变化，利用现代医学仪器，通过测量呼吸、心跳、血压、脑电图等的变化，可以了解人的情绪变化。

与人的情绪变化有关的表情有以下几种：

1. 面部表情

不同的情绪状态下有不同的面部表情：

高兴的表情——眉开眼笑、满面红光。

羞怯的表情——面红耳赤、眼光避开。

愤怒的表情——脸上青筋暴露、眼光灼灼逼人。

面部表情一是看眼睛，一是看面部大肌肉群的运动。仅眼光就有好多种：友好的眼光、温和的眼光、探究的眼光、怀疑的眼光、贪婪的眼光、放肆的眼光等。实验证明，人在看到喜爱的对象时瞳孔放大，眼睛发亮。

2. 身段表情

身体的姿态是表达情绪的一种方式，其中以手、足的动作最明显。

高兴时——手舞足蹈、拍手鼓掌。

懊恼时——捶胸顿足。

焦急时——两手相搓。

值得注意的是，不同民族、不同文化背景的人，在面部表情上大体一致，而在身段表情上存在差别。例如，有的国家摇头表示赞成，点头表示反对。

3. 言语表情

情绪在言语的音调、强度、节奏和速度方面会表现出来，称为言语表情。说话时细声细语，有气无力或嗓门大开，就表现出不同的情绪状态。

高兴时——音调比较高、速度比较快、语音高低差别比较大。

悲哀时——音调低、缓慢，语调高低差别比较小。

愤怒时——音调比较高、速度特别快。

六、情绪情感的作用

（一）积极情绪体验

1. 积极情绪体验的理解

积极情绪体验是新近盛行于心理学情绪研究领域的概念，它的提出主要基于一种反向思维，过去对情绪的研究主要集中在消极方面，现在开始关注积极方面。所以，提出了积极情绪体验概念。对积极情绪体验的理解有两种：

一种观点认为，积极情绪体验就是一种具有正向价值的情绪；另一种观点认为，积极情绪体验不一定具有正向价值，它指的是能激发人产生接近性行为或行为倾向的一种情绪。按照这种标准，一些价值中性化的情绪就被划入积极情绪体验范畴。如兴趣是中性化价值的情绪，但它能产生接近性行为或行为趋向，因此就属于积极情绪体验。而另外一些具有正向价值的情绪则不属于积极情绪体验，如满足、放松等。前者是从价值功能上定义，具有明显的价值意义，容易与生活常识接轨；后者具有操作意义，便于研究和应用。

2. 影响积极情绪感受性因素

人类积极情绪的感受性与人格特质的关系密切，就是说它有一定的先天成分。有研究（Watson，2002）表明，积极情绪的感受性与"大五"人格中的"外倾性"特质有关，而消极情绪的感受性与"大五"人格中的"情绪稳定性"有关。它们的相关程度在 0.4~0.6 之间。而其余的原因就是环境因素了。有一项为期 6 年的研究（Headey & Wearing，1991）发现，31% 的研究对象的积极情绪感受性会由于他们具有了满意的工作和满意的物质财富后而得到改善，二者之间是一种双向作用：积极情绪感受性高的人在工作中会产生更多的快乐，而工作中得到更多的快乐又会进一步提高一个人的积极情绪的感受性。

3. 积极情绪体验的分类

（1）从情绪状态焦点划分，可以分为**积极情感**（如愉快、欣喜等）和**积极心境**（如福乐、心醉神迷等）。这种分法没有把积极的行为特性表达出来。

（2）依据积极的不同特性划分，把积极情绪体验分为感官愉悦和心理享受。**感官愉悦**（sensory pleasure）是指机体消除自身内部紧张力后的一种主观体验，它来自某种自我平衡的机制，是人类感官放松的结果，属于生理需要范畴，如饥、渴、性等得到满足后的体验。**心理享受**（psychological pleasure）来自对个体固有平衡的打破，即超越个体自身的原有状态后所获得的情绪体验，多属于心理需要范畴。与感官愉悦比较，心理享受更有利于个体成长和积极品质的培养。

感官愉悦和心理享受区别是：①心理享受由相互关联的多个成分组成，它的产生必须要有主体的认知评价为先导，是一种知觉类的心理现象。感官愉悦则没有认知评价过程，它是由外在刺激引发的一种直接感官反应，是感觉类的心理现象。②心理享受持续时间长，不同的外在刺激可能引起同一种心理享受。而同一种外在刺激也可能引起不同的心理享受。感官愉悦持续时间短，具有专门化特性，一般随着外在刺激的消失而消失，随着外在刺激的改变而改变。③心理享受多与心理需要相联系，感官愉悦则与生理需要相关。

感官愉悦和心理享受的联系：心理享受与感官愉悦很多时候是同时发生的，而且它们之间相互促进；感官愉悦在一定条件下能转化为心理享受，特别是某种感官愉悦与个体的自我实现需要相匹配时，这种转化就能形成。

（3）按照时间状态，我们把积极情绪体验分为针对过去的积极情绪体验，如满意感、满足感、成就感、骄傲感和宁静感；针对现在的积极情绪体验，如福乐感、快乐感和愉快感等；针对未来的积极情绪体验，如乐观、期待等。

这部分内容在后面进行深入探讨，在此先不介绍。

4. 积极情绪体验的扩建功能

增进个体的积极体验是发展个体积极人格和积极力量的一条有效途径。当个体有了更多的积极体验之后，他就会对自己提出更高的要求。

弗雷德·里克森（Fredrickson，2002）提出了"积极情绪扩建理论"。多数情绪都有自己相对应的、特别的行为，心理学称为特定行为倾向。特定行为倾向可以分为两类：逃避倾向，接近倾向。与逃避倾向相伴随的情绪称为消极情绪，当消极情绪产生后，会限制个体在当时情境下的思想和行为，其伴生的行为有逃跑、攻击、躲避等。这些行为是人类在漫长的进化过程中形成的生存本能的一种表现。

从进化角度看，消极情绪及其伴生的行为倾向具有生存意义而获得了进化优先，而人类解决了生存问题之后，活得更好就变成了主要问题，这时积极情绪就应运而生了。积极情绪对行为的影响与消极情绪正好相反，它扩大了个体在当时情境下的思想和行为，促使人冲破一定的限制而产生更多的思想，表现出更多的行为和行为倾向。当个体能用各种方式表达自己积极情绪的时候，对情绪的体验会更深刻、更彻底，这又会促使个体不断地想去创造条件复制这种积极情绪体验。

弗雷德·里克森在2001年通过实验证明了自己的理论。实验表明，积极情绪能扩建个体的行为和思想，而积极情绪会缩小个体的行为和思想。情绪的强度对扩建或者缩小的程度有影响。

积极情绪和消极情绪建构起不同的心理资源。消极情绪通过收缩，集中起已有资源（生理、心理、社会）以求自保。这时的资源称为应激资源。积极情绪则是在无生存之忧情况下，向外开拓，增加新的资源，这种资源称为发展资源。个体每一次的积极情绪体验都会使他的思想和行为模式上升到一个新的高度。

另外，积极情绪还可以缓解甚至消除由消极情绪造成的紧张，从而在生理和心理上提供正面的影响。

旅游者的情绪情感应该属于积极情绪范畴，它是完全脱离了自保而向外寻求的一种心理状态，而其积极情绪体验又主要是高级形态的心理享受。这些结论能够帮助我们增进对旅游者情绪体验的理解。谢彦君在其《基础旅游学》一书中的旅游本质部分，把旅游愉悦划分为"审美愉悦"和"世俗愉悦"（借用美学观点）两种，现在看来心理学的这种将积极情绪体验分为"心理享受"、"感官愉悦"的表述更恰当。

（二）情绪和情感对体力的影响

情绪情感的作用在范围和效果上都是很大的。例如影响人的生理，包括体力、器官的功能，还能引发器质性病变。我国学者的一个实验（柴文袖等，1984）证明了这一点。通过鼓励带来的积极情绪和挫折所带来的消极情绪，看对400米径赛所起的增力和减力作用，被试者为11～15岁的男女学生，实验结果发现，鼓励有显著的增力作用，尤其对女学生影响更加明显。

（三）情绪和情感对认知能力的影响

情绪情感对人的外在行为和内在认知也构成巨大影响。在此我们着重就情绪情感对认知的影响进行探讨。

心理学家曾就不同情绪状态对智力操作的影响进行了研究。结果发现，不同的情绪状态（愉快或痛苦）对操作效果的影响有显著差异。愉快组在操作时间、直接抓取和注视不动等三项指标上都比痛苦组成绩好。即使是在同一情绪状态下，由于强度不同，操作效果也不同。即愉快强度过高和过低时的操作效果不如强度适中时好。但是，痛苦的强度越大，操作效果越差。

根据耶克斯—多德森定律（Yerks-Dodson Law），操作与激动水平之间呈曲线关系，这种曲线关系又随操作的难易和情绪的高低而变化。

解决困难的代数问题的最佳状态是激动水平较低；难度适中的基本算术技能的最佳状态是中等激动水平；简单反应时的最佳状态是较高的激动水平。

泽尔勒（Zeller）就情绪对学习的影响进行了实验研究，A、B两组学习能力相等的大学生学习无意义音节，同时排列方块，然后测验他们对所排列图形的记忆效果。当A组测验时，给予赞美的评语，并让他们继续学习无意义音节；B组学生则受到严厉批评，并继续学习无意义音节。结果发现，B组学生方块测验的成就越来越差，无意义音节的学习效果也大大降低；而A组学生的积极性高涨，学习效率大大提高。可见，愉快的情绪能使人的大脑处于最佳活动状态。在愉快状态下学习效率和记忆效果好。相反，在痛苦不安的情绪状态下学习和记忆的效果不好。

　　当一个人面临有问题的情境时，他必然会产生各种各样的情感和动机状态。而这些状态又必然影响他解决问题的效果。曾有心理学家设计这样的一个问题，要被试者找出一个原则，它支配着怎样指出一系列的数目中唯一应称为"正确的"这个数字。（其原则是选择数目中最后一个数字，而这个数目是由三个连续数字组成的。）但是，他的被试者有半数是初次遇到类似的问题，而实际上不可能从中找出一个正确的原则。在着手解决真正可以解决的问题之前，这个"失败"的一组在这个令人挫折的课题上工作了12分钟。而控制组（被试者的另一半）一开始就遇着可以解决的真正的问题。控制组的被试者中有49%在指定的时间内解决了问题，而失败的一组则只有32%的人能够做到。

　　这个结果并不奇怪。有大量的证据说明，智慧能力常因失败而受到损伤。实验的情境中有一些事实证明，被测验者的智慧由于暂时失败的情境而确实降低了。有一部分的儿童随着他们年龄的增长，其智商分数继续下降。其中一部分原因是学校功课经常失败，而家庭、学校与整个社会都没有及时提供适当的智慧练习与鼓励。

　　保加利亚心理学家洛扎诺夫（G. Lozanov）创立了洛扎诺夫教学法。这种方法也叫作愉快教学法。洛扎诺夫把教室布置得幽静、光线柔和、桌椅舒适。学习内容多以会话、游戏和短剧等形式出现，在学生学习时播放节奏舒缓、优美和谐的音乐，如欧洲古典音乐、钢琴曲、大提琴以及弦乐协奏曲等。结果表明，在这种气氛适当，环境舒适，学生轻松愉快的条件下的教学效率比传统教学高25倍，每课时能记住50～500个生词，记忆效率达93%以上。洛扎诺夫认为，一种具有特殊节奏的音乐，可以导致人体的放松，而且同时诱导大脑处于机敏状态。他指出，学习"要在意识和潜意识之间建立联系，帮助将信息传递到大脑内部，这样指令才能得到执行"。

　　总之，愉悦的情绪对学习有促进作用；痛苦等消极的情绪对学习起阻碍作用。

　　动机太强不仅会导致紧张，也会使解决问题的效率降低。心理学家伯奇研究了年轻黑猩猩的动机与解决问题之间的关系。黑猩猩被关在一只笼子里，笼子外有食物，它可以用棍棒把食物钩进来。伯奇设计了三种问题情境：在情境一中，棍棒与食物都在近处，也就是说，用棍棒可以直接够到食物；在情境二中，猩猩面向食物，棍棒就在它的背后；而在情境三中，猩猩必须从它的后面取一只短棍，用它挑起一条系在长棍上的绳索，用绳索拉进长棍，然后用长棍把食物扫进来。动机的强度是随实验以前剥夺其食物时间的长短而异的，其差别为2、6、12、24、36、48小时。

　　伯奇的实验结果是：当动机很弱的时候，猩猩很容易被无关的因子引到问题以外，趋向于无目的的行动。而在动机非常强烈的情况下，猩猩则集中注意于目的物，而把情境中其他的、对于解决问题却很重要的特点都排除在外。还有，累次失败挫折的反应，当某种刻板模式的反应已证明无效时，例如发脾气、尖声喊叫，都妨碍猩猩作解决问题的努力。只有在动机强度中等的情况下,猩猩才不会为取得食物的欲望所支配,因而能对情境中其他适当的特点作出反应。

解决问题和动机强度的关系,可以描绘成一条"倒转的U形曲线"。也就是说,问题解决者动机强度的增加,他解决问题的效率也随之增加,直至达到一个最高点。超过这一最高点解决问题的效率就开始下降。

第2节 旅游者的情绪情感

旅游行为是旅游者在旅游活动过程中满足某种需要的社会性活动。旅游者的情绪情感影响着旅游者的行为,而旅游者的行为也受到情绪情感的影响,二者具有相互制约的互动关系。

一、影响旅游者情绪情感的因素

旅游者在旅游活动中所接触到的一切,都会引起情绪和情感的变化。具体说来,影响旅游者情绪情感的因素主要有以下几个方面:

(一)需要是否得到满足

人们外出旅游就是为了满足某种需要,比如,为了身体健康的需要、为了获得知识的需要、为了得到别人的尊重等。需要是情绪产生的主观前提。人的需要能否得到满足,决定着情绪的性质。如果旅游能够满足人们的需要,旅游者就会产生积极肯定的情绪,如高兴、喜欢、满意等。如果旅游者的需要得不到满足,就会产生否定的、消极的情绪,如不满、失望等。

(二)活动是否顺利

需要是动机的基础,为了满足需要,人们在动机的支配下产生行动,不仅行动的结果产生情绪,而且在行动过程中是否顺利也会引起不同的心理体验。在整个旅游过程中如果一切活动顺利,旅游者就会产生愉快、满意、轻松等情绪体验;如果活动不顺利,旅途或游览过程中出现这样或那样的差错,旅游者就会产生不愉快、紧张、焦虑等情绪。旅游者在旅游过程中的情绪表现,我们应当特别加以注意。因为旅游活动进程本身就是一个很好的激励因素,其中就有情绪的产生,并反过来对旅游活动的继续产生积极或消极作用。

(三)客观条件

客观条件是一种外在刺激,它引起人的知觉从而产生情绪、情感体验。旅游活动中的客观条件包括游览地的旅游资源、活动项目、接待设施、社会环境、交通、通信等状况。此外,地理位置、气候条件等也是影响旅游者情绪的客观条件。比如,优美的自然景色使人产生美的情感体验,整洁的环境使人赏心悦目;脏乱的环境、刺耳的噪声,使人反感、不愉快。

(四) 团体状况和人际关系

旅游者所在的旅游团队的团体状况和团体内部的人际关系也能对旅游者的情绪产生影响。一个团体中成员之间心理相容，互相信任，团结和谐，就会使人心情舒畅，情绪积极；如果互不信任，互相戒备，则会随时都处在不安全的情绪之中。在人际交往中，尊重别人，欢迎别人，同时也受到别人的尊重和欢迎，就会产生亲密感、友谊感。

(五) 身体状况

旅游活动需要一定的体力和精力作保证。身体健康、精力旺盛，是产生愉快情绪的原因之一。身体健康欠佳或过度疲劳，容易产生不良情绪。因此，旅游工作者应该随时注意游客的身心状态，使其保持积极愉悦的情绪，以保证旅游活动的正常进行。

二、旅游者情绪的特征

旅游者在旅游活动过程中的情绪具有以下几个方面的特征：

(一) 兴奋性

从某种意义上说，旅游是人们离开自己所居住的地方，到别处去过一段不同于日常生活的生活。因此，外出旅游就给旅游者带来了一系列的改变：改变环境、改变人际关系、改变生活习惯、改变社会角色等。这种改变在给旅游者带来新奇的同时，还给他们带来情绪上的兴奋。这种兴奋性常常表现为"解放感和紧张感两种完全相反的心理状态的同时高涨"。外出旅游使人们暂时摆脱了单调紧张的日常生活，现实生活中的对人的监督控制，在某种程度上也有所减轻，这给人们带来了强烈的解放感。另外到异地旅游可能接触到新的人和事物，对未知事物和经历的心理预期使人感到缺乏把握感和控制感，人们难免会感到紧张。"解放感"或"紧张感"的共同特征是兴奋性增强，外在表现为兴高采烈或忐忑不安。

(二) 感染性

旅游活动是一种高密度、高频率的人际交往活动。在这种交往活动中，既有信息的交流和对象的相互作用，同时还伴有情绪状态的交换。旅游服务的情绪情感含量极高，以至被称为"情绪行业"。在旅游活动中，旅游者和旅游工作者的情绪都能够影响到别人，使别人也产生相同的情绪。一个人的情绪或心境，在与别人的交往过程中，通过语言、动作、表情影响到别人，引起情绪上的共鸣。比如，旅游中导游员讲解时的情绪如果表现出激动、兴奋、惊奇等，游客就会对导游员的讲解对象表现出极大的兴趣；如果导游员表现得厌烦、无精打采，游客肯定会觉得索然无味。反过来也是一样，游客的情绪也会影响导游员的情绪。

(三) 易变性

在旅游活动中，旅游者随时会接触到各种各样的刺激源，而人的需要又具有复杂多变的特点，因而旅游者的情绪容易处于一种不稳定的易变状态。比如，旅游者对某个景物在开始的时候，可能感到新奇，情绪处于积极状态，兴致很高。当到达顶点之后，接着便可能由激动趋向平静,兴致会逐渐减退。再后来如果感到疲劳的话,他甚至会感到厌倦。因此,导游工作为了尽可能地满足每个人的需要,使个人的情绪能保持积极的状态,就必须随时观察旅游者的情绪反应。

(四)移情性

旅游者的身份已经确定,他们就开始自动化地进入角色。旅游者的角色主要体现在几个方面:一是旅游者大都具有看戏心态,是超脱的、居高临下的非功利的旁观者。二是新奇美妙事物的寻找者。三是轻松快乐的心理准备状态和快乐的寻求者。

旅游者具有的这种心理定式和角色知觉使得他们在旅游活动过程中戴上了"有色眼镜",有比较强烈的知觉偏差,会不自觉地将自己的情绪投注到所接触到的事物上,非常容易形成移情现象。在本地居民眼里稀松平常的事物,而在旅游者眼中则变得有趣和美好。另外,选择性知觉和愿望式思维更加剧了这种偏差,只看到想看到的东西,并根据自己的心理定式建构眼中的世界。这样就形成了"旅游世界"了。

三、情绪情感对旅游者行为的影响

人的任何活动都需要一定程度的情绪和情感的激发,才能顺利进行。情绪情感对旅游者行为的影响,主要表现在以下几个方面:

(一)对旅游者动机的影响

动机是激励人们从事某种活动的内在动力。人的任何行为都是在动机的支配下产生的。因此,要促使人们产生旅游行为,首先要激发人们的旅游动机。而喜欢、愉快等情绪可以增加人们活动的动机,增加做出选择决定的可能;消极的情绪会削弱人们从事活动的动机。

(二)对活动效率的影响

人的一切活动,都需要积极、适宜的情绪状态,才能取得最大的活动效率。从情绪的性质来讲,积极的情绪,可以激发人的能力,助长动机性行为,提高活动效率;而消极的情绪,则会降低人的活动能力,导致较低的活动效率。从情绪的强度讲,过高或过低的情绪水平都不会产生最佳的活动效率。因为过低的情绪不能激发人的能力,而过高的情绪会对活动产生干扰作用。

(三)对人际关系和心理气氛的影响

人在良好的情绪状态下,会增加对人际关系的需要,对人际交往表现出更大的主动性,并且容易使别人接纳,愿意与之交往。因此,在旅游活动中,旅游工作者应该细心观察旅游者的情绪变化,主动引导他们的情绪向积极方向发展,并利用情绪对旅游者行为的影响作用,协调旅游者与各方面的人际关系,创造良好的心理气氛,达到旅游服务的最佳境界。

第3节 旅游者的体验

在国内，旅游体验研究正在成为旅游学术领域理论研究的热点。似乎有这样一个趋势，用旅游体验概念体系来整合旅游理论，以此来拯救旅游无理论体系的尴尬。但综观已有研究成果，还是无法让人乐观起来。可能是研究对象的原因，大家的研究来自不同的范式，各个成果之间对话很难。

我们在本节主要介绍心理学对体验的一些研究。我们的理解是：旅游体验与其他体验（如审美体验、休闲体验）没有什么本质区别，而心理学所具有的自然科学性，使得这个领域的研究成果具有可信性。

一、旅游者的体验与主观幸福感体验

前面已经介绍了积极情绪体验问题，这里继续深入探讨。

首先，我们认为人类的体验不因体验对象的不同而产生本质区别，所以，我们不去区分因体验对象不同而划分出的不同体验。

体验就是指人对外界各种刺激做出的一种心理反应，它常常以情绪的方式表现出来，所以又称情绪体验。说白了，体验就是人类因经历而产生的感受，其感受主要体现为情绪的形式。**旅游体验**可以描述为：是通过旅游主体与客体的互动，并由旅游主体主动建构的经历和主观感受。旅游者所追求和经历的体验多是正面的、快乐维度的，所以又可以把旅游者的旅游体验称为积极情绪体验。

积极情绪体验到底是个什么东西？艾夫里尔（Averill，1997）曾经统计发现，仅描述情绪体验的英文单词数量就达550~600个，依此类推，那么积极情绪体验也会有上百种。在众多积极情绪体验中，有一种是最综合、最复杂、最核心的，就是**主观幸福感体验**（subjective well-being，简称SWB）。旅游者追求的就是主观幸福感体验。

二、幸福概述

什么是主观幸福感体验，有必要先探讨一下幸福问题。什么是幸福太难回答了，自有人类文明以来就有解释，它可以称得上人类历史上意义最混乱的概念之一。下到普通民众，上到政治家、宗教界、学术界都力图给出答案。我国《现代汉语词典》把幸福解释为"使人心情舒畅的境遇和生活"。把幸福定性为一种主观体验。

人类对幸福的探讨大致可以分三个阶段。

第一阶段：古代期。中国古代文化的主流是儒家文化，它强调人生最大的幸福是"内圣外王"完美人格的追求和实现。"内圣"指主体心性修养方面的要求，就是以追求

"仁"、"圣"为目的，核心是善的德行。孔子曾把"仁"的具体内容解释为"恭、宽、信、敏、惠"。后来儒家文化把"格物"、"致知"、"正心"、"诚意"界定为"内圣"功夫，"齐家"、"治国"、"平天下"为"外王"功夫。简单地说人生的最高境界就是修身、齐家、治国平天下。古希腊和古罗马时期的幸福观主要可以分为理性主义幸福观和感性主义幸福观。如苏格拉底、柏拉图等认为，幸福就是抑制自己的感性、情感和欲望而服从理性的要求，不贪图感官享受而追求道德的完善和精神的意义。赫拉克利特、伊壁鸠鲁学派强调幸福就是感性欲望的满足，但也指出这种满足必须符合道德的要求，精神是人类最大的生活乐趣。

总之，这时期的主要观点都是从人性圆满的角度探讨幸福的，并把道德和精神作为幸福的核心。

第二阶段：启蒙期。以西方启蒙运动为标志，给过去的学说注入了人道主义思想，强调用理智审视信条和传统。

第三阶段：现代期。这一阶段始于20世纪后半期，强调幸福的本质在于生活的质量和生活的真实意义。这时的研究超越了抽象的哲学层面和现代社会的物质层面，用现实的观点、科学的方法对幸福做出更全面的评价，幸福从层面和类型上被划分。

三、主观幸福感

（一）主观幸福感定义

心理学认为主观幸福感就是主体根据自己的标准对其生活质量进行综合评价后的一种积极体验。主观幸福感既是一个人对自我的生活状态、周围环境和相关事件的关于满意的认知和评价，同时也是一个人在情绪体验上对这些方面的主观认同。

（二）主观幸福感特点

（1）它存在于个体的体验之中，具有主观性。个体是否幸福主要依赖于个体自己的标准，而不依赖于他人或外界的标准，就是说各人有各人的幸福标准。

（2）不是说主体没有消极情绪体验，更是指主体要能体验到积极的情绪。

（3）主观幸福感不是个体对其某一个单独的生活领域评估后的体验，而是对其整个生活评估后的体验。

（三）主观幸福感实证研究

1. 快乐情绪与不快乐情绪关系

布拉德本（Bradburn N.，1969）通过调查发现，人类的快乐和不快乐情绪是互相独立的，它们各自与不同的因素相关联。就是说快乐情绪的增加和减少并不意味着不快乐情绪的减少和增加，反之亦然。这告诉我们，人类不能借助去除社会所存在的各种问题来建设一个幸福社会，人类也不能通过消除自身存在的问题而获得幸福，而只有双管齐下才是获得幸福的不二途径。

新近神经科学的研究佐证了这一点，研究发现，积极情绪和消极情绪分属于人前额皮层的不同部位控制。

2. 主观幸福感构成

主观幸福感有三个衡量指标：体验到快乐情绪、较低水平的消极体验和较高水平的生活满意度。

主观幸福感的产生主要与一个人体验到的积极情绪和消极情绪的频度有关，特别是经常的积极情绪体验（与强度无关）既是产生主观幸福感的必要条件，也是充分条件。积极情绪体验的强度本身并不直接导致主观幸福感的产生。研究还发现，伴随着强烈的积极情绪体验之后，人们在心理上会产生一种失落感，甚至是痛苦感，并且这种强烈的积极情绪体验会造成个体对随后的事件或情形进行扭曲的理解或解释，这反而会减少个体已有的主观幸福感（Diener, Sandvik & william, 1991）。这可以称为 **"曾经沧海难为水"** 现象。

（四）主观幸福感生成的理论

1. 实现论

长期以来，需要的满足或目标的达成是个体主观幸福感产生的原因的观点一直流行于心理学界。这种观点称为实现论。其核心观点就是认为幸福是个体各种紧张压力解除的结果。这些结果的相加就生成了个体的主观幸福感。后来有的心理学家又把个体自身或他人的潜在标准引进这个理论中，认为个体在目标实现后还要和自己的主观标准或者他人拥有的进行比较，这些比较的差异性最终决定这个人的主观幸福感。

2. 认知论

信息加工认知心理学家提出了主观幸福感的信息加工判断模式。这个模式强调认知在主观幸福感形成中的作用，认为主观幸福感的产生不完全由外在刺激引起，它是个体的愿望或已有的经验与外在刺激相互作用的结果。

3. 人格特质论

人格特质论认为，实现论和认知论有合理性，但不全面。从人的社会生活实际来看，人的生活情景是暂时和多变的，过多考虑生活事件的做法所得出的主观幸福感是即时主观幸福感，而长期主观幸福感更应该得到关注。

真的存在这样两种主观幸福感吗？如果答案是肯定的，那么二者是什么关系？各个即时主观幸福感之间又是什么关系？我们逐步进行解析。

第一，各个即时主观幸福感之间有关联性吗？狄纳和拉尔森在1984年研究发现，一个单独的即时性快乐与其他一些随机时间段的快乐之间的相关系数约为0.1，这意味着人们趋向于对即时袭击做出即时反应（体验），过后很快忘记，各即时体验之间没什么关系。这已经否定了主观幸福感是对各个生活事件体验的简单相加的结果的观点。

第二，怎样测量一个人的长期主观幸福感？目前心理学研究中使用的方法是把一个人在某一领域不同情景下获得的即时主观幸福感相加后进行平均。测量的时间通常要4

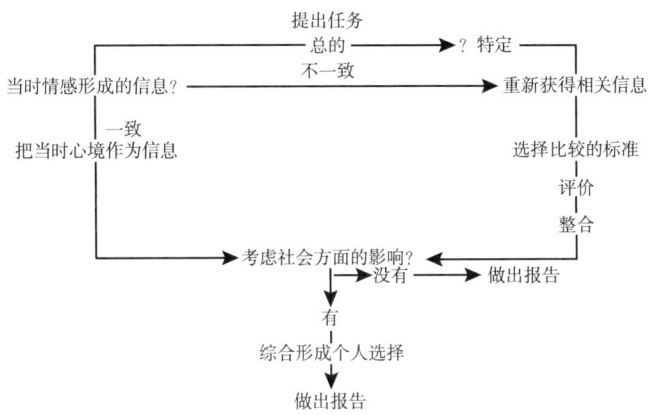

图 6-2　主观幸福感信息加工判断模式

年左右，所得到的即时主观幸福感平均值就是这个人的长期幸福感水平。

狄纳和拉尔森发现，一个人在工作和休闲两种情形下的平均主观幸福感指数相关系数达到 0.74；在集体和个人独处情形下生活满意度的相关系数是 0.92。进一步研究还表明，快乐、幸福或生活满意度的平均值有较高的稳定性。为什么个体在各个生活领域的长期主观幸福感会有如此相关呢？心理学家的答案是，个体的长期主观幸福感很可能就是一个人先天就具有的主观幸福感基准点。

狄纳等人后来（1991）在一项 10 年跨度的研究中发现：不管一个人的收入是增加是减少还是不变，其平均主观幸福感基本保持不变。另外一些研究发现，那些生活状态稳定的人的主观幸福感并不比生活状态动荡的人的主观幸福感更稳定，动荡的生活（离婚、丧偶、失业等）对人的长期主观幸福感似乎没什么影响。这些研究结论使心理学家相信，"尽管生活的特定事件能影响人们的主观幸福感，但人们最终都会适应这些变化并使自己回归到由个体具有的生物性特点和适应水平上"。人的先天基因或人格素质是决定主观幸福感体验的根本因素。

人的主观幸福感体验是心理现象，具体说是一个心理过程，它的发生和发展有一定的规律性，也有无序性。目前心理学一致的观点是，人的心理现象是多种因素综合作用的结果。所以，把上述三个理论结合起来应该更接近现实。用威尔逊（Wilson，1967）的话说：一个幸福的人应该是"和有自尊的人结婚、年轻、健康、受过良好的教育、收入较高、外向、乐观、不烦恼、有宗教信仰、有职业道德、热情适度、性生活满意和多才多艺"。这也许是对主观幸福感体验生成的最好回答。

（五）影响主观幸福感体验的具体因素分析

1. 经济因素

人的主观幸福感体验与经济因素是什么关系？通常有两种观点。一种观点认为物质决定意识，财富与主观幸福感体验是正相关的，拥有多少财富就拥有多少幸福。我们将这种观点称为物质幸福论，这种观点也是"常识"性观点，拥有广泛的认同度。另一种观点认为幸福是独立于物质财富的精神现象，它们之间没有必然的联系。我们称其为精神幸福论。许多古圣和先贤持这种观点，而且做到了这一点。如中国的孔子、陶渊明、范仲淹，古希腊的柏拉图、苏格拉底、伊壁鸠鲁学派的人物。两种观点都能找到支持性例证，这个命题陷于公说公有理、婆说婆有理状态，一方人多势众，一方圣贤荟萃，双方难分伯仲。

"山重水复疑无路，柳暗花明又一村"。之所以出现这种情况还是方法论问题。从简单决定论出发探讨这个问题是造成这种结果的主要原因。跳出简单决定论，进入过程论和条件论的思维路径，问题就清晰了。

迈尔斯（Myers，2000）在分析人均国民收入和幸福感的统计时发现，在最贫穷的国家，财富对主观幸福感的影响比较大，国家越富裕，人民越能感受到主观幸福感。当人均国民收入超过8000美元时，这二者之间的关系就消失了，而平等、人权等指标的影响开始明显增大，西方发达国家都出现了这种情况。

在对1985年《福布斯》杂志公布的前100位美国最富有的人调查看，这些人的幸福指数只比美国人均幸福指数略高。

迈尔斯研究了"二战"后西方发达国家和地区经济发展水平和人民主观幸福感之间的关系，发现这些国家和地区在过去50年里经济取得了巨大增长，而它的国民主观幸福感没有实质变化。以美国为例，到20世纪末，美国整个社会财富比1957年几乎翻了一番，中产阶级扩大了两倍。而报告自己非常幸福的人数却从1957年的35%下降到1998年的33%。其他一些社会不良现象却成倍增加。迈尔斯称这种物质增长而社会倒退的现象为"美国困惑"。当然整个世界都有这样的困惑。

狄纳调查了中了彩票大奖的人，发现中奖时非常快乐，但这种快乐只是暂时性的，大部分人到后来甚至还不如中奖之前快乐。

狄纳（Diener，2000）对29个国家的平均生活满意度与其收入进行比较发现，各国的平均购买力与平均生活满意度之间的相关系数是0.62。这说明一个国家的经济条件对其国民生活满意度有影响，但这种影响不是直线式的，也不是很大。

2004年4月，《瞭望东方周刊》与奚恺元教授合作，对中国六个城市进行幸福指数调查。结果：第一，从高到低依次是杭州、成都、北京、西安、上海、武汉；第二，各城市之间的人均月收入与幸福指数没有直接关系，上海人均月收入最高，幸福指数排倒数第二，成都人均月收入最低，但幸福指数排第二，杭州人均月收入居中，幸福指数最高；第三，在同一城市里，个体的月收入水平与幸福指数直接相关，收入越高越感到幸福。

我国的调查结果与美国有差异，造成这种情况的原因可能有两个：一是我国经济发展水平很低，远未达到人均月收入8000美元，这属于硬缺失。另外，我国城市相对封闭，容易发生内部比较。二是在财富与主观幸福感之间似乎存在一个中介影响因素，即民众的期望和目标。这种期望是按照水涨船高规律变化的。所以，人均月收入高的城市的居民并不一定比人均月收入低的城市的居民幸福感强。

从长远来看，人类本身在快乐与不快乐的追求上存在一种趋中倾向，瞬时的极端快乐和不快乐会逐渐消退，而恢复到平常状态。

2. 文化因素

文化因素对人们的幸福感有什么影响？一些跨文化研究给出了一些答案。

文化模式分为三类：个人主义文化、集体主义文化和介于二者之间的中间文化。个人主义文化把注意点放在个体身上，强调个体的独立性、独特性和自主性，追求独立、自主、自强、创造和探索。美国是这种文化的典型代表。集体主义文化则把注意点放在群体或社会上，强调人与人之间的和睦、相互依赖、强调个人对集体或社会的责任和义务，提倡个人对集体或社会做出牺牲，倡导个人对集体的忠诚和依赖。中国就是代表。中间文化就是在这个维度上居于中间。

研究发现，个人主义文化模式下的个体倾向于依据自身的内部情绪体验来判断自己是否幸福，而集体主义文化模式中的个体则更多关注他人对自己行为的看法和评价，他人外在的看法和评价常常决定了自己的幸福。幸福不幸福由社会说了算。中国人就是这样，他们要做的是让人觉得自己很幸福，至于自己是否真的感到幸福无所谓。中国人的人生更像"演戏"，人生如戏是中国人真实生活的最恰当比喻。人际和谐成了幸福的一个重要指标性要素。好面子的人容易做出符合他人期望的行为，因此好面子是达到人际和谐的一个重要人格变量，也就可以得出这样的结论：在中国，好面子的人可能会感到更多的幸福。

研究还发现，自尊和外向性这两个人格特质对人幸福感的影响，在集体主义文化中比个人主义文化中小。集体主义文化中的个体的自我容易分裂。

没有证据能够充分证明哪种文化对增加人们的幸福更有价值。

另外，清明的政治、民主法制的社会、有效率的政府能增进人们的幸福。

3. 生理因素与主观幸福感的关系

研究发现，乐观的人比悲观的人寿命平均长19%，体验到更多积极情绪的人其身体机能更好。

反过来，研究发现，如果有运动的习惯，每次运动之后人会感到愉快。这是因为运动之后身体释放了更多的内腓肽，内腓肽是类似于吗啡的生物化学物质，它能使人产生愉快的感受。

4. 人际交往因素与主观幸福感的关系

良好的友谊关系有利于主观幸福感的生成。狄纳（Diener，2002）等曾以222名大学生为被试者进行研究，对其中10%感到最幸福的人进行了因素分析。发现，丰富多彩的课余生活是主要原因，这些人课余花大量的时间和他认为好的朋友一起活动。

为什么良好的友谊关系有利于主观幸福感的生成？原因可能有以下几个方面：

（1）人缘好的人可能拥有一些优秀的人格品质。如乐于助人、热情、活泼、开朗、幽默等。这一方面使他们受欢迎，另一方面他们可能是天性乐观的人。

（2）归属需要得到了满足。

（3）感到随时会得到关怀和支持，这是一种愉快的感觉。

（4）和朋友在一起，经常进行一些感兴趣的活动，因而带来了快乐。

四、几种积极情绪体验介绍

前面已经对积极情绪体验的种类进行了划分，但对这部分没有展开探讨，现在进行详细介绍。

按照时间状态，我们把积极情绪体验分为针对过去的积极情绪体验，如满意感、满足感、成就感、骄傲感和宁静感；针对现在的积极情绪体验，如福乐感、快乐感和愉快感等；针对未来的积极情绪体验，如乐观、期待等。

（一）对待过去的积极情绪体验——生活满意

1. 过去经历对以后的影响

过去对现在有很大影响，在某种意义上说，一个人现在的状态很大程度上是他过去的经历的结果。这方面的研究主要集中在儿童早期不幸的经历上面。研究表明：个体童年期的不幸经历对其以后的人格有影响，但不是决定性的。就具体人而言存在程度差异，有的影响很大，有的一般，有的几乎看不出来了。

2. 生活满意点理论

生活满意点（Life Satisfacation Set Point，简称 LSSP）指一个人的生活满意的基准线，这个概念最早由美国心理学家布里克曼和坎贝尔（Brickman & Campbell, 1971）提出。

生活满意的基准线高意味着这个人对自己的大部分生活满意；生活满意的基准线低意味着他对自己的大部分生活都不满意，是一个对生活苛刻的人。一些生活事件，如快乐的或者沮丧的，会在短时间内影响人，但经过一段时间后，人们又恢复到这条基准线附近。

美国内华达大学的研究者（Webster, et al., 2004）发现，当一个人初次看到一张漂亮的脸时，他会产生愉快的情绪体验，但当他看习惯了时，愉快就逐渐消失了；看丑陋的脸也如此，不愉快感会在习惯后逐渐消失。证明了一句中国话"习以为常"。上帝是智慧的，他不能把资源平均分配给每一个人，却让得到多的人和得到少的人都逐渐习惯之，使多和少所造成的影响逐渐归零。

艾迪和狄纳（Eid & Diener, 2004）研究发现，人在经历有重大影响的生活事件之后（如中奖或重大创伤性事件等），他的生活满意点在事件过去 4 周后就基本恢复到原来的水平，但是有一些变化。这种恢复性变化 74% 来自个体先天差异，16% 由个体经历的特定情景决定，10% 左右是随机误差造成的。

不同的人有不同的生活满意点，首先它来自先天的生物因素不同，人们无法对其进行大的改变；其次就是生活经历，它会以某种方式整合到生活满意点中。

无法改变的就接受，能够改变的我们努力。中国人对待人生的态度："遵天命，尽人事"是正确的。

（二）对待现在的积极情绪体验——福乐

福乐（flow）概念最早由西卡森特米哈伊提出。在20世纪60年代做博士论文时发现，一些画家在创作的时候可以废寝忘食、不辞辛劳，始终专心致志，表现出极大的兴趣和坚持力，而一旦完成，这一切马上就会消失，前后判若两人。西卡森特米哈伊研究后认为，这些人是被绘画本身所激励，绘画过程给人带来一种积极情绪，这种积极情绪如此强烈，使他忘我工作，直到完成。

西卡森特米哈伊把这种情绪体验称为福乐体验，福乐就是指对某一活动或事物表现出浓厚而强烈的兴趣，并能推动个体完全投入进去的一种情绪体验，它是包含愉快、兴趣、忘我等和无理由的坚持等成分和状态的综合情绪，它由活动本身而不是任何外在的其他因素引起。

孔子听韶乐而三月不知肉滋味就是进入这种状态了。

福乐在旅游领域也频频被提起，被奉为旅游体验的最佳状态。在旅游领域福乐（flow）被翻译成"爽"、"畅"或者"畅爽"。

但笔者认为福乐的译法更好，有"可口可乐"翻译之妙。

1. 福乐形成的心理机制

是什么促使人产生福乐体验呢？

人在生存过程中，生物要求和社会要求都对个体行为施加影响，而个体的意识在调节它们的关系，以便在限制条件下达到个体生存和发展的目的。在这个过程中，个体的自我就诞生了。当个体的自我产生后，自我在人意识中的地位不断增强，并最终占据意识的全部（无意识的大部）。因此，每个成年人的意识都是从其自我出发形成的意识，带有明显的自我特性。

独立的自我有两个倾向。第一，存在性，就是自己的生存和延续，自我本身就是自我的目的。从这个角度讲，"人都是自私的"的命题就是对的。自己的事无小事，他人的事无大事，这就是自我在作怪。自我为了保持自己的存在，意识会主动地去除那些威胁自我存在的状态而保存有利于自我存在的状态。那些有威胁性的事物就产生消极负性的情绪体验，而有利于自我的事物就产生积极的情绪体验。第二，自由性，自我形成后，它具有自由性，可以自私，也可以无私；可以积极，也可以消极。

在这两个倾向基础上又分化出愉快、能力和分享。在个体成长过程中，不同的人把三者进行了不同的组合，从而形成了不同的心理体验，有的以愉快为主，有的以能力为主，有的以分享为主。部分人逐渐把三者结合成一种新的形式，这就是福乐体验。福乐就是人意识中的一种自带目的内在动机原型，它唯一的目的就是想体验行为本身，而不是行为所能带来的其他外在好处。福乐尽管不带外在目的性，但却常常伴随新思想和新发明的出现。

2. 福乐的特征和产生条件

福乐概念提出之后，学者们纷纷对不同领域的福乐体验进行了研究，当然也包括旅游福乐。在众多研究的基础上，总结出福乐的主要特征。

（1）个体强烈地把注意力集中在当前从事的活动上。

（2）意识与正在从事的活动合二为一。

（3）自我意识暂时失去，如忘了自己的社会身份。

（4）能意识到自己有能力掌控当前的活动。

（5）出现暂时性体验失真，如觉得时间飞快。

（6）活动体验本身成为活动的内在动机，完成它就是最好的理由。

通俗地说，想进入福乐状态要有孩子的单纯，就是所谓的赤子之心，全身心的投入，物我两忘，当然还要胜任。不胜任、世俗功利心盛、三心二意、过分自我关注则是远离福乐状态的情况。

福乐产生的条件有三个：

（1）能力与挑战匹配。具体说就是经过努力能够战胜挑战，福乐才能产生。否则，不胜任，或太容易都"没劲"。太难则力所不及，无法把活动进行下去；太易则胜之不武，既无成就感，身心也不能进入状态。

（2）活动要有结构性特征。就是指一个活动应该具有确定的目标、明确的规则和相应的评价标准，也就是说活动要具有可操作性和可评判性。

（3）主体自身特点。有的人不容易产生福乐，有的人则容易产生福乐。西卡森特米哈伊把容易产生福乐的人格称为"自带目的人格"。这种人把生活看作享受，他做事多是因为自我的原因，而不是为了获得其他外在目的。他们对生活充满好奇和兴趣，比较有耐心和坚持性，非自我中心，行为多出自内在动机，并自我奖赏。另外，他们的注意力容易高度集中。

练习瑜伽、气功和太极拳等，其重点就是训练注意力的集中和投入，训练人能全身心地沉浸于当前的活动之中。而训练的结果能够帮助人从单调和不愉快的工作和活动中得到好的心情和快乐。佛教所追求的内心宁静也是同样的道理。

3. 两种非福乐状态

（1）分离体验与茫然体验。多数人在日常生活中难以得到福乐体验，主要原因是人们的工作和生活多带有外在的目的，很多事是被迫的。与福乐相对应的两种典型的非福乐状态是分离体验与茫然体验，也称为厌倦体验和焦虑体验。"分离"是一种迫于外在目的而缺少自我创造的工作体验，因任务的简单容易而使个体能力得不到发挥，由于缺乏内在动机而使工作成为负担和苦差。马克思就针对工人在资本主义制度下的工作状况提出了"分离"概念。"茫然"一词最早由法国实证主义社会学家涂尔干提出。在这里茫然体验是指个体处于一个目标不明确、环境不熟悉的境地时产生的一种总觉得自己做什么都做不好的心理体验,外在要求高于个体能力时也会产生茫然体验。如果说前者是因为太容易而使能力得不到发挥,那么后者则是太难而无法胜任。

表6-1 茫然、福乐和分离体验比较

茫然体验	福乐体验	分离体验
总的目标不确定 能力<机遇或职责要求	能力≈机遇或职责要求	总的目标明确 能力>机遇或职责要求
主观体验: 无目标性混乱 缺乏规范标准 孤立无援	主观体验: 胜 任 自我就是目的 行为与意识的一致性	主观体验: 压抑性挫折 无助感 自我失去
行为动机 寻求社会和经济的 安 全 稳定和明确		行为动机 寻找个人自由 挑战和创造的自我 表 现
理解、控制		赏识、创造

(2)福乐与两种非福乐状态的关系。西卡森特米哈伊和他的米兰研究小组在1997年把心理体验分为八种状态,并把它们与挑战、个体才能的关系进行了说明,见图6-3。

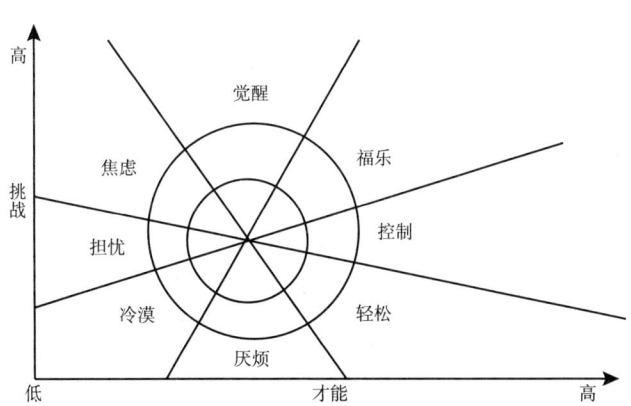

图6-3 心理体验的八种状态与外在挑战、个体才能的关系

怎样摆脱非福乐体验?心理学的忠告是发展业余爱好。一个人干什么工作常常是身不由己,可能多是出于偶然或者迫于生计。而业余爱好完全可以是自由选择的,可以做到不带外在目的,而就是满足自己心灵的需要,因此也就更容易产生福乐体验。人们业余从事的活动有哪些容易产生福乐体验?西卡森特米哈伊的研究已经告诉我们了,有挑

战性，并能展示自己才能的活动容易产生福乐体验。西卡森特米哈伊曾根据产生福乐体验的频度而对日常生活的一些活动进行了分类，从高到低的顺序是：业余爱好（特别是体育活动、唱戏等）排在第一；社会交往、学习和研究、工作、性行为等排在第二；饮食、自我装饰打扮等为第三；做家务、看电视很少产生福乐体验；最后是游手好闲、无所事事，几乎不会产生福乐。

（3）旅游者心理建构与福乐体验产生的关系。这里西卡森特米哈伊没有提及旅游。我们根据他对日常生活划分的依据对旅游活动进行分析。

第一，深度旅游最容易获得福乐体验。参与才能有能力的介入，参与程度越大，能力表现得也就越多。从参与程度划分，旅游（狭义的旅游）可以分为深度旅游、观光旅游和度假旅游，比如深度旅游包括文化深度游，探险旅游，完全自助的独自旅游等应该属于最容易产生福乐体验的活动。而观光游和度假游应该属于第二类容易产生福乐体验的活动。

第二，个体旅游经历影响福乐的获得。旅游者是否产生福乐还与个体的出游经历有直接关系。经历的丰富与否影响到福乐体验的获得，经历、经验是构成能力的重要部分。无经历者，即使是观光旅游也容易产生福乐体验，因为他遇到了挑战，其能力也得到了发挥。旅游经历丰富的个体，其相应能力也得到提高，自然，他们对旅游活动难度的要求就会水涨船高。所以，在考虑影响旅游体验一般因素的时候不能忽略个体差异。

第三，旅游体验是主体和客体互动，并以主体的主动建构为核心形成的。旅游者越是能够将旅游环境纳入自己的主观世界，就越容易产生福乐体验。总体而言，旅游者主体与旅游对象客体的互动程度，决定了福乐体验的获得和体验质量的高低。首先是旅游"游"的对象多大程度上影响旅游者，而后是旅游者发生多少心理的主动建构，旅游者心理的社会建构过程更重要。

旅游者和旅游环境互动最后以旅游者的主动心理建构而生成旅游体验，旅游体验过程经历四个阶段：

环境→情境→意境→心境

环境阶段：主体旅游者与外在环境各自独立，没有发生相互影响。

情境阶段：基于环境的营造和旅游者主体的感知，环境的一部分被旅游者抽离出来，作为一个新的整体被旅游者感知，在这一阶段互动发生了。

意境阶段：旅游者开始把自己的情感和思想注入情境中，在这阶段最主要特征是发生了"移情"现象，情境获得了意义就进入了意境阶段。

心境阶段：旅游者产生了心理体验，外在的环境因素完全服务于人的心理活动，旅游者的内在心理活动成为这一阶段的主角，福乐体验就产生于这一阶段。这一阶段旅游者完成了心理建构，可以说在本阶段旅游活动主观化了。

旅游者心理建构的这四个阶段呈现主体和客体的互动越来越深入，越到后来，主观因素影响就越大。在某种程度上说，旅游者体验的好坏就表现为旅游者主观因素与客观环境因素结合的程度和旅游者主观因素参与的程度大小，二者结合得越紧密，主观因素所占比例越大，体验就越深刻。

总之，旅游者的旅游体验是旅游活动主体和客体互动和主体的主动心理建构过程，只有这样才能获得相应的体验。如果由于不主动（不介入、不投入）或者由于缺乏心理建构的能力（无丰富的知识和想象力）而成为被动的"旁观者"，在旅游活动中缺乏心理建构，那么，其旅游活动就是纯粹的外在活动，不会产生福乐体验。前者是有了什么经历、感受和思想，并表现为有很多"话"想说，说出的是情绪情感和意义；而后者只有过程，记住的是一些活动内容，看到的东西。如果必须表达什么的话，只能告诉他人自己去了什么地方，看到了什么，展示照片成为必不可少的程序。

当然，如果由于客观原因而使旅游客体无法影响并进入旅游主体的主观世界，互动不能启动，也谈不上旅游体验了。这需要旅游客体符合旅游心理规律，因而能够影响到旅游者。

到此很容易被问到一个问题，旅游主体和客体谁在旅游体验形成过程中更重要？其实，在分析影响一个事物的多种因素的时候，经常要回答孰轻孰重的问题。这种思维定式是现代主义决定论的规范套路。以后现代主义视角，用过程论的观点，这个问题就不存在了，过程论要解决的是各种因素在事物发展过程中起什么作用、怎样起作用，哪个更重要是没有意义的。如果陷入主次思维之中，常常得不到答案。

社会建构论心理学告诉我们，事物本身没有意义，它所有的意义都是因人而生。而事物因人而生的意义不是事物本身固有的，也就是说事物不能决定自己具有的意义，事物的意义是人赋予它们的。人的精神也不是照相机，只是简单地反映世界，人更大程度上在建构这个世界。精神上的巨人，亦是旅游体验上的强者；反之，精神上的矮子，也是旅游体验上的无能者。伽达默尔指出，"意义"或"心理"既非附着于客体，也不是来自主体内心，而是存在于二者"之间"，存在于解释者与对象、主体与客体的关系和互动之中。心理不是主体对客观现实的"反映"，而是一个复杂的社会建构过程的结果。

从西卡森特米哈伊的研究我们可以得到一些启示：

①必须有活动，没有活动就没有福乐体验。

②福乐体验的产生主要来自主体本身的因素，而非来自外在的因素。

③主体在参与和从事活动的时候能从中看到自我，具体说就是能够从活动中找到自我价值感。

④主体在活动中越是能够把外在的环境因素纳入到自己的主观世界中来，而不是相互分离，那么就越能够获得福乐体验。

⑤主体活动中其主观因素所占比重越大，其体验就越深刻。从体验角度讲活动就越成功。

(三) 对待未来的积极体验——乐观

1. 什么是乐观

关于乐观的定义，社会学家和人类学家泰格（Tigger，1979）的定义有代表性，他的乐观定义是："当评价者把某种社会性的未来或物质性的未来期望视为社会上需要的、对他有利的或能为他带来快乐时，那么与这种期望相关联的心境或态度就是乐观。"

乐观有两个特征：第一，乐观是主观的；第二，乐观是指向未来的。

首先，乐观是主观的，是人的一种心境或态度。这种心境或态度与一个人的期望紧密关联。同样一个客观事实面前，不同的期望会带来不同的认知和评价，不同的认知和评价又成为乐观和悲观的理由。期望则受一个人的人格、当时的心理状态和利益影响。前面介绍的归因理论对这个问题有很好的解释。

其次，乐观是指向未来的，它对现在和今后一段时间的行为产生影响。这种情况在社会生活现实中普遍存在。另外，如果追问乐观和悲观谁是对的，或者谁更有价值是没有意义的。情况不同，结果不同。

2. 心理学关于乐观的研究

一个人的乐观是先天的还是后天学习的？心理学的研究支持综合论。首先，一个人的遗传基因为其提供了一个乐观基准线，不同的人或多或少存在这方面的差异。其次，一个人后天的经验和学习则进一步加深了其乐观和悲观的程度。当然，后天的经验和学习也会在某种程度上改变先天的乐观基准线。

1967年美国宾夕法尼亚大学学生塞里格曼在自己教授的实验室发现了一个奇怪的现象。当时，正在做一个实验，在一个大笼子里用一排栅栏隔断（狗可以轻易跳过去）成两个小笼子，两个笼子一个有电击，另一个则没有。研究者希望狗在受到电击之后或在听到某个与电击相关联的声音之后很快逃到另一个小笼子躲避电击。可结果是，狗在受到电击或听到那个与电击相关联的声音时却一动不动地蹲在那里，发出"呜呜"的吠声。这让人非常困惑。

塞里格曼则受到启示，他发现，狗在此之前已经受过多次电击，不管声音在什么时候响起，也不管它怎么挣扎，它从来就没有逃脱过电击，这种经历逐渐使狗形成了一种"习得性无助"特性。现在换了一个新的情景条件，它们能够通过自己的努力来逃脱电击，但"习得性无助"的特性使它们还是像以前一样，依然认为自己无论做什么也都逃不脱电击的厄运。据此，塞里格曼对人类做出了一个大胆假设：许多人存在的诸如压抑等心理问题的主要原因可能就缘于形成了"习得性无助"类人格特质——对现实具有了一种无可奈何的信念，而不是他们真的无法解决自己的问题。

20世纪80年代，塞里格曼做出新的推断：既然压抑、退缩等消极品质能够通过一定的学习获得，那么乐观、高兴等积极品质也一定可以通过学习获得，并进而提出"解释风格"理论。他认为，个体不同的后天学习经验使其形成了不同的人格特征，也就是

"解释风格"。他把人格分为"乐观型解释风格"和"悲观型解释风格"。"乐观型解释风格"的人认为失败和挫折是暂时的、特定性的情景事件,是外部原因导致的;而"悲观型解释风格"的人则会把失败和挫折归咎于自身的原因,并认为这种失败和挫折是长期的、永久的,会影响到自己所做的其他事情,因而容易形成抑郁。既然,人可以具有"习得性无助",那么也可以获得习得性乐观。但是,二者的形成是否存在难易?哪个更难?一旦形成,其稳定性如何?目前还没有答案。

研究发现,乐观型解释风格的形成受三个方面的影响。

首先是个体遗传基因,研究表明,不同的基因条件形成了人不同的气质,它构成了不同解释风格的基础。其次是个体的生活环境,尤其是个人成长阶段的家庭和学校等小环境。有研究表明,父母亲特别是母亲的解释风格对儿童有较大影响。最后是父母对孩子的教养方式影响很大,父母对待孩子的方式是挑剔的、谴责式的,还是耐心的、宽松的、鼓励的、赞扬的。另外,儿童自己生活中发生的一些重大悲观性事迹,如父母离婚、父母经常发生激烈冲突、亲近的人死亡、自身得了严重疾病等。这些情况下,儿童容易形成"悲观型解释风格"。

第4节 旅游中的仪式和仪式感

在前面章节我们已经介绍了旅游体验的概念、构成等,但并没有形成一个清晰明确、丰满的旅游体验概貌,原因大家都明了。目前旅游体验研究已经是国内外旅游学术界的热点,但是研究体系的完整度和内容的充实度均不如人意,呈散、乱、浅状态,旅游体验的一些基本问题没有得到很好的回答。如:旅游体验的分类、旅游体验的特征、旅游体验的维度、旅游体验品质的命名和测量等,当然对各类旅游体验的深入专项研究更无从谈起。本节介绍一种重要的旅游体验——旅游仪式感。下面是孙喜林和王晓丹在这方面的研究。

一、仪式在今天中国的存在状况

仪式,是传统文化的重要象征,承载了传统文化的内涵与意义,也传承着对历史文化的追忆与对生命的尊重与敬畏。在生活世界中,人们习惯于将重大事件用仪式来表达,人生总是需要一些规定性的动作,使生活富有意义感。今天,中国仪式空洞化现象突出,仪式正在逐步蜕变成形式,内涵丢失,"为了仪式而仪式"成为普遍现象。仪式感关乎人类的精神福祉,但仪式感的消减日益加剧的这一现状俨然成为亟须关注的问题。

仪式感是仪式的灵魂。仪式的衰落,直接表现为仪式感的缺失。仪式本身具有的仪式性本应传递出仪式感,使人们沉浸其中并切身感受到仪式的意义,但这在当今中国社会似乎已经成为一种奢望。现在很多地区在借助传统仪式发展旅游业，基于对仪式文化内涵不了然或者忽视，常常会因仪式性丧失而使效果大打折扣。

仪式的逐步形式化（文化内涵缺失）使很多人对仪式逐步表现出一种淡漠的态度，如当今国内的许多婚礼现场给人的感受。笔者发现，在现实生活中，一些消亡的仪式近几年又得到小部分人的重视，如成人礼。可见，一些人已经开始意识到仪式在日常生活中的重要性，人们对仪式感的诉求有明显回归的迹象。旅游对现代人来说已不再陌生，越来越多的人在逢年过节时选择出行旅游，似乎旅游成了节日或仪式的替代。可以说，正是生活世界中仪式感的消解，才使旅游成为一种人们精神诉求的方式，通过旅游去填补自己生活世界所造成的内心空虚与精神荒芜，又或者是渴望转变。赵红梅（2007）认为，旅游已成为当下部分人对生活的仪式化表达，现代人不齿于暴露心灵需求与精神危机，所以选择旅游这种方式来摆脱精神危机并实现心理诉求。

旅游已成为人们寻求精神寄托越来越重要的手段，这其中所蕴含的精神性在某种意义上说就是所谓的旅游仪式感。

二、仪式概述

狭义的仪式主要指与宗教有关的教义陈述、祭祀、仪礼、庆典、礼拜活动等（彭兆荣，2007）。广义地说，仪式既包括宗教仪式，也包含非宗教仪式，如节日庆典、入会仪式等。它是对具有宗教或传统象征意义的活动的总称，是一种由拥有共同文化的特定人群所组织的不会经常发生的行为（Leach，1966）。仪式具有固定的程式，即确定的时间、固定的场所、规定的程序、稳定的人群和特定的氛围（彭兆荣，2007），是一种标准化的、重复的行为。

在文化人类学中，最常见的是将仪式分为通过仪式（rites of passage）和强化仪式（rites of intensification）（威廉·A. 哈维兰，2006）。通过仪式，是指个体在生命历程中由一个阶段向另一个阶段过渡时，获得的社会规范。它强调社会角色的转换，使个体能够更快更顺利地让自己及他人接受自我身份的转变。通过仪式与生命历程中的各个阶段有关，每一次"通过"都意味着身份的转变和权利的重新分配，是个体生命历程中的标志性事件。强化仪式，是指在自然的节律之中体验生命的律动，即有规律性地强化着生命历程，使平淡的生活被一次次强化并赋予生命意义（威廉·A. 哈维兰，2006）。相比之下，通过仪式侧重生命个体，而强化仪式凸显生命群体（赵红梅，2007；罗惠翻，2009）。

放眼整个生命历程，仪式不过是人生的一幕幕序曲，但其具有重要的存在价值。仪式在诞生之前就已经被赋予特定的社会意义，不同类型的仪式有不同的作用。第一，从心理功效上来说，仪式是一种表达情感与心理诉求的途径。它源于远古时代人类对神灵等超自然力量的威慑与崇拜，是人类对未知人生与世界的情感寄托和祈求的重要方式。通过仪式本身强调的是交流和变化，交流本身及结果往往会超过仪式活动的形式，产生力量并传递出一定的意义（Douglas，1973；Lincoln，1991）。第二，从社会功能角度来说，仪式能够维护社会，凝聚社会团结并强化集体力量（薛艺兵，2003）。强化仪式作为特定群体所认可的共同价值，具有凝聚并强化民族认同感的作用（方迎丰，2011）。它是一种集体性实践积累和传承过程，用以巩固自身群体的稳定性，与此同时，也能使社会记忆与集体记忆得以传承，从而维持社会稳定（罗惠翻，2009）。归根结底，仪式的价值体现于世俗社会中非宗教的某种神圣化表达之中，而这种神圣性即为仪式感。

三、仪式理论

仪式研究是人类学范畴。人类学家 Van·Gennep 在20世纪80年代提出著名的阈限理论，该理论认为所有通过仪式都包含阈限前、阈限、阈限后三个基本内容，亦被译为"分离—过渡—组合"。人会随着年龄的变化而被社会赋予权利与义务，这并非到达一定年龄就能自然具备，而需通过仪式来赋予，使人们在强烈的感受中说服自己适应或改变。整个通过仪式就是一个这样的过程：个人会被仪式性地从社会中排除出去，然后再重新融入社会之前所经历的隔离期并获得新地位（威廉·A. 哈维兰，2006）。该理论中，"阈限"这一重要概念被提出，以体现神圣性的交流活动及共同的情感表达。阈限是指从正常状态下的社会行为模式中分离出来的一段时间和空间，使参与的个体从预设好的社会角色中逃离出来。通过仪式具有生命"凭照"的作用，它将人的生命过程与社会化过程融为一体。Van·Gennep 的通过仪式理论侧重于个体的生命仪式，与通过仪式相对应。

人类学家 Victor·Turner 则以社会冲突论为背景，提出仪式过程理论，即"结构—反结构—结构"，亦为"分化—阈限—再整合"。在该理论中，他提出了"共睦态（Communitas）"的概念，意指一种毫无芥蒂地直接进行交流的状态，这种状态是模棱两可、混沌的，但又具有谦恭与神圣等特质。正是这种模棱两可的不确定性，使过渡仪式中丰富多样的象征得以展示。Victor·Turner 的仪式过程理论侧重社会层面的集体仪式，与强化仪式对应。

四、旅游仪式理论

在仪式理论的基础之上，旅游人类学家 Graburn（1977）从游客视角出发，提出旅游本身就是一种仪式，将旅游视为"世俗—神圣—世俗"的过程，旅游仪式理论由此诞生。MacCannell（1976）和 Cohen（1998）也认为现代旅游是一种世俗朝圣，旅游能为旅游者在阈限的时间和空间内提供一种精神性体验。Graburn 认为，旅游是一个由世俗进入神圣再回归世俗的过程，其实也就是从生活世界进入旅游世界，然后再回归至生活世界的过程。与日常生活相比，旅游就是一个神圣的"出位"阶段。旅游结束后，一切似乎都回归到了原点，但那将是一种更新或复苏状态。旅游为旅游者带来的变化，使得旅游前后所代表的世俗生活不再相同。旅游仪式理论的过程，如图6-4所示。

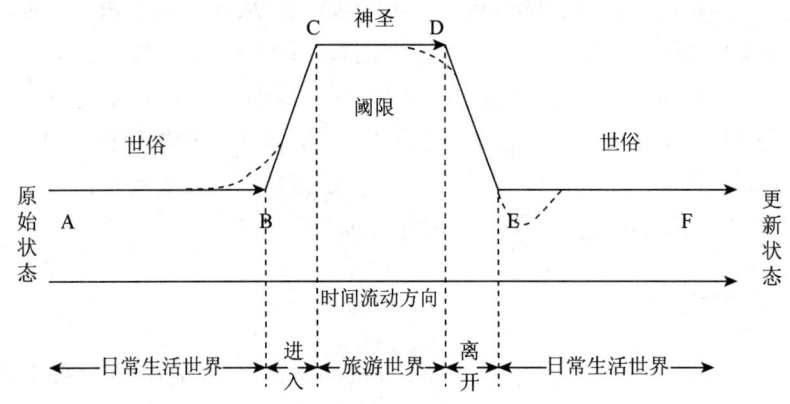

图6-4　Graburn关于旅游仪式理论图的修改版

（资料来源：源于彭兆荣《人类学仪式的理论与实践》，笔者在原图基础上稍加修改）

图6-4中虚线体现了旅游者在生活世界与旅游世界中的两种状态进行切换时发生的"心理震荡"。B处体现了旅游者对旅游的期待逐渐上升的状态，而C处是对离开旅游世界而可能重归生活世界的失落表现。B-C与D-E都代表过渡阶段，处于B-C阶段的旅游者会产生快乐期待等复杂的心理活动，而处于D-E阶段的旅游者往往会有苦甜交织、悲喜交加等复杂的心理活动。

五、旅游中的仪式感

（一）旅游的精神性

以往专门对仪式感的研究非常少，尽管著名的仪式理论和旅游仪式理论对仪式进行了更为深入的研究，但没有人提出仪式感概念。时至今日，少数学者开始关注旅游的精神价值问题。有学者提出人们旅游的全部或部分动机是出于精神性的诉求，并认为这种趋势会越来越明显（Haq, Jackson, 2006）。Sharpley和Sundaram（2005）曾指出现代旅游与传统宗教习俗功能性与符号性作用的一致性，并阐述旅游何以成为一种精神诉求的方式：旅游内在的精神性具有连续性，它存在于旅游体验之中，而与旅游者的原始动机无关（Sharpley, 2009）。Laing和Couch（2006）指出，旅游的精神价值体现在五个方面：对艰难险阻的无所畏惧；旅游作为心灵净化的手段为自身带来的转变；旅游中的丰富性；共睦态；重新回归生活世界的更新状态。

综上所述，旅游的精神性中包含了一个重要维度，即旅游仪式感。将旅游本身视为一种仪式以追求所谓的仪式感，或许已悄然升起。

（二）仪式感

到底何为仪式感？人类学者很早就对仪式进行了研究，却没有明确提出过"仪式感"一词，也鲜有与仪式感直接相关的研究。有人说，"仪式感"一词最早源于宗教，是经由一系列仪式而产生的感受，并且通过这种感受改变人们的思想、情绪和行动（石慧，2013）。崔露什（2012）认为，仪式感是依托于仪式活动的艺术形式、特殊时间、地点、特定行为与巫术、宗教、伦理等价值体系，与心灵产生某种呼应的主体内在的感性活动，同时又渗透着与之对应的恐惧感、道德感、和谐感等具有价值表征意义的情感体验。上述几个定义都或多或少地揭示出仪式感的某些特征。

一些知乎网用户对仪式感的重要性及其含义有过讨论。这些匿名用户（匿名讨论者以P××代表）之间对仪式感的探讨比上述研究更为深刻，给予笔者很大的启发。P04明确地指出当今社会"喜好形式感、却很少有仪式感"的现状。P06认为仪式感的重要意义在于人们的内心渴求指引，渴求生活的意义，渴求生活下去的希望。通过对这些描述的核心观点的提取与归纳，可以发现：首先，仪式感具有震撼的力量，能够唤醒个人内心沉睡的一些情绪，从而自发进行调整（P01、P04）。其次，仪式感是一种模糊不清的情感，其中夹杂了多种情感，如庄严感、神圣感等。以具体的战前动员仪式为例，说明仪式感包含了荣誉感、自豪感、责任感、使命感等（P01、P05）。再次，仪式感是感性与理性相结合的结果，是当参与者达到观点、情感与意愿上高度一致时才可能产生的神圣感受（P07）。思想会受到启迪，情感会得到震撼，愤怒也会被激发，此外也包含了很多其他可能性（P01、P05）。最后，仪式感本身包含了多维度，即时间感、被需要感、存在感、重要感、意义感等，最终得到一种安全感（P02、P03、P08）。

仪式感被界定为在仪式或仪式性事件中，人们通过亲自参与或观看并融入特定的仪式情境中，使自身的认知、情感与行为达到高度一致时所产生的一种混沌的心理状态。在仪式理论中，Van·Gennep的阈限理论中的阈限阶段，Turner的仪式过程理论中的共睦态，以及Graburn的旅游仪式理论中的神圣阶段，这三个巅峰状态中都隐含着一种摸不透也解释不清楚的东西。笔者认为，这种无以言表的模糊感受就是仪式感。Turner提出的共睦态，意指一种毫无芥蒂地直接进行交流的状态，其中充满了模棱两可、混沌、谦恭与神圣等特质。所谓的混沌意在强调仪式感的模糊不清、多种情感夹杂而难以用语言表达的特点，这一概念更能准确地描述仪式参与者获得仪式感并达到最高境界时的心理状态。

（三）仪式感的构成

根据以往研究，仪式参与者在宗教仪式中能够产生的情绪情感主要有以下几种：形式感、秩序感、美感、和谐感、神秘感、认同感、敬畏感、崇高感、震撼感、狂欢感、恐怖感、神圣感等。仪式感是相通的，从上述知乎网用户对仪式感理解的描述中也可看出，仪式感中夹杂了很多情感，包含庄严感、庄重感、神圣感等（P01，P03，P05）。

形式感是仪式感产生的前提条件，文化内涵则是仪式感产生的基础，它是仪式传达的意义。通过形式营造情感氛围，从而使要传达的内容和意义更高效。现存节日比如春节，首先是很多传统仪式丢失了，另外尚存的一些仪式也因为缺乏文化内涵（因为人们已经失去了对传统文化的信仰）而使其徒有形式感，这是人们觉得逢年过节无聊的重要原因。说白了就是，大家都不把仪式当回事了，仪式也就不是个事了。抗战胜利日阅兵仪式很成功，在国人心中产生了强烈的仪式感，原因很简单：完美庄严震撼的形式，雪国耻、振国威和强国梦等明确的爱国主义内涵兼具。仪式感的产生与否是衡量仪式成败的唯一标准。仪式的外在形式以及具有固定的程序与规范会自然流露出一种秩序感、美感。在具体的仪式中，特定的仪式情境（由形式和文化内涵构成）将营造出神秘感、美感，由此又会使仪式参与者产生认同感、敬畏感、崇高感、震撼感、狂欢感、恐怖感、神圣感，仪式感终将是一种混沌的心理状态。上述多种情绪情感都是仪式感的具体表现，但都不能等同于仪式感。只能说，它们中的几种情感状态相互交融，共同塑造并成就了仪式感。仪式感作为一种综合性的复杂情感，很难用语言来准确地表达与描述。正如 P01 对战争前宣誓情景的生动描述，特定的仪式情景能够激发人的心理活动，使情感状态迸发到极致，最终产生一种复合的情感，即为仪式感。

仪式感作为一种心理状态，是在一段时间里出现的相对稳定的持续心理活动。人们在感知层面所能达到的是一种聚精会神、专注、忘我的状态。在思维活动中，会出现一种放空的状态，一切外在表现都出于人的本能反应。应该说，这种状态是认知、情感、行为三个方面达成高度一致的结果，三者同时发生，而非单纯地从认知上升为情感。最终，其外在表现为一种情感状态，集道德感、理智感和美感三种情感于一身，而又超越了该种情感本身的一种状态，可以表现为激情澎湃，也可以是心如止水。

（四）旅游仪式与旅游仪式感

1. 旅游与仪式

将旅游作为一种仪式进行探讨是对当代旅游研究的一种视角再现。Graburn 将旅游作为一个整体，旅游者一次完整的旅游经历就是一次仪式完成的过程。旅游作为一种世俗仪式，不同于传统宗教仪式，是一种不够正式、不够结构化和仪式化的形式，但可以满足人们自身精神性的追求（Sharpley, Jepson, 2011）。之所以世俗，在于它足够"接地气"；而之所以成为仪式，在于它能满足旅游者的精神需求。所以，旅游本身包含神圣与世俗双重性质，以此区别于传统的宗教仪式。宗教仪式往往通过洗礼、朝拜等多种方式实现肉体与精神上的解脱，以此体现神圣性。根据旅游仪式理论，旅游仪式的神圣性是通过仪式活动而获得肉体与精神上的更新来实现的。心理上的更新状态，是伴随仪式感的产生过程而得以实现的。若将这完整的一段破坏掉，旅游者将会置身于不同的情景转换中，这不仅为旅游者体验的多样性与丰富性提供了可能，而且为旅游者在旅游体验中产生仪式感提供了可能性与可转换的情境条件。所以，笔者认为在旅游过程中也存在仪式，尽管并非所有的旅游内容都是具有仪式性的。不同旅游者对同一地方、同一旅游对象物的感受与见解并不一定相同，其各自的追求也不同。

旅游中的仪式有两种存在形式：一种是从整体上将旅游本身作为一种仪式；另一种则是存在于旅游过程之中的仪式，包含旅游仪式性事件与仪式类文化旅游产品两类，当下很多地区为吸引旅游者将传统仪式开发成文化旅游产品。以往与仪式直接相关的研究可分为与宗教仪式有关的朝圣旅游和少数民族地区的民俗仪式。上述所有依托仪式而开发成的旅游产品，都可称为仪式类文化旅游产品。它们是旅游对象物中的一种特殊形态，作为已被开发的旅游产品，也承载着文化传承的责任。

聚焦于整个旅游过程，旅游者的旅游经历由一个个旅游目的地、一个个具体的旅游情境所构成，不同的旅游者对不同的情境会产生不同的感受，不同的旅游情境对不同的旅游者也有不同的意义。这其中存在一种可能性：某一个特定的旅游情境或者特定的经历片段对旅游者有特别的意义，由此而产生一种叫作仪式感的东西，这些特定的旅游情境或者经历片段就是旅游仪式性事件。所谓的仪式性事件，是指对自己来说有意义而无关整个民族或全人类福祉，类似于传统仪式而又不是真正的传统仪式的事件。与传统仪式相比，仪式性事件本身虽不具备严肃、固定且完整的操作程序与规范，却有着类似的结构特征，而且体现出相当程度的灵活性与自由度。它强调旅游者个人对意义的寻求，而无关其他任何因素。从这一角度来说，被视为世俗仪式的旅游本身亦属于仪式性事件。总之，旅游仪式与旅游过程中的仪式性事件都可以被称为旅游仪式性事件。

2. 旅游仪式感

与旅游中存在的两种仪式形态相对应，旅游仪式感也可分为两个层次：一是旅游者自身将旅游本身看成一种仪式所产生的仪式感；二是旅游者在旅游过程因具体的旅游体验过程可能产生的仪式感。旅游过程中产生的仪式感或许会反过来强化旅游作为一个整体在旅游者心中的仪式地位。聚焦于整个旅游过程，旅游仪式感的存在载体可分为两类，分别为旅游中的仪式性事件与仪式类文化旅游产品。

（1）旅游本身的仪式感

Turner 认为，所有与个人生命周期有关、与重要人生转折点以及受文化规定的人生转折点举行的社会性活动，都可纳入通过仪式当中，如留学、自我考验的徒步旅行、部落出征、政治职位的获得等。Graburn 则更明确地指出，旅游是个人完成人生变迁的通过仪式的一种替代形式。有人甚至从仪式角度将旅游分为两种类型：一种类似于强化仪式，即定期或每年一次的度假；另一种类似于通过仪式，即经过自身努力、自我反省的旅游（MacCannell，1976）。

现实生活中的很多人过度追求物质文明，生活表面上看似热闹，但已经出现了严重的精神危机，内心无比空虚。旅游成为越来越多的人寻找自我、寻求精神慰藉的途径。对一些人而言，旅游就是一场迟来的成人礼。所谓的成人礼，是指象征迈向成人阶段的仪式，提醒即将成年的人身上所肩负的责任与社会角色的转变，更多的是对生活的追求，其发生往往伴随着痛苦。人们为追求而踏上旅途，尽管旅途充满了艰辛与困难。从某种意义上说，旅行本身是一种自虐的过程，痛苦总是令人更深刻，主要体现在记忆的深刻与思想的深度上。旅游者希望通过旅行来获得力量，实现生命的突破和解放，达成生命的转变，当旅途结束时，他的内心也收获了一种圆满，这种特殊意义其实就是仪式感。出发前内心的期待、紧张、兴奋、严肃等复杂的心理活动会伴有一种神圣意义，当这种神圣意义被旅游者所领悟时，就成就了一种仪式感。刚踏上旅途时，这种感觉或许尤为强烈。仪式感对个体生命而言具有标志性意义，它总是在试图唤醒个人内心沉睡的一些情绪。

(2) 旅游过程中的仪式感

①旅游仪式性事件

旅游者所追求的是主观幸福体验道路中的某一点状态（孙喜林，2002）。在旅游体验中，仪式感往往也可能产生于旅游过程中的某一具体节点，那是一种旅游者与旅游对象物及周围环境所构成的特定旅游情境，使旅游者能够产生一种特殊的心理状态：专注、投入、忘我、顿悟，最终收获圆满。旅游仪式性事件强调的是旅游对旅游者个体的特殊意义，但旅游仪式性事件不易发生，而旅游仪式感往往不是刻意去追求的结果。可见，旅游者往往要经历一番辛苦、数次等待后的失落与期待甚至是危险。如此这般，旅游者才会在心中留下了难以忘怀的印刻，使旅游者在经历前后的心理上产生巨大的反差，从而更易获得这种感受。从某种意义上来说，再次重游的强烈意愿能够表达出旅游者对一次旅行意义的认可。这可能不仅仅是旅游者的地方依恋或者地方忠诚度，而是意味着它能使人产生仪式感的场景或事件。

将旅游中的仪式性事件缩放到整个旅游甚至是人的生命之中，它们将是一个个节点。人类的行为总是离不开对意义的寻求，我们需要一个小小的瞬间，让自己的平淡时光更值得被回忆。那些瞬间的感受可以是刻骨铭心，可以是庄严神圣，可以是宁静和谐……总之都可以归结为旅游仪式感。

②仪式类文化旅游产品

仪式感通常源于仪式，而仪式类文化旅游产品由仪式演变而来，所以仪式类文化旅游产品具有一定的特殊性。鉴于仪式存在的现状，仪式类文化旅游产品从旅游者所感知的角度可分为两种：泛娱乐型的民族仪式与偏信仰型的宗教仪式。仪式活动自身所能营造出来的氛围并不是一般的旅游场景或旅游情景能够轻易模仿的，其真实性更是无法炮制。对大多数无信仰的旅游者来说，浓厚的宗教文化氛围会使人暂时忘掉自己，以心诚则灵的心理去感受精神感召和道德教化，产生离尘脱俗之感，最终达到无法企及的精神高度（张桥贵、孙浩然，2008）。笔者认为，仪式类文化旅游产品作为旅游活动中一类特殊的旅游对象物，本身能够营造出的仪式氛围可能会使旅游者更容易获得一种仪式感。现在人们很难在日常生活中感受到仪式感，当旅游为人们提供一个陌生的新环境时，人们将以一种新的身份与心境来重新审视这一切，那么可能就会有不一样的体验。

正如龙江智（2010）所说，旅游的意义源于从生活世界到旅游世界的心境转变。

旅游本身作为一种仪式，与旅游中的仪式性事件都属于通过仪式，而仪式类文化旅游产品则属于强化仪式的范畴，各个类型仪式对旅游者自身的意义不同，前者强调的是个体对意义的寻求，注重交流与转变，而后者源于民族仪式或宗教仪式等，更强调与他人心灵同一后产生的归属感与安全感。

3. 旅游仪式感的形成

仪式感是成功的仪式在仪式参与者心理上的显现，是旅游者的主观体验。旅游体验是旅游者主体和旅游环境客体互动，并以主体的主动构建为核心形成的（孙喜林，2002）。Turner曾说，仪式符号的象征意义与人的联想是仪式情感体验的关键所在。也就是说，旅游者和仪式情景的互动将最终决定仪式感是否能够产生。

仪式性：仪式可以分为合格的仪式与不合格的仪式两种：区分的标准为是否具备仪式性。所谓仪式性，是指仪式是否具备相应的文化内涵并以匹配的形式（场景）和程序呈现的一种状态。达到了三个条件的仪式就有仪式性，有缺失的仪式就没有仪式性。仪式本身需要具备一定的要素与构成条件，才能实现仪式应有的仪式性。拥有了仪式性的仪式才会在参与者心里产生仪式感，没有仪式性的仪式则难以产生仪式感。仪式营造的氛围总是充满了在场感、参与感与紧张感，能让参与者感受到当下的一种真实存在，并对参与者的内心起到微妙的作用。仪式所特有的场域很容易使参与者进入一种状态，这里包含了崇高、肃穆、庄重、狂欢等感受，这种状态下信息传递的效率会更高。在仪式所特有的"场"的熏陶下，旅游者以"仪式身份"进入，真实的仪式氛围将会感化旅游者（笪玲、张述林，2009），使其心灵被激发，而后会在规定的情境中展开双向交流（张志忠，2008），更容易接受、认同。

旅游者：在旅游体验中，旅游者越是主动介入、参与，能够将旅游环境纳入自己的主观世界，并且心理建构能力越强，就越容易产生体验中的巅峰状态。易觉的心、能见的眼，将使旅游者更容易获得巅峰体验（孙喜林，2010）。仪式感的产生需要特定的外在要素（即仪式和仪式性），也需要参加者的主观要素，后者的核心就是仪式依恋。首先，是旅游者的成长经历，旅游者身上所具有的原始文化基因是影响仪式感获取的关键因素，它是产生终极感受共鸣与文化共振的重要基础。其次，是旅游者的成熟度。旅游者的认知准备更容易唤起其认知及情感上的深度介入。从小到大都接受某种文化熏陶，认知介入深刻，这是文化拥有者与外来者之间的最大差异。成熟的另一个维度是思想，巅峰体验只属于深刻的人。想得深刻、想得长远，才能与仪式感等巅峰情感越走越近。最后，是信仰和信念的力量。从纯粹个人精神追求意义上来说，内心有追求，怀有对自己而言具有特殊意义的情结、情怀或者说心结的人，可能更容易获得仪式感。很多网友在谈及西藏时，经常会有同样的感慨：西藏，对于去过的人来说，是一种永远挥之不去的情结；而对于没去过的人来说，是一种无限的神往。所谓的"情结"与"神往"，隐含的是一种对仪式感的表达与心理诉求。

形成机制：孙喜林（2002）曾提出旅游体验形成过程的四阶段模式：环境—情境—意境—心境，以解释旅游者心理活动的全过程。对多数旅游者来说，异地的仪式类旅游产品或仪式性事件都是陌生的，然后会慢慢感知，旅游者与周围环境的互动也随之开始。随着旅游者将自己的情感和思想注入仪式情境中，当仪式活动中的环境要素完全服务于旅游者的心理活动时，旅游者会将内心的情怀或心结释放出来。至此，旅游者完成了心理建构。仪式所营造出的真实的特定情境会让仪式参与者产生一种超常心态，薛艺兵（2003）将其称为仪式行为者的心理定式，是一种隐含于观念层面背后且不同于日常心理状态的一种心理模式。根据 Turner 对仪式运行机制的深入分析，即仪式作为一个模式性的程序，在整个过程中，仪式参与者的复杂感受一直在"心理极—观念极"两极中循环碰撞、相互回应。在这两极的相互震荡中，仪式参与者会受到仪式中场景要素的强烈激励，并由此产生超常的心理状态，如此这般，就完成了心理予以外界刺激的回应。仪式参与者在特定的情境中获取能量，其内心会与外界建立起千丝万缕的联系，从而在心理和精神上达到一种与自己的内心（或者说是另一个自己）交流的状态，从而产生特定而又复杂的情感——庄重与虔诚、震撼感与认同感，又抑或是一些无以名状的崇敬感。这是一种与"观念极"相对应的价值观。最终，仪式参与者会获得感性与理性认知并存的双螺旋式升华体验。

4. 仪式体验

目前，旅游体验的相关研究成果中并没有关于旅游体验的分类研究，不利于未来更为深入、更为细致地探讨旅游体验。仪式体验作为旅游体验的一种类型，究竟在旅游学科的框架中处于一个怎样的位置呢？根据认知及情感的介入程度与体验的深刻性，笔者认为，仪式感是深度旅游的结果。深度旅游强调旅游者放慢脚步，去感悟当地文化，去欣赏旅途风景，去聆听内心的声音（曹国新，2006）。深度旅游是旅游者内心的表达与实践过程，以期在旅程中获得情感的共鸣、激荡与心灵的升华，让脚步与灵魂同行。只有深度旅游，才有可能实现巅峰体验，这往往不是刻意追求的结果。旅游自身的精神性存在于旅游体验之中，而无关于旅游者最原始的旅游动机。虽然旅游者没有刻意追求过精神性上的圆满，但他们有一种潜意识（Sharpley、Jepson，2011；Sharpley、Sundaram，2005）。以往研究中，只有福乐体验被视为旅游体验的巅峰状态。笔者通过对仪式感进行研究，认为旅游者能产生仪式感的仪式体验亦是一种巅峰体验状态。同为巅峰状态，它们在很多方面具有相似性，最终都将进入一种忘我状态，并且转瞬即逝。福乐是指对某一活动或事物表现出浓厚而强烈的兴趣，并能推动个体完全投入进去的一种情绪体验，它是包含愉快、兴趣、忘我和无理由的坚持等成分和状态的综合情绪，由活动本身而不是人和外在的其他因素引起（孙喜林，2002）。但旅游仪式感包含的是敬畏感、存在感与和谐感等复合成分，是指旅游者内心怀有一定的情怀或心结，在受到仪式氛围的激发后，通过自我交流或与"神灵"的交流而将其释放出来的复杂情感，是基于认知而产生的一种复杂的心理状态。

5. 旅游仪式感与仪式感

一方面，现代社会对传统宗教习俗的重要性感知呈下滑趋势，人们不再热衷于传统宗教的重要意义及其实践活动，而是寻求不太正式、不太结构化，也不太仪式化的方式去实现精神上的满足（Sharpley、Jepson，2011）。旅游仪式感是对仪式感在旅游领域的拓展。然而，与传统仪式不同，旅游仪式性事件自身与仪式感的产生都具有很大程度上的不确定性，这也为旅游者提供了更多在旅游中探索、发现、感受以及自我交流的时间与空间。另一方面，宗教仪式所传递出的仪式感所能达到的人与"神"的交流的巅峰状态，强调的是神圣性；而旅游仪式感所能达到的是旅游者主体与自己内心的交流状态，是一种顿悟。但归根结底，旅游仪式感于仪式感而言并无特殊之处。旅游仪式感只是将仪式感置于旅游领域中进行研究，使二者的存在载体与感受主体不同，最终导致它们的构成成分有差异。故本书不再对旅游仪式感进行单独界定。

赵红梅（2007）曾说，旅游不彻底的仪式化逆转是一种吸引力，并能于无形中内化为旅游动机。很多时候，往往连旅游者自身都可能无法说清楚旅游究竟是为了什么，无法完全意识到他们所产生的一些奇特的或者无法说清楚的感受就是仪式感，但他们的实际行为已是最好的证明。或许对于仪式感的寻求，部分旅游者是用行动实践着这种潜意识中已存在的动机，而部分旅游者则是在旅游过程中意外收获到的。正如 Sharpley 与 Jepson（2011）所说，旅游不是有目的地通过参观以寻求精神慰藉，但他们经常性地参观某地却包含了一种潜意识的情感维度。此外，作为一种复杂的心理状态，旅游者自身恐怕也难以用语言将其表达得清楚、准确，毕竟人类所能表达出来的语言是有限的。

6. 旅游仪式感与旅游价值

旅游价值，一方面，体现在旅游为人们提供了趣味，成为一种人们逃离现实生活的方式；另一方面，体现为旅游能够赋予人生意义。旅游给了人们一个回头审视自己与自己生活的机会。通过旅游，人们寻找存在感与意义感，寻找自己，重构自己，超越自己。它可以成为信仰缺失、心理迷失的人们执着地想寻找一些他们认为需要的东西的一种手段。就像《在路上》一书所描述的：满心追求个性自由的萨尔，与一群男女开车横穿美洲的路上，经历了狂喝滥饮、沉迷酒色、流浪吸毒等漫长的放荡后，开始笃信东方禅宗，去感悟生命的意义。旅游者可以通过旅游去实现某种意义，但旅游终究不是宗教，也无法代替宗教，否则旅游也就不是旅游了。

以往关于仪式感的研究非常少，旅游仪式感这一概念的提出与深入探讨，将为旅游研究打开一个新视角，兼具开拓和填补价值。对旅游中仪式感的研究还为中国传统文化传承问题找到了突破口，从仪式到仪式感是文化传承的有效路径，这一点在以往没有达到清晰明确的状态。

 **本章小结**

情绪和情感密切相连的同时也有区别。情绪情感有两极性、扩散性两种特性。依据不同的分类标准，情绪情感能划分成不同的种类。按性质可以分为快乐、愤怒、恐惧、悲哀、喜爱等；按照发生的强度、速度和持续时间分类，可以分为心境、热情和激情；根据内容可以划分成道德感、理智感和美感。解释情绪的理论主要有强度生理因素的詹姆士—兰格情绪学说，强调认知因素的认知学说。情绪对人的行为有很大影响，研究表明，愉悦的情绪对人的体力和认知能力有促进作用；痛苦等消极的情绪则有阻碍作用。旅游者的情绪和情感有特殊性。积极情绪体验对人的价值更大，它包括感官愉悦和心理享受两类。主观幸福感是衡量人是否幸福快乐的心理学指标。主观幸福感有三个衡量指标：体验到快乐情绪、较低水平的消极体验和较高水平的生活满意度。主观幸福感生成的理论有：实现论、认知论、人格特质论。影响主观幸福感体验的因素包括：经济因素、文化因素以及健康因素和人际交往因素。介绍了几种积极情绪体验，按时间分为针对过去的积极情绪体验，如满意感、满足感等；针对现在的积极情绪体验，如福乐感、快乐感和愉快感等；针对未来的积极情绪体验，如乐观、期待等。着重介绍了关于福乐体验以及其特征和产生的条件。另外还存在两种非福乐状态：茫然和分离状态。也提出旅游体验产生是主客互动和主动心理建构的观点。介绍了"乐观型解释风格"和"悲观型解释风格"理论。最后，介绍了仪式感和旅游仪式感方面的研究。

 **案例分析**

一次不愉快的参团韩国游

一个朋友最近给作者讲了他的一次不愉快的参团韩国游，以下是他的描述：

我不知道跟团旅游在得到省事和相对便宜后的代价可能就是委曲求全，可韩国之行导游和领队过分得让人忍无可忍。

"滑雪5日游"有一半时间做"空中飞人"。

1. 上海浦东机场—韩国仁川机场—釜山
2. 釜山机场—济州岛
3. 返回首尔
4. 首尔游览观光
5. 仁川机场—浦东

清晨被拉到不用门票的公园"早锻炼"，晚上顶风刺骨摸黑上山看"夜景"。

在济州岛刚下飞机，导游就鼓动大家去看海底风光，自费"潜水艇"，不去看的就足足在码头等上几个小时。

下午3点就要吃饭,零下10℃却只能赤手空拳滑雪。由于导游安排时间不合理,以至于3点就吃晚饭。而且大家听了导游的话,他告之我们滑雪场有专业的手套,所以大家都将手套留在大巴上了。最后下山时,我们都看得出导游给我们买的是最便宜的票,所以只能背着沉重的装备爬坡。这就是在国外旅游,敢怒不敢言,处处看人家脸色,这让人怀疑到底谁是旅游者,谁又是消费者呢?

大把的时间扎店,好玩的游乐场快关门才去。导游的外快是赚了不少,但是请替我们这些消费者想一下好吗?我们是花钱来旅游的,不是来购物的,一切要适可而止啊。

一上午要看四个景点,连一块黑色的礁石也算景区了,难道韩国就没东西可看了吗?在景点里,想看的就没时间听讲解,想听的就没时间拍照,真是苦不堪言啊,这叫旅游还是受罪呢?

问题: 从这个案例可以看到旅游者的情绪和情感产生和变化的哪些规律?对我们有什么启示?

思考与练习

1. 简述情绪和认知的关系。
2. 简述旅游者情绪情感的特点。
3. 什么是情绪情感?它对人有什么作用?
4. 情绪情感有哪些特性?了解这些特性对搞好旅游活动有什么作用?
5. 简述感官愉悦和心理享受的区别和联系。
6. 什么是主观幸福感?简述关于主观幸福感生成的理论。
7. 什么是仪式感和旅游仪式感?旅游中的仪式感有哪几类?

开放式思考

1. 谈谈个体怎样获得福乐体验?
2. 以自己的经历谈谈仪式和仪式感在现实生活和旅游世界中的价值意义?

第 7 章　旅游者的道德行为分化

【学习目标】

通过本章的学习，你应该达到以下目标：了解旅游者道德构成，旅游者道德行为分化现象，即没有变化、弱化和强化。重点掌握旅游者道德行为分化的内在机制理论：去个性化和标签化。通过掌握这些理论，能够科学准确地把握旅游者道德行为规律，进而在现实中克服以往刻板的印象，有的放矢地做好工作。

【内容结构】

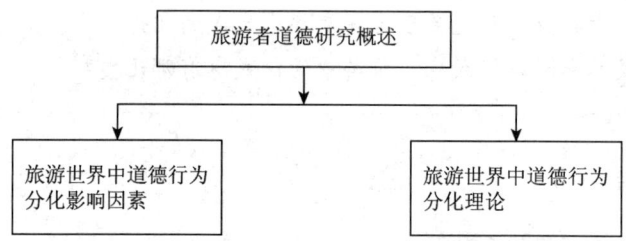

【重要概念】

　　旅游者道德行为　旅游者道德行为弱化　旅游者道德行为强化　去个性化　标签化

第1节　旅游者道德研究概述

近年来，中国旅游者的道德文明问题受到前所未有的关注。但旅游学术界对旅游中的文明行为、道德行为关注较少。谢彦君曾经指出，旅游所具有的异地性和暂时性两个特征往往诱发旅游者行为表现出明显的异乎寻常的倾向性，即责任约束松弛和占有意识外显。其中，道德感弱化是一个重要表现。以往的研究中，几乎都把旅游者道德弱化作为已经得到证明的立论，研究的内容包括道德弱化行为的表现、道德弱化发生的原因、道德弱化行为的危害以及如何加强旅游道德的建设，等等。在此笔者不沿用道德弱化提法，因为这种提法笼统模糊。道德的心理构成应该包括三部分，即道德认知、道德情感和道德行为。笔者的研究只限于道德行为层面，能够取得的证据也限于行为层面。目前，没有证据认为旅游者的道德认知和道德情感会在旅游世界中发生变化，变化多表现在行为层面。人们一旦进入旅游世界就变成道德白痴或者道德沦丧了，既无智商和知识，也无怜悯和羞耻心，这说不通，逻辑上难以成立。

一、旅游世界和生活世界旅游

生活世界原是现象哲学的概念，最早由德国哲学家胡塞尔提出。19世纪以来，西方社会唯科学主义的滥觞、物质主义的奴役、技术主义的肆虐和功利主义的追求，使社会发展陷入困境，使人的生活逐渐失去意义和价值，最终导致人及其生活的异化。现象学大师胡塞尔提出"生活世界"的最初动因是出于对唯科学主义滥觞的反思，出于对社会和人的异化现象的抵制。胡塞尔认为导致这场深刻的人性危机的根源在于科学世界在自己的建构过程中，偷偷地取代并遗忘了生活世界。所以，他提出"生活世界"的概念是相对于"科学世界"的。他认为生活世界是"这样一个概念，它在精神领域中占据着独一无二的位置，我们生活在自己的具体的周围世界之中，而且我们的一切关注和努力都指向这个世界，指向纯然发生的这个精神序列中的一个事件"。（胡塞尔，1988）从这个意义上，生活世界是与理念化、数学化的科学世界相对立的一个世界。胡塞尔的后继者如海德格尔、舒茨等大多数人虽然对生活世界使用不同的称谓，但他们所谈论的生活世界是指"处于有组织的社会活动和自觉的精神活动之外的个体的日常生活，即每个人都在从事的衣食住行、饮食男女、婚丧嫁娶、言谈交往等自在的、重复性的日常生活"。（衣俊卿，2000）在无论胡塞尔还是后继者所指的生活世界中，人们没有被科学、技术、制度所束缚或异化，而是回归到原本的人性上来。本书将放弃上述这些哲学家给出的"生活世界"的内涵，仅仅借用其外壳。我们所说的生活世界不具有哲学意义的高度，所谓的生活世界，是指普通人的日常生活世界。换句话说，我们也可以把生活世界理解为潜在的旅游者日常所居的世界，它包含了构成潜在旅游者日常生活的所有事件的总和，但唯独不包含（或充其量仅仅局部地包含或重叠于）旅游世界的事件。龙江智（2008）认为我们所谓的生活世界实际是从胡塞尔的"生活世界"抽离出来的一个局部、一个溢出。正如谢彦君教授指出的：我们对胡塞尔的生活世界做了小小的、仅仅表现在外延上的修正，那就是，我们所指的生活世界是专指相对于旅游世界的日常生活世界。

"旅游世界"这一概念在国内最早由谢彦君提出并使用。谢彦君从两个维度展示旅游世界与日常生活世界的差异："首先，在空间上，旅游世界总是生活世界的一种暂时的隔离，先是离开它，然后再回归它；在这个背离和回归的过程中，旅游者的行为发生了变化。其次，在时间上，旅游者在异地所度过的时间，相对于（日常）生活世界所拥有的完整（甚至圆满）的时间而言，将是永久性的逸出或漏损。"这实际上就是旅游的两个外部特征：异地性和暂时性。旅游世界到底何时才得以存在呢？龙江智在文章中从个体和群体两个方面论证了旅游世界和生活世界既是相互分离，又是不可分离的。对个体而言，当他以旅游者的身份脱离了生活世界，进入他的旅游世界；对人类群体而言却只有一个生活世界，而没有旅游世界。他在文中用图 7-1 来描述旅游世界与生活世界的关系。从图 7-1 中我们看到，旅游世界与生活世界并不是绝对分离的两个世界，个体的旅游世界总是与他者的生活重叠和交叉，所有的旅游世界原本都是生活世界，旅游世界之所以成为旅游世界，只是因为旅游者用另一种视角来看待他者的生活世界，即主体视角的转换。龙江智认为从生活视角到旅游视角的转换本质上是心境的转换，即，从生活状态转向心游状态。正是由于这种心游状态，旅游世界才呈现出与生活世界不同的特征。所以，旅游的本质在于旅游者处于一种心游状态。也可以理解为从生活世界进入旅游世界并不是由旅游的两个外部特征决定的，而是由旅游的本质决定的。这和前面的论述是一致的。只是对于旅游的本质，学者们还没有达成一致的意见。例如，最有影响力的是谢彦君提出的旅游是以愉悦为目的的休闲体验；孙喜林（2012）认为旅游的本质是刺激寻求和安乐寻求，而处于这二者之间的正是生活世界。另外，还有一些从经济视角（葛立成）、文化视角（申葆嘉、沈祖祥）、仪式视角（纳尔逊·格雷本）来探寻旅游的本质。

二、旅游世界中的道德研究

（一）旅游世界中道德概述

一般意义上，道德是一种社会意识形态，是人们共同生活和行为的准则与规范。道德准则是人们所用的用于判断对和错的态度和信念。道德往往是衡量行为正当与否的观念标准，具有善恶价值的判断。道德不是与生俱来的，人们是在不断成长的过程中逐渐形成了自己的是非观念，一个人的道德准则与其生活的文化背景息息相关，每个社会都

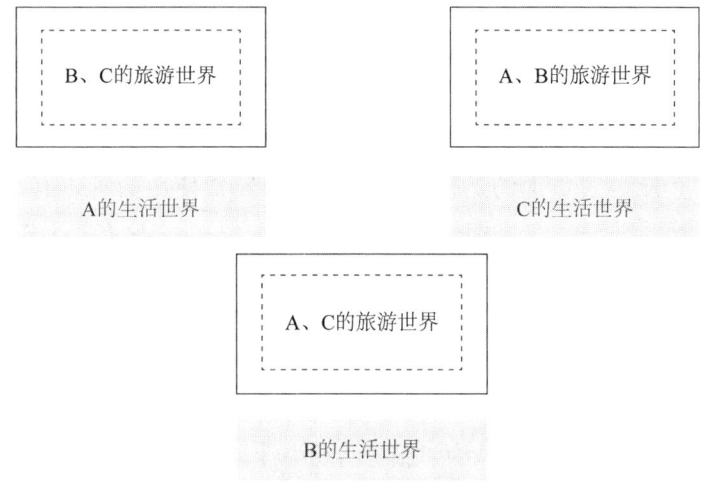

图 7-1 旅游世界和生活世界的关系

资料来源：龙江智，旅游体验理论：基于中国老年群体的本土化构建（2010）：255

会有其公认的道德规范。道德可分为"公德"和"私德"。"公德"是指与国家、民族、社会等有关的道德，是人类在长期社会生活实践中逐渐积累起来的、为社会公共生活所必需的、最简单、最起码的准则；"私德"则指个人品德、作风、习惯以及个人私生活中的道德。简单地讲，无论公德还是私德，有利于他人和社会的就是道德的。道德行为是人们在一定道德原则和规范的约束下，在个人利益和社会整体利益关系上，从本人意志出发自主选择的行为。

在探讨旅游者一些负面行为的时候，无论是日常生活、媒体报道还是学术研究，都常常会使用到"不文明行为"这一概念。文明，简单地说就是人类发展进化的程度，文明行为是人类进步、开化的行为，是有益于他人和社会的行为。事实上，这在本质上与道德是相同的。只不过，通常所说的文明行为，是指人们在社会公共生活中，符合社会公德的行为。而不文明行为则指在很大程度上由于人们对公共观念的缺失而造成的一些行为举止，也就是不符合公德的行为。本书使用的道德概念是广义上的，包括公德和私德，在行文过程中也并没有严格地区分公德、私德和文明行为，都笼统地使用"道德"这一概念。

旅游世界中的道德问题可分为广义的和狭义的两个方面。广义的是指旅游过程中正确处理各利益相关者之间关系的规范和准则；狭义的则仅仅指在旅游世界中旅游者个人的道德行为。王德刚、张若阳（2010）认为旅游道德问题是旅游过程中各个相关者之间的利益关系在道德层面的集中反映。旅游道德则是指能够被参与旅游活动的利益相关者所接受，可用来调整各个利益相关者个体行为的意识和规范。其研究的对象包括旅游过程中的各个利益相关者，即："旅游道德主体"和"旅游道德客体"。旅游道德主体主要包括旅游者、旅游企业、政府、媒体、社会公众等，旅游道德客体主要包括接待地社区、自然环境与资源、文化传统等。其研究内容也主要是从利益和责任博弈的视角进行探讨。但是更多研究还是从狭义的视角诠释旅游者的道德行为，本书也只分析旅游者的道德行为。关于旅游者负面的道德行为的研究中较常使用的术语有"不文明行为""道德弱化""非道德行为""不雅举止"等。目前，使用"不文明行为"的频率最高。但是，文明本身具有非常强的区域性，不同的文化背景下文明与否的判断标准差别较大，很多所谓"不文明"行为是由于文化差异引起的。虽然道德也存在文化的差异，但并没有那么强烈。而且日常生活中也存在不文明行为，并不能表现旅游者特有的行为。"非道德行为"则人为机械地将旅游行为硬生生地划分成两个集合，非此即彼。"不雅举止"包含的范围过于广泛，笔者认为，旅游活动中涉及行为与规范的内容更倾向于道德范畴。"道德弱化"是现在应用较为广泛的术语，有比较才会有强弱，一个"弱"字，突出了旅游世界与生活世界的对比，能够清晰地表现旅游者特有的行为。因此，本书将使用"道德弱化"这一概念，即指与生活世界中的行为相比，旅游者道德行为的负面特征。在以往的研究中几乎只关注了这些负面特征。

（二）国外研究

对于旅游世界中的道德问题，国外的研究主要是从广义的旅游伦理方面开展的，并且涉及的领域较为广泛。西方国家基于"大众旅游"影响的全面反思和旅游可持续发展的内在需要，到20世纪90年代中期，旅游伦理研究已在旅游的生态问题、营销问题、可持续发展问题、人文和社会问题、旅游教育问题等方面广泛展开。各种旅游组织和旅游学者纷纷制定了各种"守则""指南""规范"，对旅游者、旅游经营者和旅游从业人员进行约束。世界旅游组织（UNWTO）1985年通过了《旅游者守则》，1999年又制定了《全球旅游伦理规范》，以使旅游对环境和文化传统的负面影响最小化，同时使旅游目的地居民的利益最大化。此后，在旅游伦理规范、旅游职业伦理、性旅游、旅游经营者伦理和旅游企业组织伦理文化建设等方面的研究，也极大地丰富了旅游伦理的内涵。其后，又有旅游相关法规出台，为旅游者、旅游经营者和旅游从业人员都提供了一个伦理道德规范。综观国外的研究，虽已有了比较丰富的成果，但是，也有很大的局限性，多数都是从某些角度针对旅游业的具体部门所涉及的伦理道德问题进行分析，主要是从利益的角度去研究，而且规范、指南性研究较多，很少就旅游者旅游行为中的道德问题进行深入的挖掘。

（三）国内研究

2000年李健提出，旅游伦理是人们在旅游活动中所应遵循的道德规范总和，这一提法得到了一定的认可，在很多相关文献中被引用。目前，国内在旅游伦理方面的研究还仅仅处于起步阶段，主要集中在对旅游伦理的概念和内涵的探究、对旅游伦理体系的构建、对旅游生态伦理的研究等领域，或者针对旅游业某些具体部门所涉及的伦理问题进行分析。彭忠信认为旅游中的伦理问题包括：旅游从业人员的职业道德、旅游者的道德行为和旅游活动中的生态伦理三个方面。目前这三个方面都有相关研究，其中对旅游者的道德行为研究较为丰富。这也正是本书研究的内容。

在中国知网中检索"旅游道德""旅游（者）（不）文明行为"等词得到的文献中，对于旅游者道德行为研究的立论几乎都是旅游者道德弱化。关于旅游者道德问题的研究主要集中在旅游者道德弱化行为（不文明行为）的表现、危害、发生原因以及如何加强旅游道德的建设。2006年8—9月，中央文明办、国家旅游局公布了"中国公民旅游不文明行为表现"：随处抛丢垃圾废弃物，随地吐痰、擤鼻涕、吐口香糖，上厕所不冲水；在不打折扣的店铺讨价还价，强行拉外国人拍照、合影；在教堂、寺庙等宗教场所嬉戏、玩笑，以及不尊重当地居民风俗等行为。研究者在此基础上对其进行总结分类，主要归纳出以下几类：旅游者在景区游览过程中随意丢弃各种废弃物污染环境、破坏资源、损坏旅游基础设施的行为，不遵守旅游景区（点）有关游览规定、不讲秩序的行为（李萌、何春萍，2002）。另外还有行为不雅、言语粗俗，忽视社交礼仪，不尊重旅游目的地的风俗习惯（旷乐，2007）。其他研究者关于旅游者道德弱化表现的描述也无外乎以上几类，只是细节有所区别（刘丽莉，2007；肖佑兴，2007等）。

旅游者道德弱化行为的危害巨大，对旅游业的健康发展产生了巨大的副作用，并且对旅游资源、自然生态、社会风气等诸多方面都会带来负面影响。以往的研究中主要归纳出以下危害：①破坏自然生态环境，损毁旅游资源，缩短旅游地旅游产品的周期。②激化与旅游目的地社区和居民的矛盾对立，旅游者的到来无疑会给旅游地的社会文化带来冲击，加之一些旅游者对当地传统和习俗的不尊重等行为容易引起当地居民的反感，深化与当地民众的矛盾。③影响旅游者的旅游体验质量，旅游者道德弱化行为产生的后果会破坏几乎所有游客的美感意境获得，极大地降低了旅游者的旅游兴致。④破坏社会整体的道德环境，败坏社会风气，在一定程度上为色情、赌博创造了条件（保继刚、楚义芳，1999），因为旅游而兴盛起来的色情、赌博业在一定程度上扩大了犯罪事件发生的频率，有些居民甚至模仿某些旅游者在旅游世界中表现出来的并非真实的生活方式，古朴的民风逐渐消失，优秀的传统道德观念日渐淡薄，道德环境严重恶化。⑤损毁客源地的总体形象，这在出境游中表现尤为明显，旅游地居民往往通过旅游者对客源国产生第一印象，尽管一部分人的行为并不能代表整个国家和全体国民，但第一印象往往会以偏概全，负面的刻板印象一旦形成，就很难扭转和改变。⑥对旅游者自身安全的影响，例如，随意攀爬就容易导致身体意外伤害，自身的道德弱化行为可能会引起他人的不满而受到攻击等伤害（旷乐，2007；郑江宁，2008；肖佑兴，2007；胡映、刘轶，2007；田勇，1999）。

现在对旅游者道德行为弱化原因的研究越来越丰富，学者们已经从生理、心理、历史、文化、经济及环境等多角度,对旅游者道德弱化行为产生的根源进行探究。例如,学者秦志英的研究深入到生理层面,他认为中国人从食物构成上比西方人食用高蛋白、高脂肪、高能量的食物少,导致中国人身体素质相对较差,对饥渴劳累的耐受性也差一些,在旅途疲惫不堪之时,也就顾不得体面,从而无法顾及举止和礼仪了(秦志英,2007)。余建辉、张健华从经济学视角出发来研究中国游客不文明行为的原因,他们认为旅游者采取各种不文明行为总是能带来不同程度的预期收益,中国旅游者在国内发生不文明行为所要面临的经济性成本、行为性成本和信誉性成本都非常小,甚至可以忽略不计。总的来说,旅游者发生不文明行为的预期成本要小于预期收益,这就是旅游者发生不文明行为的原因(余建辉、张健华,2009)。综观以往的研究,从文化、管理的视角研究旅游者道德弱化原因的居多,这些原因主要包括以下几种:①历史文化传统原因,包括中国长期的贫穷和资源短缺所导致的"争抢意识",虽然现在吃不饱穿不暖的时代已经过去,但人们对新生活和高尚生活的需求依旧旺盛,当公共物品的产权界定不十分清晰的时候,人们长期形成的习惯性"争抢"就会显现出来,比如挤公交车、插队等;中国人浓郁的"小农意识",几千年来的农业文化使许多国人身上的"小农意识"仍然根深蒂固,比如耍小聪明、爱占小便宜等;家族本位观念,中国文化大多是从家族观念上筑起的,在传统观念中,除了家族,就没有了社会生活。所以,在公共场合,中国人往往只注意自身和亲友的环境卫生而忽略大环境(肖佑兴,2007);"文革"时期的历史影响,在"文革"时期,"讲卫生"是资产阶级情调,"守秩序"是缺少革命精神,这些是一定要禁止的。尽管"文革"早已结束,但其留下的历史影响却要通过一段较长的时间才能彻底涤清,短时间内无法快速消除(杨国兰,2008)。②各地文化的差异,这一点尤其体现在出境旅游中,中西方的文化差异导致文明判断标准不同造成旅游者所谓的不文明行为(杨国兰,2008;刘丽莉,2007;郑江宁,2008;肖佑兴,2007等)。③旅游者自身的道德文化修养不足、基本素质不高(旷乐,2007;胡映、刘轶,2007;郑江宁,2008)。④旅游者的心理角色影响,旅游者在旅游中接触的主要是陌生人,他们的相遇相处只是偶然的、短暂的,这些人都是与自己不经常往来或不必然发生关系的人。旅游者远离了自己熟悉的环境,同时也离开了熟悉自己的环境,在这样一个"宽松"的环境中,平时生活中清规戒律的约束消失了,旅游者的道德感就会越来越淡薄,人性中潜在的"恶"总在自觉不自觉地流露出来(谢彦君,1999;唐玲萍,2002;旷乐,2007;肖佑兴,2007)。⑤旅游管理不完善,我国的旅游产业发展尚不成熟,行业运作有待规范,诚信机制尚待完善。主要包括一些景区规划不完善客观上导致旅游者一些不良行为的产生;一些旅游从业人员素质亟待提高,旅游者在旅游时还要处处提防导游人员的"欺客""宰客"行为,也就无暇顾及不良习惯和行为小节了;缺乏严密、完善的监管体系,管理部门往往在"顾客是上帝"的片面观念下,处理问题放任偏轻,这也在客观上助长了旅游道德弱化行为;社会对旅游者道德文明建设的宣传教育缺乏力度,难以营造应有的旅游行为道德互律氛围,甚至一些旅游者连旅游中应遵守的起码的社会公德都不了解,根本没有意识到自己的行为有违社会道德(田勇,1999;旷乐,2007;胡映、刘轶,2007)。另外,胡传东从旅游心理学的角度把这些因素归纳起来,分成了道德弱化的推动因素和道德弱化的拉动因素,即旅游者道德弱化行为的形成是来自内部的心理推动和外部的环境拉动共同作用的结果。推动因素是指旅游者产生放纵欲望的内在需求,属于心理类因素,多与旅游者以往的生理或心理不平衡有关;拉动因素是指旅游者在该因素作用下特别选择某类目的地实施其放纵行为,这主要是由消费环境产生的吸引力所导致,属于外在刺激、目标类因素。胡传东认为推动因素会使旅游者产生道德弱化的冲动,而拉动因素则为旅游者道德弱化行为的产生提供了条件,推动因素和拉动因素相结合增强了旅游者出现道德弱化行为的倾向。他在以往相关研究的基础上总结了在推拉动力作用下,中国旅游者道德弱化行为的形成机制。如图7-2所示。

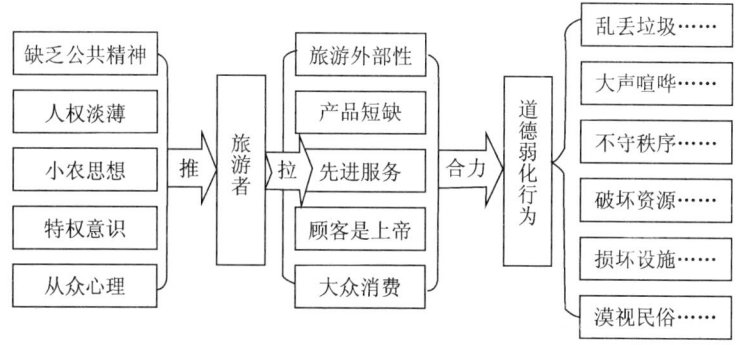

图7-2 旅游者道德弱化行为的形成机制

资料来源:胡传东.旅游者道德弱化行为的推拉因素与形成机制[J].重庆师范学报,2008,5:96-100.

从以往的研究来看,人们对旅游者道德行为的阴暗面关注较多,而对旅游过程中的那些具有较高正面价值的行为却较少关注。现在有人注意到,在现实旅游世界中,也有超越基本道德底线而主动承担起社会责任和环境责任的旅游行为。例如,由余志海发起的"多背一公斤"的公益旅游活动,实现了旅游者在旅游中对"传递""交流""分享"等理念的落实,在帮助他人的同时获得了自身存在的意义。王寿鹏、旷婷玥在对此类行为的关注和以往研究批判的基础上,提出了旅游者道德行为连续体模型,如图7-3所示,按照利害程度和道德水准高低把旅游者行为划分为五类,道德水平从低到高依次为:犯罪行为,即违背道德底线并且触犯到法律的行为;劣迹制造,即各类不遵守道德规范的行为,也就是通常所说的不文明行为;劣迹收敛,是旅游者因自身学习或受到外界引导,有意识地收敛自己在旅游中的不道德行为,体现为道德行为有所改进但不彻底的行为状态,是一种过渡形态;道德自觉,是旅游者在旅游过程中自觉遵守道德规范,这类旅游者在旅游世界中的道德行为表现与其在生活世界的表现基本无异,能够做到"慎独";卓越伦理,即主动寻求对他人、社会以及全人类的福祉承担责任,从而获得自身存在的价值,这类旅游者以其主动承担社会责任的行动,起到唤醒沉睡的旅游者道德意识的示范作用(王寿鹏、旷婷玥,2011)。该模型的构建是旅游者道德行为研究的重大进步,对旅游者在旅游世界中的道德行为的探讨更为全面了。但是,该模型并没有对这些行为产生的深层原因做出分析,这也是有待后续研究来进行完善的。

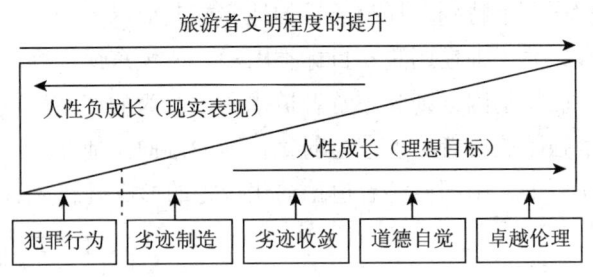

图7-3 旅游者道德行为连续体模型

资料来源:王寿鹏,旷婷玥. 从旅游者不文明行为到旅游者道德行为失范——旅游者道德行为连续体模型的构建[J]. 旅游研究,2011(2).

第2节 旅游世界中道德行为分化影响因素

旅游世界是生活世界一种暂时的隔离,旅游者从生活世界进入旅游世界,过一段时间再返回生活世界,旅游的本质决定了旅游者在旅游世界所追求的和在生活世界所追求不同,旅游者的心境和行为会发生变化。从逻辑上来讲,旅游者的道德行为可能会发生变化,也可能不发生变化,而发生变化又存在两种情况:道德弱化、道德强化。

一、影响旅游者道德行为改变的因素

旅游世界与生活世界的差别决定了旅游者在旅游世界中的道德行为发生变化的普遍性,这种变化也引起了研究者的关注,但是在以往,都把对这种变化的研究立论定位道德弱化,事实是在旅游世界中道德强化的现象也是存在的,也就是说旅游世界不仅仅可以为旅游者提供道德弱化的情境,也可以为旅游者提供道德强化的情境。

(一)旅游地的环境

旅游者离开家乡到达一个陌生的环境旅游,正所谓入乡随俗,旅游者的行为会受到旅游地环境的影响。

在餐厅吃饭的时候，餐厅里的人都很安静，但吃饭时总会谈起一些游玩趣事，有时候会很兴奋，而在那种环境下却不能大声地说笑。真的，在那种安静的环境里，会不自觉地控制自己的声音，感觉自己淑女多了。生活中我们可是一个赛着一个的疯。

在瑞士，真的觉得每一个地方都特别干净，街上啊，公园啊，都是。在那样的环境里，根本不可能去乱扔垃圾啊、破坏环境啊。(P02)

在陌生的瑞士旅游，受到安静、干净的环境的影响，P02开始注意自己的行为，平时的疯丫头变成了淑女，也更加注意保护环境。与生活中相比，她的行为在旅游世界发生了道德强化。

这次旅游会让我比在生活中更加自觉地去遵守一些规章制度，比如在马路上行走的时候，我一定会严格地走在规定的人行道内，过马路的时候我会走天桥，没有天桥的地方会等到绿灯的时候再过，不会匆匆忙忙地躲着车跑。走出去才真正看到了国家以及个人间的差距，觉得应该加强自身的学习和修养，精神上更加积极向上，提高自身的道德素养。(P04)

这次旅游让P04看到了一些自身以及国家之间的差距，是旅游地的高度文明让他更加遵守一些规章制度，也就是说道德规则对他的约束力增强了。是这次旅游的经历让他提高了自己的道德素养，强化了道德行为，虽然生活中这些规则也都存在，但是却常常被忽视。

去西藏旅游一直是我的愿望，今年终于实现了。西藏是传说中的一片净土，神圣而神秘，不断地吸引着无数人去寻梦，去寻找繁华之后的一点简单。等到了西藏，蓝天、白云、有山有湖有草地，还有藏羚羊、牦牛，空气虽然稀薄但很新鲜。在这样的环境中整个人都心旷神怡。受到路上一些手持转经筒或者佛珠的藏民朝拜者的影响，感觉自己也变得虔诚了。来到布达拉宫，游客很多，需要排队等候进入，在外面等候的时候完全被这种神圣的气氛感染了，心中只有期待，完全没有平时排队时的那种焦躁，虽然希望快点进去，但是完全不会想去插队啊、挤进去啊。这样的朝圣之旅，让我似乎找回了那丢失的纯净，平日里的那些烦恼都没有了，什么钩心斗角、尔虞我诈都烟消云散了。感觉自己的心灵纯净了、道德情操提高了。(P07)

感到心灵纯净了，修养也上升了一个层次，忘却了生活中的钩心斗角，是这片土地的神圣和这里人们的虔诚洗涤了P07的精神境界，没有了生活中的烦恼与焦躁，整个人都变得圣洁了，展示出来的也是发自内心的高尚道德。

平时很少出去旅游，这次正好趁着送孩子上学的机会来到西安。有很多朝代在西安建都，那里很有文化底蕴，也很有历史感。生活天天那么过，天天柴米油盐那些事。可是到了西安就不一样了，被那种文化气息所感染，就感觉自己变年轻了，也想再去上学，提升提升自己的文化层次。不知道当地人有没有那种感觉，反正我在那样的一个帝王之城，就感觉有一种无形的庄严在约束着我。(P11)

第7章 旅游者的道德行为分化

西安的帝王之气给P11带来一种庄严的感觉，使她产生一种无形的约束，也许就像当年人们对帝王恭恭敬敬一样，到了这样的环境中自然就会使人谨言慎行。一个孩子已经上大学的中年人，生活中每天是重复的柴米油盐，来到西安，这里浓厚的文化气息感染了她，甚至想要继续深造，提升自己的文化素质。虽然并没有实现，但这足以显示她对这座城市充满敬仰之情，在这种情怀下，她也会在这座城市中展示最好的一面。

出去旅游之前肯定都看看旅游地的简介，有点简单的了解，但是又不可能了解得特别全面、透彻。在去新加坡之前，看到对破坏环境的处罚非常严厉，罚款、拘留，听说还有特别可怕的鞭刑，据说随便涂鸦就会被处鞭刑，听着都毛骨悚然。反正不管真的假的吧，在新加坡的时候我都非常注意自己的行为，我可不想以身试法。我还听说在希腊参观古迹的时候，如果游客随便捡块石头带走留作纪念，就可能被逮捕，然后以盗窃文物罪论处，多可怕呀！所以，出国旅游的时候还是注意点好，说不定还有什么我们不知道的事呢。平时生活中就随意多了，就我生活的这点地方，什么能干，什么不能干还不都是门儿清！(P15)

猎奇求新、满足好奇心是旅游者主要的旅游动机之一。所以一般来讲，对于旅游者来说旅游目的地都是陌生的。P15对新加坡的规则并不十分了解，只知道新加坡非常重视环境保护，对破坏环境的处罚比较严厉，并且还存在着当今世界上最为残酷的刑罚之一——鞭刑。为了避免受到处罚，也因为对这种残酷刑罚的畏惧，P15在旅游中非常注意自己的行为，遵守各种道德规则的约束。

在坝上跟那些牧民打交道，他们时常爆粗口，说话也不怎么在意，有些脏字就像口头语一样，听着听着自己也就溜出来了，就用这样的方式开怀地聊着、闹着，非常开心，完全不会去想哪个词文明不文明的。平时在店里面对顾客的时候都是笑脸相迎，非常注意自己的言行。从刚一入行开始，就得学文明用语，就怕在客人面前说了什么不该说的，得罪了客人。(P12)

旅游目的地是多样的，有文明程度高的、有神圣的、有文化底蕴丰厚的，也有比较落后的。P12这次的旅游目的地是道德水平、文明程度相对还比较低的地方。他在旅游时受到当地居民的影响，对自己语言的约束放松了，平日里非常注重文明用语的他也会不经意间爆粗口、蹦脏字。在这样的旅游环境中，P12对自己的约束放松了，和生活中相比，文明道德对他的约束力减弱了。

（二）参照群体影响

心理学研究表明大多数人存在着从众倾向，即个人受到外界人群行为的影响，从而使自己的观点、行为符合公众舆论或多数人的行为方式。旅游者在旅游中摆脱了生活中条条框框的约束，面对的是旅游地的新规则，更容易受到外界群体的影响，使自己发生从众行为。

坝上的景色确实很美，绿绿的草地，各种开得很盛的花儿，还有大树林。不过一下车就不是这样了，人多的地方草都长不高，甚至有的地方都露地皮了。那里的饭店都很贵的，我们一般都不去饭店吃饭，外加景色也美，挺适合野餐，一群人在一起野餐也有气氛。放眼望去，一圈一圈野餐的人很多，离开之后扔的垃圾也不少，我们走的时候大概捡捡，几乎就跟没收拾一样，反正大家都那样，好像也没想到什么破坏环境之类的，吃完很自然地就走了。（P12）

坝上多数旅游者不顾环境道德的约束，随意丢弃野餐时的垃圾，破坏原本美丽的草坪。P12 受到这些旅游者肆意破坏环境的影响，环境道德对自己的约束力也大大降低了，进而发生了破坏环境的从众行为。

开车堵在高速上，高速变成了龟速，人也烦躁。看着前后的车都从车窗往外飞垃圾，自己也不顾这个那个了，开着窗顺手就都扔出去了，其实就是啥都没想，很自然地就扔出去了。整条路就是个垃圾场。好不容易到了避暑山庄，还好这个季节那里不算是热门景点，不过人也不少。本来想着皇家园林嘛，应该像电视剧看到的皇上住的地方那样。结果也是个垃圾场，孩子要去划船，那个湖已经泡垃圾都泡成臭水池了。我们也就随大流了，吃的喝的剩下的都随手就扔了。说也奇了，这是你问起，才想起这些，当时好像就什么都没想，这些都是那么顺其自然。其实平时挺注意的，尤其是孩子在的时候，也是为了教育孩子吧，孩子平时也挺有出息的，这一出去还真是不一样。（P08）

P08 对自己在旅游中的行为感到奇怪，生活中的翩翩君子，孩子的好榜样，在旅游中会不知不觉地随手乱扔垃圾。他的孩子在生活中受到父母的影响和老师的教育是乖孩子，可是在这次旅游中也那么自然地随着大家一起乱丢垃圾，把公园当成了垃圾场。可见，这些"垃圾场"对旅游者无形的影响力是多么强大！

有一次去黄山，早上要看日出，人很多，我跑了好几个地方都看不到，眼看着太阳就要出来了，心里着急啊！因为好多人都爬到树上了，我要是不上去肯定是看不到了，我当时也不顾什么淑女形象了，抱着一棵树就爬上去了，总算是没错过那美丽的日出。估计要是现在让我爬树我还爬不上去呢，不过当时看到大家都爬上去了，自己也就来劲了。（P01）

P01 生活中本是一个淑女，可是在黄山为了能看到日出，也爬到树上去了，因为当时很多人都是爬树看日出的。她也说到"当时要是没有那么多人爬上去，我是肯定不会爬的，就是看到他们爬我才爬的"。

从众是人们普遍存在的一种心理。受到群体行为的影响，往往对道德的判断力是缺失的。在旅游中，如果遇到了一个道德规则缺乏约束力的群体，那么无论生活中是谦谦君子，还是窈窕淑女，这个时候都可能发生道德弱化。

（三）旅游同伴影响

旅游中的同伴是旅游者在旅游时接触最密切的人，是最能直接了解到旅游者行为的人，所以旅游者会根据想要在同伴面前展示什么样的自己而改变自己的行为。

和新婚妻子一起去度蜜月，时时刻刻都得注意自己的言行。必须在她面前保持自己良好的形象。我得表现出男子汉的担当，离开生活常住地到了一个陌生的地方，我得让她有安全感。我也得像一个谦谦君子一样，行为潇洒优雅，我觉得别人的赞许会让她有自豪感。比如，在车上我会更加主动地给人让座。其实我觉得她也一样，我能感觉到她比平时更温柔体贴，像个美丽善良的天使！也许结婚是人生的一个转折点吧，我觉得这次旅游我们都比原来更成熟了，意见有分歧的时候，我们不会再像以前那样在公共场所就争吵，我们比以前更能相互包容彼此了。(P14)

一对新婚夫妇幸福的蜜月之旅，二人都希望把最好的一面展现给自己的爱人。所以他们都会很注意言行，不光是遵守公共场所的规则，而且还有发自内心的道德美，P14把他的妻子看作善良的天使！在旅游中，他们更加宽容了。

去年春天和朋友一起去济南，就不会刻意去留意自己的行为，比较随意。比如有一天我把鞋弄湿了，然后我就把鞋给脱了，坐那儿晒着。那儿来来往往的人挺多的，不过我完全不在乎，因为我不认识他们，他们也都不认识我，而身边的这几个都特别熟了，她们说我、笑我，也不用在乎，就是大家开心开心、乐和乐和，平时也这样。只要别被那些半熟不熟的人看见就行。(P06)

P06和平时最亲密的朋友一起出去旅游，由于相互特别了解，而且平时也会经常开玩笑，就算被笑话也无所谓。但是在那些"半熟不熟的人"面前就不会这样，P06的这些不雅行为都会怕他们看到，更别说一起旅游时这样做了。

有一次我在人人网上发了一个旅游邀请的帖子，然后聚了四个人一起去西部走了一趟，半路上走了一个，后来就剩我们三个。跟他们一起旅游感觉跟和朋友一起很不一样，以前也都不认识，也就是在网上聊过几次旅游的事，但是又和其他陌生人不一样，毕竟是旅游的同伴，得一起吃喝玩乐十几天呢，而且也不一定以后就再也不联系了。我觉得我是这次旅游的发起人，我有责任让这次旅游更好，所以我要什么事都想得全面一点，有的时候还得协调他们两个的矛盾。说话啊，做事啊，我都得注意一点，得让他们看到我好的一面。回来的时候，火车上人多，我还给人让座。平时在公交车上让座倒是正常，但是在火车上我真的是很少让座的。(P10)

P10的这次旅游是在网上邀请临时组成的小团队，显然，P10把自己当成了队长，要对这次旅游负责任。这些临时邀请来的旅游伙伴，就是其实P06所谓的"半熟不熟的人"，P10在他们面前更加注意自己的言行，要把好的一面展现给他们，并且比在生活中更加有爱心了。

（四）旅游的内在动机

需要激发动机，动机引发行为，也就是说动机决定着人们对现实的态度和行为的方向。旅游动机就是在旅游需要的刺激下产生的。动机形成的原因通常可分为两大类：一类被称为"推力"，即内在需求引发的；另一类被称为"拉力"，即外在刺激引发的。前者用于解释人们为什么要旅游的内在深刻原因，后者主要是指旅游目的地对旅游者具有吸引力的那些特点。前文探讨了旅游目的地环境特征会对旅游者的行为有影响，而出游的内在心理原因对旅游者在旅游世界中的行为也会有影响。

高考完了就想出去好好放松一下，过几天自由的日子，没有老师，没有家长，最重要的是没有学习。说白了，出去就是要做一些平时不能做的事。随便扔垃圾不用怕给班级扣分，再大声打闹也不怕让班主任看到，看电视、玩电脑更不会有爸妈催着去写作业！住酒店，不管把被子弄得多么乱、屋子多么狼藉，出门都会有人给收拾，绝对不会被班主任打发回去整理内务。其实，那些天具体都干了什么都不怎么记得了，因为干什么都很随性，根本不用过多地思考，合不合适啊，文明不文明啊，道德不道德啊这些。反正就是要出去放松一下压抑了太久的心情，然后还得回去开始新的生活。在外面碰不到认识的人，也不用担心别人怎么看我们！（P13）

为了释放备战高考的紧张和压抑，P13 产生了旅游的动机，在这种动机的驱使下，他在旅游世界中非常放纵自己的行为，想用这种方式释放由于高考而带来的所有负担，继而开启一段新的生活。他在旅游中随心所欲，完全不去考虑道德的约束，而生活中由于老师的严厉和父母的管教，他不得不去遵守学校的各项规章制度，努力学习。

（五）旅游者所代表的群体

旅游者从生活世界进入旅游世界，原来的身份和角色会模糊化，从而使生活中所扮演角色具有的约束力降低。但旅游者在旅游中却可能因为某一明显的特征成为某个群体的代表，旅游者的个体行为特征就会被放大成为这一群体的特征。P07 在一次旅游中就成为大学生这个群体的代表。

那一个团就我一个大学生，有时候我帮他们做点什么，或者我吃完东西把垃圾装起来，等看见垃圾桶再扔，他们就会说大学生就是不一样啊、素质高啊之类的话。这个时候我才意识到，原来我已经不只是我了，我代表了大学生这个群体。所以，我就更加注意自己的言行，对人更热情，更加主动地帮助别人，把我最好的一面展现在他们面前。（P07）

人们对大学生这个群体的角色期待普遍较高，认为大学生应该具备高素质。所以在 P07 意识到自己的行为已经代表了整个大学生群体的时候，就格外地注意把最好的一面展现给同行的旅游者。这表明，人们对大学生群体的较高期望对 P07 起到了积极的刺激作用。所以，当旅游者代表某一群体时，社会对这一群体的期望会影响旅游者的行为。

去上海的时候有上海区的在一起，算是接待也算是做向导吧。这个时候会特别注意，毕竟我是代表大连区的，可能在一起的这几天他们不会记住我是谁，但是会记住我是大连区的，我的形象就是大连区的形象。毕竟我已经在这工作快两年了，还是很有感情的，我不能给他们留下"大连区的人真没素质，真不道德"这样的印象。（P06）

对于 P06 来说，上海区的同事每一个个体都是代表上海区的。同样地，对于上海区的同事来说，他们对 P06 的印象也是对大连区的印象。因为她对自己工作的大连区有着深厚的感情，所以不想给既是合作伙伴又是竞争对手的上海区的同事留下大连区的负面形象，而会格外注意自己的言行举止。这表明，旅游者对所代表群体的感情也会影响旅游者的行为。在访谈中，笔者发现，有过出境旅游经历的受访者在旅游中都对祖国的国家形象十分在意，从而更加注意自己的道德行为。

人可能一出国就会特别爱国。我在欧洲的时候心中就总是有一个声音"我是中国人"，在国内可能由于身边都是中国人吧，好像没有这种感觉。所以在国外的时候就会特别在意自己的行为，讲卫生啊，保护环境啊，保持秩序啊，因为经常看到一些中国人出国旅游时各种不文明的报道，所以也是想证明给他们看，我们中国人不是那样没有道德素养的。有的时候会被他们当作日本人或者韩国人，当告诉他们我是中国人的时候，经常会看到先是惊讶然后是赞许的表情，我觉得我的作用已经起到了，他们对中国人的印象一定会有改观的。(P02)

P02 在欧洲旅游的时候，更加清晰地感到了自己的爱国之情。由于经常看到中国人出境旅游时有关道德行为的负面报道，她想用自己的实际行动使中国人给人留下的印象有所改观。因为对于并不了解中国的当地居民来说，旅游者是传递信息的最直接的使者，旅游者不仅是个人，更是一个群体的代表。

等出国上学以后，也去过澳洲的好多地方，但是在国外就有一个明显的感觉，我是中国人，我的行为代表着中国的形象。所以，在国外旅游就会变得很拘谨，生怕什么做不好给我们中国人抹了黑。(P10)

P10 因为不想给中国人抹了黑而更加注意自己的道德行为。出国旅游的时候"中国人"就成了旅游者一个明显的特征，旅游者会感觉到自己的行为是代表国家形象的。在笔者访谈的受访者中，只要是有过出境旅游经历的，都无一例外地表达了出于对祖国的热爱而更加注意自己的道德行为。"在旅游中很注意中国形象（P15），旅游的时候会感到自己代表着中国（P08）。我还是比较在意自己是中国人这一点的，不想因为我的个人行为影响了老外对我们国家的印象（P04）。"他们都表达出在出境旅游时的道德强化行为。旅游者除了在出境旅游中能明显地感到自己是"中国人"的代表外，会感到和当地居民不同的特征，从而使自己的行为和生活世界中有所不同。在访谈中 P11 就说道："一个不经常出门的人，到外面自然就会和在家很不同，再加上从一个小地方到了那样一个城市，肯定会时时注意自己的言行，不能让人看了笑话。"

在旅游世界中，人与人之间的交往通常是短暂的，彼此的了解也不会像在生活中那么清晰全面，并且也不像生活中交往的圈子往往会有交集，所以旅游者常常会因为某一明显的特征成了一个群体的代表。而当旅游者不再只是单独的个体，而是代表了一个群体的时候，旅游者的行为就有可能发生改变。

（六）旅游世界中的角色

从本章一开始，笔者就一直在强调旅游世界和生活世界的不同。除了前文那些附加条件会影响旅游者的行为，旅游本身的特征也会使旅游者的行为发生变化。

平时感觉自己像个领导似的，跟手下的那些人说话不是吼就是骂，脑子里整天想的也只有业绩，怎么拿到订单，怎么完成任务，怎样赚更多的钱，对手下的人从来没有真正关心过。出去旅游的时候心态会比较好，就会忘记那些跟利益相关的事，说话做事也不再是用利益这个标准来衡量了。这时候才发现原来他们每个人身上都有我从来没有注意到的美，只有在旅游中才能让人性最本真的善意自然地流露出来。（P09）

P09 在旅游的时候会放下领导的架子，以一颗平和的心去和下属相处。另外，在旅游中，他也会忘记工作中最看重的利益，用善良去对待身边的一切。是旅游改变了他的心态，让他释放出了埋在心底的最真切的善意。

出去旅游的时候心情就特别好，去海边时看到捡瓶子的阿姨我会帮她们捡，有的时候还会顺便捡捡别的垃圾。在街上碰到卖艺的也会给点钱。平时，天天想的就是客户、订单，天天都紧绷着神经，有时候连做梦都是和客户谈判，感觉这个工作少了我就不行了。生活中除了工作就没别的了，根本也没心情去做好事，似乎就是没有能发现可做好事的眼睛。（P03）

是旅游让 P03 每天紧绷的神经放松下来，让自己感受到生活原来不只是客户和订单。是这种放松的心态让他在旅游中更能去主动地帮助别人，做一些在生活中没有时间也没有心情去做的好事。

在旅游中更容易注意自己的言行吧，毕竟旅游是短暂的，就算是装也更容易些吧。不是有句话说"一个人做一件好事并不难，难的是做一辈子好事"吗？而且在旅游的时候心情肯定都特别好，旅游中不会有生活中的那些烦心事，有个好心态就会有一双善意的眼睛，然后就会有善意的行为。那些攻击行为肯定不可能是在好心情的时候发生的。（P14）

旅游的暂时性让 P14 能更容易控制自己行为，旅游中的好心态让他更容易做出善意的举动。生活世界是人生的常态，充满了喜怒哀乐，人的行为也会充满多样性。而旅游只是生活世界的插曲，短暂而优美，旅游者更容易控制自己的行为。

我很喜欢旅游，上大学的时候就经常出去旅游，去过了很多城市，感觉旅游的时候能做最真实的自己，不用考虑别人的眼光，做什么事都是发自内心的，不用为了得到什么而刻意地装出什么样子、做什么事。（P10）

P10 感到在旅游中可以发自内心地说话做事，而不是什么事情都是利益驱使。他说在旅游中可以做最真实的自己，许多受访者在访谈中都提到了这一点，"旅游的时候更像是真实的自己"（P12）；"旅游中更能随心所欲，言行受心的支配"（P13）；"只有在旅游中，才能释放出最真的自己"（P08）。

旅游时没有了日常生活中的压力，也可以放下日常生活中的一些牵绊去享受生活。享受生活是人们的梦想，但在生活世界中不容易做到，而旅游却能给人们提供一个实现梦想的机会，做真实的自己。

二、旅游者道德行为无变化的影响因素

在以往对旅游世界中道德行为的研究中，并没有研究者把关注点放在道德行为无变化上，我们的研究发现了旅游世界中的确存在的道德行为不发生变化的现象。

（一）旅游者素质

旅游者的个人素质与其道德行为密切相关，在以往关于加强旅游道德建设的研究中，几乎都会提到"提高旅游者道德素质"。访谈中，也有多位受访者提到"个人素质"这一关键词。可以说一个人的道德素质是影响其道德行为最核心的因素，毋庸置疑，一个具有较高道德素质的人会更加注意自己的道德行为。

受了这么多年的教育，我们都是高素质的人，当然会比较注意自己的言行，在旅游的时候也不例外，肯定不会乱扔垃圾，更不会乱写乱画，留下什么"到此一游"之类的话。无论是在旅游中，还是在生活中其实都是一样的，都得注意自己的言行，要不都对不起咱这么多年受的教育。（P07）

P07 受访者觉得在旅游世界中和生活世界中都很注意自己的言行，没有什么大的变化，而这源于自己具有较高的道德素质。并且，P07 是因为受了多年的教育而对自己的言行有了更多的束缚，正面的价值取向起到了很大的限制作用。

（二）旅游者成熟度

"成熟"是生活中使用非常广泛的一个词，但是关于旅游者成熟度的研究还处于比较欠缺的阶段。对旅游者成熟与否也并没有统一明确的界定。斯太瓦特（Sitewart）根据人们的富裕程度和旅游经验两个维度，将旅游者分为四个层面：第一层面——纯观光型旅游者，富裕程度较低，缺乏旅游经验；第二层面——追求理想经历的旅游者，富裕程度稍高，并且具备了跨国旅游的基本经验；第三层面——开阔眼界的旅游者，富裕程度和跨国旅游经验都有较大提高；第四层面——完全沉浸的旅游者。也就是说，旅游者的成熟度由旅游者的富裕程度和旅游经验两个方面决定，这四个层面的旅游者成熟度是逐层提高的。李飞在研究中发现旅游者出游前准备与旅游者成熟度存在相关关系，他把出游前准备分为四个方面：深入性准备、态度性准备、保健性准备和基础性准备。其中深入性准备和态度性准备是区分旅游者成熟与否的重要标志。本研究中并没有一一测量这些指标，笔者在本书中提到的成熟度仅用旅游者的旅游经验这一变量来衡量，即经常出去旅游的、具有丰富的旅游经验的就是成熟的旅游者。笔者在访谈中发现成熟的旅游者在旅游世界中道德行为发生的变化更小。

现在经常出去旅游，到一个陌生的环境已经成为一种常态了，旅游的时候心境会有

所不同，但是行为，包括道德行为不会有什么变化，不会随意破坏环境，坐公交车会让座……生活中也会这样做，并不会因为到一个陌生的环境这些就变了。（P03）

旅游的确是追求一种自由，但是自由不是为所欲为，生活中那些道德的约束在旅游中也会有。其实在旅游中同样有生活，旅游的次数多了，也就渐渐懂了。（P08）

从访谈中笔者看到，旅游者在旅游世界中道德行为无变化的情况主要有两种：一种是旅游者素质较高，对自己的道德行为约束较强，无论是在生活世界还是在旅游世界都有较强的道德感，都不会做出违背道德准则的行为。另一种是成熟度较高的旅游者，由于旅游经验丰富，他们对旅游本身的新奇感降低，在旅游世界中追求更多的是心境上的变化，而行为的变化不大。像P08所说，旅游中也有生活，成熟旅游者的道德行为会和生活中更加相似。

访谈中，受访者是根据对自己以往旅游的回忆来回答提问的，并且大多表述的是自己的感觉。虽然笔者愿意相信受访者回答的真实性，但是无法排除受访者无意识的可能，受访者可能并没有意识到在旅游世界中自己道德行为发生的变化，另外受访者也有可能出于对自己的保护心理而忽视了在旅游世界中的道德弱化行为（从得到无变化的访谈资料来看，受访者都是在旅游世界和生活世界中道德准则有同样高的约束力）。因为人们常常会存在自我服务偏见。所谓自我服务偏见，是指人们常常从好的方面来看待自己，把功劳归于自己，把错误推给人家。戴夫·巴里指出："无论年龄、性别、信仰、经济地位或种族有多么不同，有一件东西是所有人都有的，那就是在每个人的内心深处都相信，我们比普通人要强。"而有研究表明，在伦理道德上，自我服务偏见表现得尤为突出，大多数人都认为自己的道德素质比一般人高。Lovet在一个全国范围的调查中有这样一道题目："在一个百分制的量表上，你会给自己的道德和价值打多少分？"50%的人给自己打分在90分或90分以上，只有11%的人给自己打分在74分或74分以下。所以，笔者选择的受访者也可能因为自我服务偏见而过高地估计了自己的道德行为，从而忽视了在旅游世界中的道德弱化行为。但是，既然逻辑上存在这种道德行为无变化的可能，我们就不能完全否定这些访谈资料的真实性。

第3节　旅游世界中道德行为分化理论

一、去个性化

在《中国大百科全书·心理学卷》中，去个性化被定义为：是群体中的个人丧失其同一性和责任感，导致做出在正常单独条件下不会做的事情的一种现象。去个性化理论（Deindividuation Theory）是社会心理学者描述群体中个体心理与行为的理论，它起源于

1895 年法国社会学家古斯塔夫·勒庞（Gustave Le Bon）对群体的研究。他的著作《乌合之众》详细描述了个体在浸入到群体之后所发生的转变。他认为个体浸入到群体之后，所有人的思想、情感将会沿着同一方向发展，使个体的个性消失，从而形成集体心理。具有集体心理的群体会发展成为一种组织化的群众，古斯塔夫·勒庞称之为"心理上的群众"。而这种集体心理受到群体心理一致性规律的支配，具有本能的性质。Festinger、Pepitone 和 Newcomb（1952）首次将"去个性化"的概念引入心理学。他们在研究中发现，在去个性化的情况下，社会规范、个人评价等因素的约束力会减弱，从而使受到这些因素抑制的行为增强。还可能会使人失去自我觉知能力，并导致个体丧失自我和自我约束。而当人们在群体中没有以个体形式被注意时，即匿名性时，去个性化现象就会发生。Festinger 等人虽然强调了是个体浸入到群体之后发生去个性化，即个性丧失，但是他们认为行为失控的原因是丧失个体性，正是丧失了个体性才使得个体从内在的道德束缚中释放出来。也就是说，他们认为并非是群体心理替代了他们的个性，从而导致非理性的群体行为。Zimbardo（1969）认为去个性化的本质是：个体在匿名性、个体责任丧失、唤醒、感觉超负荷、新的或无组织的情境下减少了自我观察和自我评价，从而导致行为控制力的减弱。Diener（1976）在万圣节孩子玩"不给糖果，就恶作剧"游戏的实验中发现，结伴的孩子比单独的孩子多拿糖果的可能性要大一倍，而且那些匿名的孩子比那些被问及姓名和住处的孩子违规的可能性也要大一倍。即，大部分孩子会因为群体的掩饰和匿名性而去个性化，因而会偷拿更多的糖果。由此，他认为去个性化是群体成员对自身个体性的觉察以及对自己行为的监控受阻碍的状态。通过津巴多（1979）的实验：让纽约大学的女学生穿戴上一样的白色衣服和帽子，目的是制造匿名性，然后让她们按键对一个女性实施电击，结果发现她们按键的时间比那些可以看见对方并且身上贴着很大姓名标签的女生长一倍。我们也可以看到人们在匿名而去个性化时更可能抛弃道德约束，以至于忘记了个体的身份，释放邪恶的冲动，更不自控、不自律，更可能毫不顾及自己的价值观就做出行动（Rogers, 1980）。然而，Postmes 和 Spears（1998）对 60 项去个性化研究做了分析，结果发现，在去个性化的条件下，被试不是表现出违反规则的行为，而是更多地表现出与情境规则相一致的行为。这与之前的去个性化理论是相矛盾的。在此基础上，Reicher、Postmes、Spears 等人提出了"去个性化效应的社会认同模型"，基本观点是，去个性化并不是丧失自我，而是自我从个人认同转化为社会认同，其结果就是表现为对群体规则的遵守。去个性化的对立面是自我觉察，自我觉察的人会表现得更加自控，他们的行为能够清晰地反映他们的态度，几乎不会受有悖于自己价值观的呼声所影响（Hutton, 1992）。Ickes（1978）的研究表明，镜子和摄像机、较大的姓名标签、个性化的着装和房屋等情境能够降低个体的去个性化，而增强个体的自我觉察。

去个性化理论中包括去个性化发生的条件、去个性化发生作用的机理以及去个性化对行为产生的影响等内容,而且学者们并没有达成一致的观点。我们可以看出,个体在群体情境和匿名性的情况下会发生去个性化,在去个性化的条件下,人们个体的身份模糊化,自我意识减弱,群体意识增强,从而顺从群体规范,更容易对情境线索做出反应。目前,至少在这些方面已经达成共识,笔者在本文中使用去个性化的概念,就是从这些共识出发,在此基础上进行进一步的探讨。

二、标签化

标签理论是解释越轨行为如何产生及其发展的理论。"标签"一词由莱默特(Lement)于1951年提出,他在《社会病理学》中将越轨行为的形成看成是一种由"初级越轨"向"次级越轨"再向"习惯性越轨"逐步发展的过程,并突出标签张贴的催化作用,奠定了标签理论的雏形。贝克尔(Howard Becker,1963)在《局外人》一书中系统地阐述了标签理论的主要内容,将这一理论发扬光大。他认为越轨行为者,就是被成功地贴上了标签的人。他在书中指出越轨既不是与生俱来的人性,也不是后天教化的产物,而是由于某些"局外人"被成功地贴上了标签,于是他们便成了越轨行为者。在贝克尔的拥护与提倡下,标签理论被发扬光大,进入繁荣时期,并逐渐成为20世纪70年代美国社会研究越轨行为的主要理论之一。标签理论植根于符号互动理论,认为越轨行为是社会互动的产物。标签理论认为一个人之所以成为越轨者,往往是因为在社会互动过程中,被有社会意义的他人,如警察、老师、父母或亲朋好友,贴上诸如坏孩子、不良少年的标签,这些标签会将被标签者与"社会的正常人"区分开来,成为他们自我形象受到长期损害的主要来源,他们会在不知不觉中修正"自我形象",逐渐接受社会对他们的不良评价,并开始认同这些观点,认为自己是"坏人",然后只好物以类聚,与其他的"坏人"为伍,共同相聚在一起,互寻协作,而孤立于传统社会之外,进行更加恶劣的越轨行为。久而久之,越轨行为者越陷越深,成为惯犯,最终无法自拔。标签理论强调社会对越轨者的反应,包括训斥、责骂、歧视、惩罚等,认为社会的反应是促使初级越轨者最终陷入"越轨生涯"这一无底深渊的重要原因(王思斌,1999)。

标签理论主要用于对越轨行为的研究,在犯罪学中应用广泛,但也有批评者认为标签理论不能解释越轨行为的真正成因。在标签尚未出现之前,越轨行为已经出现了,Walter Gove(1976)认为标签的力量充其量只具有微量的影响,比不上个人因素及背景因素重要,他还认为标签是越轨行为的结果,而非其原因。罗纳德(Ronald Akers)指出,标签理论片面强调人们心理上的反应,忽视社会问题本身的性质,不去研究问题发生的根本原因,而是把全部注意力放在对问题的主观评价上,因而,对于从根本上解决和正确处理越轨行为起不到帮助作用。

"标签"一词最初提出是在对越轨行为的研究中,标签理论是犯罪学中的重要理论。而提到标签化往往也带有贬义的色彩,标签化通常是用于批评媒体对某些负面事件和人物的不适当放大以及报道失衡，使得民众只见树木不见森林，继而以点代面，以偏概全，以定式思维来看待相关群体，以致产生严重的偏见甚至排斥和鄙视。也就是说把仅是偶发的、当事人无意的行为贴上某种身份的标签，就可能使一个平常的事件变成了严重的标志性公共事件。标签化似乎已经成了以偏概全、定式思维的代名词。但是对于标签化，笔者认为其在实质上就是贴上标签，也可以说是归类，即将某人或某物定型化或者归入某一类，而不是将其视为一个独特的个体。笔者认为标签不一定都是负面的，任何角色都可能有自己的标签。而标签化则是指贴上标签的动作。被标签者事实上是被放大了其某一特征，忽视了个性其他的方面，即用这一放大的特征把其归为一个群体，也就是说被标签者实际上被去个性化的。因此，笔者认为所谓标签化就是为去个性化的群体成员提供的情境，也就是对去个性化后的群体成员角色的重新认定。用标签化的确会在认识上难以做到全面，标签化可能会使人们形成一种刻板印象，即社会上部分人对某类事物或人物所持有的共同的、笼统的、固定的看法。也就是形成一种群体印象而不是个体印象。人们虽然会产生刻板印象，但是当他们一旦认识某个特定的个体时，对他的评价受到刻板印象的影响即使有也微乎其微（Locksley，1982）。而对于被标签化的群体也未必总是导致消极的结果。正如标签理论认为的，被贴上"坏孩子""不良少年"标签的人会修正自己的行为，慢慢导致无法自拔的"越轨深渊"那样，笔者认为被贴上积极标签的群体也会修正自己的行为，只不过是使自己的行为更加积极，并且笔者也可以在以往的研究中找到相关的例证。积极的标签化会使人们产生更加积极的行为，Johnson、Downing（1979）曾经在佐治亚大学做过这样一个实验：给一些女被试者穿上护士的制服，然后让她们对其他人实施电击。结果发现，在实施电击时，穿护士制服的被试如果能够保持匿名性，那她们的攻击性就远不如说出自己名字和身份时的情况大。实验中，制服让她们得以去个性化，但她们并没有在此时对他人实施更大的电击。这是因为，护士这一形象就是对被试者的标签化，即对她们去个性化后的身份的重新认定。并且，在被试已有的认识中，护士应该是友善的代表，也就是说护士制服给她们一个积极的情境。而当她们被去个性化时，她们会很容易对护士这个身份做出反应，她们的行为不代表个体，而是代表护士这个群体，因此，她们会实施更小程度的电击。实验中，被试者变得更加友善了，是因为她们在去个性化之后积极的标签化。在被试者的认识中，护士是友善的代表，这实质上就是一种角色期待。所谓角色期待，是指社会对处在某一社会位置上的角色都有一定的要求，为他们规定了行为规范，即社会对这一角色的期望。而当这些被试者穿上护士的制服之后实施了较低程度的电击，表现得更加友善了，是她们对角色的领悟，即个体对角色的认识和理解，个体往往会根据他人的期待不断调节自己的行为，塑造自己。心理学家罗森塔尔（1960）的一项教师对好学生的角色期待的实验，很充分地证明了角色期待的作用，经过8个月的时间，教师期待的"好学生"的成绩有了显著的提高。我们也可以理解为在实验开始时，这些学生在老师的心目中是被"好学生"标签化了,老师对他们产生了"好学生"的角色期待,而他们也在修正自己的行为,在成绩上有所提高。标签化实际上赋予了去个性化群体一种新的角色,而对这种角色的期待会影响其行为。现实中存在两种标签化:负标签化和正标签化,负标签化会促使被标签者的行为更趋负面,正标签化会促使被标签者的行为更趋正面。

三、去个性化和标签化对旅游者道德行为分化的作用

旅游者从生活世界进入旅游世界就是一个去个性化的过程,旅游者在旅游世界中脱掉原有身份的外衣,即不再担任生活中的角色,统统变成旅游者这个群体中的一员,由原来各种不同的角色都变成旅游者这个统一角色。他们对旅游地来说有高度的匿名性。这时对他们而言,不存在对原有角色的强烈的自我角色期待,他人也同样不会对其产生角色期待。P09放下了领导的架子,P03忘记了自己在工作中不可或缺的角色,再不用绷着神经,不用想着自己的客户和订单了,他们都表现出了更真实的自己,在旅游的去个性化条件下展现出了埋藏在心底的善。

旅游者在旅游世界中,尤其是在景区景点的时候会形成旅游者群体,在这样的群体情境中他们是完全去个性化的,是以旅游者群体来展现示人的。此时,社会规范、个人评价等因素的约束力都会减弱,从而使受到这些因素抑制的行为增强。而且其行为产生的后果责任分散化,具备弱化甚至丧失自我评价的能力和自我约束的能力条件,做出在平时社会规则约束下不能做出的行为。旅游者群体成员之间相互影响,使旅游者处在被唤起的状态,少数旅游者的道德弱化行为就很可能引起共鸣,从而引发大规模的旅游者道德弱化行为。我国旅游者集体大闹的事件屡屡出现就是个证明。这也解释了很多衣冠楚楚的翩翩君子、窈窕淑女在旅游世界中毫无环境道德,所到之处一片狼藉的怪现象,因为这些行为通常并不代表他们的价值观,只是对当时的情境做出的反应而已。去个性化理论研究表明,去个性化的个体更容易对所处的情境做出反应。旅游者在旅游中或者因为对陌生的旅游地的匿名性,或者因为旅游者群体而去个性化,他们就会更容易对旅游地的环境做出反应,不仅会发生道德弱化,在积极的环境情境中,旅游者也会发生道德强化。

旅游者在旅游世界中是去个性化的,因此他们更容易因为某个特征而被标签化。被标签化的个体在本质上还是去个性化的,只不过他们会因为这个标签而拥有一个角色。人们会对这个标签角色产生角色期待,旅游者自己也会对其产生自我角色期待,正像标签理论认为的那样,旅游者会因为被贴上标签而修正自己的行为,使之更符合人们对标签角色的期待。人们也会通过被标签化的个体对其群体进行认知,这时,被标签化的个体会因为对标签角色的认知和对标签群体的情感认同而修正自己的行为,因为在这种情况下被标签者往往会成为该群体的代表,这也正是那么多的出境旅游者为了维护国家形

象而更加注意言行的原因。笔者认为，标签化对旅游者行为的影响是因为标签的不同而有所差异的，正标签化会使旅游者发生道德强化；相反，负标签化会使旅游者发生道德弱化。

首先，旅游世界区别于生活世界，旅游者在旅游世界中的行为会有别于生活世界，旅游者的道德行为也会发生变化，这是毋庸置疑的，前人已有很多研究充分证明了这一点。旅游者从生活世界进入旅游世界，道德行为的变化在逻辑上包括道德弱化、道德强化和无变化。其中，成熟度高的旅游者，即经常出游的旅游者，和个人道德素质高的旅游者，在旅游世界中道德行为不容易发生变化。

其次，旅游者在旅游世界中的道德行为变化情况受到以下外在因素的影响：旅游地的环境、同时旅游的旅游者的行为、旅游的同伴、旅游者所代表的群体、旅游的动机、旅游的特征。旅游者来到陌生的旅游地，其行为会受到当地环境的影响，在文明程度高、管理严格有序的地方，往往会发生道德强化，而在相对落后的地方更容易发生道德弱化，这也正是所谓的入乡随俗现象。在景区景点常常聚集着大量的旅游者，尤其是在热门景点和长假期间，这些旅游者的行为相互影响，出现道德弱化的情况更为常见。在旅游中，旅游者和同伴接触最密切，旅游者的行为也只有同伴了解得最真切，所以旅游者会视同伴的不同而改变自己的道德行为。旅游者在旅游中往往会因为某一特征而成为某一群体的代表，而社会对这一群体的期望和旅游者对所代表群体的感情认同会影响旅游者的道德行为。旅游者的内在动机会影响其行为，当旅游者怀着彻底的放纵自己的动机出游时，更容易发生道德弱化行为。旅游中人们可以暂时脱掉生活中各种身份的外衣，忘掉生活中的各种烦恼和压力，做更真实的自己，人性中潜在的"恶"更容易在无意中流露出，但同时人性中还有潜在的"善"的一面，也同样更容易真实地流露。

最后，旅游者在旅游世界中道德行为发生变化的内在原因是去个性化和标签化。旅游者的个体身份模糊化而成为旅游者群体，去个性化的群体更容易对情境做出反应，即道德行为随着旅游地环境的变化而改变；也会顺从所谓的群体规范，即同时旅游的旅游者相互影响，常常会发生大规模的道德行为弱化。旅游者去个性化后也可能因为某个特征被标签化，这时，旅游者对这一标签的自我角色期待和社会对这一标签的角色期待会使旅游者的道德行为发生改变。

旅游者在旅游世界中道德行为可能发生变化，也可能不变化，变化可能是道德弱化，也可能是道德强化。究竟如何变化受到外在因素的影响，也有深层的内在原因，其中外在影响因素在内在原因基础上发生作用，内在原因是根本。旅游者道德行为变化的机制原理是去个性化和标签化。因为旅游者道德行为存在三种变化情况，所以我们称这种现象为旅游者道德行为分化。

 **本章小结**

本章首先介绍了旅游道德研究状况，分析了旅游者道德行为分化现象，提出造成其变化的因素有内外两方面：外因有参照群体、伙伴、环境等；内因有旅游动机、旅游者素质所代表群体和旅游者的成熟度等。主要探讨了旅游者道德行为分化形成的机制原理，即去个性化和标签化。

 **案例分析**

一位旅游者的自诉

我觉得那些到处乱丢垃圾的旅游者就是素质不高，现在只要有点素质的人都知道保护环境。我在景区看见很多一群人一顿吃喝玩乐、走后一片狼藉的情况，他们就不想想，要是都像他们那样，景区哪里还有什么青山绿水了，还不都变成垃圾场了，到那个时候还哪有什么景区了！我在旅游的时候就特别注意自己的行为，甚至有的时候比在生活中还注意，因为看到那么美的景色实在不忍心去破坏。

问题：
1. 从上面这位旅游者的自诉中，我们看到影响其道德行为的有哪些因素？
2. 回顾自己的旅游经历，你的旅游者道德行为发生了什么变化？原因是什么？

 思考与练习

1. 旅游者道德由哪些部分构成？
2. 为什么称旅游者道德行为分化？
3. 影响旅游者道德行为分化的因素有哪些？

 开放式思考

1. 简述去个性化理论，并思考其与哪种旅游行为分化有关？为什么？
2. 简述标签化理论，并思考其与哪种旅游行为分化有关？为什么？
3. 了解旅游者道德弱化观点，从自己的旅游经历中寻找依据讨论其存在的缺陷。

第8章　旅游者的消费决策

【学习目标】

通过本章的学习，你应该达到以下目标：通过学习了解什么是旅游消费购买决策，掌握旅游者的购买决策过程，在工作中加以运用，进而对旅游者的消费购买行为产生影响。了解旅游者购买决策研究的几种理论，能够依据相关规律来分析旅游消费购买决策，并能在工作中加以利用。重点掌握消费者购买决策研究的不同范式。具有运用消费心理学的研究方法来分析和预测旅游消费者的行为的能力。

【内容结构】

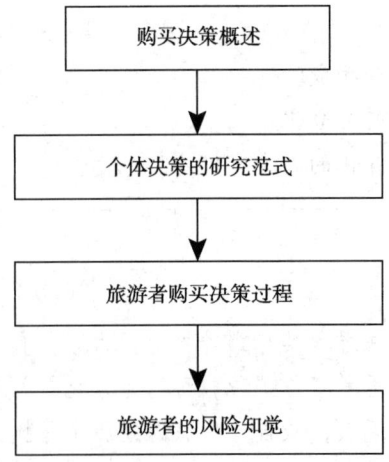

【重要概念】

购买决策　选择性曲解　购买后的失调

引例

旅游消费会惯性攀高吗？

"棘轮效应"最初来自对苏联计划经济制度的研究，美国经济学家后来使用了这个概念。这一理论认为，对于消费者来说，增加消费容易，减少消费则难。因为一向过着高生活水平的人，即使实际收入降低，多半不会马上因此降低消费水准，而会继续保持相当高的消费水准。即消费"指标"一旦上去了，便很难再降下来，就像"棘轮"一样，只能前进，不能后退。

通俗点儿来讲，我们的消费有不可逆的特性，加上许多人注重旅游品质重于旅游价格的趋势。我们就像登上了"棘轮"，急急忙忙向前冲。出门旅游图个开心，旅游价格即使上涨一些，我们一般并不怎么去计较——就在我们"满不在乎"的这个时候，众商家却在一边偷偷地乐，国家的 GDP 也对你心存感激。

这就是旅游者消费模式问题。旅游消费者到底是理性的还是非理性的？我们怎样理解旅游消费者的行为？本章将探讨这些问题。

第1节 购买决策概述

旅游市场营销人员和服务人员不仅需要知道旅游者企图满足的特别需要，以及他们如何将这种需要转换成购买标准，而且需要了解旅游者如何收集有关选择的各种信息，甚至需要了解旅游者如何做出购买决策、喜欢到什么地方购买等，同时也需要了解旅游者的购买决策过程及购买原因在不同类型的旅游者中是如何变化的。

一、购买决策的概念

消费行为就是指人们为了满足需要和欲望而寻找、选择、购买、使用、评价及处置产品和服务时介入的过程和活动，实际上，这就是旅游者的决策过程。对于许多产品和服务来说，购买决策包括一个广泛的信息收集、品牌对比和评价以及其他活动在内的一系列的全部过程。比如在购买之前，旅游者就要确定买什么旅游产品？买哪家的？买多少？到哪里去买？等等。在购买过程中要选择品牌，衡量价格水平等。在购买之后还会体会到某种程度的满意或不满意，从而影响到以后的购买行为。

旅游消费者的购买决策就是旅游者购买目的的确立、手段的选择和动机的取舍的过程。

购买决策在旅游者的购买行为中占有非常重要的作用。对于旅游者来说，决策的内容不仅规定着购买行为的发生方式，而且决策的质量决定着购买行为的效用大小。正确的决策可以使消费者以较少的费用和时间买到物美价廉的商品，最大限度地满足旅游者的需要。对于旅游企业来说，分析研究消费者的购买决策，为企业正确地确定产品、价格、渠道、促销等策略提供依据。

旅游者购买产品和服务的偏好是经常变化的。因此，相对于其他决策活动来说，旅游者的决策有其自身的特殊性。

首先，影响旅游者决策的因素非常复杂。旅游者的决策虽然表现为个人的、经常性的、相对简单的活动，但却受到多方面因素的影响和制约。这些因素从大的方面来说包括个人因素、环境因素和营销因素。

其次，旅游者消费决策的特殊性还体现为决策内容的情景性。由于影响决策的各种因素不是一成不变的，而是随着时间、地点、环境的变化而不断变化的。

二、购买角色

对于某些产品来说，确认购买者是比较容易的。男人通常选择自己的剃须刀，而妇女购买自己用的口红。但随着社会的发展，越来越多的产品所涉及的决策成员往往不止一个人。比如全家外出旅游的选择，可能首先是孩子提出要出去旅游；同事推荐某地、某旅行社；爸爸和妈妈经过商量，决定去某地，第二天爸爸去某旅行社咨询购买；最后全家去旅游。在整个事件完成过程中，我们可以区分出对购买决策有影响的五类角色：

(1) 首倡者：首先提出购买某个产品或服务的人。
(2) 影响者：其观点或建议对决策有影响的人。
(3) 决策者：对购买决策的某个方面（包括是否买、买什么、如何买、何处买）做出决定的人。
(4) 购买者：实际去购买的人。
(5) 使用者：消费或使用产品或服务的人。

第 2 节　个体决策的研究范式

任何旅游者都需要做出决策。决策首先是对问题进行回应，所谓问题就是当前状态与期望状态之间存在差距，而个体似乎可以采取行动来改善这种状况。当然问题也是因人而异，对甲是问题，对乙可能就不是问题。可以说，对"问题"和"决策"的认识是个知觉问题。对多种方案进行选择则是决策的最后一步，而最初需要对相关信息进行解释和评估。

如何看待旅游者的决策制定过程并非只有一种方法，而是存在多种不同的方法。在社会科学中，不同的观点与竞争性的范式有关，下面就介绍决策研究的几个范式。

一、理性决策

理性决策理论来自于微观经济学，它把消费者看作理性的"经济人"，他们寻求个人效用的最大化或满意度的最大化。相同的行为必然导致相同的结果。

假定决策者对每一备选方案的结果及其概率拥有完全的信息，能够充分理解这些信息，并能够对各种结果作出比较，选择能使自身效用最大化的方案。这些选择遵循理性模型。

（一）理性决策模型步骤

（1）界定问题。
（2）确定决策标准。
（3）给标准分配权重。
（4）开发备选方案。
（5）评估备选方案。
（6）选择最佳方案。

理性决策模型的限定条件：理性决策模型看上去很完美。社会中的规律就是这样，越美好的东西，需要越多且苛刻的条件。

（二）理性决策模型所需要的限定条件

（1）问题清晰。问题清楚而明确，假定决策者对于决策情境拥有完全的信息。
（2）所有选项已知。假定决策者可以确定标准，并能列出所有可行的方案，而且还能够预知到这些方案所有可能的结果，就是说要有诸葛亮的智识。
（3）偏好明确。明确的偏好就可以保证对决策标准和备选方案进行量化和排序，从而确定它们重要性的不同。
（4）偏好稳定。假定具体决策标准和权重都是不变的。
（5）没有时间和费用的限制。
（6）最终选择效果最佳。

在理性决策模型中最大的局限就是限定条件难以满足。另外，在实行这个模型过程中，创造性非常重要，因为它是决策者开发出可行方案的主观保证，没有方案就谈不到决策了。

二、其他决策

理性决策模型是完美的，但现实中常常无法使用，原因就是现实的组织无法具备它所需要的条件。最佳决策模型不能用，那么实际生活中组织通常是如何做出决策的？下面就加以介绍。

（一）有限理性

人类自身在时间、注意力、记忆力、信息收集与加工等方面存在许多约束。西蒙

(Simon)首先提出有限理性，卡尼曼（Kahneman）等发现了启发式与偏差，他们分别从理论及经验两个层面对完全理性提出了质疑。

心理学学者卡尼曼等通过行为实验证明人的决策往往偏离标准的决策理论——期望效用理论。他们通过一系列的实验识别出了各种直觉与偏差，如代表性直觉（representativeness heuristic）、易得性直觉（Availability Heuristic）、情绪直觉（Affect Heuristic）、原型（Prototype Heuristic）、锚定（Anchoring）与调整、过度自信（Overconfidence）、过度乐观（Overoptimistic）等。其研究范式被称为"启发式与偏差"（Heuristics and Bias）方式。这种研究方式是通过设计实验来研究那些偏离完全理性的行为，总结出系统性的直觉与偏差以预测和解释判断与决策过程中的偏离理性的行为。

西蒙首先对完全理性的研究范式提出质疑。西蒙放松了完全理性的假设，认为：第一，可供选择的行动方案在决策时并不是事先存在的，是通过决策者搜寻得到的，而搜寻行动方案空间是个费时费力的过程，可供选择的行动空间事先不能提前确定，搜寻的成本也就很难事先估算，成本—收益分析在搜寻行动方案的过程中并不适用，所以搜寻过程不是完全理性，而是一个直觉性的过程；第二，各行动方案产生的各种结果的概率分布是未知的，相反，决策者要在未知概率的情况下应对各种不确定事件；第三，人们在做决策时，追求的是"满意"而非最优。满意是指，选择一个最能满足个体需要的行动方案，即使这一方案不是最理想或最优化的。这三个假设的结合被西蒙称为有限理性（Bounded Rationality）。西蒙认为，决策者自身认知能力有限与任务环境结构的约束，使得决策只能达到满意而不能达到最优。

西蒙的有限理性研究的决策过程是在有约束条件下的解决问题的过程。西蒙（1990）认为有限理性是由两个约束导致的：任务环境的结构与决策者自身认知能力的限制。判断与决策过程中的偏误到底多大程度是由决策者自身认知能力的约束所导致，多大程度是由任务环境的约束所导致？虽然研究人自身认知约束的成果很多，但外部环境的约束无论在经济学还是在心理学研究领域中都没引起足够的重视。

通俗地说，我们只是在寻找"足够好"的方案，而不是最恰当的方案。而在确定备选方案的时候，考虑方案的顺序非常重要。在完全理性决策模型中，假定决策人了解所有信息，对所有方案能够作出充分且正确的评估。但有限理性不是如此，决策者最终选择的常常是他遇到的第一个符合要求和可以接受的方案。决策者还没有搜索到独到的、富有创造性的备选方案的时候就已经决定了。

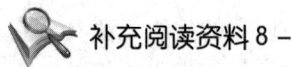
补充阅读资料 8-1

蜜蜂和苍蝇

如果将一只蜜蜂和一只苍蝇放进一个玻璃瓶中，然后将玻璃瓶平放，瓶底朝向较光亮的窗口，再打开瓶盖。你猜会怎样呢？哪一只会逃生到外面呢？

实验证明，蜜蜂会不断地在瓶底找出口，直至力竭而死，而苍蝇却可以在不到两分钟的时间内，从玻璃瓶口逃出。随机智慧战胜传统教条，蜜蜂之死，是因为被传统智能和逻辑所误。它们以为，"密室"的出口必然是在光线最明亮的地方，因此只管拼命撞向瓶底，重复这种它们认为合乎逻辑的行动。对它们来说，自然界并无玻璃这种不能穿透的透明物体，因此它们的智力愈高，愈重视逻辑和经验，这种奇怪的障碍物就愈发不可理解。

相反，智力较低的苍蝇对逻辑毫不在意，只管四下乱飞，却误打误撞地找到了出口，构成了一个智者消亡、头脑简单者却得救的警世故事。

这不单是一个寓言，而且是美国一个著名的组织行为学者卡尔·伟克的实验。

卡尔·伟克总结这个实验的教训时指出，冒险、试错、即兴发挥、随机应变以及迂回前进，都有助于应付瞬息万变的世情。没有不变的真理，尤其是管理领域。这样的问题之所以紧迫，是因为模糊和不确定性，已成为当今企业管理的难题，面对复杂的世界，我们需要随机性的智慧，而不是教条式的智慧。只有适合的，没有最好的。

（资料来源：游壑：蜜蜂和苍蝇，《合生》，2002，5）

（二）直觉模型

近年来知觉决策不再被不假思索地认为是非理性或无效的，直觉在决策中的作用已被大家所认同。要更有效地发挥直觉在决策中的作用首先要搞清直觉适用的决策类型，其次要通过塑造正确的价值观念、积累相关学识和经验、认清自己的个性类型、创设适宜的文化环境、培养自我效能感、了解直觉可能会产生的偏差、练习直觉决策的技巧等来提高直觉决策能力。

怎样理解直觉决策？有人认为直觉是超感觉能力或第六感觉的一种，另有人认为直觉是个别人与生俱来的人格特质。对**直觉**的定义是：从经验中提取精华的无意识过程。它不一定脱离理性分析而独自运行，事实上，二者相辅相成。

什么时候最可能使用直觉决策？

（1）不确定性水平很高的时候。

（2）几乎没有先例存在的时候。

（3）难以科学地预测变量的时候。

（4）"事实"有限的时候。

（5）事实难以明确指明前进方向的时候。

（6）数据资料没什么用的时候。

（7）同时存在几个方案，又无法取舍的时候。

（8）有时间限制，必须决断的时候。

尽管直觉决策在管理领域已经得到了一定程度的承认，但是在科学主导时代，理性分析更符合社会的期望，理性似乎是必需的程序要求。所以人们常常把自己的直觉能力隐藏起来。有时人们必须为自己的关键决策穿上"数据的外衣",以使它容易被接受或者符合别人的口味,当然这种修饰常常发生在做出决策之后。这种现象在推崇理性的西方国家尤其突出。

美国有人进行了一项有趣的研究,研究描述了13位企业家,他们均是著名公司的创始人,包括苹果电脑公司、联邦快递公司、本田汽车公司、微软公司和索尼公司,调查发现这13个人物均为直觉思维型的。而统计结果显示,直觉思维型的人只占总人数的5%。

 补充阅读资料8-2

布里丹毛驴效应

决策过程中犹豫不定、迟疑不决的现象称之为"布里丹毛驴效应"。

法国哲学家布里丹养了一头小毛驴,每天向附近的农民买一堆草料来喂。

这天,送草的农民出于对哲学家的景仰,额外多送了一堆草料,放在旁边。这下子,毛驴站在两堆数量、质量和与它的距离完全相等的干草之间,可是为难坏了。它虽然享有充分的选择自由,但由于两堆干草价值相等,客观上无法分辨优劣。于是它左看看,右瞅瞅,始终也无法分清究竟选择哪一堆好。

于是,这头可怜的毛驴就这样站在原地,一会儿考虑数量,一会儿考虑质量,一会儿分析颜色,一会儿分析新鲜度,犹犹豫豫,来来回回,在无所适从中活活地饿死了。

在我们每一个人的生活中也经常面临着种种抉择,如何选择对人生的成败得失关系极大,因而人们都希望得到最佳的抉择,常常在抉择之前反复权衡利弊,再三仔细斟酌,甚至犹豫不决,举棋不定。但是,在很多情况下,机会稍纵即逝,并没有留下足够的时间让我们去反复思考,反而要求我们当机立断,迅速决策。如果我们犹豫不决,就会两手空空,一无所获。有人把决策过程中这种犹豫不定、迟疑不决的现象称之为"布里丹毛驴效应"。我们没有理由说驴比狼更愚蠢,如果说愚蠢,有时人比驴和狼都蠢。古人讲:"用兵之害,犹豫最大;三军之灾,生于狐疑。"

"布里丹毛驴效应"是决策之大忌。当我们面对两堆同样大小的干草时,或者"非理性地"选择其中的一堆干草,或者"理性地"等待下去,直至饿死。前者要求我们在已有知识、经验基础上,运用直觉、想象力、创新思维,找出尽可能多的方案进行抉择,然后,以"有限理性"求得"满意"结果。

三、决策困境

(一)鱼与熊掌不可兼得

有一个流传很广的笑话说:齐国有个女孩,两个人同时来求婚。东家的儿子很丑但是家财万贯,西家的儿子相貌英俊但是很穷。那女孩的父母不能决定选谁,就去问他们的女儿想嫁给哪个。女孩不好意思说话，母亲就说，你想嫁哪个就露出哪边的胳臂。结果女孩露出两个胳臂。母亲奇怪地问她原因，女孩说："我想在东家吃饭，西家住。"

在东家吃饭在西家住，看上去是一个笑话，但却不失为一种决策取向。在很多情况下，当两种可能出现时，有些人一个劲地陷入哪个好哪个坏的争论之中，事实上还可能出现第三种可能。人们经常陷入预设大前提之中，而事实上这种预设大前提根本不存在，是他人或者自己有意无意地假设出来的。就像前面的故事，干吗非得从两个小伙子中选一个，可以嫁给第三人。生活中很多两难困境是想象的限制导致的，不承认只有这两种选择这个大前提，问题就迎刃而解了。逃脱困境的方法是突围。

（二）鸡没有孵出来之前，就作蛋的打算

从前，有兄弟两个看见天空中一只大雁在飞，哥哥准备把它射下来。说："等我们射下来就煮着吃，一定会很香的！"这时，他的弟弟抓住他的胳膊争执起来："鹅煮着才会好吃，大雁要烤着才好吃，你真不懂吃。"哥哥已经把弓举起来，听到这里又把弓放下，为怎么吃这只大雁而犹豫起来。就在这时，有一位老农从旁边经过，于是他们就向老农请教。老农听了以后笑了笑说："你们把雁分开，煮一半烤一半，自己一尝不就知道哪一种方法更好吃了？"

哥哥大喜，拿起弓箭再回头要射大雁时，大雁早已无影无踪了，连一根雁毛都没有留下。不追求完美，很多时候行动比思想重要，世界其实很简单，复杂的是自己的脑袋，而思想永远搬不开前进道路上的石头。正如邓小平讲，发展是硬道理。解决办法：走一步，看一步。

（三）利益牵涉现象

一个越国人为了捕鼠，特地弄回一只擅长捕老鼠的猫，这只猫擅长捕鼠，也喜欢吃鸡，结果越国人家中的老鼠被吃光了，但鸡也所剩无几，他的儿子想把吃鸡的猫弄走，做父亲的却说："祸害我们家中的是老鼠不是鸡，老鼠偷我们的食物咬坏我们的衣物，挖穿我们的墙壁损害我们的家具，不除掉它们我们必将挨饿受冻，所以必须除掉它们！没有鸡大不了不要吃罢了，离挨饿受冻还远着哩！"

利与弊往往是事情的一体两面，很难分割。有的人明明事先已经编制了能有效抵御风险的决策标准和权重分配，但是一旦现实中的风险牵涉到自己的切身利益时，往往就不容易下决心执行了，不理性现象就出现了。这就是**"利益牵涉现象"**。

（四）十鸟在林，与一鸟在手

有个人布置了一个捉火鸡的陷阱，他在一个大箱子的里面和外面撒了玉米，大箱子有一道门，门上系了一根绳子，他抓着绳子的另一端躲在一处，只要等到火鸡进入箱子，他就拉扯绳子，把门关上。有一次，12只火鸡进入箱子里，不巧1只溜了出来，他想等箱子里有12只火鸡后，就关上门，然而就在他等第12只火鸡的时候，又有2只火鸡跑出来了，他想等箱子里再有11只火鸡，就拉绳子，可是在他等待的时候，又有3只火鸡溜出来了,最后,箱子里1只火鸡也没剩。

(五)"无为而治"

在不利环境中不能逆势而动。当不利环境造成损失时,很多人急于弥补损失。但是,环境的变化是不以人的意志为转移的。当环境变坏,机会稀少的时候,如果强行采取冒险和激进的决策,或频繁地增加操作次数,只会白白增加投资失误的概率。人们有一种惯性思维:决策就意味着必须迅速采取行动,这和前面贻误战机的现象正好相反。其实决策并不意味着必须迅速采取行动,不采取任何行动同样是一种决策。如果无法确定哪一种行动方案更好,不妨考虑一下不采取行动。老子的"无为而治"是常常为那些实干家忘记的一种决策选择。

(六)骑虎难下

骑虎难下是决策活动可能出现的另一种偏差,也称为**"承诺的升级"**(escalation of commitment),指的是人们一直固守某项决策,尽管有明显证据表明该决策是错的。很多证据表明,当个体感到自己要对失败负责时,如果还有机会,他就会选择增加投入,为了表明自己当初的决策并非错了。这就是生活中经常出现的以新的错误挽救旧的错误现象,结果越陷越深。亡羊补牢、悬崖勒马说着容易,做起来难。在我国特有的好面子的人这种倾向尤其明显,死不认错。

美国通用电气公司总裁杰克·韦尔奇把决策能力看成是"面对困难处境勇于做出果断决定的能力",看成是"始终如一执行的能力"。因此,决策具有复合性,是一种合力,好的决策来自于好的洞察力、分析能力、直觉能力、创新能力、决断力等。而机会通常是决策的最重要资源。当然这又要考虑机会成本问题了。

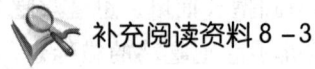
补充阅读资料 8-3

危机时刻的大国领袖

今天的人们简直不能想象,在 19 世纪上半叶,美国第二国民银行的财力究竟有多大。它操纵的钞票占当时美国货币流通量的 20%,其资本是当时美国政府年度总支出的两倍之多;1819 年金融恐慌之后,这家银行更是充当了公款的保管库,控制着政府的钱。但是,这家几乎操纵美国经济命脉的银行居然是私营的,且很多股东并非美国公民。另外,它还滋生着严重的腐败。

不难想象,这对于美国来说有多么危险。杰克逊总统决定收拾它。可是银行以攻为守,在杰克逊竞选连任之际,提出更新营业特许证的要求。如果获得批准,特许证的有效期能持续到杰克逊下一任期满,他对它将无能为力;如果他动用总统权力坚持否决,也得等到下届任期才能"整死"它。现实却是,如果杰克逊这样做,他很可能会在竞选中失败,因为当时国会支持银行的人太多了。

银行法案在参众两院非常顺利地通过了,交到了杰克逊手里,他必须在人格荣誉和政治现实之间进行选择。所有的人都劝他留条后路,但是他决定,即使输掉最后的那场决斗,也要坚持他为人的原则立场,坚持做他相信是正确的事。他亲自起草了就职期间措辞最尖锐的否决咨文。结果,他赢得了竞选。

杰克逊开始采取措施,从第二银行撤走政府的存款。美国联邦政府不但第一次还清了所有的债务,还开始有盈余。第二银行孤注一掷地采取紧缩银根,试图制造金融恐慌以震撼国民经济。杰克逊顶住了这次压力。第二银行在三年后资不抵债,倒闭了。

也许这样一个小例子就能让我们领略到,要成为美国总统,最重要的素质是什么。

诚如《危机时刻的大国领袖》一书的作者所言,"总统之为总统,不在于智力,而在于意志力和决断力能否经得起考验"。总统们在作决定的时候,尤其在面临危机和紧要关头时,往往并不按常规办事。这时的他们不考虑政治权宜之计,甚至还违反大多数民众的意愿,更不要说一些顾问们的意见了。而他们要为这样的决定担负全部的责任,承担由此产生的一切后果。

克利夫兰总统是民主党人,一辈子维护工人权利,曾通过立法使工会获得合法地位,却在芝加哥工人罢工并焚烧世界博览会会馆时,果断地下令派兵镇压。为了赔罪,他规定每年9月第一个星期一为美国劳工节。

"二战"时,美国国内的"孤立主义"喧嚣一时。罗斯福顶住巨大压力,绕开国会的批准,直接运用总统特权向英国派遣驱逐舰。这导致舆论哗然,被认为是"美国有史以来最专横的行为",是"一个战争行为",罗斯福因此被报纸斥为"美国的第一个独裁者"。而现在我们都知道,美国参加"二战"对于世界和平意义多么重大。

美国总统具有的素质:**公众和国民的立场、坚定的目标、勇气和信念**。就像小布什在应对9·11事件时所说的,"我知道我是谁,我知道我相信的是什么,我知道我要把国家领向何方"。

(注:[美] 克里斯·华莱士著,程克雄译,《危机时刻的大国领袖》,1版,中共中央党校出版社,2006年4月)

四、有效决策建议

(一)找出您所面临的真正问题是什么

在做任何决策之前,请先问问自己,问题的根本是什么?真正的问题在哪里?您所面临的未必是真正的问题,可能只是表面的现象或症状而已,请把问题搞清楚,才能进行下一个决策步骤。

(二)考虑所有的可行方案与可能的结果

好的决策者总是睁大眼睛寻找各种可能的方案。在寻找可行的方案时,不要只做"要"或"不要"的抉择,要做"1"、"2"、"3"、"4"、"5"等更多方案的抉择。

比较您所有的可行方案，想想最有可能出现的结果各是什么。看看技术上有无困难、能否被接受、财务上的考虑，等等。

（三）掌握一切应该知道的资讯

在作决策之前，要尽可能收集各种有关资讯，决策的制定是根据事实，而非个人一时的情绪好恶。有哪些事实是我们作决策前应该知道的呢？请以5W1H的程序来追问：What 是什么、Who 有谁在关心这件事、Where 在哪里发生的、When 什么时间发生、Why 是什么原因造成的、How 是如何进行的。

（四）根据最重要的事来判断

哪些事最重要，每个人的答案可能都不同，可以从以下三个条件来判断：不要只为了一时的需求，而应该从长远来考虑；不是根据别人的要求，而是自己想要的；不是因为你的恐惧，而是因为你的希望。

（五）无论作什么决策都是有风险的

面对决策风险，要考虑几件事情：这是现有资源可以承担的吗？克服问题所做的决策，可以有多少获利？是否可以承担风险的损害？是否有理由快速决策展现我的意志力，让他人对我产生信心？

密切注意情势的变化，及早发现问题，做好准备以应付意外事件的发生，可以让风险降至最低。

（六）将重要的决策分解成一连串的小决策

这对重大决策特别适用。在行动与了解之间取得平衡，以一连串的小决策来观察如何做出正确的决策。

先列出所有的选择方案，将其中觉得合适的，而且可以在过程中得到资讯的，作一小步骤的尝试，从中获取一些资讯，觉得可行的话，再继续进行另一小步骤，又再获得一些相关资讯，重复进行这样的过程，直到觉得已经得到明确的方向了，就可以做出真正的决定。

（七）区分轻重缓急掌握正确时机

不要死守"如果现在不做，以后就没机会了"的想法，压力很容易让人仓促做出决定，不妨给自己多一点时间观察情势。也不要等到刀架在脖子上了，无可奈何非选择不可，或是被逼到没什么选择余地才作决定，这时的决策品质总是不好。

（八）设定目标与期限，避免陷入泥沼

当眼前这个决定看起来似乎没错，或是觉得已经投资这么多心力了，如果现在放弃就太可惜了，这种坚持有时候没有任何意义，收获没有大过付出的代价，变成了"空等待"，让你陷入决策的泥沼中。

碰到这种情况，您可以设定目标与期限，例如：十分钟内公车不来就走路去、一年后仍对这个工作没有兴趣就离职、股票跌过三千点就赶快卖出等，不要害怕这种暂时的失败与改变,而应保持选择的自由。

(九) 理性的逻辑分析与直觉式的预感并用

决策要注意现有资源以及可能的风险。如果期望决策的成效最好,一般习惯使用理性决策。如果完全没有线索,也要有凭直觉作决策的勇气。两种决策方式都是良好决策,要看使用的关键时机。

(十) 一旦决定就立刻贯彻执行

即使是好的决策者,有时也因情势而采取拖延战术,但是他们心里明白这不是长久之计,拖延与规避都无法持续产生效用,不论如何,最后还是要行动。

倘若将每件事都延至有确切把握时才做,你将会无法做好任何事。

五、决策风格

决策是由人来完成的,个体风格就注定要带入决策中来。下面介绍一个决策风格模型。

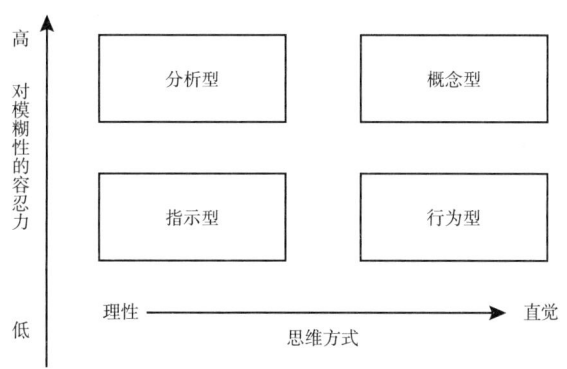

图 8-1　决策风格模型

(资料来源:A. J. Rowe and J. D. Boulgarides, Managerial Decision Making,© 1992 Prentice Hall, Upper Saddle Riwer, NJ, p. 29.)

这四种决策风格的特点大家看图就很清楚了,在此不啰唆解释了。旅游者决策的风格组合理论上应该有三种:就一种风格;一种风格为主,其他风格为辅;同时并列存在几种风格。

文化因素影响风格的形成和采用。研究表明:美国商学院的学生、企业管理人员都倾向于分析型。而中国和日本的管理者分别倾向于指示型风格和行为型风格。可能的解释是,中国人更重视社会秩序的维持,日本人则更关注工作场所中的协作性。

决策风格研究除了给我们提供了一个了解个体差异的框架之外,还有助于我们理解以下问题:为什么有着同样智商的两个人,得到同样的信息,却在决策过程和最终选择中完全不同。也有助于了解不同文化背景下的个体面对决策问题时所采取的不同做法。

第3节 旅游者购买决策过程

一、经典的理性购买决策过程模型

我们在此介绍的旅游者购买决策过程属于经典的理性决策模型。

旅游者购买决策过程是指旅游者在购买产品或服务过程中所经历的步骤。一般来说,旅游者通常经历的决策过程是:问题确认;信息搜寻;方案评价;购买决策;购买后的行为。需要指出的是,这个指导原则并不是说旅游者的消费决策会完全按次序经历这个过程的所有步骤。在有些情况下,旅游消费者可能会跳过或颠倒某些阶段,尤其是参与程度较低的购买。比如购买特定品牌饮料的妇女可能会从确定需要饮料直接进入购买决策,跳过了信息搜寻和方案评价阶段。图8-2阐述了旅游消费者面对参与程度较高的新购买时所需的全部思考过程。

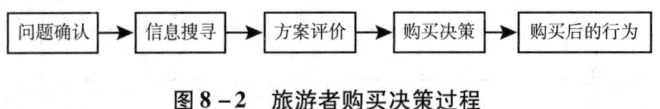

图8-2 旅游者购买决策过程

(一) 问题确认

购买过程始于购买者对某个问题或需要的确认,即消费者意识到一种需求并且有一种解决问题的冲动,问题确认阶段以后才是决策过程。

问题确认是由旅游者理想状态与现实状态之间的差距引起的。当潜在的旅游者对情境的希望与情境的实际之间存在差异时就会产生某种需要。当然从这里产生的需要或动机的强度取决于实际状态和期望状态之间的差异程度。比如,一个上学要迟到的学生可能会口渴,但他通常不会途中下车去买水喝。同样,家里人也许用完了一两样东西,但家里仍然有足够的食品;随着一天天过去,更多的东西用完了,最终有必要去一趟商店。这时,实际和期望状态之间的差距在增大,也就是说,使得家里人变得有较强的动机为此去采取行动。潜在旅游者如果长时间没有外出旅游了,对日常的生活有了逐渐增强的厌倦感,他的旅游动机就会一点一点地清晰起来,并可能会采取行动。

问题确认的诱因也就是引起期望和实际状态之间产生差异的原因,这些诱因能受到外部和内部两方面因素的影响。这些因素有:

1. 缺乏

当潜在旅游者由于内外原因而产生旅游渴望时,这时确认需求就出现了。此时的潜在旅游者的决策通常是一种简单和惯例的行为,可能会选择一个熟悉的旅游代理商进行咨询或自己直接做出旅游决策来解决这个问题。

2. 不满意

需求确认产生于潜在旅游者对所得到的结果不太满意。他可能会扩大搜寻范围，如查询广告、向熟悉的人请教，以此可以用来帮助他确认旅游消费决策。

3. 新需要

生活中的变化经常导致人们产生新的旅游需要，如发现新的旅游景点、新的旅游方式等。

4. 相关产品的购买

需求确认也可以由一种产品的购买激发起来。例如去海南旅游时对潜水产生了浓厚兴趣。

5. 新产品

市场上出现了新产品并且这种新产品引起了潜在旅游者的注意时也能成为需求确认的诱因。营销商经常介绍新产品和服务，并且告诉消费者他们解决问题的类型。

6. 营销因素

引起实际与期望状态之间差距的另一个原因是由营销商引致的问题确认。比如，营销商还可以通过推出新的旅游线路、新的旅游目的地、新的旅游项目，似乎不去就落伍，就没有身份的感觉，从而助推人们确认需要。

当然，对于营销商刺激潜在旅游者产生需求确认的企图，人们并不总是买账的，在有些情况下，人们也许看不到问题或意识不到营销商正售卖的产品到底有什么价值，独立性强的人可能还会产生逆反心理，选择散客旅游的方式。

补充阅读资料 8-4

天津"狗不理"为什么人人理

天津"狗不理"，以其奇特的店名和与众不同的包子，吸引着广大顾客，每天都座无虚席，应接不暇。"狗不理"包子，不仅是天津，也是全国闻名的传统风味小吃。说到它的来历，还得追溯到一百多年前的清朝同治年间。一个十四岁的叫高贵有的孩子，从武清区杨村老家来到天津，当了刘家蒸食铺的小伙计。这家铺子专卖什锦蒸食和肉包，主顾大都是往来运河码头的船工、纤夫、小商贩。高贵有在店里专管做包子，因为他幼年性格很犟，父母给他起了个"狗不理"的小名。他人小心灵，做出来的包子好吃，卖得很快，受到人们的称赞。他十六七岁时，利用所积攒的钱，在附近开起了包子铺，人家喊惯了他的小名"狗不理"，久而久之，就把他经营的包子叫"狗不理"包子了。

贵有有一手做包子的好手艺。他是天津最早放骨头汤做馅，第一个用米发面做包子的，因此，大小整齐，色白面柔，咬开流油，肥而不腻，味道鲜美。当他二十多岁时，因羞于再用小名做铺名,曾改为"德聚号"。可是人们仍然喜欢叫他"狗不理"。当时,慈禧太后吃了袁世凯送的"狗不理"包子,也派专人到天津去买。从此"狗不理"包子的名声就更大了。

"狗不理"包子铺到现在已有一百多年历史了,而且越开越大,生意也越来越兴隆。他们还接待过一批又一批国外旅游者。西哈努克亲王到天津时还特地约请"狗不理"包子铺的厨师到他的住地,为他制作"狗不理"包子,并且按照这家包子铺的传统吃法,吃了稀饭和酱菜。美国总统布什在他任前驻华联络处主任时,也曾慕名到天津去品尝"狗不理"包子。所以,天津人俗谚说:"到天津不尝一尝'狗不理'包子,等于没有来过天津。"

品质一流,风味优良(其在物质匮乏时代,油水大是好吃的最重要特征之一),名字独特,让人感到困惑,激发了人们的好奇心,从而有过目不忘的效果。这些是天津"狗不理"包子经久不衰的原因。

(资料来源:佚名:《天津"狗不理"》,新华网,天津频道)

(二) 信息搜寻

潜在旅游者决策制定的第二步是搜寻信息。一旦他们意识到一个问题或需求能通过购买某种产品或服务得到解决,他们便开始寻找制定购买决策所需的信息。

1. 信息来源

信息搜寻可以从内部、外部或内外部同时产生。内部信息搜寻是对记忆中原有的信息进行回忆的过程。这种信息很大程度上来自以前购买某产品的经验。例如,购买时遇到一些你曾经喝过的品牌饮料,对你的记忆进行搜寻,你可能记起它是否好喝,是否受欢迎等。因此,对于许多惯性、重复性购买来说,使用储藏在记忆里的、过去所获得的信息就足够用了。

如果内部搜寻没有产生足够的信息,消费者便会通过外部搜寻来得到另外的信息。市场营销人员最感兴趣的是,消费者所需的主要外部信息来源以及每种信息对今后的购买决策的影响。消费者外部信息来源可以分为以下四类:

(1) 个人来源:家庭、朋友、同事、熟人。
(2) 商业来源:广告、推销员、经销商、包装、展览。
(3) 公共来源:大众媒体、消费者评比机构。
(4) 经验来源:产品的操作、检查与使用。

这些信息来源的相对丰富程度与影响程度随产品类别与购买者特征的不同而异。一般来说,消费者首先的产品信息主要来自商业来源,即市场营销人员所能控制的来源。另外,最有效的信息则来自个人。每类信息来源对购买决策有着不同作用的影响。商业来源一般起着告知作用,而个人来源则起着认定或评价作用。

2. 影响个人信息搜寻范围的因素

个人进行外部信息搜寻的范围依赖于以下几方面的因素:

（1）潜在旅游者对风险的预期能影响其对外部信息搜寻的范围。人们在购买商品的时候，都会或多或少地感知到风险。一般地，随着对购买风险预期的增加，潜在旅游者会扩大搜寻范围，并考虑更多的可供选择的品牌。如果你打算出国旅游，由于价格高，所以这是一项风险较高的决策。于是你开始搜寻有关的信息，如具体价格、时间、所经景点、交通方式、住宿饭店的星级以及饭费标准等。你也可能搜寻更多的有关情况的信息，因为查找资料所需的时间和精力比即将为旅游所投入的成本要低得多。相对来说，你在做出郊游决定时就不太可能付出这样大的努力。此外，对于同一旅游产品来说，由于消费者的个性不同，所感知到的风险也不同，因而会影响到他搜寻信息的范围与努力程度。一项关于影响消费者对通过计算机订购商品的风险预期水平的研究表明，与那些风险预期较低的人相比，那些认为风险较高的人会在信息搜寻方面付出更多的努力，并参看大量的不同类型的信息源。

（2）潜在旅游者对产品或服务的认识也会影响其对外部信息搜寻的范围。如果消费者对潜在的购买了解很多，他就不再需要另外搜寻更多的信息。而且，他们了解得越多，他搜寻的效率就越高，从而花费的搜寻时间就越少。另外，一个有信心的消费者不仅对产品有足够的信息，而且对做出正确的决策也感到非常自信。而缺乏这种自信心的人甚至在对产品已经了解很多的时候也会继续进行信息搜寻。最后，有先前购买某种商品经验的消费者，与没有经验的消费者相比，对风险的预期较低，因此他们会减少信息搜寻的时间。

（3）潜在旅游者对产品或服务感兴趣的程度会影响到个人进行外部信息搜寻的范围。信息搜寻的范围与消费者对某产品感兴趣的程度呈正相关，即对某产品更感兴趣的消费者会花费更多的时间搜寻信息与其他选择。例如，假如你是一个探险活动爱好者，为了到某地去探险，你可能更愿意向专业人士讨教，并比其他人花费更多时间和精力做出相关的准备。

（4）情境因素也会影响产品的信息收集。在紧急的情况下买产品时，人们对信息的搜索是有限的。比如，车坏在半路了，司机不大可能到处打电话去找一个最便宜的地方修车。其他的变量还包括资源的稀缺性和缺乏可得到的保证等。

3. 消费者选择信息的过程

如果愿意的话，潜在旅游者会搜寻到大量有关某产品或服务的信息，但不是任何情况下都是信息越多越好。而且，面对同样的情境，不同的消费者会有不同的理解，这是因为他们的个性、经验、需要等影响了他们对情境的知觉，并进而影响了他们对信息的选择。通常情况下，消费者对信息选择的过程一般经过以下三个步骤：

（1）选择性注意。人们日常生活中会接触众多的刺激。仅以商业广告为例，一个美国人平均每天会接触1500多个广告。但他不可能注意到所有这些刺激，其中大部分会被过滤掉。所以问题的关键是营销人员应该弄清楚哪些因素能引起消费者的注意。研究发现，影响消费者知觉选择的因素主要有以下三个方面：首先，消费者可能比较注意与当前需要有关的刺激。比如，王先生打算去外地度假，他会更多地注意到有关旅游的广告，而对于轿车降价的广告可能不会去注意。其次，消费者可能比较注意他们所期盼的刺激。比如，王先生多半会注意旅行社里的旅游手册，而不太会注意地图，因为他没有指望旅行社里会有地图。最后，人们可能比较注意超出正常刺激规模的刺激。王先生更可能去关注减价100元的旅游广告，而不是只减价10元的旅游广告。

（2）选择性曲解。即使是消费者注意到的刺激，也并不一定会产生预期的作用。每个人总是按自己现有的思维模式来接受信息。选择性曲解是指人们趋向于将所获得的信息与自己的意愿结合起来。旅行社可能向王先生介绍去某国旅游的优点与缺点。如果王先生已倾向于去该国旅游，他就可能不去考虑其缺点以便维护其想法。例如他把可能遇到的语言障碍或较高的费用与一次难得的参观世界著名景观的机会相比较，来坚定自己的选择。在很多情况下人们是按照先入为主的想法来解释信息的。

（3）选择性记忆。人们往往会忘记大多数接触过的信息，而倾向于记住那些符合自己的态度与信念的信息。由于这种选择性记忆，王先生可能只记住了去某国度假的优点，而忘记了去别国度假的优点。他之所以能记住去该国的优点，是因为每当他考虑去哪里度假时总是盘算着这些优点。

以上这三种知觉因素的存在，意味着市场营销人员必须尽力把信息传递给消费者。同时也要求市场营销人员在向消费者传递这些信息时，要尽可能地生动并多次重复，以加深消费者的印象。

（三）方案评价

在决策过程的信息搜寻阶段中获得信息后，消费者便进入到选择评价的阶段。在这个阶段，消费者会使用记忆中存储的和从外界信息源获得的信息，并形成一套标准。这些标准将帮助消费者评估和比较各种选择。

评价标准指的是用以比较不同选择品牌的产品或服务的范围或属性。当然，所有的消费者使用的评价过程和评估标准并不相同，甚至同一消费者在所有的购买情境下所使用的评价过程也不相同。这是因为消费者购买不同的产品是为了满足他不同的需要，因而他可以从不同的产品中寻求到特定的利益。消费者将每种产品看作是能不同程度地带来所寻求的利益并进而满足某种需要的属性集。消费者感兴趣的属性随产品的不同而各异。比如，对于照相机来说，消费者感兴趣的属性主要包括照片清晰度、摄影速度、携带方便与否、价格等；而对旅馆来说，其重要的属性主要包括舒适、卫生、安全、便利、费用等。对于同一产品来说，不同的消费者对其不同属性的关心程度也不同。同时，评价标准可能是主观的或是客观的。例如，在购买汽车的时候，消费者使用诸如价格及节约燃料等客观属性，也可以同时使用如形象、风格等主观属性作为标准。

具体地，消费者在实际的购买过程中可采用的决策原则主要有以下几种：

1. 理想品牌原则

每个消费者心目中都有一个对某产品的理想品牌的印象，并用这种理想品牌印象同实际品牌进行比较，实际品牌越接近理想品牌就越被消费者所接受。例如，消费者可以先给自己心目中的理想品牌打分，然后再给实际品牌打分，最后求两者之间的误差。误差越大，表明实际品牌与理想品牌之间的差距就越大，消费者的不满意程度也就越大。

2. 多因素关联的决策原则

这一原则是消费者为商品的各种属性规定了一个最低可接受水平，只有所有这些属性都达到了规定水平时，该商品才可被接受，而对于没有达到这一可接受水平的其他牌号的商品都不予考虑。运用这一原则，就排除了某些不必要的信息干扰，缩小了处理信息的规模。但是，这种决策所导致的可接受的品牌可能不止一个，因此消费者还需借助于另外的方法做进一步的筛选工作。

3. 单因素分离原则

这种方法实质上是多因素关联原则的对立面。这种模式是指消费者只用一个单一的评估标准来选择商品。也就是说，消费者以一种属性去评价他所考虑的几个牌号的商品，并从中选出最符合他的评价标准的那个商品牌号。

4. 排除法的决策原则

排除法的核心在于逐步排除以减少备选方案。采用这种方法时，首先，要排除那些不具备所规定的评估标准的最低可接受水平的牌号；其次，如果所有考虑中的牌号都具有某一评估标准最低限度要求，那么，这一标准也要去掉。因为这种无差别的衡量对选择过程没有用处。总之，这种方法就是不断地以不同的标准加以衡量，再不断地排除下去，直到剩下最后一个为止。最后，这个牌号所具有的独一无二的特征被称为"独特优势"或"关键属性"。

5. 词典编辑原则

这种方法类似于编辑词典时所采用的词条排序法，即首先将产品的一些属性按照自己认为的重要性程度，从高到低排出顺序，然后再按顺序依次选择最优品牌。也就是说，消费者根据排序中第一位最重要的属性对各种备选品牌进行比较，如果在这种比较过程中出现了两个以上的品牌，那么消费者还必须根据第二重要的属性甚至第三重要的属性、第四重要的属性等进行比较，直到剩下最后一个品牌为止。

（四）购买决策

在购买过程的某个点上，潜在旅游者必须停止收集信息和评价方案并作一个购买决策。作为方案评价阶段的结果，潜在旅游者可以发展出购买某种旅游产品的一个购买意图。但在购买意图和购买决策之间还有其他因素在起作用，比如态度、未预料到的情况等。

购买决策同真正的购买行为并不是一回事。在一般情况下，潜在旅游消费者一旦选择买哪一个旅游产品，他就会执行这个决策并真正地购买。但在旅游者即将采购时，也许会出现某些未预料到的情况,从而改变了他们的购买意图。这时就需要做出额外的决策,比如什么时候,什么地方,花多少钱以及支付方式等。所以,有时潜在旅游者在购买意图和购买行为之间常常存在时滞,尤其对于诸如出国旅游等高支出消费项目的购买上,更是如此。

(五)购买后的失调

如果旅游者的期望与他们实际得到的产品和服务之间的差距越大(仅指低于期望的状况),旅游者购物后产生不满意的体验就越深刻。这种现象也被称作购买后的失调。

影响旅游者不协调程度的因素包括绩效与期望之间的差距、差距对个人的重要性、差距能够修正的程度以及购买的费用(包括时间和金钱等)。比如,一个打算周边游的人对于周边的景点的期望值比较低,但如果他发现这么近的地方也能有这么好的风景,那么他就得到了较高的满足,因为这超出了他原来比较低的期望。相反,如果一个出国游的消费者期望他得到很好的服务及特别的经历,但是实际结果并不太好,他就会非常不满意,因为这没有达到他的高期望值。

价格通常会影响不协调的程度。高的价格会提高人们的期望值。比如,国外的一项研究发现,每月较高的有线电视费用会造成大家对有线电视服务较高的期望值。经过一段时间,由于有线频道没有达到对有线电视用户的期望值,他们不再选择高收费的有线频道。

最后,如果绩效与期望之间的差距较大而这种差别又很难纠正的时候,消费者的不满意感就会很强烈,或者说产生了严重的不协调。比如,一个旅游者在国外高价购买了某商品,但这个商品与国内的同类商品相比没有什么差别,而且又不能再出国去换商品。这种不协调对旅游者来说是比较严重的。

二、克朗普顿决策模型

克朗普顿模型(Crompton,1977)也属于理性主义范畴,他认为旅游者的选择分两个阶段。首先,人们要决定是否去旅游,如果答案是肯定的,第二步就是要确定去什么地方。他认为目的地的选择是感知的限制因素(时间、金钱和经验技能)与目的地形象之间互动的结果。在此基础上,厄姆和克朗普顿在1991年提出了一个模型。该模型有三个变量:

1. 外部因素:来自社会和市场两方面的影响。它们分为意义性(目的地属性)、象征性和社会刺激等。
2. 内部因素:旅游者社会心理特征。如人格、动机、价值观和态度等。
3. 认知构成:是旅游者整合内外部因素而形成的关于目的地选择的认知结果。

厄姆和克朗普顿模型将认知评价过程划分为五个阶段:

(1)通过被动地获取信息或偶然的学习形成对目的地属性的了解。
(2)在做出一般的度假决定之后,对目的地的选择正式开始。
(3)从简单地产生目的地意识向旅游动机被激发进而积极主动地选择目的地逐步

推进。

（4）通过主动的信息搜寻进而形成对令人感兴趣的目的地属性的信任。

（5）从那些感兴趣的目的地中选择一个。

三、解释派模型

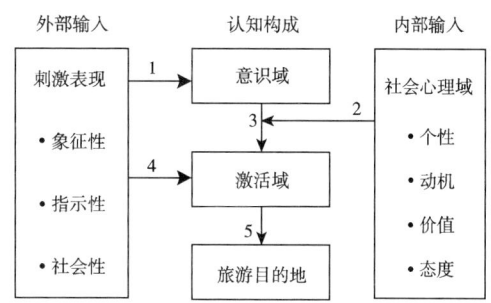

图 8-3 休闲旅游目的地选择过程模型

前面介绍的旅游者进行旅游决策的观点都假设旅游者是理性的，决策过程是循序渐进的多阶段的过程。但人是理性的吗？退一步说，人在多少时候是理性的？个人偏好、从众性、知觉错误、情绪状态等因素都会打乱人们的理性。所以，了解人们在决策的时候到底是什么情况比按照理论去假设可能更有意义。

（一）伍德赛德和麦克唐纳框架

伍德赛德和麦克唐纳采用定性数据描述了休闲观光客如何决策的框架，它提出了旅游中 8 类次级选择项，双箭头表示因果关系不是固定的，不同的旅游者可能不同。一个重要的假设是，初始旅游选择的激活在后来发展成相关的具体旅游选择。

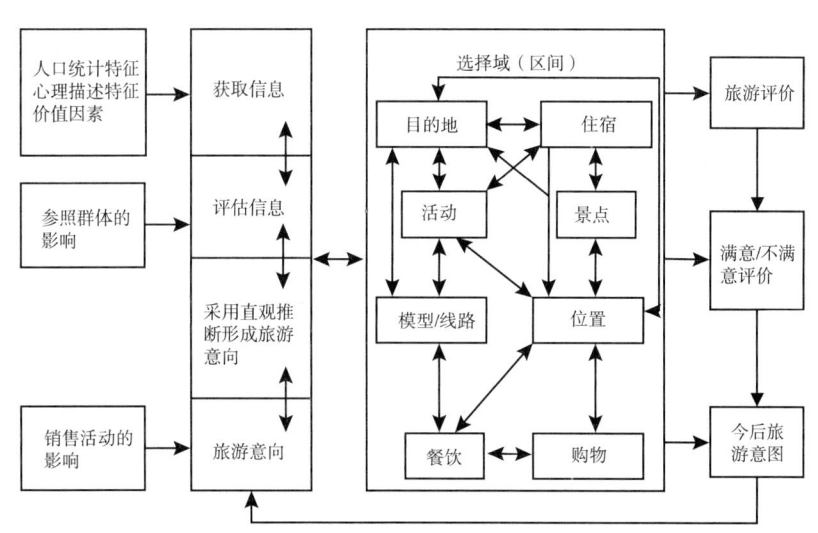

图 8-4 消费者对旅游服务选择决策框架

（二）提尔观点

提尔（Teare，1994）对英国酒店休闲业的消费者决策进行了案例分析之后提出：旅游者先前的经历和消费介入程度在决策过程中居于核心地位。它对期望、评估标准以及旅游者最终的个人评估系统的形成都有一定影响。

第4节 旅游者的风险知觉

在知觉研究中，一个比较有代表性的理论就是减少风险理论。在旅游活动中，旅游者会经常遇到各种风险，为此，他们必须采取各种措施，来消除或减少所遇到的风险。

一、风险知觉的种类

实践证明，任何旅游决策都包含着风险和不可知因素。这些风险和不可知因素常常会带来预想不到的后果，令人很不愉快。旅游者常遇到的风险有以下几种：

（一）功能风险

功能风险涉及旅游产品的质量和服务优劣问题，在一般情况下，当购买的旅游产品和享受的各种服务不能像预期那样满意时，就存在着功能风险。例如，飞机出了故障，不能在预定的时间起飞或不能在预定的目的地降落，或出租车半路抛锚，或房间空调失灵，或电话不通等。

（二）资金风险

花费较多的金钱是否会买到较好的产品和享受优质的服务。比如，住这样的宾馆是否值得花这么多的钱，或者花费双倍的车票钱乘坐的旅游列车，一定像人们期望的那样比普通列车要好得多。

（三）社会风险

购买某种旅游产品或享受某种旅游服务是否会降低旅游者的自身形象。比如，购买名牌旅游产品或住高级饭店的旅游者很可能因为名牌产品或高级饭店具有较高的社会价值。

（四）心理风险

心理风险是指旅游产品或服务能否增强个人的幸福感和自尊心，或者反过来说，能否引起个人的不满意和失望的情绪。人们出去旅游的主要原因之一，是提高自我价值，放松自己。所以，对旅游者来说，旅游活动中提供的产品或服务能否最大限度地满足他们的心理需求，是十分重要的。

（五）安全风险

安全风险也是指旅游者所购买的产品或服务能否危害旅游者的健康和安全的风险。旅游者在整个旅游活动中常常会注意到是否存在这种风险。比如，就餐的食品是否卫生、乘坐的飞机会不会出事、某个旅游景点的设施是否安全牢固等。

(六) 时间风险

时间风险是指在旅游活动中能否在预定时间内完成旅游活动。时间是旅游活动的一个重要因素，如何保证在计划时间内完成旅游活动是旅游组织成败的衡量标准之一。如果出现在计划时间内未完成旅游活动，或者全部活动完成了而时间却超出了这两种情况，不但会引起旅游者的不满，甚至会引发纠纷，给旅行社造成名誉上或者经济上的损失。时间上的保证无论对旅游者，还是对旅行社都是重要的。

 补充阅读资料 8 – 5

旅游消费风险很大

由零点调查、前进策略与东方企业家共同发布的《中国公众旅游服务传播指数2005年度报告》显示：我国消费者对于旅游业的信任程度仅有67分，具有随团经验的消费者信任程度更低。

据悉，此次调查涉及北京、上海、广州、武汉、成都、沈阳、西安7个城市，通过随机抽样，对近2000名消费者采取入户访问方式进行了调查。

调查结果显示，签约容易履约难、行程和费用不透明、利益难保障、投诉效果不佳，是消费者不信任旅游业的主要原因。

在被调查者中，有68.5%的人在最近一次旅游中有不愉快体验。其中，约定的参观项目减少（38.1%）、导游擅自改变约定的行程（34.3%）、导游安排不希望的购物活动（30.3%）、付费参观项目增多（19.5%）等位居"不愉快体验"排行榜前列。

不能明明白白消费是我国出游者普遍遭遇的一大烦恼。对于费用详情告知和行程变更提前告知，受评分值分别仅有67.3分和68.2分；对于旅行社变更合同条款的慎重性、产品介绍时的真实规范性，受评分值均仅有66.8分。

调查显示，基本上所有的关于旅游的投诉都集中在"黑导游"、"黑店"、"消费不明"、"投诉无保障"等问题上。

（资料来源：张建松：《旅游消费风险很大》，新华网，2006 – 6 – 4）

至少在中国现阶段，旅游消费环境还是有待改进的，存在消费风险。除了行业管理和行业内企业本身管理的水平低以外，旅游业的性质也是一个重要原因。旅游业是服务业，其产品是服务，服务的最大特点是无形性和生产、消费的同时性，旅游者消费之前难以鉴别判断服务好坏，事后也难以保存证据。这就给无良商家以使黑的机会。

本案例中旅游者经历了心理风险、功能风险、资金风险和时间风险。

二、风险知觉产生的原因

如前所述，旅游者在购买旅游产品时，常常会遇到风险问题。但是，旅游者对风险的知觉各不相同，这取决于很多因素。首先，旅游者个人的特点如文化层次、智力水平、经济水平的不同，在同一情况下不同的人会知觉到不同的风险水平。此外，高风险知觉者喜欢把他们对产品和服务的选择局限在一个很小的范围内，这种人为了避免做出错误的选择，宁愿放弃一些好的选择。而低风险知觉者则倾向于在大范围内进行选择，宁肯冒险作较差的选择。所以，旅游者的个人特性能影响到他们的风险知觉。其次，旅游者的风险知觉还取决于他们购买的旅游产品或服务的种类。比如，旅游者远距离旅游要比近距离旅游知觉到的风险高些；购买高档的旅游纪念品要比购买街头小贩出售的小纪念品知觉到的风险大些。

对旅游风险的知觉，会影响人们的旅游决策。这里需要指出，旅游者知觉到的风险并不等于实际存在的风险。实际风险再大，如果旅游者觉察不到，也不会影响他们的旅游决策。人们常在下列情况下会感知到风险：

（一）目标不明确

有的人已经打算要去旅游，但是到什么地方去，乘坐什么样的交通工具，是随团去还是单独行动等，都很难作决定。在这种情况下，旅游者实际上已感知到风险的存在了。

（二）缺乏经验

一个从来没有外出旅游过的人，面对众多的选择常会感到不知如何是好。比如，如果选择去海边度假，那么是去大连还是去青岛呢？如果是购物，是去北京还是去上海呢？因此，自身经验的缺乏，也常使人们感知到风险。

（三）信息不充分

缺少信息或相互矛盾的信息来源也能使旅游者知觉到风险。比如，对某一旅游景点的价格、住宿、交通、安全等情况一无所知，旅游者在作决策时就会犹豫不决。另外，对于同一旅游点，不同的人做出不同的评价甚至互相矛盾的评价，常使将要出去旅游的人感到无所适从，因而不可避免地知觉到风险。

（四）相关群体的影响

每个人在社会中生活，其言行都要受到同事、朋友、家人等相关群体的影响。个体的行为一旦与相关群体中的其他成员的行为不一致时，便会感到来自相关群体的压力。这种压力常会影响到旅游者的决策。比如，相关群体的人们都在国内旅游，而自己要到国外去旅游，是否会遭到他人的议论呢？

 补充阅读资料 8-6

黄金周复杂的旅游消费心理

在一般旅游消费中，旅游者基本上是抱着积极态度的。然而，来自《华商报》"生活调查"栏目的一则调查则带来了关于黄金周消费独特的心理效果。2004年4月19日的《华商报》中《生活调查》栏目以"五一长假你想怎么过"为题发出问卷，截至4月25日14时，共有239人次参与投票。几个问题：①五一黄金周，你准备怎么过？调查显示：60%的人选择在家休息，27%的人选择外出旅游，另有13%说有事要办。②你觉得黄金周是否有必要改进？调查显示：85%的人认为应该改进，9%的人觉得这样挺好，另有6%的人说不清。③如果你选择旅游，你准备去哪里？41%的人选择在国内旅游，29%的人选择在省内旅游，20%的人选择市郊，8%的人选择到未开发的景点，2%的人想出境旅游。④你出游最担心的是什么？49%的人担心景点宰客，35%的人为出行安全忧心，10%的人担心旅行社服务差，另有6%的人担心会生病。⑤如果你不去旅游主要原因是什么？58%的人说人太多，玩不好，24%的人因为旅游费用上涨，12%的人担心安全，另有6%的人说不想出去。这个调查给我们带来的思考是深远的。据国家旅游局资料统计，1999年十一第一个黄金周，全国出游人数7天内达到2800万人次，旅游综合收入141亿元；2002年达到2980万人次，旅游收入230亿元；2001年达到6397万人次，旅游收入250亿元；2002年达到8071万人次，旅游收入306亿元；2003年达到8999万人次，旅游收入346亿元。

（资料来源：记者：《黄金周复杂的旅游消费心理》，《华商报》，2004－4－19）

曾经的辉煌、曾经的时尚居然变成了有一大部分人想留在家里；高达85%的人认为黄金周需要改进，说明黄金周引发的种种弊端已到了众人皆怨的时候，如果持续下去的话，假日经济是否还能够这样红火，黄金周是否还能称之为黄金周，就成了一个值得商榷的问题了。然而，我们看看这些居高不下、连年增长的数字，发现：即便黄金周令人怨声载道，却仍然火暴。黄金周，让人欢喜让人忧。黄金周出游消费者往往抱着矛盾心理，求生理与心理的解脱却怕旅游劳累，陷入更深的疲劳；求补偿却担心旅途服务质量不高，败坏心情；求平衡又怀疑消费陷阱。总之，恐惧、怀疑、遗憾、失落、烦躁等各种情绪构成了黄金周独特的出游消费心理。况且，这些矛盾心理的成因并不是空穴来风。

旅游消费心理的恐惧多半来自于旅游安全，包括交通安全、游览安全、饮食安全、住宿安全等。黄金周期间，交通拥挤，道路不畅，游客进得来、散不开、出不去的现象时有发生，使游客对此产生恐惧。住宿安全与环境卫生是令游客头疼、恐惧的事，保安措施不健全，偷窃事件时有发生；此外，游客与景区保安、管理人员或服务员之间导致的冲突也时有发生，轻者口角，重者打架斗殴，给其他游客心理上造成恐惧。

三、消除风险的方法

既然旅游者在决策过程中会知觉到各种风险，为了保证旅游活动更好地进行，旅游者会千方百计地采取措施来消除风险。常见的消除风险的方法有：

（一）广泛收集信息

旅游者收集到有关的信息越多，选择决策方案的自信心就越强，风险水平就会降低。有关专家的调查报告表明，知觉到高风险或中等程度风险的旅游者比知觉到低风险水平的人寻求信息的时间多 1～1.5 倍。与此相适应，知觉到高风险水平的人比知觉到低风险水平的人更喜欢接受他人的劝告或广告信息。

另外，如果人们感到有很大的功能风险，比如旅游产品或服务不能像他们想象的那样理想时，他们就会去寻找性能方面的信息，比如通过旅游业的推销部门所提供的宣传材料获取与性能有关的事实信息来减少或消除风险。

（二）认真比较衡量

在旅游决策中，旅游者往往要根据自己的选择标准对各种备选方案进行认真的比较衡量。旅游者知觉到的风险越大，比较衡量所花费的时间越长；旅游者知觉到的风险越小，比较衡量所花费的时间越短。

（三）寻求高价格

在日常消费中，许多人都相信"一分钱，一分货"这个理。在旅游活动中也是一样。由于旅游者缺乏对旅游商品和服务的实际了解，旅游者便倾向于用价格高低来衡量产品质量的好坏和服务的优劣。比如，人们一般会相信每天 500 元的住宿条件会大大好于每天 50 元的住宿条件。因此，对于大部分旅游者来说，价格便代表了质量，价格高，质量好；价格低，质量差。当旅游者对某些旅游产品或服务知觉的风险较高而又无法消除时，就会采用高价格这一简便易行的方法。

（四）购买名牌旅游产品

为了节省时间和精力，减除知觉风险的一种普遍策略就是购买名牌旅游产品或享受优质服务。旅游者购买了旅游产品或享受到某种服务后，如果他感到满意，他就不仅可以产生重复购买的行为，而且可能把这种满意感传给他人。这样就可能建立对商标的信赖。一旦旅游者依赖或忠实于声誉高的或满意的商标时，他们多知觉到的风险就大大减小。在现实生活中，人们就是依据对商标的声誉和对名牌产品的认可来做出购买决策的，而不轻易购买自己不熟悉的或从没听说过的产品，以便回避风险。了解这一点，对旅游工作者来说是十分重要的。只有向旅游者提供优质的产品或服务，才能提高企业竞争力，稳住现有的客人，并吸引更多的新客人。

 **本章小结**

本章介绍了个体决策的几种研究范式，主要是理性主义、有限理性和直觉模型。旅游消费者购买决策模型包括经典理性模型、克朗普顿模型和伍德赛德模型。经典旅游消费者购买决策的过程包括以下步骤：问题确认、信息搜寻、方案评价、购买决策和购买

后的行为。另外，解释派模型介绍了伍德赛德的新观点和提尔的理论。最后，介绍了消费者风险知觉的种类及其产生的原因和应对策略。

 案例分析

王先生会选择哪个度假地

王先生打算利用一周的时间外出旅游。现在他已经有了四个可选择的度假地：A、B、C、D。他说他选择度假地时主要对四种属性感兴趣：购物、历史景点、饮食与价格。他根据这四种属性评价从每个度假地所得到的信念。他对度假地 A 的评价如下：按 10 分制的话，购物为 10，历史景点为 8，饮食为 6，价格为 4（较贵）。同理，他可以根据这些属性对其他三个度假地进行评价。

问题：
我们如何来预测他的选择呢？

 思考与练习

1. 旅游者购买决策有哪些步骤？
2. 调查你身边的同学，了解他们在出去旅游时，一般用的是哪种信息源。
3. 风险知觉产生的原因有哪些？根据自己的生活经验谈谈如何规避。

 开放式思考

1. 对理性主义模型和解释派的观点进行比较，得出你的评论。
2. 对理性决策和直觉决策进行比较，自己得出它们的优缺点。

第 9 章　旅游服务心理

【学习目标】

通过本章的学习，你应该达到以下目标：了解服务市场中的消费者行为特点；认识客人需求心理、前厅服务心理、客房服务心理、餐厅服务心理、旅游商品服务心理、导游服务心理和投诉心理。了解在旅游服务发生和进行中客人的心理特点，掌握客人投诉时与客人交往的基本技巧。通过学习要掌握旅游服务中客我交往的基本心理策略以及旅游服务各阶段的心理规律。

【内容结构】

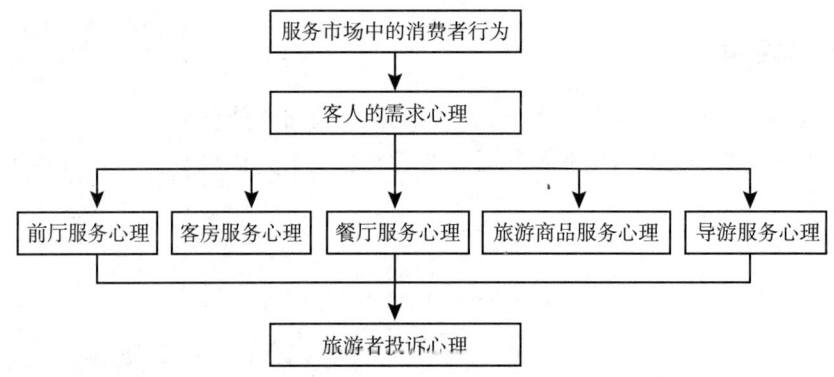

【重要概念】

服务　客我交往

> **引 例**

真诚服务，感动客人

一个下雨的晚上，某一家大酒店的前厅很热闹，大堂副理小刘密切注视着大厅内的情景。"麻烦您了，我们打算住到市中心的酒店去，你能帮我们叫辆出租车吗？"两位客人从大堂休息处起身来，走到小刘面前说。"先生，都这么晚了，天气不好，到市中心已不太方便了。"小刘想挽留住客人。"从这儿打的到市中心不会花很长时间吧，我们都订好了。"客人看来态度很坚决。"既然这样，小刘马上找来行李员去叫车，并对客人说："我们酒店位置较偏，两位先生需要等一下，我们不妨先到大堂等一下好吗？""那好吧，谢谢！"客人被小刘的热情打动，然后和她一起来到大堂休息处等候。天已很黑了，雨仍在不停地下，行李员小秦始终站在路边拦车，但十几分钟过去了仍没有空车，客人等得有些焦急，不时站起身来观望有没有车。小刘说："今天天气不好，出租车不太容易叫到，不过我们会尽力的。""您再等一下，如果叫到车会通知您的。"又是15分钟过去了，车还是没拦到。客人走到大堂门外，看着雨中站了30多分钟的行李员小秦，非常抱歉地说："我们不去了，你们服务态度这么好！"这位客人亲自把小秦拉进了前厅。

（资料来源：作者整理）

服务是什么？怎样服务才能达到好的效果？这个案例能给我们一些启示。本章将探讨旅游服务问题，你能从中得到需要的答案。

第1节 服务市场中的消费者行为

服务与物质产品一样，虽然它无法触摸，但由于服务能给消费者提供一定的利益，因此，服务提供者可以通过交换而获得报酬。而对于消费者来说，由于服务的特殊性，因而购买服务比购买物质产品有更大的风险。

一、服务业

对许多人来说，服务就是"伺候人"的同义词。在以往，一提到服务，人们自然就想起理发馆里理发的、餐馆里端盘子的、商店里卖衣服的，等等。然而，近二三十年来迅猛发展的服务业，已不能用低收入及低技术水平的诸如上述提到的那些工作来准确概括。相反地，服务业就业增长最快的是金融、保险、房地产和其他各种各样的服务（如健康、教育等）以及零售贸易。服务业又称第三产业，它的范围取决于三大（或三次）

产业的划分。根据联合国有关组织对三大产业的划分,服务业的范围,包括除农业、畜牧业、林业、渔业、狩猎业、制造业、建筑业、自来水、电力和煤气生产、采掘业和矿业以外所有的行业。可见,服务业的范围是很广的。根据1985年国务院批准的《国家统计局关于建立第三产业统计的报告》对服务业的层次进行了划分,见表9-1。

表9-1 服务业层次的划分

层次	性质	服务行业
第一层次	流通服务业	商业(包括国际商业、物质商业)、餐饮业、仓储业、运输业、交通业、邮政业、电信业等。
第二层次	生产和生活服务业	金融业、保险业、房地产业、租赁业、技术服务业、职业介绍、咨询业、广告业、会计事务、律师事务、旅游业、娱乐业、美容业、修理业、洗染业、家庭服务业等。
第三层次	精神和素质服务业	文艺、教育、科学研究、新闻传媒、图书博物、出版、体育、医疗卫生、环境卫生、宗教、慈善事业等。
第四层次	公共服务业	政府机构、军队、检察院、法院、公安局等。

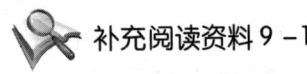

补充阅读资料9-1

服务和旅游服务

"服务"在古代意为"侍奉"。服务的英文是"Service",基本含义即"为他人做什么"。随着时代的发展,"服务"不断被赋予新的蕴涵。关于现代服务的内涵与实质,人们大都引用1991年国际标准化组织(ISO)在ISO9004-2"质量管理和质量体系要素"第2部分"服务指南"中对服务所下的定义,即服务是"为满足顾客的需要,供方与顾客接触的活动和供方内部活动所产生的结果"。旅游服务作为服务的一个领域分支,在现代社会中多指旅游企业服务。它是旅游企业在接待旅游者过程中依靠相关设施以及技能、知识和情感等多方面能力,向游客提供的一种综合性的劳务行为。作为一种生产性活动,旅游服务在整个社会再生产过程中是一种必要的社会劳动,它使旅游资源、旅游产品和设施成为人们享受及消费的对象,从而创造一种满足人们旅游需要的特殊使用价值。

二、服务概述

(一)服务的理解

大多数人都认为"产品"一词只意味着有形产品,然而,服务也同样是产品,只不过它是无形的(以下所提到的"产品"实际上就是有形产品)。由于购买有形产品时要伴随某些辅助性服务(如安装),在购买服务时通常也包括辅助产品(如餐厅的食物),因此,对产品和服务加以严格区分是困难的。而且每次购买也都会包含不同比例的产品和服务。一般来说,对产品和服务的区分主要是从有形和无形这一点出发的。相对于现成的、看得见的有形产品来说,**服务**是指无形的并且不发生实物所有权转移的交易活动。这一定义表明,与有形产品相比,服务首先是一种交易活动,或者说,服务的目的就是交易。离开交易,就不称其为服务。服务的本质或者说与有形产品的区别就在于它的无形性,而且它与所有权没有关系。那么消费者从这种交易中得到了什么呢?具体地说,消费者得到了显性和隐性的利益。消费者花钱购买的就是这种利益。

 补充阅读资料9-2

服务的含义

"服务"的含义可以用构成英语 Service 这一单词的每一个字母所代表的意思来理解:第一个字母 S,即 Smile(微笑),是指服务员要为每一位客人提供微笑服务;第二个字母 E,即 Excellent(出色),是指服务员要将每一项细微的服务工作做得很出色;第三个字母 R,即 Ready(准备好),是指服务员要随时准备好为客人服务;第四个字母 V,即 Viewing(看待),是指服务员要把每一位客人都看作需要给予特殊照顾的贵宾;第五个字母 I,即 Inviting(邀请),是指服务员在每一次服务结束时,都要邀请客人再次光临;第六个字母 C,即 Creation(创造),是指服务员要精心营造出使客人能享受其热情服务的气氛;第七个字母 E,即 Eye(眼光),是服务员始终要用热情友好的眼光去关注宾客,预测宾客的需求,并及时提供服务,使客人时刻感受到服务员在关心自己。

现代服务业是依托高科技和信息化发展起来的,同样,现代旅游服务业也是需要高水平的专业技术支撑的,特别是在新经济时代,以互联网为核心的现代信息技术的应用,极大地推动了旅游产业的发展。"信息技术革命对旅游产业的管理有着深刻的影响,因为信息是旅游产业的血脉",例如旅游活动的组织和进行、旅游企业的经营管理等,本质都是对各种信息资源的收集、整合及判断,从这个意义上来说,旅游业是信息资源密集型和信息技术依赖型产业。一方面,现代旅游服务业是由信息技术与专业知识催生的,如会展、商务旅游等;另一方面,信息和网络技术也在不断地改变着传统旅游服务业态,如旅游饭店的现代化设施和网络预订系统、旅行社现代管理运营流程、旅游景区或主题公园开发建设的高科技项目等。高技术性还表现在先进的经营管理技术得以广泛的运用,推动了旅游现代企业制度的建设与现代旅游产业的健康发展。

(二)服务分类

1. 罗杰·施米诺的服务过程矩阵

服务业的涵盖面非常广,因此有必要对它们进行分类,因而能更有效地进行研究和探讨,帮助我们实施更有效的管理。

交互及定制程度

劳动力密集程度	交互及定制程度：低	交互及定制程度：高
低	服务工厂 •航空公司 •运输公司 •旅馆 •度假地和娱乐场所	服务作坊 •医院 •机动车修理厂 •其他维修服务
高	大众化服务 •零售业 •批发业 •学校 •商业银行的零售业务	专业化服务 •医生 •律师 •会计师 •建筑师

图9－1　服务过程矩阵

（资料来源：How Can Service Businesses Survive and Prosper?" by Roger W. Schmenner, sloan Mange-ment Review, vol. 27, no. 3, Spring1986, p. 25.）

罗杰·施米诺（Roger W. Schmenner）提出的服务过程矩阵（见图9－1）从两个维度对服务过程进行了分类。纵坐标是劳动力密集程度，在此劳动力密集度是指劳动力成本与资本成本的比率，而不是一般意义上的单纯看使用劳动人数的多少。横坐标是交互及定制程度，是指主客之间的相互影响程度。定制（Customization）指顾客个人对要发生的服务的性质的影响能力。从矩阵图上可以看到这样的结论：服务工厂，像航空公司和饭店等；服务作坊，像医院和修理厂等属于劳动密集型服务。而大众化服务和专业服务则属于劳动密集程度低的服务。而服务作坊和专业服务是属于交互及定制高的服务，这类服务受顾客的影响大。而像麦当劳快餐店是交互及定制程度低的服务，顾客享受的服务是标准化的，因而不能对服务的提供者施加大的影响。当然这是指西式快餐店和西式自助餐而言，相对于此，中式餐馆交互及定制程度则较高。

2. 功用论

服务提供给人的利益大致可以分为两大方面：即功能价值和心理价值，按照在服务中两部分所占比例的多少，可以把服务划分为功能性服务、混合性服务和心理性服务。例如，一位住进五星级酒店的客人，他从酒店得到的客房、饭菜等就是服务的功能部分，而五星级酒店给他的身份感、舒适等则构成服务的心理部分。服务的无形性特征就主要是从心理性服务角度得出的。只提供物质产品的纯功能性服务，如电话、自来水、煤气等一般不在服务问题的探讨范围。因为其心理性服务成分太少，不具有服务的基本特征。我们所探讨的服务，其心理性服务成分要作为显著特征存在，换句话说，就是一定要具备无形性特点。

（三）服务组合

服务是一种组合型产品，任何一种服务都是多种要素组合而成的，而顾客要经历所有这一切，最后形成自己对服务的感知和评价。

1. 服务组合构成

詹姆斯·A. 菲茨西蒙斯在《服务管理》一书中把服务的构成划分成四部分：

（1）支持性设施和设备。在提供服务前必须到位的物质资源。例如，客房、餐厅、游乐设备、医院、飞机等。

（2）辅助性物品。顾客购买和消费的物质产品，或是顾客自备的物品。例如，食物、零部件、法律文件、餐具、体育用具等。

(3) 显性服务。那些可以用感官察觉到的和构成服务基本或本质特性的利益。例如,饭菜味道很好、客房很舒适、玩得很舒心、补牙后不疼痛、汽车修后功能正常、飞机准时安全等。

(4) 隐性服务。顾客能模糊感到服务带来的精神上的收获,或服务的非本质特性。例如,在五星级饭店住宿和进餐所带来的身份感、乘坐头等舱的感觉、北京大学毕业生的身份象征、出国旅游的社会地位感等。

2. 服务组合的标准

按照詹姆斯·A. 菲茨西蒙斯的观点,服务组合的标准如下:

(1) 支持性设施和设备:地点、内部装修、支持性设备、建筑的适当性、设施布局。
(2) 辅助物品:一致性、数量、选择性。
(3) 显性服务:服务人员的培训、全面性、稳定性、便利性。
(4) 隐性服务:服务态度、气氛、等候、地位、舒适感、保密性与安全性、便利。

按照支持性设施和设备及辅助物品的重要性大小,我们可以将服务进行排列,从纯服务到混合型服务。咨询业就属于纯服务的一端,而航空公司和饭店则在另一端。

(四) 服务的特性

与有形的产品相比,服务具有以下几方面的特性:

1. 服务的无形性

如前所述,服务具有非实体性,即服务的本质是抽象的、无形的。因此,服务的创新没有专利。为了从新的服务中获得效益,企业必须快速扩张,阻止任何竞争者。但这也给消费者带来了问题。因为消费者在购买产品时可以在购买前观察、触摸和测试产品;而对于服务,消费者必须依赖服务企业的声誉,或者只能在消费完以后才能体验得到。因此,消费者常常是在购买一个承诺,或者说顾客只能依赖企业的声誉来决定购买行为。在服务行业,企业信誉就显得尤为重要。服务提供者提供特定的也许会、也许不会出现的利益,而当服务没有达到期望时,消费者得到赔偿的可能性很小。

2. 不可分割性

有形产品是先生产、再销售、最后再消费,而服务的生产、销售和消费却是同时进行的,换句话说,它们的生产和消费是不可分割的活动。因而服务不能贮存。这就使得服务业不能像制造业那样依靠存货来缓冲或适应需求变化。而且,在制造过程中,存货还可以用来分离生产工序;对服务业来说,这种分离是通过顾客等候实现的。

不可分割性还意味着服务通常不能像有形产品一样,在某一地点集中生产而在各地分散消费。因此,企业提供的服务质量取决于其雇员的质量。这就是为什么服务企业的经理要像了解员工的表现一样了解他们的态度。因为服务企业的员工一旦对企业产生不满,就会给企业带来无法弥补的损失,他们是企业与消费者唯一的接触媒介。

3. 服务的易消失性

服务是易逝性商品。例如,飞机上的空座位,旅馆里的空房间,或是餐馆在一天里有一小时没有客人。在这些情况下,都发生了机会损失。由于服务不能贮存,如果没有使用的话,就将永远失去。

4. 顾客参与服务过程

在传统的制造业中,产品(汽车、鞋子等)是在工厂中制造出来的,购买者看到的是在优雅的购物环境中陈列出来的商品。而对于服务来说,消费者体验到的是发生在服务设施环境中的经历。如果服务设施的设计符合消费者的需要,就可以提高服务质量。对内部装饰、布局、噪声以及色彩的关注能够影响消费者对服务的感知。而且,有时消费者在服务中可以发挥积极的作用。比如,快餐店的经验就是很好的例证。快餐店成功地减少了服务人员的数量。顾客不仅要根据有限的菜单自己点菜,而且要在饭后自己清理桌子。这就使得消费者在需要时付出了劳动,而餐馆的工资和福利支出等也相应减少。

5. 服务的易变性

因为服务是由人来实施的,所以服务具有高度可变性。不同的人或者同一个人在不同的时间里,所提供的服务不可能完全一样。比如,同一个医生在不同的时间给不同的病人施行同样的手术,由于其当时的精力或心理状态的不同,其结果可能就不一样。如果说有形产品的生产可以控制,从而使不合格的产品不流向消费者的话,那么服务产品由于是员工直接面对消费者,是企业和顾客唯一的接触媒介,控制不良服务的发生就非常困难,通常管理者只能充当事后诸葛亮,或救火队员的角色。由于对服务过程难以进行有效控制,而事后救火又于事无补,所以从管理角度进行的事先控制是必需的。玛里奥特连锁店的创始人 J. 威拉德·玛里奥特(J. Willard Marriott)曾说过:"在服务业,没有满意的员工,就不会有满意的顾客。"提高培训和真正关心员工福利,组织目标才能实现。

6. 场所的选择取决于顾客

任何一项服务的发生都需要供需见面,至于在什么地方完成服务,顾客常常有选择权利。所以在确定服务场所时必须考虑设施的固定成本和顾客的路程成本。总之要使总成本尽量最小化。

7. 衡量产出困难

用什么来衡量服务组织的产出一直是一个令人头痛的问题。通常可以从量和质两个方面进行业绩评估。量的方面可以包括员工在单位时间和消耗内所服务的顾客的数量和创造的利润;质的方面是指测量顾客从开始接受服务到服务结束这个过程中的变化,实质上就是顾客评估法,一切以顾客的主观感受为准。前一种方法使用起来客观方便,但忽视了服务的特殊性。后一种方法充分考虑到了服务的特殊性,但使用起来成本高且难以把握,主观性强。

三、服务市场消费者行为的特征

与有形产品消费者行为的特征相比,服务市场的消费者行为的独特性主要表现在以下几方面:

(一) 消费者收集信息的方法

服务市场消费者主要通过人际交流来获取所要购买的服务信息,而广告等媒体沟通手段相对地不被服务消费者所重视。也就是说,在服务市场中,消费者更多的是依靠口中说出的话,而不是物质产品本身。因此,服务市场上的消费者可能在很大程度上依靠朋友和同事的推荐,特别对于像理发和餐馆这类的服务,就更是如此。

(二) 消费者对服务的风险知觉

关于消费者的风险知觉,我们在上一章有过专门的论述。这里需要指出的是,因为服务的生产与销售同时进行,因而消费者在购买服务产品时感知到的风险可能更大。这一方面涉及购买价格风险,另一方面更可能遇到的是功能风险。这主要是由服务的无形性和易变性所造成的。特别是在专业性的服务中更容易出现这种情况。比如,咖啡馆不像你想象得那样浪漫,你的约会并不愉快,但咖啡店仍要你为所消费的咖啡付费。

当然,消费者对服务的功能性风险的知觉也和消费者本人的期望有关。只有当消费者期望得到的利益与服务提供者真正提供的服务之间有距离的时候,消费者才会感知到风险。遗憾的是,这种距离在日常消费中经常存在。比如,某消费者到一个理发店中要求理发师为他(她)做一个和某明星一样的发型。结果常常是可想而知的。因为特定的发型,可能并不适合消费者的脸形与体形。这自然就导致了消费者购买后的不协调,引起消费者的不满。对于理发师来说,要么解释这发型为什么不好看,要么就是重新做发型去处理消费者的失望。如果只是做发型还好说,做不好可以重来,但如果仅仅是理发的话,那就麻烦了,因为理过的头发常常就没有办法再理了。这也进一步说明了有形产品的消费与服务性产品的消费之间确实存在着很大的差异,详见图9-2。

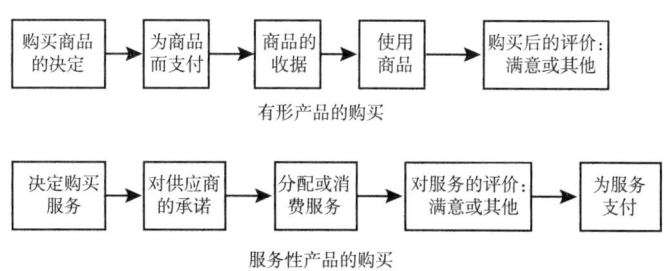

图9-2 有形产品与服务性产品的购买比较

(三) 品牌忠诚

如上所述,由于购买服务具有更大的风险,因而消费者对品牌有更高的忠诚。我们很多人都有愿意经常光顾的餐馆或理发馆。特别对于像理发这类服务来说,因为服务时必须有个人接触,而且发型对个人的形象又极为重要,所以在没有别人特别推荐或介绍的时候,消费者轻易不会变换他自己认为还算可以的理发师。

正因为如此,服务业的促销就比较难一些。消费者一般不会因为一个暂时的价格优惠而转向其他的不熟悉的服务提供商。所以,对服务业来说,鼓励已有的消费者保持品牌忠诚是可能的,但创造新的消费者就比较难。那么,服务业如何吸引新的消费者呢?比较典型的做法是服务提供者把注意力集中在与竞争对手有明显区别的问题上。比如,大连市的某家医院最近宣布,为了解除上班族和学生看病难的后顾之忧,将把医院正常的营业时间推迟到晚上8点,而且保证在这一时段全部由副高职以上的医生坐诊。再比如,在商业网点比较密集的市区开设日夜银行,24小时营业,主要方便那些收摊比较晚的小业主们。另外,也可以通过"会员制"的方法来吸引新的消费者。比如,一次购买金额达到了多少数目,就可以成为该企业的会员,那么以后每次购买时都会因会员的身份而有一定的优惠。与此相似的是会员卡积点制,即消费多少金额就可以积一个点,积点到一定数量的时候就有相应的礼品相送。这些方法都能比较有效地吸引新的顾客群。

(四)对服务质量的评估与购买后失调

对服务企业来说,服务质量的评估是在服务传递的过程中进行的。在服务过程中,消费者与服务人员要发生接触。消费者对服务质量的满意可以定义为:将对接受的服务的感知与对服务的期望的比较。也就是说,当感知超出期望时,消费者就会认为质量很高,就会表现出高兴甚至惊讶;当没有达到期望时,消费者就会认为这种服务是不可接受的,就会表现出不满甚至愤怒;当期望与感知一致时,消费者就处于满意状态。

消费者对所提供的服务不满意,就是所谓的服务失败。

1. 服务失败的原因

(1)消费者预期与服务人员感知之间的差距。即服务人员不能经常地正确地感知消费者的需求。

(2)服务人员的感知与服务质量规范之间的差距。即服务质量没有标准或虽然有标准但没有量化。

(3)服务质量规范与服务提供之间的差距。即服务人员可能缺乏训练或过度劳累而无能力或不愿意按照标准操作。

(4)服务提供与外部沟通之间的差距。比如企业对外宣传的与其实际上提供给消费者的并不是一回事。

(5)感知服务与预期服务之间的差距。消费者感知到的服务与他事先期望的服务之间有差距。

可见,服务企业要想在市场中立于不败之地,必须在每项服务标准上达到一定的水平。例如,在航空服务业,安全性就是一个明显的资格标准。

关于购买后的失调,在前面已有较详细的探讨。对于服务性消费市场来说,一个不满意的消费者或者说一个没有得到良好服务的消费者会有什么反应呢?正如我们所看见的那样,消费者通常用以下三种方式来表达他们的不满:

2. 消费者表达不满的方式

(1)口头反应:消费者会回来并抱怨。

(2)私下反应:比如把差的服务告诉周围的熟人。

(3)投诉:即第三当事人反应,如诉诸法律。

如今,"商品售出以后概不负责"或"顾客须知"之类的说法已经过时,因为不近人情的服务、有缺陷的产品和不守信用都是对消费者的不尊重,最终会让企业付出代价。特别对于购买服务的消费者来说,服务是一种经历,任何不满意都会成为他们向别人诉说的故事。

3. 避免失败的服务的方法

(1)保证员工有积极的态度。"在服务界,没有满意的员工,就不会有满意的顾客"。

(2)制订零缺陷的质量改进计划。必须向员工传达这样的信念:每个人都应该在第一次把事情做对。

(3)无条件服务保证。消费者满意是无条件的,没有例外的。

(4)服务补救。通过授权一线员工"将事情做对"可以将服务失败转化为服务惊喜。

总之,由于服务产品的特殊性,要求市场营销人员要正确对待和处理服务消费者的购买后失调。这是因为,对于一个不合格的服务的赔偿,很难像物质产品的赔偿那样确定恰当的赔偿水平。比如,一个消费者买了一双皮鞋,如果鞋子在"三包"期内出现鞋底断裂等问题,那么他很容易就会得到商家或厂家的相应赔偿,即退款或维修或换一双。然而,对于某些服务来说,比如烫发,如果当事人觉得不太满意(比如头发烫得过分了),再次服务是不可能的,而且显然服务只是部分不合格。在这种情况下,全部退款也许有点过分,那么可以考虑部分退款。问题的关键是怎样判断消费者不满意的程度以及寻找赔偿消费者的最佳方式。另外,和物质性产品相比较,消费者对服务的不满意更容易倾向于使用消极的口头表达,而不是积极的口头表达。但是,正确地处理消费者的抱怨,将产生一个比好的服务本身更积极的口头表达。这意味着一个愿意接受赔偿的不满意的消费者,将比一个第一次就得到满足的消费者更可能积极地想到服务提供者。当然,这并不是说服务人员在第一次提供服务时可以掉以轻心(相反,第一次就应该做好),而是强调确保不满意的消费者发泄他们的不满意并有效地解决那些不满意是非常重要的。

第2节 客人的需求心理

为了让旅游者在旅游活动中获得愉快和满意,就要想方设法地了解旅游者的心理需求。那么,客人有哪些心理需求呢?

一、方便

方便是旅游者选择饭店首要考虑的因素。方便包括饭店的地理位置对旅游者是否便利、饭店的硬件设施是否符合旅游者的要求,服务项目能否满足旅游生活和工作的需要。

西方一位著名饭店企业家曾说过:如果饭店成功有三个因素的话,那么第一是位置,第二是位置,第三还是位置。可见地理位置对饭店的重要性。求方便是旅游者外出旅游时最基本、最常见的心理需求。中国有句俗语:"在家千般好,出门事事难。"说明人们外出旅行时最怕的就是不方便,因为人们在家里或外出时即使面对同等程度的不方便,但给人们造成的心理感受却不一样,对后者的感受更强烈,所造成的心理压力也更大。同时,也说明了过去由于旅游条件的限制,确实给人们外出带来了很大的不便。旅游业的发展,最先要解决的就应该是旅游者的方便与否问题,以更舒服更方便为目标,全方位满足旅游者的食、住、行、游、购、娱的需要。

为旅游者提供多种方便,是饭店的首要任务,也是旅游者的主要心理需求。客人入住饭店时,如果处处感到方便,在心理上会得到安慰,产生愉快、舒适的情绪,能消除旅途的疲劳和各种不安。如果感到不方便,就会产生沮丧、不满的情绪,最终可能导致客人离开饭店。如果出现这种情况,将是饭店工作的最大失败。

针对不同类型的旅游者,饭店提供的方便性服务也应该不同。例如,对观光型旅游者应该首先注重其食、住、行方面的方便性;对会务型旅游者,应该首先保证其工作学习的方便,其次才是食、游、购等方面;对商务型旅游者应该首先提供交通、信息、工作等方面的方便。

二、安全

安全需要是旅游者的最重要的需要之一。按照马斯洛的需要理论,安全需要是人类与生俱来的、最基本的需要。如果生理需要和安全需要得不到满足,人就不会产生更高级的其他需要。旅游者离开自己的居住地,来到一个陌生的地方,由于其对环境缺乏把握感,所以安全需要更强烈。这是一种心理现象,事实上旅游活动中也许并不存在更多的不安全因素。安全需要具体可以包括人身安全、财产安全。旅游业应该在这方面给客人绝对的保证。现代旅游饭店在防火防盗等方面做出了巨大的努力,不遗余力地改善硬件设施,对员工的安全防卫方面的技能培训也是饭店培训员工的一项基本内容。这些都是为了满足旅游者对安全的需求,以保障旅游者在饭店中能愉快安全地度过短暂的旅游生活。

安全需要的满足是旅游业的生命线。如果一个旅游饭店发生人身伤亡的事故,对饭店的入住率将产生难以弥补的、长期的不良影响。另外,财物失窃也是旅游饭店最感头疼的事,它也会严重损害饭店的声誉。

总之,保障旅游者的安全是饭店的一项重要任务,它既可以缓解旅游者的心理紧张,为其带来安全感,也反映着饭店管理和服务的水平。

三、清洁卫生

旅游者关心其入住饭店的清洁卫生,是一种正常心理需求。满足这一需要的同时,也是满足安全需要的一个方面。旅游者对清洁卫生的高要求,也反映了其安全感的缺乏。因为饭店的卫生状况,不仅关系到旅游者的健康问题,而且还对旅游者的情绪情感产生影响。客人一进到饭店,看到明亮的玻璃、一尘不染的用具、雪白的床单等等,就会产生一种舒畅、振奋的体验。无论什么级别的饭店,清洁卫生都是不可缺少的条件。设施可以低档次,甚至服务可以不完善,但是,对清洁卫生的要求是不分档次的,绝不能含糊,必须高标准、严要求。

据美国康乃尔大学旅馆管理学院对3万名客人的调查,其中有60%的人把清洁卫生列为第一需求。可见清洁卫生对旅游饭店是多么重要。我国的饭店业良莠不齐的状况比较明显。一些低档次的饭店,以为价格的低廉可以忽视对卫生的要求,表现在饭店环境不洁,虫鼠骚扰,用具肮脏,使客人感到无法忍受,产生不满情绪,甚至引起客人的投诉或离开饭店,严重影响了饭店的声誉和效益。

清洁卫生不仅仅是对饭店服务的一种要求,也是社会文明的一种标志,是文明生活、高质量生活的一个组成部分。

四、安静

饭店的一个主要功能是为客人提供休息的场所。如何为客人创造一个安静舒适的环境,消除客人的旅途疲劳,是为客人提供良好的饭店服务的前提条件。在现代饭店建设与设计上,应该考虑满足客人安静的需求。例如,饭店选址时应避开噪声较大的区域,如果无法满足这个条件,饭店外界噪声较大,就要选择隔音效果好的建筑材料,尤其要用双层窗户,因为在整个建筑结构上,窗户是外界噪声传入室内的主要通道,双层窗的隔音效果要比单层窗好得多。同时也要做到楼层之间、客房之间的完全隔音。为避免大型设备如锅炉、中央空调等带来的噪声,最好选择能源集中供应的方式。噪声的另外一个来源是饭店服务过程,比如吸尘器的噪声、服务人员的说话、操作的声音等。所以,服务员清理卫生的时候,最好选择在客人非休息时间或客人不在房间的时候进行。同时,服务人员的各种操作、说话、走路等都要尽量降低声音。另外,饭店的其他部门如大堂、餐厅、商场等也要满足整个饭店对安静的要求,不能成为噪声源。

五、公平

追求公平是现代社会人们的一种普遍心理需求,也是社会文明发展的一个结果。商业文明遵循的就是在金钱面前人人平等,不以人的社会地位、经济地位、穿着打扮等方面而在价格与服务上有不同的尺度。现代旅游服务集中体现了社会文明的发展状况。特权观念、等级思想在旅游服务中不应该有任何市场。客人所享受的旅游服务如果与他付出的旅游服务费用相符,或者他享受到的服务与他的支出费用之比与别人所享受到的服务与支出之比一致的话,他就会感到公平合理,心情舒畅;反之,他就会感到不公平,就会产生不满、愤怒,甚至进行投诉,诉诸大众传播媒介或者对簿公堂。如果这样的话,将给旅游企业带来巨大的声誉和经济损失。因为公平感会给客人带来做人的尊严。如果客人觉得受到了不公正的待遇,对他来说,就不仅仅是金钱的问题,而且觉得人格尊严受到了伤害。

第3节 前厅服务心理

前厅是饭店的门面与窗口,是客人与饭店最初接触与最后告别的部门。前厅服务贯穿于客人在饭店内活动的全过程,是饭店服务的源头和终点。因此,前厅是饭店服务的中心。

一、前厅服务心理

前厅接待服务处于饭店服务工作的第一阶段。从客人步入饭店、办理好住店手续、进入房间,其所占的时间很短暂,但给客人留下的心理影响却有"先入为主"的效果。

 案例

特别总台

香港怡东酒店是当地最成功的酒店之一,在许多酒店从未出现过的顾客排队办理手续的情形在这里早已司空见惯,人们宁可忍受着旅途的疲惫也要在这里住上一宿,因为这里的环境和服务实在是太诱人了。

来自荷兰的总经理将这一切看在眼里,丝毫不敢懈怠,酒店为此一改多年来的排队办理入住手续的惯例,在大厅里另外开设了一个专门为已预订的商务散客和VIP客人办理入住手续的快速服务处,人们戏称之为"特别总台"。

从此,所有来店前已经办理了预订手续或是持有VIP优惠的客人,就无须再到总台前去排长队了,"特别总台"设有宾客专用座椅,边办手续边休息,这里的服务员都是经过专门训练的高级职员,外语娴熟,谈吐优雅,反应敏捷,能在最短时间里办好所有事项。"特别总台"为酒店增添了许多亮色,推出以来,好评如潮,并因此带来了更多的商务客源。

客人对前厅服务的心理需求主要有以下几个方面:

(一)尊重的需要

心理学家马斯洛认为,尊重需要是人类的较高级的需要,也是人类的基本需要。当旅游者一进入饭店,首先打交道的就是前台的接待人员,他要求受到饭店的尊重,首先就是要求受到前台服务员的接待,这种接待就要体现出对客人的尊重。从这一刻起,客人要确立主客之间的社会角色和心理角色关系。社会角色体现为主人和客人、接待和被接待、服务和被服务的关系,而心理角色则体现为尊重和被尊重的关系。在此处,服务人员与客人

之间的心理角色关系是由他们之间的社会角色关系决定的。旅游者得到服务人员的尊重,确立以客人为上的关系是理所当然的,这也为以后发生的所有关系确定了基调。

客人一进入饭店就持有这样的期望,作为前台服务人员应该满足客人的这种要求。服务人员要笑脸相迎,语言要礼貌友好,要有热情,做到既尊重客人的人格、习俗和信仰,也要尊重其表现出的各种行为。不因客人的语言是否规范、行动是否得体、程序是否合理而做出不同的接待行为。总之,客人一踏入饭店,就期望得到应有的尊重,期望进入一个充满友好、令人愉快的环境之中。

（二）快速、便捷的需要

客人经过旅途奔波进入饭店,渴望迅速安顿下来、休整一下,既为解除旅途疲劳,同时也为下一步安排做准备。而前厅所得到的服务和必须履行的所有手续和过程,对客人而言并无任何直接价值,对客人来说,这些过程绝大部分是不得不履行的,仅仅是对饭店有价值的。客人会认为"这是你的事",结束得越快越好。如果服务人员效率不高,啰唆拖沓,极易引起客人的厌烦情绪。在前台服务中一切以客人为中心,具体服务过程中不能让客人感到手续烦琐;另外,前台服务的一个大忌是,不能把客人指使得乱转。出现这种情况的原因只能有两个:一是程序安排不合理;二是服务人员未摆正自己的位置,服务不到位。如果出现这种情况,既是效率差的表现,也容易让客人感到未受到尊重。这种时候,服务人员似乎给人一种高高在上的感觉,主客位置发生了颠倒,有"店大欺客"之嫌。所以前台服务千万注意这一点。

客人离店时的心理要求也是同样的,结账手续办理过程要准确、快捷,使客人能迅速离店。道理也是同样,客人对结账程序并不感兴趣,他只对结果感兴趣。所以迅速、快捷完成这个过程,并得到准确结果是客人所需要的。

（三）求知的需要

人们外出旅游,就是到别处去过一种不同于原来生活的生活。他们到了一个陌生的地方后,迫切想知道这个地方的风土人情、交通状况、旅游景点等各种情况,以满足自己的好奇心理。因此,前厅服务员在接待客人时,一方面,要介绍本饭店的房间分类、等级、价格以及饭店能提供的其他服务项目,让客人做到心中有数;另一方面,如果客人询问其他方面的问题,服务员也应热情、耐心地介绍,比如,本地有什么风景名胜、有什么土特产品、购物中心在哪里、到每一个旅游景点的乘车路线及时间等。另外,前厅服务最好和旅行社的业务结合起来,把旅行社提供的服务项目和推出的旅游产品的有关资料准备好,以供客人咨询、索取、使用。这样做的另一个好处,是冲淡客人在前台办手续过程中等待的无聊感。

二、提供优质的前厅服务

要做好前厅的服务工作,最重要的一点就是要给客人留下良好的第一印象和最后印象。前厅是饭店的门面,前厅服务人员必须重视对客人的接待和送别服务。做好前厅服务工作,是整个饭店服务能否成功的关键。

(一)做好总台接待工作

总台作为整个饭店服务工作的中枢,既重要又复杂。总台服务工作的内容包括:预订客房、入住登记、电话总机、行李寄存、贵重物品及现金保管、收账结账以及建立和保管客人档案等等。总台服务人员要做到准确、高效,力求做到万无一失。

(二)美化环境

旅游者对饭店第一印象的形成,首先来源于客人对饭店的感性认识。而第一印象一旦形成,将很大程度上影响他对饭店的整体印象。客人进入饭店,首先他能感知到的就是饭店的硬环境,特别是饭店前厅的环境。饭店前厅是整个饭店的脸面,美好的前厅环境,将使客人感到愉快、舒畅。

美国旅馆协会会员汤姆·赫林认为,对于旅馆的环境和一切服务设施都应该考虑到:当你这座旅馆出现在客人面前,他们脑子里对它总的感觉是什么?要求是什么?以及向往和渴望的又是什么?他认为客人需要的是现代化的生活方式,但同时却又受到世界上具有民族特色的迷人魅力的吸引。他们既要有时代感,又要领略特殊感;既要文化又要娱乐。在赫林设计的旅馆里,有热带花卉、热带灌木丛、家庭式游泳池以及钢琴酒吧、中美洲木琴乐队等,这充分说明环境对客人的心理作用。

总之,饭店前厅的环境设计既要有时代感,又要有地方民族感,要以满足客人的心理需要为设计的出发点。前厅光线要柔和,空间宽敞,色彩和谐高雅,景物点缀、服务设施的设立和整个环境要浑然一体,烘托出一种安定、亲切、整洁、舒适、高雅的氛围,使客人一进饭店就能产生一种宾至如归、轻松舒适、高贵典雅的感受。前厅布局要简洁合理,各种设施要有醒目、易懂、标准化的标志,使客人能一目了然。前厅内的环境和设施要高度整洁,温度适宜,这也是对前厅的最基本要求。

(三)注重言行仪表

前厅服务员的言行仪表要与环境美协调起来,因为服务员的言行仪表也是客人知觉对象的一部分。言行仪表是人的精神面貌的外在体现,是给客人良好印象的重要条件,也是为客人营造美好经历的一部分。

员工的言行仪表美包括语言美、举止美、形体美、服饰美、化妆美。语言是人际交流的重要工具,服务员的语言直接影响、调节着客人的情绪,而且服务的成效在很大的程度上取决于服务员语言的正确表达。语言美表现在语气诚恳、谦和,语意确切、清楚,语音动听悦耳。要熟练地使用各种礼貌用语,避免使用客人避讳的词语。服务员的行为举止要大方、得体、优雅,在与客人打交道的过程中要热情主动、端庄有礼。另外,前厅服务员的相貌要求比较高,要身材挺拔、五官端正、面容姣好;衣着整洁挺括,具有识别性,使客人容易区分。服务员的化妆要清淡,不能穿金戴银。这是由角色身份决定的,也是对客人的一种尊重。相反,穿着打扮过于华丽,饰品贵重,与服务身份不符。

(四)服务周到

饭店前厅的应接服务体现出一个饭店的管理水平和服务规格,它必须使客人感到方便、舒适和周到。周到性的服务体现在很多方面,比如为客人开关车门、运送行李、回答询问、预订客房等等。只要客人说出他的要求与愿望,其他的事由服务员来做。为了使服务周到,保证饭店前厅的工作质量,很多饭店在大厅里设大堂经理,用来处理各种日常和突发事件,解决客人遇到的各种难题,协调各方面的关系,或者处理客人的投诉等。实践证明,在前厅设大堂经理,既使问题得到快速的解决,也使客人感到饭店对工作的重视,同时也体现出饭店对客人的关心和尊重。

对于现代饭店来说,应接服务的周到,不仅表现在前厅工作人员的服务态度等"软"的方面,也体现在对现代科学技术应用等"硬"的方面,比如用于总台服务的电子计算技术、大厅里的电报电传等通信设备以及打字复印设施等。如果饭店大厅能满足客人所需要的一切必要的服务,才真正体现了服务的周到性。

前厅在做好接待服务的前提下,对客人的送别服务也不容忽视,必须重视送客人离店的服务工作,以亲切的服务态度和无懈可击的服务方式送走客人。具体要做到以下三点:

(1)热情周到地接待每位离店客人。送客服务是客人对饭店的最后印象,而最后印象对客人来说又十分重要。收银员在做到认真、仔细、不出差错的同时,应该给客人提供热情服务、周到服务、微笑服务。在微笑服务中,不仅可以淡化客人付费时的"心痛",而且迎送如一的盛情可以给客人留下较为深刻的印象,并可能因此给饭店带来长期效应。

(2)办理结算时收银员要做到迅速准确。客人离店结账,需要办理一些例行手续,从宾馆的角度来说,这些手续必不可少,而对客人来说,可能会觉得烦琐,特别对那些急于离店的客人,他会显得不耐烦,收银员应该站在客人的角度,尊重客人,迅速准确地尽快办理,不耽误客人的时间,满足客人的要求。

(3)结账完毕,收银员要向客人致谢,欢迎他再次光临。一句诚意的道别往往会让客人产生亲切感,消除陌生感,同时会让客人觉得花钱买到了享受和尊重。客人带着良好的心境离开饭店,饭店就会多一份留住客人的希望。

第4节 客房服务心理

客房是饭店的基本设施和重要组成部分,是旅游者休息的重要场所。因此,搞好客房服务对旅游业来说是非常重要的。做好客房服务的关键是要了解客人在住店期间的心理需求,这样才能有预见地、有针对性地采取主动和有效的服务措施。

一、客人对客房服务的心理需求

旅游者出门在外,把客房看作"家外之家",对客房服务有着极高的要求。作为旅游服务人员应从以下几个方面做好旅游服务工作:

(一)整洁

客房是客人在饭店停留时间最长的地方,也是其真正拥有的空间。因而,他们对客房的要求比较高,尤其在整洁卫生方面。不同类型、不同层次的客人对饭店要求的侧重点不一样,但对饭店的卫生要求却是高度一致的。

对客房清洁卫生的要求是客人普遍的心理状态。作为客房服务人员,他的主要工作职责之一就是整理客房,做好清洁卫生工作。整洁的标准应该是使客人产生信赖感、舒服感、安全感,使客人能够放心使用。清洁卫生是反映饭店服务质量的一项重要内容,是饭店档次、等级的一个重要标志。

客房卫生也包括服务人员自身的卫生和整洁,让客人觉得服务人员干净、利索、精神状态好。

(二)安静

客房的最主要功能是用于客人休息,客房环境的宁静是保证这一目的实现的重要因素。由于现代都市生活的丰富性,一些客人可能喜欢过夜生活,而在白天睡觉,所以饭店客房对宁静的要求不是单纯指夜间这一段时间。即使没有客人休息的情况下,客房环境也要保持宁静。这会给人舒服、高雅的感觉。保持宁静的环境是客房服务的一项重要工作,是衡量服务质量的一个标准。

保持客房宁静也就是要防止和消除噪声,这要从两方面着手。必须做到硬件本身不产生噪声,饭店选择设备的一个标准就是它产生的噪声要小;另外,在硬件上要保证隔音性,能阻隔噪声的传入和传导。在软件上也要不产生噪声,员工需做到"三轻"——走路轻、说话轻、操作轻。"三轻"不仅能减少噪声,而且能时客人产生文雅感和亲切感。为了使服务人员"三轻",饭店要加强对员工的培训和行为习惯的培养。有道是:无规矩不成方圆,经常性的培训和严格的制度约束,会养成服务人员的良好职业习惯。这些措施的贯彻实行,才能使客房环境的宁静得到保证。

(三)亲切

谈到饭店服务,人们常说的一个词是:"宾至如归"。所谓"宾至如归",就是说,让客人产生在饭店中生活就像在自己家里一样的感觉,这里有家里的人情温暖和方便舒适。客房服务是客人每天接触和享受的,客房服务离客人最近,与客人关系最密切。当客人入住饭店以后,客房服务就成为客人感受到的最重要服务。要达到"宾至如归"的效果,客房服务人员做到亲切的服务是不可或缺的保证。

客房服务人员亲切的服务态度,能够最大限度地消除客人的陌生感、距离感等不安的情绪,缩短客人与服务人员之间情感上的距离,增进彼此的信赖感。客人与服务人员情感接近了,会使其对饭店的服务工作采取配合、支持和谅解的态度。出现这种局面将非常有利于饭店顺利完成日常的服务工作,也有利于提高饭店的声誉。这是每一个饭店经营者都期待出现的局面。

要做到亲切的服务并不是一件容易的事,对服务人员的素质、经验和技能要求很高。只要那些既具有上述条件,又热爱本职工作的服务人员才能做到这一点。

(四)舒适

舒适程度是客人评价和选择客房的主要标准之一。如果不考虑价格因素,舒适将和整洁一起构成评定客房的最重要尺度。旅游者外出旅游的动机虽然不尽相同,但都存在一个具有共性的心理需求,那就是追求快乐。当然快乐的获得有时需要体力和精力的付出。所以,在旅途劳累或游览活动之后,人们迫切需要有个舒适的休息场所来达到恢复体力、养精蓄锐的目的。因此,客房就应该是旅游者的活动基地。此外,舒适快乐也是旅游者外出旅游时的一个目的。现代饭店除了满足客人的生理需要以外,也要满足客人的心理需要。客房服务不仅要让客人感到像在家里一样舒适,而且应该让客人感到比家里还要舒适。不能使客人产生舒适感,就是客房服务的失败。要达到这个目的,需要两个方面的条件:一是客房服务人员的服务水平和质量,另一方面还应有相应的硬件设施,比如床上用品、室内生活设施的配备如电视、冰箱等。

(五)安全

安全感是愉快感、舒适感和满足感的基石,客人是把自己出外旅游期间的安全放在首位的。安全感不仅局限于卫生方面,还包括防火、防盗和防人身意外伤害。客人在住宿期间,希望自己的人身与财产得到安全保障,能够放心地休息和工作。因此,客房的安全设施要齐全可靠。服务人员没有得到召唤或允许,不能擅自进入客人房间,绝对不应去干扰客人。有事或清扫服务要先敲门,在得到允许后才能进入,工作完成后即刻离开。日常清扫服务,绝不允许随意乱动客人的物品,尤其在进入房间时不可东张西望,以免引起客人不安。

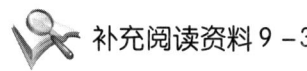

补充阅读资料9-3

你们有没有多齿的梳子?

某饭店406房间的高小姐将参加一个重要的宴会,她洗好澡后想把头发吹干、定型,但由于客房里的梳子十分不顺手,很难将头发整理成她满意的状态。于是她打电话到客房中心问:"你们有没有多齿的梳子?"小黄听了客人的要求后说:"高小姐,我们客房这里没有多齿的梳子,我想想办法,找到后立刻给您送到房间里。"放下电话,小黄立刻与酒店的美容室联系,很快借了一把多齿的梳子送到高小姐的房间。高小姐非常高兴,打电话到客房中心致谢。第二天早上,客房部陈经理在阅读客房中心的工作记录要点时,发现了小黄关于客人需要多齿梳子的记录,同时小黄建议客房中心应增加这种梳子,以方便客人。经理看后立刻通知采购一些方便客人吹头发用的多齿梳子,以提供给需要的客人使用。

从上述事例我们看到,这个饭店的服务人员非常重视对客人需要的满足,在得知客人对多齿梳子的需要后,服务员小黄立刻按照要求,想方设法帮助客人借了一把多齿的梳子,及时满足了客人的需要,体现了饭店的"想客人所想,急客人所急"的服务意识和服务热情,真正让客人感受到了像在家里一样的方便和温暖。

二、提供优质的客房服务

要做好客房服务工作,首先,良好的态度是做好客房服务工作的第一步,良好的态度主要体现在以下方面:

(一)主动热情

主动的服务态度是指服务要发生于客人提出要求之前。因此,服务人员要主动为客人排忧解难,主动迎送、引路,主动介绍服务项目,主动为患病的客人求医送药。

热情服务就是帮助客人解除陌生感、拘谨感和紧张感,使其心理上得到满足和放松。客房服务人员在服务过程中要精神饱满,面带微笑,语言亲切,态度和蔼。热情是体现服务态度的本质表现,是取悦客人的关键。

(二)微笑服务

旅游服务离不开微笑,微笑要贯穿服务过程的始终。微笑是一种特殊的情绪语言,它可以起到有声语言所起不到的作用。微笑也是一种世界语言,它能直接沟通人们的心灵,架起友谊的桥梁,给人们以美好的享受。微笑可以传递愉悦、友好、善意的信息,也可表达歉意、谅解。微笑赋予旅游服务以生命力。著名的希尔顿饭店集团董事长康纳·希尔顿说:"如果缺少服务员的美好微笑,好比春日的花园里失去了阳光和春风。假如我是顾客,我宁愿走进那虽然只有残旧的地毯,却处处见到微笑的旅馆,而不愿走进拥有一流的设备而见不到微笑的饭店。"他经常问下属的一句话就是:"你今天微笑了没有?"国外一些成功的企业家在谈到他们的经营理念时,把"顾客是皇帝"(The customer is king)放在第一位,微笑(Smile)就占据了第二的位置。由此可见微笑服务对旅游业的重要性。有人从实践中总结出一句话:诚招天下客,客从笑中来。笑脸增友谊,微笑出效益。

(三)文明礼貌

客房服务的服务方式要注意文明礼貌。客房服务通过讲文明礼貌体现出对客人的尊重、理解和善意。如与客人讲话时要轻声细语,注意礼貌用语;为客人服务时要聚精会神,彬彬有礼;操作时要轻盈利落,避免干扰客人。文明礼貌是人际交往的基本规范,在客房服务过程中更应该做到这一点。

(四)耐心细致

饭店服务人员在服务过程中,即使工作繁忙,也应对客人有耐心,不急躁,对客人的询问要做到百问不厌,有问必答。对客人的意见要耐心听取,对客人的表扬要不骄不躁。

另外,要细心了解客人的不同需要,主动服务。如果有的客人有特殊生活习惯,比如不吃某种食物或有其他方面的禁忌,服务员要能及时了解,尊重客人并尽量给予满足。服务员还要细心观察客人,了解他们的现实需求和潜在需求,如果能做到超前服务,会使客人更满意。细致的服务还反映在注意服务的分寸、注意如何使客人放心、增强客人的信任感。如客人放在房间中的各种物品,服务人员在进行房间整理和清扫时,尽量不要随意挪动。

同时,要保持客房设施功能的完好。服务设施是客房提供优质服务的物质基础,俗话说"巧妇难为无米之炊",如果没有完好的客房设施功能,那么提供优质服务就是一句空话。"宾至如归"是行内服务水准的基本准则,根据目前国内外一些设计手法,客房的设计将逐步糅合"家居设计"的成分,将客房变为"家",将更加尊重人的隐私权。

饭店客房是为客人提供住宿服务,满足其物质和精神享受的场所。设施设备必须配套齐全并与饭店的等级规格相适应。各种设备要求造型美观,质地优良,风格、样式、色彩统一、配套,给客人以美观和使用方便感。不仅如此,客房的所有设备必须是完好的,才可供客人使用。这要求服务人员平时要加强对设备的保养和检查,具有接受和应用新技术的能力,遇有损坏要及时维修,以确保客房使用功能的完整性。

第5节 餐厅服务心理

餐厅服务是旅游饭店服务中不可缺少的一个环节,在整个饭店旅游收入中占有三分之一左右,因此,无论从完善旅游服务角度,还是从经济角度,做好餐厅服务、管理都是必要的。本节主要探讨客人就餐心理,并提出相应对策。

一、客人对餐厅服务的心理需求

(一) 清洁卫生

客人对就餐中的卫生要求非常强烈,这是客人对安全需要的反应,同时,也对客人情绪的好坏产生影响。只有当客人处在清洁卫生的就餐环境中,才能产生安全感和舒适感。客人对餐厅卫生的要求体现在环境、餐具和食品方面。

良好的卫生环境会给人以安全、愉快、舒适的感觉。餐厅是供客人就餐的场所,应该随时都整洁雅静,要做到空气清新,地面洁净,墙壁无灰尘、无污染,窗明门净,餐桌餐椅整齐干净,台布口布洁净无瑕,厅内无蚊无蝇。只有这样客人才能放心地坐下来就餐。否则,他们将会重新选择就餐的场所。

餐具卫生非常重要。因为除了一次性的方便筷子以外,其他餐具一般都是客人公用的,有时难免染上某些病毒或细菌。因此,餐厅必须配备有与营业性质相适应的专门的消毒设备,同时要有数量足够的可供周转的餐具,以保证餐具件件消毒,以保证客人的安全。另外,对于一次性使用的方便筷子,最好经过消毒后进行单个包装,这样才能避免沾染上灰尘和细菌。

如果只从卫生的角度讲,在餐厅服务中,食品卫生应该是最重要的。餐厅提供新鲜、卫生的食品是防止病从口入的重要环节。因此,不论餐厅的档次高低,就餐的客人都有一个共同的心态:能吃到新鲜卫生的食品。为此,餐厅的食品要原料新鲜,严禁使用腐烂变质的食品。特别是凉拌菜要用专用的消毒处理工具制作,防止交叉污染。食品饮料一定要在保质期内,坚决禁止供应过期食品。

(二)快速

1. 客人期望餐厅快速服务的原因

客人到餐厅就餐时希望餐厅能提供快速的服务。其原因有以下几个方面:

(1)习惯。因为现代生活的高节奏使人们形成了一种对时间的紧迫感,养成了快速的心理节律定式,过慢的节奏使人不舒服,也不适应。

(2)一些客人就餐后还要有很多事去做,所以他们要求提供快速的餐饮服务。

(3)心理学的研究表明,期待目标出现前的一段时间使人体验到一种无聊甚至痛苦。从时间知觉上看,对期待目标物出现之前的那段时间,人们会在心理上产生放大现象,觉得时间过得慢,时间变得更长。

(4)客人饥肠辘辘时如果餐厅上菜时间过长,更会使客人难以忍受。当人处于饥饿时,由于血糖下降,人容易发怒。

(5)求尊重爱面子心理。人们到饭店就餐除了基本的生理需求外,还有心理和社会需求。如果服务节奏很慢,客人就会感到被怠慢了,在他人面前会感到没面子,自己则有尊严受到侵害的感觉。

2. 服务策略

从餐厅服务角度讲,就应该了解、理解并满足客人的这种心理需求。为了满足客人的这种求速的需要,可采取如下的一些服务策略:

(1)备有快餐食品为那些急于就餐者提供迅速的服务。

(2)客人坐定后,先上茶水,使他们在等待上菜过程中不感到太无聊或觉得上菜太慢。另外,也可以根据客人的消费金额免费提供一些小菜,供客人食用,这一方面使客人体验一种得到赠送的愉快,也消除了等待的无聊感。

(3)反应迅速。客人一进餐厅,服务员要及时安排好客人的座位并递上菜单,让客人点菜。

(4)结账及时。客人用餐结束,账单要及时送到,不能让客人等待付账。

(三)公平

公平合理也是客人对餐厅服务的基本要求。只有当客人认为在接待上、在价格上是公平合理的,才会产生心理上的平衡,感到没有受到歧视和欺骗。

按照亚当·斯密的公平理论,人们的公平感是通过比较而产生的,因而是相对的。客人在用餐过程中的这种比较,既存在于不同的餐厅之间,也存在于同一餐厅的不同客人之间。同样类型、同等档次的餐厅,价格上、数量上以及接待上的不同都会引起客人的比较。

如果客人在就餐的过程中,并没有因为外表、财势或消费金额上的不同而受到不同的接待,在价格上没有吃亏受骗的感觉,他就会觉得公平合理,就会感到满意。因此,餐厅在指定价格、接待规格上都要注意尽量客观,做到质价相称,公平合理。

(四)尊重

客人把在餐厅进餐看作消遣和娱乐活动。对餐厅的需求实际上隐含了客人对情感、社交、自我实现等较高层次方面的需要。尊重作为人的一种高层次需要,贯穿于整个旅游活动中。俗话说,"宁可喝顺心的稀粥,绝不吃受气的鱼肉",道出了尊重客人在餐厅服务中的重要性。尊重客人体现在客人用餐服务的各个环节,如微笑迎送客人、恰当领座、尊重客人的饮食习俗等。

 案例

叫你"大出血"

罗成是某集团公司的总经理,那天刚做成了一笔不错的生意,又恰逢自己的生日,准备定个餐厅好好地庆祝一番。晚上7点,朋友们都陆续到齐了,罗成马上让服务员许静找来餐厅部长要求点菜。很快,新来的餐厅部长何建进来了。一番热情推荐后,罗成首先给每人点了一盅鸡翅汤,接着又点了一只澳洲龙虾刺身、姜葱炒花蟹、清蒸黄鱼、潮州猪肚煲等。开始何建还挺高兴的,心想趁着客人多,他们又高兴,真要好好"宰"他们一下才行。可客人越点菜式越普通,何建心里就不那么乐意了,于是马上高声向罗成提议道:"罗老板,今天大家这么高兴,不如吃些精品吧。我们这做鲍鱼可是出了名的。还有,清蒸石斑鱼的味道也是很不错的,要不,把黄鱼改成石斑鱼您看如何?"客人们都看着罗成,点吧,饭钱恐怕会超支,不点吧,当着朋友们的面有点下不了台。不等客人同意,何建马上将这两个昂贵的菜写上去了。罗成还在犹豫不决,何建又开口了:"既然有好菜,就一定要有好酒相伴呀。干脆来瓶人头马怎样?""别,我们喝不惯洋酒的。"罗成一听马上抢先一步回答,样子显得有些尴尬。"那,来瓶高度五粮液好吗?""多少钱一瓶?"其中一位客人问道:"不贵,才500元,几位客人听了咂了咂舌,罗成也有点不高兴了,说:"小姐,我们都不太会喝酒的,还是喝味道较淡的青岛啤酒好了。""那好吧。我再给你们重复一次菜单吧:十盅鸡翅汤、一只澳洲龙虾刺身、清蒸石斑鱼、浇汁鲍鱼、姜葱炒花蟹、潮州猪肚煲。你们看再要些什么小炒和青菜?"

这下罗成真的不高兴了,铁着脸回应道:"当我是'水鱼'呀,净给点贵得要死的东西。小姐,你不知道吃太多肉食胆固醇会高吗?再说胃也消化不了啊。"其他客人也纷纷点头称是,有人还表示吃海鲜过敏,建议取消。得到朋友们的支持和体谅,罗成才高兴了一些,于是去掉了何建提议的石斑鱼和鲍鱼,增加了几个家常菜式,还要了6瓶青岛啤酒。酒足饭饱,该结账了。只见何建拿着账单笑盈盈地走了过来。罗成心里七上八下的生怕钱不

够。一见何建立刻招手让她过来。"多谢惠顾。2480 元。"何建这次在罗成身边小声说。

罗成定了定神,赶紧把身上的 3000 元现金掏了出来。他一边看着何建推门出去一边不高兴地想:"真是不懂事。我既然花了大价钱请朋友们吃饭,你就该大点声报数啊,蚊子叫似的,谁听得见?气死人了。以后公司宴请客人都不许来这里吃饭!"一顿饭下来,罗成的钱袋子瘪得不能再瘪。

半个月以后,餐厅胡经理总不见罗成和他公司的人来吃饭,特意打了个电话给罗成,才知道了这件事。胡经理一再表示会严肃处理当事人,并诚恳地请求原谅。没过多久,胡经理亲自领着何建上公司给罗成赔礼道歉,才使他真的消了气。

二、提供优质的餐厅服务

(一)注意餐厅形象

心理学研究证明,人对外界的认识是从感知觉开始的。为了给客人创造良好的第一印象,餐厅应十分重视环境的美化,要为就餐客人创造优美舒适的环境。

1. 美好的视觉形象

餐厅的门面要醒目,要有独特的建筑外形和醒目的标志,餐厅内部装饰与陈设布局要整齐和谐,要给人以美观大方、高雅舒适的感觉。餐厅的整个设计要有一个主题思想,或高贵,或典雅,或自然,或中式,或西式,或古典,或现代。色彩也要依据餐厅设计的主题来选定。在选择色彩时,要了解不同的色彩所产生的心理效果。餐厅的光线要适宜,使客人心情舒畅。而且,餐厅的光线也要与餐厅的主题相协调:宴会餐厅要光线明亮、柔和,呈金黄色;酒吧光线要幽静、闪烁,显示迷人情调;正餐厅呈橙色、水红;快餐厅呈乳白色、黄色。另外,餐厅光线还要与季节相吻合,如夏天以冷色为主,冬天则以暖色为主。

2. 愉快的听觉形象

美好动听的音乐对人的心理有调节、愉悦的作用,而噪声却会给人的生理和心理带来不良的影响,如烦躁、痛苦。在公共餐厅,由于就餐人数较多,噪声较大。为了不影响客人的食欲和情绪,餐厅要尽量减少噪声的存在。因此,在餐厅装修中,要注意选用那些有吸音和消音功能的材料,尽量减少硬装修,因为硬装修对噪声起到一种扩大作用。另外一个办法就是加大餐桌之间的距离,减少客人之间的相互影响。餐厅中使用背景音乐,也可以掩盖和冲淡噪声。但背景音乐的选择要慎重,如果使用不当,会适得其反,使餐厅中的声音更加混乱。

3. 良好的嗅觉环境

在餐厅中,由于各种菜肴的气味、各种酒味和烟草味等多种气味混合在一起,给人的感觉是不愉快的。所以,在餐厅中要注意通风,保持空气清新。同时要注意不能让厨房的油烟以及各种气味散发到餐厅中来。

(二) 良好的食品形象

中餐素以色、香、味、形、名、器俱佳著称于世。就餐的客人不但注重食物的内在质量，也越来越注重食品的外在形式。因此，餐厅提供的食品，既要重视品质，也要重视形式的美感。要做到这一点，可以从以下几方面着手：

1. 美好的色泽

这是客人鉴赏食品时最先反映的对象。在人们的生活经验中，食物的色泽与其内在的品质有着固定的联系。良好的色泽会使得客人产生质量上乘的感觉，同时，激发客人的食欲。当然，在客人中，由于种族与文化背景的差异，在颜色的偏好上存在着一定的差别，这就要求餐厅服务人员要了解客人的特殊要求，针对不同的服务对象，做出相应的调整，以满足不同客人的需要。

2. 优美的造型

食品不但有食用价值，而且还外形美观。通过烹饪大师的切、雕、摆、制、烹等技艺，给人们提供一道道造型优美的美味佳肴，给人们带来了艺术上的享受。如鸳鸯戏水、二龙戏珠等菜点，造型雅致，妙趣横生，使客人一见则喜，一见则奇，一食则悦，百吃不厌。

3. 可口的风味

味道是菜肴的本质特征之一。味道好坏，常常是客人判断菜肴的第一标准，而品味也常常是客人就餐的主要动机。因此，餐厅要根据客人的饮食习惯及求新求异的饮食特点，制作味道各异的食品，使客人在口味体验上得到最佳效果。

(三) 优美的员工形象

在餐厅服务过程中，服务人员给客人形成的第一印象就是仪容仪表，它将会影响客人对服务人员和餐厅的观感。所以，餐厅的服务人员必须注重仪容仪表，从服饰、发型、饰物、坐、立、行等各方面都要做到整洁、大方、自然，给客人留下良好的印象。此外，服务人员在餐饮服务过程中，还应严格遵守操作程序，为客人提供规范化的服务，切实提高服务质量。

第6节　旅游商品服务心理

购买旅游商品，是旅游者旅游活动的重要组成部分，旅游者能否买到称心如意的旅游商品，是影响旅游效果的重要因素之一，旅游商品销售又是影响旅游业经济效益的重要产品。因此，我们有必要研究如何针对旅游者的心理需求开发、生产、销售旅游商品，最大限度地满足旅游者的旅游需要，使旅游者在购物中感到开心与满足。

一、旅游者购物心理

在旅游活动过程中，旅游企业为旅游者提供良好的旅游商品服务，是搞好旅游服务工作的重要组成部分,它不仅能满足旅游者的需要,也能为旅游企业带来经济效益。由于旅游活动的特殊性,旅游者在购物过程的心理活动与一般的消费者相比既有共性,也有其特殊性。

(一)旅游者的购物动机分析

旅游者的购物动机是多种多样的,概括地说,有以下几个方面:

1. 纪念性动机

持有这种动机的旅游者比较典型,人数比例也较大。纪念性购物动机一般指向于那些具有代表性和象征性的旅游商品,以作为到某地旅游的纪念或凭证,以后据此回忆他们的旅游生活经历,或者馈赠亲友。例如在西安旅游,买一些兵马俑复制品;到南京的雨花台买雨花石;到广东肇庆买端砚,等等。

2. 馈赠性动机

人们外出旅游时购买的旅游商品,除了上述的留作纪念外,还有一个重要的动机就是为赠送他人。在中国,这是一种风俗习惯。无论长幼之间,亲戚之间,还是朋友之间,同事之间,甚至邻里之间,人们旅游归来后都要送给对方一些在旅游地购买的商品。即使有的商品在本地也能买到,但从旅游地带回来的商品肯定别有一番情趣。它既可以增进彼此的友谊,也可以提高自己的声望,甚至还能满足有些人的一种炫耀心理。

3. 新奇动机

对新奇的追求是人们好奇心的表现。好奇心人皆有之,是旅游动机的一种。在旅游购物中,好奇心也起到一种导向作用。人们在旅游地看到一些平时看不到的东西时,就产生好奇感,就会购买。人们为满足好奇心而外出旅游,而旅游购物也是满足人们的好奇心的一种方式。这是旅游商品不同于一般商品的重要区别。人们在日常生活中很少因为某种商品新奇而购买,而在旅游中却因新奇而产生购买动机和欲望,以致产生购买行为。买到具有新奇性旅游商品是旅游活动的一个组成部分,也是旅游活动的一个目的,是旅游活动成功的一个标志。

4. 求利动机

这是旅游者在购买商品时,由于商品价格较低而产生的购买动机。相同或相似的商品在不同的国家、地区、城市常常有不同的价格。如果旅游地某种商品的价格明显低于旅游者本地的价格,人们一般就会在旅游地购买该种商品。比如上海的羊毛衫质量好而价格较低,所以北方人到上海旅游或出差,就会买一件或几件羊毛衫回来。还有的外国旅游者在中国廉价买到的古玩、工艺品等,回国后可以以几倍甚至几十倍的价格出售。这就是受求利购买动机的驱使。

5. 实用动机

旅游者外出旅游,把自己从第一现实中解脱出来,暂时走进有些虚拟的第二现实,但他并不是完全离开现实生活的人,为现实生活打算也是许多旅游者的正常行为。如果旅游者在旅游活动中发现价廉物美的实用商品,就会购买。在实用动机的支配下所产生的购买行为主要与旅游者的个性特点有关,而与旅游者的经济收入水平并无直接关系。

6. 珍藏动机

具有这种动机的旅游者为数不多,他们外出旅游购物往往对具有保存价值的工艺珍品、名人字画和传世古董等不惜高价购买,以作珍藏。有这种动机的旅游者以企业家、商人、学者居多。

(二)旅游者购物时的共性心理需求分析

1. 有价值

旅游者购物时,首先考虑的是商品有无价值,旅游商品的价值既包含艺术价值、欣赏价值,又包含实用价值。这些价值应该和旅游商品的地方特色或历史意义紧密相连,一见此物就知道是什么地方、什么年代的。

2. 价格合适

旅游者购物时对价格很敏感,他们总希望能够以最少的钱买回最多的商品。虽然由于受生产力水平、消费标准、消费偏好、社会风气及消费者年龄、性别、气质等因素的制约,旅游者购买商品的需求会各不相同,但希望价格合适和支出有意义是旅游者普遍的消费心理。

3. 能得到尊重

在整个旅游活动中,旅游者都希望能得到尊重。他们在购物时也同样具有这种心理。旅游者在国籍、民族、风俗习惯、兴趣爱好、经济收入、性别、对购物环境的要求等方面都存在很大的不同,希望在购物时能得尊重,希望货真价实、一视同仁。货真,是指旅游商品实事求是,不掺假;价实,是指按质论价。希望服务人员所售的商品能保证足秤足尺,守合同,讲信誉,诚实无欺,不厚此薄彼、以貌取人、虚伪狡诈、损人利己、欺老凌弱。他们也希望在购物时服务人员能热情回答,任其挑选,快速服务,"百问不厌,百拿不厌"。如果服务人员爱答不理、装聋作哑,旅游者就会感到被冷落,或觉得自尊心受到了极大的伤害。

(三)旅游者购物时的个性差异分析

在旅游者中,国籍、民族、年龄、性别,特别是职业和经济地位的不同,使其在购物的需求及购买对象的注意力、情绪的表达方式、思维活动的特点都会不一样。由于个性不同,兴趣、爱好、欣赏水平、购买能力等方面都存在差异。有的需要高档商品,有的需要中低档商品;有的欣赏工艺品,有的热衷于价廉的纪念品等。由于性格不同,有的需精心挑选,有的可以快速成交;有的犹豫不决,有的喜欢挑剔等。购买者在语言和表情的表达等方面也反映着个性特征,有的非常注重礼仪,善于克制;有的比较随和,不拘小节等。因此,在商品的组织和销售上要充分考虑购买者的个性特征。

二、怎样做好旅游商品销售工作

旅游者对旅游商品的需求与对一般商品的需求既有相似性,也有区别,因此,旅游企业在设计、生产旅游商品时必须考虑这种心理需求上的差异。比如,根据人们不同的购买动机,设计、生产的商品要具有纪念性、艺术性、实用性,要有民族特色和地方风格等。此外,任何商品最终仍要通过销售才能实现其价值。那么,怎样才能做好旅游商品的销售工作呢? 我们认为,要做好这项工作,至少应该注意以下两个方面的问题。

(一) 商品包装

虽然人们评价商品优劣的根本标准是商品本身质量的好坏,而不仅仅是外部包装的美丑。但包装的确影响着人们对商品的取舍。因为旅游者在购买商品时,首先看到的是外部的包装,而不是商品本身。过去,对包装重要性的认识仅仅停留在防止商品损失、散失、方便商品储存或销售等实用功能上。今天,随着市场竞争的日益激烈,自动售货方式的出现,消费者生活习惯的变化,以及包装新工艺、新材料的应用和包装技术的提高,包装变成了美化商品、宣传商品和推销商品的必要手段。尽管审美观点不同,但爱美是人的天性。特别是对于旅游者来说,他们尤其喜爱美观而富有艺术特色的商品包装。

常言道:"人靠衣服马靠鞍","三分长相,七分打扮",所强调的都是外部特征对于人们的重要性,这个道理在商品的消费中也同样存在。商品的美化与漂亮所依靠的是商品本身的包装与装潢。

在购物环境中,旅游者面对没有消费经验的商品并形成该商品的印象,主要是通过商品的包装来认识的。所以,商品包装形象的美观程度与包装的质量,最直接地影响着旅游者是否购买该商品,精美的包装无疑为商品的推销起到无言的推销员的作用。对于一件好的商品来说,好的商品包装会使这件商品锦上添花;而对于质量和功能等方面都很平平的商品来说,好的包装会起到美化商品形象的功能。在香水行业有这样一句话:"设计精美的香水瓶是香水最佳的推销员。"

(二) 服务技巧

做好旅游商品的销售工作,除了旅游商品要满足旅游者的需要、商品包装要精美以外,要真正实现商品从旅游企业转移到旅游者手中,旅游销售人员的服务技巧也起着非常重要的作用。

1. 善于观察客人,了解旅游者的真实动机

营业员要有敏锐的观察力,善于察言观色,通过对客人特定的言语、神态、表情、动作、打扮、年龄、性别等的观察了解,经过分析、比较做出判断,有针对性地为客人提供服务。比如,通过观察会发现,有的旅游者有明确购买目的,他们对要买什么商品早有打算,显得比较自信,很少问这问那。营业员在接待这类游客时,不必过多地介绍商品的特点、性能、规格和使用方法,游客要什么就拿什么。有的旅游者只是浏览商品或看热闹,他们的心理动机大多是为了满足精神需要而来商店逛逛,常常是两三个人边走边谈,指指点点,偶尔也向营业员询问某些商品。营业员在接待这类旅游者时,不能采取怠慢、应付的态度,因为眼前的游客也许就是明天的购买者。因此,营业员的接待应给这类旅游者留下良好的

第一印象。

2. 根据旅游者的差异提供个性化服务

前文提到，旅游者因国籍、民族、年龄、性别，特别是职业和经济地位不同，购物需求及对购买对象的注意和兴趣、情绪的表达方式、思维活动的特点都会不一样。因此，在商品的组织和销售上要注重这种差异，提供针对性的服务。下面仅就旅游者的国别、民族、年龄、性别差异进行简要的分析。

（1）国别、民族差异。由于旅游者来自世界不同的国家和民族，自然环境和社会环境的差异，使他们形成了不同的购买倾向。比如，东南亚的旅游者不惜高价购买具有保存价值的工艺珍品、名人字画等，对中草药，特别是老字号药店的名牌补药十分喜爱，欧美客人对有鲜明特色的中国民间工艺品较喜欢。外国的青年学生和带薪休假的散客，求廉心理比较强烈，不能因为购买水平低而怠慢他们。华侨、港澳台和外籍华人，对营业员的言行特别敏感，在接待他们时应注意热情有礼，介绍他们喜欢的土特产与中成药。

（2）年龄差异。年龄和生活阅历不同，人的购物倾向也会随之变化。青年人活泼好动，精力充沛，追新猎奇，自我表现欲强，求美和好胜心理都特别强烈，总认为自己成熟了。在接待时若向他们过多地宣传解释，他们会以为你把他们当小孩看待而反感。所以，对他们应秉持快节奏的接待方式。中老年人情绪反应比较平稳，不易受外界干扰，自尊心强，希望得到良好的服务。接待中老年人时，营业员要热情耐心，要多给他们比较商品的时间，尊重他们，多给他们提供些方便。

（3）性别差异。性别不同，购物倾向也有差别。一般来说，男性游客挑选商品更注重质量、性能，求实、求速、求便的心理和自信心都比较强。他们不愿意花更多的时间挑选和询问，对他们服务节奏要快，介绍商品要重点突出。女性游客购物时表现出明显的感性倾向，注重商品优美的造型、艳丽的色彩等外表的局部特征，易受周围环境影响，从众心理强烈，挑选商品仔细认真。对女性客人服务时要热情、耐心，尊重她们爱发议论的特点，不能轻视具有求廉倾向、爱讲价钱或购物不多的女性客人。

3. 柜台接待步骤

根据顾客的心理特点，柜台接待步骤是营业员良好心理素质的体现和销售商品技巧的表演。按照顾客心理状态发生的规律，柜台接待可按下列步骤进行。

（1）给顾客良好的第一印象。营业员要使顾客从自己身上获得良好的第一印象，就首先要注意自己的言谈举止、表情动作、服务风格等。俗话说："微笑招客，和气生财。"营业员以诚挚、善意的微笑和关注清晰的语言向顾客打第一个招呼的瞬间，就会给顾客留下良好的印象，为以后营销活动的顺利开展奠定了基础。

（2）伺机接待顾客。在客人走进商店尚未接近柜台与商品时，营业员就要精神饱满，用眼睛的余光注视周围客人的举动，等待时机去接触客人。

（3）出示商品。当营业员接触顾客后，了解到顾客的购买指向，就应及时出示商品。

出示商品可采取下列方法：做成使用状态给顾客看；应尽量让顾客触摸商品或看清商品；多种类出示商品，多感官接触、了解产品，可使客人对商品的联想加强，产生信任。按照从低档向高档逐档出示商品，供客人挑选。

（4）用简明有效的语言介绍商品。营业员在掌握商品知识的基础上，应该将最能刺激顾客购买欲望的商品特征用简单、明快、有效的语言表达出来。

（5）增强顾客信任，促进成交。介绍商品特点后，如果顾客仍犹豫不决，就要抓住时机，采取增进信任的办法，促进成交。促进信任的机会有：顾客关于商品的问题提完的时候；在顾客独自思考的时候；顾客反复询问某个问题的时候；顾客的谈话涉及商品售后服务的时候。如果抓住了机会，消除他们的最后疑虑，顾客就会产生购买行为。

第7节　导游服务心理

随着旅游业的发展，旅游的大众化特点越来越明显，对旅行社的要求也越来越高。作为连接旅游者和旅游对象之间的桥梁，它的职能发挥得好坏，直接关系到旅游业的兴衰。所以如何使旅行社取得良好的服务成效是非常重要的。探索旅行社服务中的心理问题，掌握导游服务的艺术将有助于做好旅行社服务工作。

一、旅行社服务概述

旅行社是一个中介组织，同时又是一个生产者和销售者。

（一）旅行社服务内容

旅行社作为现代旅游业的三大支柱之一，它的服务内容是综合性的，是把食、住、行、游、购、娱等多种环节有机地结合起来，向旅游者提供旅游活动中的各个环节所需要的各种服务。其服务内容主要包括以下几个方面：

（1）安排好旅游者的食宿，预订交通票。

（2）负责处理接待中突然出现的各种问题，如因交通延误而引起的食宿问题，旅游者生病住院的照顾问题，证件及物品遗失的寻找和归还问题等。

（3）委托代办业务。包括当地委托、单项委托、联程委托与国际委托等。

（4）提供导游服务。旅行社的服务既有直接的，也有间接的，它起着旅游者和游览参观目的地之间中介人的作用。

（二）客人对旅行社的服务要求

1. 服务要求

旅行社要为旅游者提供食、住、行、游、购、娱全方位的服务，这其中既有旅游旅途中的服务，也包括旅游者在旅游地逗留期间需要的服务。为旅游者提供信息咨询、办理护照签证、组织汇兑业务等,如果其中任何一个部门出现差错,影响旅游者正常的旅游活动,就会引起旅游者的不满,它将直接影响旅行社的发展。

2. 重信守诺

信誉是旅行社的生命。在旅行社组织旅游者旅游过程中,双方之间存在契约关系。旅游者付给旅行社费用,同时也意味着旅行社在服务的程序、项目、质量等方面要践约前言。在服务过程中,交通工具、饭店档次、旅游景点、往返时间、业务熟练的导游等方面,都要符合合同规定。

3. 公平合理

公平是指价格要与服务一致,不能漫天要价,不能乱收费。在旅游线路的设计、旅游景点的安排上要科学合理,突出主题,便于旅游者选择,并按照审美心理的规律进行设计安排。同时,合理安排游览时间,避免线路重复,要从旅游者的角度考虑,为他们节省时间和金钱。

二、导游服务心理

导游是旅行社的代表,是完成旅行社工作的核心人物,旅行社组织的旅游者的游览活动都要由他们承担完成。导游服务是旅行社服务的主体。

(一)旅游者在旅行游览活动中的共性心理需求

旅游者虽然是由不同年龄、国籍、职业、身份、个性及不同宗教信仰的人组成的,各自有不同的心理特征,而且在旅游活动的不同阶段、不同情景下会有不同的表现,但旅游者在旅行游览阶段也有共同的心理特点。要做好旅游服务,就需要分析、了解旅游者的共同心理需求。

1. 美好的期望心理

旅游者所选定的旅游活动,都是自认为有特点、有价值、有意义的活动,往往在想象中把它加以理想化。他们期望观赏到美好的景点、接触当地友好的居民和旅途顺利愉快,因此,情绪较激动,好奇心强,对各种事物都表现出较高的兴趣,希望能观赏到各种新鲜事物,并能得到很好的讲解介绍,以增加理解,使好奇心得到满足。对旅游活动的美好期望心理,是旅游者重要的共性心理特点之一。

2. 安全顺利心理

旅游是人们所期望的有益于身心健康的活动,因此,旅游者希望旅游过程顺利安全。人们在日常生活中都有安全心理,这一点对旅游者更具有特殊意义。在旅游过程中,由于面对人地生疏的环境和个人非控制因素的增加,旅游者对安全的需要就变得更突出、更重要。旅游者的安全涉及各个方面,如交通安全、身体健康保证、财物安全、活动计划顺利实现等,其中,人身安全是他们关注的中心,他们希望在旅游过程中绝对不要发生人身伤害事故,对食宿卫生有严格的要求,以避免感染疾病。

3. 被接纳、受尊重的心理

旅游者来自不同国家、不同地区,他们希望所到之处的居民与服务人员对他们友好、热情,对他们的习惯、信仰等谅解和尊重。

4. 舒适与享受心理

旅游者的旅游动机是有差别的,他们有的是为了满足休闲娱乐的需要,有的是为了满足探奇求知的需要,有的是为了满足交往的需要,或者以某种需要为主兼有其他需要。但是,他们都是暂时摆脱日常环境和事务去寻求新的经历,都有希望在旅游中得到享受的共同心理,因此,要求交通要安全、住宿要舒适、饮食要美味可口、服务要好、处处方便。此外,旅游者不断参加各种活动,包括从一个旅游地转到另一个旅游地的奔波,会使其产生身体和心理上的疲劳,为了保证旅游活动有效地连续进行,他们也需要较舒适的交通条件和食宿条件,以减轻疲劳,保证休息和调整身心。

5. 纪念心理

旅游活动是一种有意义的特殊经历,旅游者希望以某种形式表示对旅游活动的纪念,如在旅游景点拍照留念,在所到之处购买有特色的工艺品、日用品等作为纪念,这也是各类旅游者的共同心理特点。

以上心理需求是各种类型的旅游者所共同具有的,旅游服务人员应该结合工作内容的特点,尽量满足旅游者的心理需求,提高旅游活动的效果。

(二)旅游者在旅游活动不同阶段的心理需求及导游服务要点

从旅游者旅游活动开始直至结束,整个旅游活动过程可以分为:旅游活动初始阶段、旅游活动中期阶段、旅游活动结束阶段,在每一阶段,旅游者都有一系列的不同心理活动。导游要掌握旅游服务的主动权,也必须对旅游者在旅游活动全过程各个不同阶段中的心理和行为有所了解。

1. 旅游活动初始阶段旅游者的心理需求及其服务要点

此阶段是指旅游者到达旅游目的地开始的1~2天。此时旅游者是处于兴奋、新奇和迷惑、不安交织在一起的心理状态。

旅游者初到一个不熟悉的旅游目的地,面对陌生的环境、不同的景致、不同的人群、不同的语言、不同的习俗等会感到新奇、兴奋、激动。但在一个新的环境里,人生地不熟,有时语言又不通,难免会产生一些潜在的不安情绪,唯恐发生一些不测或有损旅游者自尊心的事件等。

这一阶段的旅游者急需别人在心理上对他的关怀和帮助,所以对导游的期望最高、依赖感最强,这就要求导游为旅游者提供真挚、热情、友好的接待以及细致周到的关心和服务,使旅游者感到亲切,一见如故。导游获得了旅游者的尊重和信任,也为下一步工作开展打开了良好的局面。因此,此阶段导游服务工作的要点是:

(1)消除旅游者的不安全感成为导游人员的首要任务,当旅游者对周边的一切有所了解后,心理的紧张和不安就会逐渐减低。因此,导游要尽可能地通过各种方式让旅游者尽快熟悉周边的环境和团体成员。

(2)导游人员要合理安排活动,满足他们的求新心理。导游人员眼中司空见惯、不值一提的平常事,在旅游者看来可能是非常新奇的东西。导游应该多站在旅游者的角度考虑问题,挖掘旅游者极为关心的内容,向旅游者进行介绍。

(3)塑造良好的第一印象。导游人员与游客的交往从时空上说一般都是"短"而"浅"的,游客对导游人员的良好第一印象多来源于导游人员"溢于言表"的友好表现。因此,导游人员应注重仪容仪表,讲求形象美;注重礼节礼貌,讲求行为美;注重语言表达,讲求语言美。做到这些,不仅能在服务工作的开始阶段就给游客一个好印象,而且可以为以后各个阶段的服务打下坚实的基础。

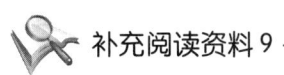
补充阅读资料 9-4

旅游者的好奇心理

在旅游过程中,一些新异的刺激物,如街上有人敲锣打鼓送老工人退休;农村小伙子娶新娘,壮汉抬着轿子,一队唢呐乐队在前面开路,十分热闹;妇女摇着纺线车;从蛇肚内取出蛇胆和酒喝等,都能使游客产生好奇心理。

一次,港台旅游团在广西桂林旅游。中午,山区小饭店供应乌黑的墨米饭,吃惯了白米饭的游客,见到墨米饭既好奇又胆怯,不知此为何物。热情的导游说:大家吃吧,这叫墨米,是广西河池地区东兰县的特产,为什么呈黑色呢?据民间传说,有一年天大旱,东兰附近的红水河也断流了,方圆数百里田地龟裂,禾苗枯死,有一位老汉的地里侥幸剩下一蔸禾苗活着。为救活这蔸禾苗,老汉爬了九重山,走过 16 个村庄,还是不见水的踪影,没办法,只好忍痛割断自己的手指,用鲜血浇灌禾苗。说来也奇怪,禾苗得了血的滋润,居然长得很茁壮,结出一串颗粒饱满的稻穗,老汉因失血过多而死去。乡亲们把这唯一的稻穗保存下来,翌年春天用它播种,得到的稻米颜色竟然是墨黑色,用墨米煮成的饭,香气扑鼻。常吃墨米,可治疗慢性肝炎、胃炎、贫血,故墨米有"药米"之称。听到导游介绍的有关墨米的神话故事,游客情绪顿时活跃起来,团内几位老人纷纷要求购买带回去,让家人共享口福。

2. 旅游活动中期旅游者的心理需求及其服务要点

此阶段是指从旅游者在旅游目的地停留的第 2~3 天直至旅游活动结束前的 2~3 天。旅游者已经基本熟悉了环境,不安、紧张的心情开始弱化或解除,体力恢复,精力充沛,情绪渐渐放松,产生一种平缓、轻松的心态,个性化有加强的趋势。由于这种放松心理占据了主导地位,使旅游者的控制能力和思考能力在不知不觉中减退了,一些旅游者的弱点暴露出来,如旅游者听讲解时思想不如旅游初期阶段那样集中,平时健忘的人更容易丢三落四,平时散漫的人时间观念更差,平时活泼的人变得更加随便,不遵守时间,各行其是,缺乏群体观念,有时旅游者之间甚至还会闹矛盾等。这个阶段是旅游服务最困难的时期,也是最能体现导游能力的时期。该阶段较长,容易出现各种问题和无法预料的事件。因此,要做好本阶段的工作,导游应及时从心理学的规律出发,为旅游者提供有针对性的服务,正确引导他们,掌握工作的主动权。因此,此阶段导游服务工作的要点是:

(1)提醒旅游者遵守旅游活动秩序。由于游客初到旅游目的地时的紧张心理开始松懈,旅游者的个性化、自由活动的倾向开始出现,而且由于休息得比较好,精力充沛,情绪高涨,旅游者脱离旅游团的行为增多,这就要求导游加强的防范工作,提醒客人注意各方面的安全,要求旅游者尽量集体活动,避免出现意外。

(2)妥善安排游客的食宿。由于这一阶段的旅游活动安排比较密集,旅游者的体力消耗大,为了保证旅游者有好的体力参观游览,导游、饭店的餐饮部和客房部之间要多加协调,让旅游者的生活需求能得到很好的满足,以热情、细致、真诚的服务来赢得旅游者的满意。

(3)提供周到的服务。周到,是指在服务内容和项目上细致入微,处处方便、体贴游客,千方百计帮助游客排忧解难。例如,在景区游玩,游客自由活动前,导游除了告诉游客集合的时间、地点,还要提醒游客记住车牌号、车型及自己的手机号,甚至指点景区卫生间的位置。这样做会使游客感到导游员的服务细致周到,处处为游客着想。同时,也免去了多个游客分别来询问的麻烦,节省了游客的时间。导游周到服务不仅包括规范化服务,而且包括个性化服务。游客的需求是多层次的,一些高层次、深层次的要求,往往不是按标准操作的规范服务所能完全解决的。这样,就需要针对不同游客的不同需求特点,力所能及地为他们提供周到、细致的优质服务。导游员没有选择游客的权利,只能给来自不同地域、不同文化背景、不同年龄、不同性别及不同人格类型的旅游者以旅游的乐趣、舒适和尊严。

3. 旅游活动结束旅游者的心理需求及其服务要点

此阶段是指游览活动结束前的1~2天。当旅游快要结束,开始办理离去手续时,游客的心理波动较大,他们关心的重点开始转移到有关返程中的一系列问题上。

在此阶段,旅游者由于要与家庭及亲友联系,希望有较多的时间处理个人事务,还要在旅游地购买一些有纪念意义和具有异国特点的纪念品、土特产或工艺美术品带回去,用作纪念或馈赠亲友。根据旅游者在这一阶段的心理,此阶段导游服务工作的要点是:

(1)给旅游者留下充足的自由支配时间。游客在此阶段都会为离开该地而忙碌,例如要包装行李、给亲朋好友打电话联络、购买一些旅游纪念品等诸如此类的工作,这些都需要时间来完成。导游或酒店服务人员都要尽可能地为游客的离开提供方便,在采购商品时应给予一定的指点或帮助,使他们忙乱的心理能够得到缓解。

(2)处理好前期服务中的缺憾。在前两个阶段的旅游活动过程中,由于种种原因,服务中可能会有一些缺憾存在,旅游者可能会对导游的服务、线路安排有意见或情绪,也可能会对酒店所提供的服务有所不满。对于客人出现的任何一种意见和情绪,都应该严肃对待,尽量弥补缺憾,设法让不满的旅游者有机会发泄怨气,使其在前一段时间内未得到满足的个别要求尽可能地得到满足,尽力消除不良影响。应该重视这一项工作,这对争取回头客、赢得旅游者的正面宣传具有重要意义。

(3)给旅游者留下最后的深刻印象。越是接近最后阶段,旅游者对导游的要求越高。导游应该保持旺盛的精力善始善终,精心安排好旅游者最后几天的旅游活动。由于近因效应的存在,旅游活动的安排宜精不宜多,应为游客留下深刻的印象,活动要特色鲜明,要在最后的低潮中凸显高潮。做好最后一程的工作,也有利于旅游者对整个旅游活动产生美好的评价和回忆。

(4)认真做好善后工作。游客离去之际,常有一些"遗留问题"需要导游协调处理。若导游能给予帮助,就能给旅游者留下尽善尽美之感,并且还能把这种美好的感受扩散给他们的亲朋好友,从而为企业扩大社会影响。

(三)导游服务中的主要心理策略

1. 导游服务心理预测和接待准备

古人云,"凡事预则立,不预则废",说的就是任何事情要做好就必须有周密的考虑。导游人员在接受导游任务后,也应该进行必要的准备,其中比较重要的就是对游客的心理预测,因为接待对象是具有不同心理活动的旅游者。导游员可以根据所了解到的旅游者的一般情况,如年龄、性别、婚姻状况、国籍、民族、职业和旅游目的等,分析他们的需求和心理特征。在旅游者尚未抵达之前,对他们进行心理预测是必要的。

接待前的心理预测,一方面,有利于导游人员在较短的时间内拉近同游客的心理距离;另一方面,也有助于有效制订接待计划,具体安排导游日程,并对游客提供针对性的服务。

2. 建立良好的第一印象

第一次接触时,游客会对导游人员留下深刻的印象,形成一种心理定式而难以改变。在游客的游览过程中,他们会不自觉地将当前的印象同第一印象相联系,从而对导游人员及其工作进行评价。美好的印象可以为以后的旅行活动中取得游客的信赖与谅解打下良好的基础。

因此,导游从机场、车站第一次接触游客起就必须注意形象要稳重大方,态度要热情友好、充满自信,办事要稳重干练。不仅要注意外表的形象和态度对游客心理的影响,而且要以周密的工作安排、良好的工作效率给游客留下美好的第一印象。从机场到酒店的交通工具、行李运送、住房安排、饮食调理,到书面的导游材料准备,都要做好妥善的安排,迅速满足游客的需求,增强游客的安全感和信任感,这是导游服务工作成功的良好开端,也为以后接待服务工作中遇到问题时圆满地处理奠定了一定的感情基础。

3. 组织灵活多样富有情趣的导游活动

导游人员在导游过程中要结合旅游景点的特点,根据旅游者的心情安排旅游活动。比如,在游览西湖时,导游人员就可以一边讲解西湖的景色,一边诵读苏轼的名句"欲把西湖比西子，淡妆浓抹总相宜"，这样就会使游客在获得美感的同时，感受到诗的意境，从而提高他们游览的兴致。

4. 合理安排游览活动的节奏

人的心理状态不能长时间维持在一个高的觉醒水平，有的时候就要主动地、适当地降低旅游者的觉醒水平，为下一次高潮做好准备。在旅游活动中，具有新奇、独特的旅游活动项目最好不要安排在一起，具有代表性的旅游景点也要搭配开。从心理效果上看，连续的精神和情感高涨会使人产生生理疲劳和心理疲劳，使旅游者在随后的旅游活动中兴奋不起来。心理学研究表明，对象的差异性能提高知觉的敏感性和知觉者的兴趣。比如高峰的连续就是高原，由于缺乏相对高度，人处其中就感受不出它的雄伟。即使是精品，如果连续地呈现对人也是一种"心理轰炸"，会使人产生疲惫、迟钝。古人云，"文武之道，一张一弛"，旅游活动的安排，也要有张有弛、张弛得当，才会产生好的效果。

5. 把游客的角色从旁观的欣赏者变成参与者

旅游过程中，有些景观由导游直接讲解可以收到较好的效果，但如果一味由导游讲下去，游览活动就变成了现场参观讲解，游客会厌倦。旅游是花钱买经历的消费，经历的获得如果没有旅游者主体的深入参与，其生动性、清晰性、深刻性就会大打折扣。旅行社应该设计和开发能让旅游者参与的旅游项目，而导游人员要尽可能地调动旅游者在旅游获得中多动手、多动脑，这样效果会更好。例如，参观故宫东路的九龙壁时，导游人员在讲解时发现游客出现懒散、注意力不集中现象，灵机一动，就指着墙上的九龙壁说："这个九龙壁的一条龙身上有一块玻璃砖是假的，看哪位客人的眼力好，能把它找出来？"结果，客人都跑到九龙壁前，东摸西找，兴奋地互相议论。刚才还较为沉闷的游客队伍立即活跃起来。最后，导游员告诉大家哪块砖是假的，并说出这块砖的来历，比平铺直叙的效果好得多。

6. 善于观察和调整游客的情绪

游客在旅游过程中，会随着自己的需要是否得到满足而产生不同的情感体验。如果他们的需要得到满足，就会产生愉快、满意、欢喜等肯定的、积极的情感；反之则会产生烦恼、不满、懊恼甚至愤怒等否定的、消极的情感。例如，渴了累了，活动的节奏快了、慢了，导游语言的快慢，受到不尊重或者缺少应有的照顾和同情，游客的情绪也会发生改变。导游人员要善于从游客的言行举止和表情变化去了解他们的情绪，发现游客出现消极或否定的情绪时，应及时找出原因并采取相应的措施来消除或进行调整。

某年夏天，北京的导游人员钟小姐接待了一个来自台湾地区的旅游团。在接待过程中，她经常穿插介绍讲解大陆的历史、对外政策、改革开放和人民生活水平的变化等，虽然她讲得很认真，但游客们的反应冷淡，情绪不高，甚至有人还不时打断她的讲解。钟小姐意识到了游客情绪上的变化，分析游客产生否定情绪的原因后，知道自己的讲解内容不合游客的口味，便征求领队的意见。领队告诉她：要多讲一些轻松的话题，如老百姓的吃、穿、住、行、收入、工作和生活情况，多讲一些笑话、野史、趣闻，举行唱歌活动等，不必讲太多的政治形势，因为游客来是散心、游玩的,不是来上课的。听了领队的意见,钟小姐改变了讲解的内容,果然得到了游客们的积极响应。在参观故宫时,她改变了以往讲解内容,重点介绍皇帝结婚、用膳、宗教活动等,游客们越听越感兴趣,再也不打断她的讲解了。

7. 充分尊重旅游者

导游在与游客的交往中,要充分利用尊重的魅力,坚持从我做起,尊重客人,坚持以自己对客人的尊重去赢得客人对自己的尊重、对导游工作的支持,并形成尊重与好感的良性循环。

每一位导游都应牢记,无论在什么情况下都不能出口伤人。即使面对某些行为不当的客人,导游也应该小心谨慎地用适当的方法去纠正他们的行为,尽量避免伤害游客的自尊心。因为一旦客人的自尊心受到伤害,他们就会在感情上疏远导游,对导游的工作采取不配合甚至抵触的态度。心理学研究表明,人与人之间各种各样的摩擦和麻烦,都是由于"低自尊"而引起的。看清这一点,导游在工作中不论是对于过分敏感的人、自卑的人,还是面对狂妄自大的人,都应运用各种灵活的方法,满足客人得到尊重的需要,保证工作顺利进行。

8. 提供个性化服务

个性化服务,是导游在做好旅行社接待计划要求的各项规范化服务的同时,针对客人的个别要求而提供的服务。个性化服务是一种建立在理解人、体贴人基础上的富有人情味的服务。

个性化服务虽然只是针对个别客人的个别需求,有时甚至是客人旅途中的一些生活琐事,但是导游人员做好这类小事往往会起到事半功倍的效果,对全团的影响会大大超过小事本身,也可显示导游人员良好的个人修养,使客人感觉到导游人员求真务实的作风和为客人排忧解难的精神,从而对导游产生信任和尊重。因此,导游人员要时刻牢记"细微之处见真情,莫因事小而不为"这句话,要善于了解客人的心情、好恶、困难、要求和期望,然后根据可能的客观条件主动提供服务,尽力满足客人的合理要求,解决客人的困难。例如,客人患急病,导游人员千方百计地联系就诊,不分昼夜、不辞辛劳地照顾客人,端水送饭,倒屎倒尿;客人生命垂危急需抢救,导游人员挺身而出慷慨献血;残疾人行动不便,导游人员在游览中多一分照顾,就能使他与正常人一样的游览;客人不慎遗失钱款证件,导游人员努力帮其寻找,终于能物归原主。再如,经较长时间旅行到达旅游点时,导游人员主动指明男、女厕所的位置以便大家解除负担,心情愉快而又轻松地听讲解和观赏美景。这些看来并不起眼的服务,体现了导游站在"假如我是一个旅游者"的立场上思考问题,于细微之处见真情。

 案例

优质导游服务

某年夏天,导游人员小芳接了一个旅游团去庐山游览。在整个游览活动中,她绘声绘色,声情并茂,对庐山的历史沿革,以及景点的历史背景、特色、价值、名人评说做了有始有

终的讲解。对客人各种相关的询问,也都娓娓道来。小芳还扶老携幼,与客人建立了亲密和谐的关系。团里有位长者耳朵背,听不清讲解,她知道后,便一直让老人靠近她,一边扶着老人,一边讲解,老人深受感动。在导游过程中,小芳始终以高昂的爱国激情,将自然和人文历史与现实紧紧相连,不仅让客人领略了庐山得天独厚的自然风光和深厚的文化底蕴,更使客人从中受到了一次高尚情感和灿烂文化的熏陶。游览活动结束时,一些客人纷纷和她合影留念,送名片,欢迎她到自己的家乡旅游、做客。

(四)导游人员的心理素质

导游是完成旅游游览活动的关键人物,导游的素质,诸如思想、业务以及外语水平的高低代表着这个旅游地区或旅游国家的水平,直接关系到旅行社的声誉,影响着旅游者对旅游地的形象认知,而且他们本身也是旅游审美的对象。因此世界各国对导游都有严格的要求。日本导游专家大道寺正子认为:"优秀的导游,最重要的是他的人品和人格。"他指出做导游要拥有健康、整洁、礼貌、感情、笑容、毅力、胆略、勤奋、开朗、谦虚等基本条件;具体则要掌握丰富的知识、灵活地运用经验、理解客人的心理、掌握讲话的技巧。导游站在客人面前,要让客人看了满意才行。

导游人员的心理素质主要包括以下几方面:

1. 敏锐的观察力

在旅游活动中,客人会随着自己的需要是否得到满足而产生不同的情绪体验。当客人的需要得到满足时,就会产生愉悦、满意、欣喜、欢乐等积极肯定的情绪,反之则会产生失望、沮丧、怨恨甚至是愤怒等消极否定的情绪。因此,导游必须具有敏锐的观察力,善于观察旅游者的言谈举止、表情变化,及时调整自己的讲解策略,使旅游者的身心需要得到满足。敏感的导游往往能够通过客人言谈举止等变化感知其情绪的变化,及时调整讲解的详略、节奏的快慢等,使旅游者身心愉悦,获得心理上的满足。例如,当客人由于长途跋涉而产生疲惫与焦虑的情绪时,一些优秀的导游通过鼓励旅行团内的儿童唱歌跳舞,来调节客人的情绪和制造轻松愉快的氛围。

2. 广泛的兴趣

优秀的导游人员应该拥有广泛的兴趣,因为他所服务的对象来自社会各个阶层,具有不同的受教育水平,甚至来自不同的国家。在游览过程中,客人对于沿途风光、风土人情等很多方面都会随时提出各种问题。因此,无论文史、地理、艺术、体育以及一些自然科学的知识,导游人员都应该涉猎。对于导游人员来说,永远没有无用的知识,上知天文地理,下知鸡毛蒜皮,是对导游人员知识面的一种恰当而形象的说法。

3. 外向、乐观的性格

在实际的旅游服务岗位上,具体工作不同,对性格要求也有较大的差别。导游是直接为旅游者提供陪同、解释、介绍等服务的工作人员,一般来说,应该具有乐群外向、有恒负责、富于幻想等性格。导游热情、乐观、外向、幽默的性格有利于在最短的时间内与游客建立和谐的人际关系,保持最佳的服务姿态,使游客在旅途中感到亲切、有趣、轻松。如果导游缄默孤僻,就会使游客紧张、疑虑,产生不满情绪。所以,具有外向乐观的性格特征更适合从事导游工作。

4. 坚强的意志

导游所从事的是头绪繁杂、周期较长、单调重复的服务性工作。一般情况下,导游往往需要"单独作战",工作带有体力消耗大、精神高度紧张的特点。旅游活动中,随时可能出现一些无法预料的突发事件。例如,爬山的过程中可能有人受伤、汽车抛锚或者客人在景区违规等事件,导游要不断克服困难,解决各种问题。出现突发事件后,导游如果能够镇定、沉着,就比较容易控制局面,稳定客人的情绪,否则,将会引起旅游者的恐慌,导致局面失控。

5. 高超灵活的处世和语言表达能力

导游人员必须具备解决各种问题的能力,包括变通能力、注意能力、预见能力、言语表达能力等。导游人员常常面对一些突发情况,需要具有机动灵活的处世能力和一定的预见性。导游人员还必须具有高度集中、稳定的注意力,同时,要有较大的注意广度、较好的注意分配和转移能力。导游人员的语言表达能力也要力求文明、准确、精练、清晰、真挚、生动幽默和严谨。

第8节 旅游者投诉心理

在旅游服务过程中出现偏差是不可避免的,旅游者的投诉是我们搞好旅游工作、弥补工作中的漏洞、提高管理和服务水平的一个重要促进因素。同时,通过解决旅游投诉消除投诉者的不良情绪,达到为旅游者构造美好经历的目的。

一、引起投诉的原因

客人的投诉是指客人主观上认为由于旅游服务工作上的差错,损害了他们的利益,而向有关人员和部门进行反映或要求给予处理。投诉是不可避免的,尽管旅游工作者不希望出现这种情况。客人的投诉既可能是旅游服务工作中确实出了问题,也可能是由于旅游者的误解。旅游投诉具有两重性,一方面会影响旅游企业的声誉,另一方面如果从积极方面考虑,投诉也是商机,能使旅游企业从投诉中发现自身的问题。引起客人投诉的原因是多方面的,有主观的原因,也有客观的原因。

(一)主观原因

引起投诉的一个主要原因是不尊重客人。客人如果受到服务员的轻慢就会反感、恼火并可能直接导致投诉。

工作不负责任是客人投诉的另一个原因。主要表现为:工作不主动,对客人的要求视而不见;没有完成客人交代的事情;损坏或遗失客人物品;清洁卫生工作马马虎虎;食品用具不干净等等。

(二)客观原因

客观原因如房间设施损坏后未能及时修理。例如,房间里的空调坏了,太冷或太热或噪声太大;抽水马桶不好使;房间里的灯具出故障;餐厅椅子摔人;电梯关人或拒载。

除了以上分析的原因以外,还有服务收费不合理,结账时多收了客人的钱,这些都可能导致客人的投诉。

二、投诉心理

(一)客人在投诉时的心理表现

1. 求尊重的心理

前面谈到,引起客人投诉的一个最重要的原因就是不尊重客人,客人由于受到怠慢就可能引起投诉。投诉的目的就是为了找回尊严,因为尊重是人们的一种很重要的需要。客人在采取了投诉行动之后,都希望别人认为他的投诉是对的,是有道理的,他们希望得到同情、尊重,并希望有关人员、有关部门重视他们的意见,向他们表示歉意,并立即采取相应的处理措施。

2. 求平衡的心理

客人在碰到令他们感到烦恼的事之后,感到心理不平衡,觉得窝火,认为自己受到了不公正的待遇。因此,他们可能就会找到有关部门,利用投诉的方式把心里的怨气发泄出来,以求得心理上的平衡。人在遭到心理挫折后主要有三种心理补救措施:心理补偿、寻求合理解释而得到安慰、宣泄不愉快的心情。俗话说:"水不平则流,人不平则语",这是正常人寻求心理平衡、保持心理健康的正常方式。而客人之所以投诉,还源于客人对人的主体性和社会角色的认知。旅游者花钱是为了寻求愉快美好的经历,如果他得到的是不公平,是烦恼,这种强烈的反差会促使他选择投诉来找回他作为旅游者的权利。

3. 求补偿的心理

在旅游服务过程中,如果由于旅游工作者的职务性行为或旅游企业未能履行合同,给旅游者造成物质上的损失或精神上的伤害,他们就可能利用投诉的方式来要求有关部门给予物质上的补偿。这也是一种正常的、普遍的心理现象。比如,未履行合同就得尽快退钱,损坏了东西就应立刻修理好,弄丢了物品就得进行赔偿。由于职务性行为所带来的某些精神伤害,在法律上旅游者也有权利要求物质赔偿。

(二)把握正确处理投诉的原则

1. 真心诚意解决问题

以换位的方式去理解客人的心情和处境,满怀诚意地帮助客人解决问题,只有这样,才能赢得客人的信任,才有助于解决问题。

2. 不可与客人争辩

在客人情绪比较激动时,前厅服务员更要注意礼仪礼貌,要给客人申诉或解释的机会,控制住局面,不能争强好胜,不可与客人争辩。

3. 维护企业利益不受损害

有关人员解答客人投诉意见时,要注意尊重事实,既不能推卸责任,又不能贬低他人或其他部门,避免出现相互矛盾,使客人更加反感。

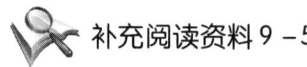

补充阅读资料 9-5

处理客人投诉的建议

旅游服务企业对客人投诉问题最明智的选择就是尽量避免投诉的发生。为客人提供力争完美的服务,使客人高兴而来,满意而归,这是旅游服务各部门追求的目标,实现这个目标当然可以避免投诉的发生。然而,受各种条件制约及一些无法预测因素的影响,客人对服务产生不满也是不可避免的。当服务工作出现了缺陷,已经让客人产生了不满时,旅游工作者必须尽一切努力,及时从"功能"和"心理"两个方面为客人提供补救性服务,使客人由不满意变为满意,使问题不出车门、店门、房门就能得到妥善解决,避免客人带着遗憾和懊恼离去。无论遇到什么困难,都要尽最大努力去消除客人的不满意,并且变客人的不满意为满意,而不应该有"无能为力"的想法。

心理学的研究认为:当一个人因为需要未能得到满足或者遇到不顺心的事情而产生挫折感时,可以采用替代、补偿、合理化、宣泄等方式进行心理调节。为客人提供补救性服务可以此为依据。

(三) 对待客人投诉的策略

1. 耐心倾听,弄清真相

客人来投诉时,一般要由领导出面接待,接待时要有礼貌。要耐心地听客人把话说完,客人的言辞可能很激烈,这是正常的。作为受理投诉的人员,一定要耐心、宽容地倾听客人的诉说,不能轻易打断,也不要急于解释、辩解,更不能反驳。否则,可能会激怒客人。千万不要让客人感到他的投诉无足轻重。要敏感地洞察对方感到委屈、沮丧和失望之处,不能无视对方的情绪。要对客人表示同情、理解,要设法使客人情绪放松,并平静下来。关键还是要设法弄清真相,了解事情发生的原委及客人的要求。

2. 诚恳地向客人表示道歉

不管在什么情况下,当客人投诉时,都应该虚心接受,表示歉意。如果是本企业的问题,即使接待的服务人员可能与投诉产生的原因毫无关系,也要立即向客人认错,代表旅行社或饭店表示歉意;感谢客人对本企业的关心,诚恳接受批评;不推卸责任,并对产生问题的原因作进一步说明。

即使投诉起因于客人误会,服务人员仍然可以表示歉意,不要阻拦对方提出要求,更不要指责或暗示客人错了,也不要马上进行自我辩解,与客人争吵是绝对不会取胜的。客人比较容易接受服务人员采取表示歉意的态度。即使客人真的错了,辩解也毫无益处,而道歉是不需要成本的,道歉使投诉者觉得你的态度诚恳,能够消除客人的怨气,怨气下去了,客人是会认识到自己的不对的。

在表示道歉时,要注意用语,表示出一种诚意,比如可以说:"非常抱歉让你遇到这样的麻烦……""这是我们工作的疏漏,十分感谢您提出的批评",等等。道歉必须是发自内心的,只有这样,才能使客人接受。

3. 要对客人表示安慰和同情

前来投诉的客人一般总是觉得自己受到了伤害,把接待者当作救世主,以此来要求主持公道的。如果去触撞"烫伤的心灵",一定会遇到强烈的反应。这时,接待投诉者必须对客人表示安抚和同情,比如可以说"我对您感到气愤和委屈的情绪非常理解,如果我是你,我也会有和你相同的感受"。对投诉的客人做出一些同情和理解的表示,是抚慰其已经受伤的心灵的最好办法。

如果客人大发雷霆,服务人员一定要镇定,保持冷静,不要计较客人过激的言辞,对他们某些过激的态度表示宽容,要理解他们气愤的感情,让他们宣泄不满的情绪,并设法平息事态。只有通过对客人的情绪做出一些同情和安慰的表示,才能唤醒客人的理性,引导事态向着对双方都有利的建设性方向发展。

4. 区别不同情况,采取恰当方式处理

如果弄清客人的投诉是由于工作人员的差错给客人带来的麻烦,就要诚恳地给客人道歉,并以企业代表的身份对客人的投诉表示欢迎。一般作为道歉的人应该是企业的重要领导,以此表示诚意,使客人感到他们的投诉得到了重视,满足其自尊心。

如果发现是由于客人的误会而来投诉,首先对客人的投诉也要表示诚恳的欢迎,然后再解释,消除误解。绝不能发现自己没有错误,就趾高气扬地指责客人。

如果发现由于工作人员的差错或未履行合同而给客人造成物质损失或严重的精神伤害,首先要道歉,在权限允许范围内,征求客人的意见,并做出补偿性的处理。如果超越了自己的权限,不能马上解决,也要给客人订立一个答复的程序和日期。

如果问题比较复杂,一时弄不清真相,不要急于表达处理意见,要先在感情上给客人以同情、慰藉,记录一下客人的情况,给客人订立解决问题的程序和日期,而且一定要履行承诺。

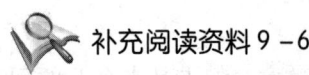
补充阅读资料 9-6

处理客人投诉的 50 条建议

法国菲利普·布洛克在其所著的《西方企业的服务革命》一书中提出了处理客人投诉

的 50 条建议,复录如下,以飨读者。

(1) 对待任何一个新接触的人和对待客人一个样。
(2) 没有无关紧要的接触和不重要的客人。
(3) 投诉不总是容易辨认清楚的。
(4) 没有可以忽视的投诉。
(5) 一份投诉是一次机遇。
(6) 发牢骚的客人并不是在打扰我们。他在行使他的最高权力。
(7) 处理投诉的人一定被认为是企业中最重要的人。
(8) 迅速判明投诉的实质。
(9) 用关键词限定投诉内容。
(10) 每当无理投诉出现高峰时,应当设法查明原因。
(11) 在采取纠正行动之前,应立即对每份投诉作一礼节性的答复。
(12) 要为客人投诉提供方便。
(13) 使用提问调查表以方便对话。
(14) 组织并检查答复投诉后的善后安排。
(15) 接待不满的客人时,要称他的姓,握他的手。
(16) 处理投诉应因人制宜。
(17) 请保持轻松、友好和自信。
(18) 让客人说话。
(19) 要做记录,可能时使用一份印制的表格。
(20) 告诉客人他的问题由你负责处理,并切实去办理。
(21) 要答应采取行动,还要设法使人相信你的许诺。
(22) 要证明投诉登记在案后,你即开始行动。
(23) 告诉客人他的投诉是特殊的。
(24) 不谈与客人无关的私事。
(25) 防止露出羡慕、烦躁或偏执等情绪。
(26) 既要让人说话,又要善于收场。
(27) 学会有效地发挥电话的功用。
(28) 要像对待你的老主顾那样,对待不是你的客人的人。
(29) 决不要在地位高的客人和棘手的问题面前胆怯。
(30) 要核实别人向你传递的消息。
(31) 要让别人听你的话,但扯着嗓门叫喊是徒劳的。
(32) 复述事实莫带偏见。
(33) 切忌轻率地作出判断。

(34) 想一想有否立即答复的可能,问一问客人希望你做些什么。
(35) 别急于在电话中商讨解决问题的方案。
(36) 请留下您向客人所做的任何诺言或保证的书面记录。
(37) 如您当场爱莫能助,不妨先宽宽他的心。
(38) 在对话时,对方未说完之前,切莫打断。
(39) 一俟对话完毕,立即采取行动。
(40) 写一份意见书,投给你作为顾客的某个企业。试探一下别人对待你的方式。
(41) 千万别对客人说:"您应该……"
(42) 凡是收到和寄出的一切都得签注日期。
(43) 要结识那些多次不满的客人。
(44) 除非万不得已,不用电话答复书信。
(45) 尽快索取你可能需要的补充信息。
(46) 若情况允许,就用幽默致歉。
(47) 受过你服务的客人,可能成为你的朋友。
(48) 总是由客人说了算。
(49) 用典型模式提高速度。
(50) 时刻为客人着想,为客人工作,如同你是客人一样。

 本章小结

本章从旅游服务工作的角度出发,介绍了有关服务的一些基本理论问题,探讨了旅游者的心理特点及需求,全面了解了旅游者对旅游饭店的住宿和餐饮服务的心理要求以及旅行社如何更好地为客人提供导游服务。着重探讨了旅游业应怎样为客人提供最佳的服务,使旅游业的服务不断适应发展变化着的旅游者的需求,为旅游业拓展更大的发展空间。

 思考与练习

1. 服务的定义及其特点。
2. 客人的需求心理有哪些?
3. 客我交往的基本心理策略。

 案例分析

大堂内的争吵

傍晚,南方某新开的高星级酒店内灯火辉煌,客人络绎不绝,酒店的几位高层管理人员正列队在大厅里,准备迎接国家某部级领导的到来。突然总台前传来了客人的争吵声,大堂经理赶紧前往。原来,一位自称是1305房的住客,因房卡被同房间的另一位住客带走,便要求总台人员为其开门。总台解释说,该客人出示的身份证号码及姓名与登记者均不一致,拒绝开门。在僵持不下的情况下,大堂经理只好先请客人到茶吧小坐,一边稳定他的情绪,一边向他解释总台这么做的目的是为了住客财产的安全,请他谅解。然后提议,由他拨打登记入住的同房间客人的电话,征得对方的同意并报一下身份证号码,如果身份证号码与登记的相同,就可以开门。但由于该客人不予配合,且越来越激动,在大厅内又吵起来:"我是1305房的住客,为什么不给我开门?"在VIP客人即将抵店前夕,大厅内绝不能这样喧哗。

问题:

1. 为什么会出现这个问题?
2. 作为大堂经理,你会怎样处理这件事?
3. 这个案例给我们的启示是什么?

 开放式思考

1. 你怎样认识就餐者的求快心理?
2. 假如你是一个旅游工作者,你怎样接待来投诉的客人?
3. 利用学生实习或者走访大饭店的机会,了解来自不同地域或不同国家的旅游者在对饭店服务方面存在哪些差异,并尝试探讨原因。

主要参考书目

1. [美]亚伯拉罕·匹赞姆等.旅游消费者行为学[M].大连:东北财经大学出版社,2005.
2. 谢彦君著.旅游体验研究[M].天津:南开大学出版社,2005.
3. 孙喜林编著.组织行为学[M].大连:东北财经大学出版社,2008.
4. [美]里查德·格里格等著.心理学与生活[M].原第16版,北京:人民邮电出版社,2003.
5. [美]杰格迪·N.谢斯.消费者行为学[M].原第2版,北京:机械工业出版社,2004.
6. 任俊著.积极心理学[M].上海:上海教育出版社,2006.
7. 孙喜林等编著.旅游心理学[M].3版,大连:东北财经大学出版社,2007.
8. 屠如骥等.现代旅游心理学[M].青岛:青岛出版社,1997.
9. 甘朝有、齐善鸿.旅游心理学[M].天津:南开大学出版社,1995.
10. 吴清津编著.旅游心理学[M].北京:旅游教育出版社,2006.
11. [美]小爱德华·J.梅奥、兰斯·P.贾维斯.旅游心理学[M].天津:南开大学出版社,1987.
12. 杨莉萍著.社会建构论心理学[M].上海:上海教育出版社,2006.
13. 吕勤等编著.旅游心理学[M].广州:广东旅游出版社,2000.
14. 吴正平著.旅游心理学教程[M].北京:旅游教育出版社,1994.
15. 刘纯主编.旅游心理学[M].2版,北京:高等教育出版社,2004.
16. 葛鲁嘉著.新心性心理学宣言[M].北京:人民出版社,2008.
17. [美]戴维·迈尔斯.社会心理学[M].原第8版,北京:人民邮电出版社,2006.
18. 汪凤炎等著.中国文化心理学[M].广州:暨南大学出版社,2004.
19. [美]卡罗尔·韦德等著.心理学的邀请[M].原第3版,北京:北京大学出版社,2006.
20. 梁凝建主编.当代心理学理论与重要实验研究[M].上海:华东师范大学出版社,2007.
21. 徐栖玲主编.酒店服务案例心理分析[M].广州:广东旅游出版社,2003.
22. [美]爱德华·赖利.说服的艺术[M].上海:上海人民出版社,2003.
23. [美]斯蒂芬·P.罗宾斯.组织行为学[M].原第10版,北京:中国人民大学出版社,2005.
24. [美]利奥纳德·L.贝利.服务的奥秘[M].北京:企业管理出版社,2001.

25. 荣晓华.消费者行为学[M].2版,大连:东北财经大学出版社,2006.

26. [美]詹姆斯·A. 菲茨西蒙斯等.服务管理[M].原第2版,北京:机械工业出版社,2000.

27. [法]菲利普·布洛克等著.西方企业服务革命[M].北京:旅游教育出版社,1989.

28. 孙喜林主编.营销心理学[M].大连:东北财经大学出版社,2005.

29. 谢彦君著.基础旅游学[M].2版,北京:中国旅游出版社,2004.

30. [美]夏夫尔·马丁.生活与情绪[M].北京:中国工人出版社,1986.

31. 陈仲庚、张雨新.人格心理学[M].沈阳:辽宁人民出版社,1986.

32. 李柄全著.文化心理学[M].上海:上海教育出版社,2007.

33. [美]杜·舒尔茨.现代心理学史[M].2版,北京:人民教育出版社,1984。

34. 孙喜林、荣晓华.心理学教程[M].2版,大连:东北财经大学出版社,2000。

35. 张春兴.现代心理学[M].上海:上海人民出版社,1998.

36. [日]齐藤勇著.100种心理欲求[M].2版,北京:国际文化出版社,1999.

37. 周晓虹.现代社会心理学[M].上海:上海人民出版社,1996.

38. 何友晖等著.世道人心——对中国人理学的探索[M].北京:北京大学出版社,2007.

39. 哈尔·R·范里安著、费方域等译,微观经济学:现代观点(第六版)[M],上.

40. 迈克尔·R·所罗门著、张硕阳等译,消费者行为——购买、拥有、存在(第五版)[M],北京:经济科学出版社,2006.

41. 荣晓华,消费者行为学(第三版)[M].大连:东北财经大学出版社,2009.

42. 李长峨.印刻:心理学上的新见解[J].西南师范学院学报——自然科学版,1982,3:115~118.

43. 罗伯特·费尔德曼著、苏彦捷等译.发展心理学:人的毕生发展[M].北京:世界图书出版公司北京公司,2007.

44. 张日昇、陈香."情结"及其泛化[J].齐鲁学刊,2000,4:14~16.

45. 牛占国,石岩英.艺术之源,生命之流——论艺术情感的唤起、积累与释放[J].艺术百家2007,3:101~103.

46. 黄向、保继刚.场所依赖(place attachment):一种游憩行为现象的研究框架[J].旅游学刊,2006,21(9):19~24.

47. 唐文跃.地方感研究进展及研究框架[J].旅游学刊,2007,22(11):70~77.

48. 周慧玲,许春晓.旅游者"场所依恋"形成机制的逻辑思辩[J].北京第二外国语学院学报,2009,1:22~26.

49. 彭文斌,郭建勋.人类学仪式研究的理论学派述论[J].民族学刊,2010,2:13~18.

50. 李育红、杨永燕.文化独特的外现形式——仪式[J].广西社会科学,2008,5:202~205.

51. 谭杰倪、曾文萍、刘学强.怀旧旅游及其开发探索[J].旅游市场,2010,1:82~84.

52. 谢彦君.旅游理论研究与学科自觉[J].北京第二外国语学院学报,2010,(1):8~15.

53. 申葆嘉.国外旅游研究进展[J].旅游学刊,1996,(1-5).

54. 王洪滨．我国旅游学科的建设和发展[J].旅游学刊·旅游教育专刊,1998,(12):33-35.

55. 谢彦君.基础旅游学(第3版)[M].北京:中国旅游出版社,2011.2~74.

56. 李光,任定成．交叉科学导论[M].武汉:湖北人民出版社,1989.23.

58. 喻学才,毛桃青．论旅游学学科体系亟待建立[J].江汉论坛,1995,(12):81~84.

59. 余书炜．论旅游理论研究内容的框架[J].旅游学刊,1997,(4):31~35.

60. 李广全,崔庠．旅游的研究方法及旅游本质的探讨[J].桂林旅游高等专科学校学报·旅游学科建设与旅游教育增刊,1999,(10):32~34.

61. 谢彦君.论旅游的本质与特征[J].旅游学刊,1998,(4):41~45.

62. 冯乃康.中国旅游文学论稿[M].北京:旅游教育出版社,1995.2.

63. 张晓萍、黄继元.纳尔逊·格雷本的"旅游人类学"[J].思想战线,2000,26(1):47~50.

66. 龙江智．从体验视角看旅游的本质及旅游学科体系的构建[J].旅游学刊,2005,1:21~26.

67. 邹本涛、谢春山．旅游文化学[M].北京:中国旅游出版社,2008.36~43.

68. 谢彦君,谢中田．现象世界的旅游体验:旅游世界与生活世界[J].旅游学刊,2006,21(4):13~18.

69. 许娟、苏宗爱迪．节会·仪式感[J].走向世界,2013(26).

70. 赵红梅．论仪式理论在旅游研究中的应用——兼评纳尔什·格雷本教授的"旅游仪式论"[J].旅游学刊,2007,22(9):70~74.

71. 张志忠．文化良知,仪式感,诗性语言及其他——余秋雨散文艺术研究[J].山西大学学报:哲学·社会科学版,2008,31(4):64~70.

72. 张桥贵,孙浩然．宗教旅游的类型,特点和开发[J].世界宗教研究,2008,4(130).

73. 薛艺兵．对仪式现象的人类学解释[J].广西民族研究,2003(2):26~33.

74. 肖复兴．让我们把握住年的仪式感[J].瞭望,2009(3):59~59.

75. 王付永．从仪式感的消解看年味的淡化[N].四川日报 2014(6).

76. 威廉·A·哈维兰．文化人类学[M].上海社会科学院出版社,2006.

77. 孙喜林,廉洁．本真性视角下文化旅游产品的分类及其现实意义[J].东北财经大学学报,2010(4):64~67.

78. 石慧．从观演关系浅谈戏剧的仪式感与营造[J].艺术科技,2013,26(11):188~188.

79. 彭兆荣．人类学仪式的理论与实践[M].民族出版社,2007.

80. 罗惠翾.从人类学视野看宗教仪式的社会功能[J].新疆师范大学学报:哲学社会科

学版,2009,30(1):37~41.

81. 龙江智,卢昌崇. 从生活世界到旅游世界:心境的跨越[J]. 旅游学刊,2010(6):25~31.

82. 方迎丰. 仪式感营销[J]. 销售与市场,2011(16):67~69.

83. 笪玲,张述林. 国外宗教旅游研究与我国宗教旅游研究体系构架[J]. 西北工业大学学报:社会科学版,2009,28(4):24~30.

84. 崔露什. 仪式感的现代性阐释[D]. 陕西师范大学,2012.

85. 曹国新. 中国与西方旅游的古代,现代和后现代特征[J]. 旅游学刊,2006,21(6):11~15.

86. Turner, V. The Ritual Process: Structure and Anti – Structure [M]. Chicago: Aldine, 1969.

87. Sharpley R. Tourism, religion and spirituality [J]. The Sage handbook of tourism studies, 2009: 237 – 253.

88. Sharpley R, Sundaram P. Tourism: A sacred journey? The case of ashram tourism, India [J]. International Journal of Tourism Research, 2005, 7(3): 161 ~ 171.

89. Sharpley R, Jepson D. Rural tourism: A spiritual experience? [J]. Annals of Tourism Research, 2011, 38(1): 52 ~ 71.

90. MacCannell, D. (1976). The tourist: A new theory of the leisure class. New York: Schocken Books.

91. MacCannell D. Reconstructed ethnicity tourism and cultural identity in third world communities [J]. Annals of tourism research, 1984, 11(3): 375 ~ 391.

92. Leach E R. Ritualization in man in relation to conceptual and social development [J]. Philosophical Transactions of the Royal Society of London. Series B, Biological Sciences, 1966, 251 (772): 403 – 408.

93. Haq F, Jackson J. The recognition of marketing of spiritual tourism as a significant new area in leisure travel [C]//Tourism – the spiritual dimension. Conference. Department of tourism and recreation, University of Lincoln. Lincolnshire. 2006.

94. Graburn N H H. Tourism: The sacred journey [M]. 1977.

95. Graburn N H H. The anthropology of tourism [J]. Annals of tourism research, 1983, 10(1): 9 – 33.

96. Graburn N H H, Smith V L, Brent M. Secular ritual: A general theory of tourism [J]. Hosts and guests revisited: Tourism issues of the 21st century, 2001: 42 ~ 50.

97. Cohen E. Tourism and religion: a comparative perspective [J]. Pacific Tourism Review, 1998, 2(1): 1 ~ 10.

后　记

　　得知本系列丛书要再版了,心中的忧虑大于喜悦。如果仅仅是进行简单的增删,是顺水推舟的事,但那样是敷衍,对旅游心理学(甚至旅游学)这个尚处于幼稚期的学科而言毫无裨益,是逃避挑战,既不负责任也放弃了大好机会。本书的撰写工作就是以挑战、责任和机会的心理来进行的,希望不辜负自己,更不要辜负机会。笔者渴望在学科史上留下一抹痕迹。

　　本书保留了原版的主要内容,在体系上有所改变。删除了旅游企业员工心理部分,增加了一些内容,还对一些内容进行了简明处理。这样就本书而言,旅游心理学的研究内容包括:旅游者一般心理,旅游体验,旅游者道德行为和旅游服务心理。

　　具体变化:①第一章去掉旅游心理学意义一节,增加旅游心理学在旅游学科中的位置一节。这部分主要阐释旅游学科的架构,明确了学科架构,也就清楚了旅游心理学的学科位置。如果说旅游学的核(谢彦君观点)是体验,那么旅游心理学就该是旅游学的骨干分支。另外介绍了全新的旅游对象物概念和对旅游资源的新定义。②第三章加重了旅游本质部分,论述了旅游的两个本质:刺激寻求和安乐寻求。③第四章增加了旅游偏好内容。在这部分解释了旅游魅力及偏好形成的心理机制——心理印刻。④第六章增加了旅游仪式感一节,旅游仪式感是旅游体验中一种重要的类型。⑤新增了第七章旅游者道德行为分化。

　　为什么增加这些内容?它们在学术上能站得住脚吗?对一个幼稚学科而言,探索、创新永远是有最大价值的,这无须论证。至于其科学性,笔者还是有信心的,在文中的论证和其所揭示的东西能够表明这一点。怀疑吗?研读可解!当然不足和纰漏肯定存在,如果能够被同人和读者指出、纠正,当然热烈欢迎。如果这些内容能够激起相关研究之微澜,本人幸甚、学科幸甚。

　　首先要感谢我的学生林婧和王晓丹,在相关研究上她们是我的合作者,做出了很大贡献。

　　另外要感谢谢彦君教授。在我的学术兴趣点上,他很多时候就像灯塔,指引了方向。如我对旅游学科合法性问题、旅游本质问题和对旅游体验等方面的关注均来自他。毋庸讳言,这也与本人的懒惰有关,能取巧必取之。案头的《基础旅游学》既是范本,也是批判的对象。多年来和谢彦君教授无从计数的探讨、争论催生出的研究灵感就部分体现为前面提到的哪些成果。这是近水楼台之功,欢迎羡慕,容忍嫉妒。

第九章由赵艳辉撰写,其他由孙喜林撰写,全书孙喜林统稿。

已经是媳妇了,是丑?是俊?欢迎品评。太丑也不怕,可以整容。

孙喜林
2015/9/29 于大连

项目策划：段向民
责任编辑：段向民
责任印制：冯冬青
封面设计：旅教文化

图书在版编目（CIP）数据

旅游心理学/孙喜林，赵艳辉编著. —2版. —北京：中国旅游出版社，2016.3（2025.2重印）
（旅游管理专业新视野教材丛书）
ISBN 978-7-5032-5543-4

Ⅰ.①旅… Ⅱ.①孙… ②赵… Ⅲ.①旅游心理学—高等学校—教材 Ⅳ.①F590

中国版本图书馆 CIP 数据核字（2016）第 022595 号

书　　名：	旅游心理学（第二版）
作　　者：	孙喜林　赵艳辉
出版发行：	中国旅游出版社
	（北京静安东里6号　邮编：100028）
	http://www.cttp.net.cn　E-mail:cttp@mct.gov.cn
	营销中心电话：010-57377103，010-57377106
	读者服务部电话：010-57377107
排　　版：	北京旅教文化传播有限公司
经　　销：	全国各地新华书店
印　　刷：	三河市灵山芝兰印刷有限公司
版　　次：	2016年3月第2版　2025年2月第6次印刷
开　　本：	787毫米×1092毫米　1/16
印　　张：	18
字　　数：	416千
定　　价：	34.00元
ISBN 978-7-5032-5543-4	

版权所有　翻印必究
如发现质量问题，请直接与营销中心联系调换